田东江 著

當時只道是尋常

传统中的文化特质

中山大学出版社
·广州·

版权所有　翻印必究

图书在版编目（CIP）数据

当时只道是寻常：传统中的文化特质／田东江著．—广州：中山大学出版社，2021.10

ISBN 978-7-306-07276-4

Ⅰ.①当… Ⅱ.①田… Ⅲ.①中华文化—文集 Ⅳ.①K203-53

中国版本图书馆 CIP 数据核字（2021）第 162019 号

出 版 人：王天琪
责任编辑：嵇大泉
封面设计：林绵华
责任校对：罗梓鸿　赵　婷
责任技编：靳晓虹
出版发行：中山大学出版社
电　　话：编辑部 020-84110283，84113349，84111997，84110779，84110776
　　　　　发行部 020-84111998，84111981，84111160
地　　址：广州市新港西路 135 号
邮　　编：510275　　　传　真：020-84036565
网　　址：http://www.zsup.com.cn　E-mail:zdcbs@mail.sysu.edu.cn
印 刷 者：佛山市浩文彩色印刷有限公司
规　　格：880mm×1240mm　1/32　12.625 印张　319 千字
版次印次：2021 年 10 月第 1 版　2021 年 10 月第 1 次印刷
定　　价：66.00 元

如发现本书因印装质量影响阅读，请与出版社发行部联系调换

目 录

I

元旦 1
　压岁钱 4
　庙会 7
　花市 10
　赏花 13
　看花人 16
送穷 19
人日 22
元宵节 25
　正月十五 28
　走百病 32
数九 35
二月二 39
波罗诞 42
三月三 45
　寒食节 48
　寒食节（续） 51
清明节 55
　踏青 58
　秋千 61
端午节 64

粽子　67
　　龙舟　70
　　艾草　73
　　雄黄酒　76
六月六　79
土地爷　83
三伏　86
七夕　89
中元节　92
中秋节　95
　　中秋月　99
　　月饼　102
　　嫦娥　105
　　广寒宫　108
　　玉兔　111
　　蟾蜍　114
重阳节　117
　　尊高年　120
　　序齿　123
　　排座次　126
腊八粥　129
灶王爷　133
过年　136
　　书"福"　139
　　除夕之"卖"　143
　　扫除　146
　　门神　149

II

二十四节气　153
　　立春　157
　　雨水　160
　　惊蛰　163

春分　166
谷雨　169
立夏　172
小满　175
芒种　178
夏至　182
小大暑　186
立秋　189
处暑　192
白露　195
秋分　198
寒露　202
霜降　206
立冬　209
小大雪　212
冬至　215
小大寒　218

III

女娲　222
禹　226
　禹（续）　229
观音　233
佛　236
　放生　239
道士作法　242
雷公　245
阎罗王　248
鬼　251
　倘做鬼　254
城隍　257
前世　260
梦兆　264

梦兆（续）　268
占梦　271
祈雨　274
祈雨（续）　277
龙脉　280
风水　283
相术　286
异象　289
上上签　292
官讳　296
家讳　299
石敢当　302
天×星　305
针灸　308
草药　311
本草　314
偏方　317
辟谷　320
开笔礼　323
成人礼　326
乡饮酒礼　330
题壁诗　333
题壁诗（续）　336
诗词大会　339
用典　342
会馆　345
马戏　348
傩戏　351
宣德炉　354
铁马　357
珠算　360
麻将　363
文身　367

磕头　370
　　"三叩九拜"　373
　　下跪　376
铁券　379
圣诞　382
手信·贽　385
绿帽子　388
蒙汗药　391

后记　395

I

元旦

元旦是一年之始,今天谁都知道是公历1月1日,但古代的元旦则是指农历的正月初一,就是春节,也叫元日。彼时并无公历概念。王安石著名的《元日》诗——爆竹声中旧岁除,春风送暖入屠苏。千门万户曈曈日,总把新桃换旧符——说得明白,放鞭炮、换桃符,全是过年的行为。吴自牧《梦粱录》更直接:"正月朔日,谓之元旦,俗呼为新年。"其实,不光"元旦"在历史上不同时期的特指不同,"春节"也是同样。汉朝时,人们就把二十四节气的第一个立春称"春节";南北朝时,人们甚至把整个春季叫"春节"。既然同样是一年之始,不论古代还是今天的所指怎样,都不妨以"元旦"而笼统称之。

《帝京景物略》记明朝北京的元旦风俗很有意思。这一天,"五鼓时,不卧而嚏,嚏则急起,或不及衣,曰卧嚏者病也。不卧而语言,或户外呼,则不应,曰呼者鬼也",如果打喷嚏,如果有人叫,都有一套应对办法。然后,"夙兴盥漱,啖黍糕,曰年年糕。家长少毕拜,姻友投笺互拜,曰拜年也。烧香东岳庙,赛放炮杖,纸且寸。东之琉璃厂店,西之白塔寺,卖琉璃瓶,盛朱鱼,转侧其影,小大俄忽……"

《啸亭杂录》记清朝官员李世杰的轶事也很有意思,其捐官出身,然"以廉能称职",在四川总督任上,"未尝宴一客"。某年元旦,李世杰"先饬厨为馎饹(一种食品)十数斛",有下属来谒见,他遣人告之:"知君等劳苦,盍饷以食。"等人家吃完了,他出来,"坐堂皇受礼毕,即令府、厅、州、县等递谒司、道、府、厅,礼毕",进行开导:"元日俗例,上司属员虽不接见,亦必肩舆到门。道有远近,必日昃始归,徒苦僚从,无益也。况若曹亦有父母妻子,岁首例得给假,诸君何不早归,令若曹亦放假半日乎!"那么,李世杰虽然原则面前不让步,但十分体恤下属。

对一年的更替,不同的年龄段有不同的感受,明朝有人说得很形象:"老子回头,不觉重添一岁;孩童拍手,喜得又遇新年。"年纪大的,感叹逝水流年,白驹过隙;年纪轻的,则以为生命无穷,兴致正浓,应了辛弃疾的那句名言,"少年不识愁滋味"。今天我们过元旦,放一整天的假而已,没什么特别的仪式。梁章钜《浪迹续谈》说他们那个时候无论士农工商,"于每年元旦作字,必先用红笺庄书两语",比如"元旦开笔,百事大吉"之类,求个意头吧。梁还说他小的时候,父亲让他写"元旦开笔,读书进益";大一点,让他写"元旦开笔,入泮第一"——那年梁也凑巧得了第一;到应举时,父亲说就写"元旦举笔"吧,一语双关,同样凑巧的是,那年梁果真又中了举人。梁章钜问过父亲这种风俗起于何时,父亲认为明朝已有,《五灯会元》等都有"岁朝把笔,万事皆吉"的记载。道光年间梁章钜拟以疾辞江苏巡抚,同僚都想劝他只请病假算了,何必连官职都放弃掉?但那年元旦他们来到梁家,看到梁的案头上有楷书"元旦开笔,归田大吉"的字样,知道他的去意已决,不劳大家多费口舌了。这也可见,梁章钜一直保持着元旦开笔、举笔或把笔的习惯。

《万历野获编》云,明朝首辅申时行罢相回家,每年元旦必作一首七律给同里同庚的朋友王伯榖;王伯榖"即和而答之",然后申时行把两首诗并排贴在墙上,"直至岁除不撤"。第二年两个人又有新诗了,才把旧诗揭去。如此一来二去,两个人坚持了21年,"岁岁皆然",怡然自得。王伯榖去世后两年,申时行也走了,人们都说,两个人到地下的唱和,一定不会比生前少,只是"下面"没有墙,不知道他们的诗写好了会往哪里贴。明朝还有个叫吴扩的也喜欢在元旦写诗,但他的诗不只是朋友间的往来,而是眼睛先盯着"上面",严嵩主政时他就写了《元旦怀介溪阁老》。他的一个朋友开玩笑说,你这是以新年第一天感怀当朝第一官啊,若是按级别排下来,怀念到我们这里,就是到了除夕恐怕也没轮到。谐谑之中透出一丝鄙夷。

明末还有一位鄢县知县刘振之,曾经"书一小简,藏箧中,每岁元旦取视",看完了,"辄加纸封其上",家里人从不知道那条子上究竟写了些什么。等到刘振之被李自成的队伍破城,"乱刃交下"杀害,家人拆开封条,才发现原来写的是"不贪财,不好色,不畏死"。显然,刘振之是把这三句话当作了座右铭,每逢一年之始拿出来勉励自己,相当地郑重其事,那就肯定不是说说而已了。《明史》对他的记载过于简略,只突出城陷之时,"振之秉笏坐堂上。贼索印,不与,缚置雪中三日夜,骂不绝口"。即使这一简略的记载,也印证了刘振之确实是实践了"不畏死"的。

新的一年,伴随着新的希望,因而往往也使人们易于立下雄心壮志。唐朝杜秋娘有一首给丈夫的诗,其中写道:"劝君莫惜金缕衣,劝君须惜少年时。"作为一个小妾,杜秋娘之诗实际上流露着对丈夫行为的极端无奈,然未尝不可曲其原意用之:光阴荏苒,没必要对名利之事看得太重,紧要的是珍惜时光。在一年之始,更应当细细咀嚼生命的含义。

压岁钱

央视 2015 年春晚给人印象最深的,不是节目本身,而是隔一阵就开始的以微信"摇一摇"的方式发红包。有统计说,在高峰期一分钟内观众摇动了 8.1 亿次来抢红包,成了一场全民狂欢。在除夕的时候派红包,从前称作压岁钱。这个风俗起源于何时不大清楚,但"压岁钱"这个名词估计清朝才有。这样说,囿于自身的识见,因为我所看到的提及"压岁钱"的史料,无不出自清人之手。

富察敦崇《燕京岁时记》是记载清代北京岁时风俗的杂记,可能最早提到"压岁钱"。书中是这么说的:"以彩绳穿钱,编作龙形,置于床脚,谓之压岁钱,尊长赐小儿者,亦谓之压岁钱。"以彩绳穿钱,因为那个时候的钱还是"孔方兄",钱币有孔可穿。形容钱粮富足的成语叫"贯朽粟陈",其中的"贯朽",就是穿钱的绳子都朽断了,表明钱多得用不过来。

顾禄《清嘉录》是记载清代苏州风土的杂著,在那里,"长者贻小儿以朱绳缀百钱,谓之'压岁钱'"。为了表明此俗不为苏州所独有,他还征引了不少内容相关的句子,如陈迦陵之"且充压岁之钱",王茨檐之"不惜金钱分压岁",张轶青之"用镇将除夜"及"回环朱缕结",郭濒伽之"红索青铜贯",蔡铁翁之"铮铮排户投琼响,半掷床头压岁钱",吴曼云之"百十钱穿彩线长,分来角枕自收藏,商量爆竹饧箫价,添得娇儿一夜忙"为等等。这些作者籍贯各异。

梁章钜《归田琐记》记了件趣事。朱珪当过嘉庆皇帝的老师,七十多岁了,某年除夕,"有门生至家,与公谈岁事"。老先生"举胸前荷囊"说:"可怜此中空空,压岁钱尚无一文也。"然而未几,门人端着东西进来说:"此门生某爷某爷所送若干封。"这老先生又说话了:"此数人太呆,我从不识其面,乃以阿堵物付流水耶?"

以上无论是书之作者还是里面涉及的人物,都是清朝的学者名士之属。和今天的"红包"或"压岁钱"相比,从中可以看到几点异同:一,原初的"压岁钱"并不是接过来马上揣进兜里,而是置于床脚或放在枕边。二,因为收到的是"硬币",都要用彩绳或红绳串起来,没办法"包","荷囊"或是过渡载体,但"红"的要素已经具备。三,压岁钱既适用于"小小孩",也适用于"老小孩"。

压岁钱,原来可能是压祟钱。祟者,鬼怪也。在民间传说中,"年"就是一种凶猛的怪兽,每到除夕就出来为害不浅。久而久之,人们发现有三件法宝可以对付它:贴红对联;燃放爆竹;户户灯火通明,守更待岁。压祟,是要避凶;祟、岁音同,压祟钱就成了压岁钱,其本意该是避凶。置于床脚或放在枕边,亦可说明问题。鲁迅先生《从百草园到三味书屋》中长妈妈讲了个老和尚治美女蛇的故事,就是给"读书人"一个装着飞蜈蚣的小盒子,告诉他"只要放在枕边,便可高枕而卧"。除夕之夜,"避凶"之后还可以看到"趋吉",那就是一些地方的"压岁盘"(所谓"长幼度岁,互以糕果朱提相赉献")、"压岁果子"(所谓"置橘、荔诸果于枕畔,元旦睡觉时食之,取谶于吉利")。这两种"压岁"习俗,宋朝很明确地就有了。《梦粱录》"除夜"云:"是日内司意思局进呈精巧消夜果子合,合内簇诸般细果、时果、蜜煎、糖煎及市食。"还用吴曼云的诗句:"闽荔干红邓橘黄,深宵酒醒试偷尝。听郎枕畔朦胧语,新岁还君大吉祥。"守岁的历史就更悠久了。晋周处《风土记》云,除夕夜"各相与赠送称曰'馈岁';酒食相邀,称曰'别岁';长幼聚饮,祝颂完备称曰'分岁';大家终夜不眠,以待天明,称曰'守岁'"。宋孟元老《东京梦华录》说是夜"士庶之家,围炉而坐,达旦不寐,谓之'守岁'"。不过如果一年到头,"三十六旬都浪过,偏从此夜惜年华"的话,席振起的这两句足以振聋发聩。

有人说,唐朝的"洗儿钱"就是压岁钱,百度词条中关于压岁钱或红包的解释基本如此。谬矣。《资治通鉴·唐纪三十二》这么记载的,玄宗天宝十年(751)甲辰安禄山生日,"上及贵妃赐衣服、宝器、酒馔甚厚。后三日,召禄山入禁中,贵妃以锦绣为大襁褓,裹禄山,使宫人以彩舆昇之"。玄宗听到后宫很热闹,问怎么回事,"左右以贵妃三日洗禄儿对"。玄宗自己也跑去看热闹,看得高兴,还"赐贵妃洗儿金银钱,复厚赐禄山,尽欢而罢"。这是当时的一种习俗,婴儿生后三日或满月时亲朋会集庆贺,给婴儿洗身,叫作"洗儿会";亲朋赐赠给婴儿的钱即"洗儿钱"。然而具体到唐朝宫廷中的这出戏码,却完全是杨贵妃与安禄山两个在瞎胡闹罢了。

任何一种民俗都要经历演变,未必一定是"进",也会有"退"。演"进"的是良俗,演"退"的是陋俗。压岁钱不知从何时起,正有演"退"的趋向。原本的一种象征,演变成了衡量人情厚薄的一种载体,极端的,甚至成为腐败的一条通道,完全失去了原初的意义。除夕通过微信抢红包,自然取代不了压岁钱,却也可视为一种演变。但这种单纯的"派钱"游戏,令不拘男女老幼的人们沉迷于此,至于喧宾夺主,尝试这一次之后可以罢了。

庙会

丙申年(2016)为期七天的第六届广府庙会圆满结束了。此中的"广府"是个定语,修饰的是"庙会"。广府人,即以粤语为母语、以珠玑巷同迁汉人为民系认同的人群,这一人群叫作广府民系,其所关联的文化叫作广府文化。既曰"××文化",饮食、语言、风俗和建筑势必都有自己的独特风格。不过,广府展示的庙会,还是属于文化共性的那一面。庙会不仅非为广府文化所独有,相反更可能是从他处借鉴而来。

庙会,也叫庙市,现在各地的做法属于复苏,从前就是在寺庙内或附近的定期集市。按照赵世瑜先生的观点,中国传统的、功能比较齐全的庙会,大致起源于隋唐时期,最初的功能主要是娱神,然后逐渐增加了娱人的以及经济的功能。庙会的出现大抵要满足两个条件,一个是宗教繁荣,寺庙广建,而且宗教活动日益丰富多彩;另一个是商品货币经济的发展使商业活动增加,城镇墟集增加。在传统社会中,第一个条件南北各地普遍具备,城隍庙、土地庙、关帝庙、龙王庙、东岳庙、真武庙、文昌庙等遍地皆是,因而庙会也成为中国传统社会中少有的全民性活动之一,不同阶级、不同阶层、不同等级的人,不同职业、不同性别(尤其是妇女)、不同民族、不同地域的人,都可以不受限制地参加这类活动,尽管他们参加的程度、范围、态度等未必相同。

对庙会的记载同样比比皆是。明朝刘侗、于奕正《帝京景物略》里有"城隍庙市",说的是北京城西依托城隍庙的庙会。每月搞三天,分别是"月朔望,念五日",初一、十五和廿五。规模呢,"东弼教坊,西逮庙墀庑,列肆三里"。从卖的东西来看,这个庙会有"高大上"的一面,不仅"图籍之曰古今,彝鼎之曰商周,匜镜之曰秦汉,书画之曰唐宋,珠宝、象、玉、珍错,绫锦之曰滇、粤、闽、楚、吴、越者集",而且还满眼都是宣德炉。明末进士黄景昉逛的时候,写了首《城隍庙市》,可称全景式描述。"黄金百如意,但向燕市趋。燕市何所有?燕市何所无"云云,揣着钱来吧,好东西什么都有,就看你的囊中羞涩与否。因此,"好物好售主,大家各欢娱",自然是庙会上的主旋律,但"一客独憔悴,似复是吾徒",也进入了黄景昉的眼帘,或者他杜撰此一情景以抒发自身的感慨也说不定:"探囊无一物,手但捋髭须。终日空摩挲,为彼所揶揄。归来自怨怒,自悔身为儒。"实际上,多数人逛庙会是看热闹,《帝京景物略》已说了,"市之日族族,行而观者六,贸迁者三,谒乎庙者一"。在万历年间汪逸的笔下,印证了逛庙会人物的三六九等,来自四面八方,"官虽屏从犹遮扇,客匪祈神亦住骖。廊庑肯容存隙地,工商求售厌空谭。看多异巧睛为眩,听各乡音耳讵谙"。

沈德符《万历野获编》"畿辅"条也说到了城隍庙市,不吝赞美:"陈设甚夥,人生日用所需,精粗毕备。羁旅之客,但持阿堵入市,顷刻富有完美。"但是他对庙市上的书画古董则不甚感冒,以为"真伪错陈,北人不能鉴别,往往为吴侬以贱值收之"。而对买那些"予为吐舌不能下"的东西,他更表示并不认可:"盖皆吴中傀薄倡为雅谈,戚里与大估辈,浮慕效尤,澜倒至此。"胡应麟《少室山房笔丛》提到了庙会卖书,"凡燕中书肆,多在大明门之右,及礼部门之外,及拱宸门之西。每会试,举子则书肆列于场前"。这是平时,到了城隍庙市的日子,"则徙于城隍庙中……至期百货萃焉,书其一也"。古董,算是属于文化范畴吧,然而毕竟铜臭气浓了一些,书摊的出现,无疑提升了庙会一定的文化品位。

富察敦崇《燕京岁时记》讲到不少其他庙的庙会,以及各自的特点。如"土地庙"条云,"在宣武门外土地庙斜街路西。自正月起,凡初三、十三、二十三日有庙市。市无长物,惟花厂鸽市差为可观"。如"小药王庙、北药王庙"条云,"小药王庙在东直门内路北,北药王庙在旧鼓楼大街。自正月起,每朔日、望日有庙市,市皆妇女零用之物,无甚可观"。如"北顶"条云,"北顶碧霞元君庙在德胜门外土城东北三里许。每岁四月有庙市,市皆日用农具,游者多乡人。东顶在东直门外,与北顶同"。如"中顶"条云,"中顶碧霞元君庙在右安门外十里草桥地方,每岁六月初一日有庙市。市中花木甚繁,灿如列锦,南城士女多往观焉"。当然,也少不了"都城隍庙"条,"在宣武门内沟沿西,城隍庙街路北。每岁五月,自初一日起,庙市十日。市皆儿童玩好,无甚珍奇,游者鲜矣"。与前面几处记载比对,可窥城隍庙市的变迁了。

广府庙会主会场也是依托城隍庙广场,庙是前几年因为南越王宫原址博物馆的修建才重露面目的,广府庙会也是近年才由广州市越秀区搞的一项活动。报道说,主办方希望通过庙会的方式,打造独特的广府民俗文化特色活动品牌。独特的可能性难免不大,倒是很容易想起十几二十年前的一种普遍做法:文化搭台,经济唱戏。本次广府庙会期间,共开展项目70多个、活动280多场,吸引游客超过500万人次。这些津津乐道的数字,已在客观上自证了这一点。

花市

春节前的三天,也就是农历腊月廿八到三十,是广州的花市。凭借秦牧先生的名篇《花城》,广州花市的声名不胫而走。"几乎全城的人都出来深夜赏花的情景,真是感到美妙",境况今日依然。在这个人们开始注重生活质量的时代,别的城市也开始出现花市,但是显然都不及广州的著名。花市,无疑于以广州为中心的"文化圈"的一个文化特质,构成广州一种独特的民俗事象。

古代也有花市。据邵伯温《邵氏闻见录》和邵博《邵氏闻见后录》所云,在两宋之交,洛阳就有花市。洛阳的花,以牡丹最为知名,还留下过与武则天"做斗争"的美丽传说。国人向来公认牡丹为第一花品,故又称之为花王。牡丹在唐代已见于记载,开元中盛于长安,至宋在西南以天彭所产为冠,在中州则以洛阳所产为冠,因而洛阳花市的存在实乃顺理成章。两邵的书,便记载了花市的零星片断。顺便说明,邵博乃邵伯温之子,他说过写书的目的就是要续父亲的《闻见录》,故以"后录"名书。

洛阳花市的时间不是局限于年关将至之际,而是在农历的三月。《闻见录》云,洛阳"岁正月梅已花,二月桃李杂花盛开,三月牡丹开",人们便"于花盛处作园圃"。这时"四方伎艺举集,都人士女载酒争出,择园亭胜地,上下池台间引满欢呼",玩儿个痛快,也喝个痛快,至于"不复问其主人",这块地方是谁家的也暂时不用管那么多。等到天黑,则开始游花市,卖花的人们把花装在竹篮子里,"虽贫者亦载花饮酒相乐"。时人赋诗云:"风暄翠幕春沽酒,露湿筠笼夜卖花。"呈现出一幅欢乐祥和的图景。花的品种很多,在哲宗元祐年间已达百余,其中自然以牡丹为贵。牡丹则又以姚黄、魏紫为尊,所谓极品,洛阳人根据二花的色泽、形态,还分别昵称它们为王、妃。邵伯温本身就是洛阳人,这一番盛况令他不能忘怀。但在徽宗政和年间,久未回乡的邵伯温路过洛阳,斯时正值春季,却发现往常热热闹闹的"花园花市皆无有",他不明白是怎么一回事。人家告诉他,种不得了,花还没开呢,地方就"遣吏监护";刚一开,马上"尽槛土移之京师",送去讨好达官了,并且还要标上这是谁家种出来的,以后"岁输花如租税"。种花出名,反倒成了负担,岂非自讨苦吃?据说在王昭君的家乡,"村人生女无美恶,皆炙其面",把孩子的脸先弄丑了再说,大约形同此类。百姓害怕自己的女儿因为漂亮而入宫、而"出塞",只有未雨绸缪。这么看来,花市之废,是由不良吏治风气造成的。

至于花市的地点,《闻见录》云,是"择园亭胜地"。洛阳那时的确有不少园亭,《闻见后录》里罗列了许多,并且认为"洛阳名公卿园林,为天下第一"。《杨文公谈苑》里有个叫室种的武夫从侧面印证了这一点。他称赞洛阳"大好",好极了,就是有一点不好,"苦于园林水竹交络翳塞",让他打猎的本领施展不开。他说:"使尽去之,斯可以击兔伐狐,差足乐耳。"在众多花园中,尤以宰相富弼的"景物最胜",所以富弼每退朝回家,"一切谢绝宾客,燕息此园几二十年",尽情享受。相形之下,司马光的则"卑小",不仅没法与富弼的比,甚至"不可与他园班"。其中的读书堂,不过"数椽屋",几间房子而已;这且不算,"'浇花亭'者,益小;'弄水种竹轩'者,尤小"。但司马光自名之"独乐园",根本就不讲究或攀比,有自己的别种追求。所以邵博赞叹地说,为人钦慕与否,"不在于园尔"。

倘说百姓能到这些王公的园子里赏花,是不可想象的,尽管邵伯温乐观地认为"洛中风俗尚名教,虽公卿家不敢事形势"。果然,在《闻见后录》卷二十五"天王院花园子"条可以窥见一点端倪。那该是个神话里什么天王的遗址吧,里面池亭皆无,所以得了"花园子"的美称,是因为那里"独有牡丹数十万本"。每到时令,全城的花农便"毕家于此","张幄幕,列市肆,管弦其中,城中士女,绝烟火游之"。等到一切结束,天王院"则复为丘墟,破垣遗灶相望",可见正是这个废墟般的地方,才是百姓们的享乐所在。邵伯温于款款深情的追忆之中,未免不自觉地美化了逝去的现实。

洛阳的那些园林,最后被"裔夷以势役祝融、回禄,尽取以去矣",亦即毁于"靖康之难"时金兵的战火。苏东坡的门生李格非为此写过一篇《洛阳名园记》,令邵博"读之至流涕"。李格非写这篇文章的目的,并不是为了拍马屁,艳羡谁家的如何堂皇,而是旨在引起后人的警戒。他问道:"公卿大夫,高进于朝,放乎以一己之私自为,而忘天下之治,忽欲退享于此,得乎?"在李格非看来,百姓的欢愉是理所应当的,作为各级官员却不可以一味地惦记着自己的享受,还要想想肩上的担子。

赏花

武汉大学校园内的樱花每到开放时节，几乎都会产生全国关注的新闻。早几年，围绕武大樱花的纷争是"耻"还是"花"，前年（2009）是母女穿和服拍樱花照，今年（2011）则是"武大樱花卖门票"该不该。网友质疑武大靠樱花敛财，对此，武汉大学校办负责人回应说："尽管每年进武大赏樱的游人达百万人次，但真正买门票的只是其中很少一部分。武大每年樱花门票的收入并没有800万元，去年门票收入达到100万元。"也是转型期的缘故吗？连赏花这样的雅事，都异化到了如此严重的地步。

隋唐时代，赏花已经是人们游玩的一个主要项目，对文人雅士来说还构成文化符号。《开元天宝遗事》云："长安侠少，每至春时结朋连党，各置矮马，饰以锦鞯金络，并辔于花树下往来，使仆从执酒皿而从之，遇好圃则驻马而饮。"贵族人家赏花就更讲究了，"杨国忠子弟，每春至之时，求名花异木植于槛中，以板为底，以木为轮，使人牵之自转。所至之处，槛在目前，而便即观赏，目之为移春槛"。南宋最杰出的皇帝宋孝宗赵昚，日理万机之余也不忘赏花，有次他指殿东桥对丞相等人说："此去禁园无数十步，朕遇花时亦未常往，间遣人折数枝来观尔。"没工夫过去，就让人干脆折来看。不过，横竖看去，这样一来都有点儿糟蹋东西了。

北宋洛阳赏花盛况,前文已道及,不赘;《梦粱录》有南宋时杭州人赏花的记录:"仲春十五日为花朝节,浙间风俗,以为春序正中,百花争放之时,最堪游赏。都人皆往钱塘门外玉壶、古柳林、扬府、云洞;钱湖门外庆乐、小湖等园;嘉会门外包家山王保生、张太尉等园,玩赏奇花异木。"

纪晓岚《阅微草堂笔记》云,狐也赏花。他姥爷张雪峰家曾经"牡丹盛开",家仆李桂"夜见二女凭阑立"。一个说今晚的月色真好,正适合赏花;另一个品评道:"此间绝少此花,惟佟氏园与此数株耳。"李桂明白这两个女子其实是狐,乃"掷片瓦击之",二女"忽不见"。但是没过多会儿,轮到自家被"砖石乱飞,窗棂皆损",狐女来以牙还牙了。结果姥爷不得不"自往视之",拱手曰:"赏花韵事,步月雅人,奈何与小人较量,致杀风景?"二女——二狐才不闹了。姥爷因此叹曰:"此狐不俗。"在纪晓岚笔下,不要说赏花了,满腹经纶的狐也比比皆是。而蒲松龄笔下的狐,往往是"乐于主动帮助别人战胜困难"(张友鹤先生语)的一类。

不过,像武大去年樱花节第一天就涌进30万游客,把校园围得水泄不通,对学生的正常上课都造成了影响一样,赏花也可以成害。南朝宋虞通之《妒女记》云:"武历阳女嫁阮宣武,绝忌。家有一桃树,花叶灼耀,宣叹美之,即便大怒,使婢取刀斫树,摧折其花。"这还只是家庭范围内的事,更有严重危害社会的。张邦基《墨庄漫录》云:"西京牡丹,闻于天下,花盛时,太守作万花会,宴集之所,以花为屏帐,至于梁、栋、柱、拱,悉心竹筒贮水簪花钉挂,举目皆花也。"这种做法给蔡京学了去,其"知维扬日,亦效洛阳,亦作万花会。其后岁岁循习而为,人颇病之"。赏花这样的美事,"病"什么呢,还"颇"?大约有强行摊派而营造出所谓文化节的前提,经手的官吏每每自肥一回的因素,西门豹时为河伯娶妇的那些巫祝、三老、廷掾、豪长者,不就是借此"岁敛百姓"吗？元祐七年(1092),苏轼知扬州,"正遇花时,吏白旧例,公判罢之,人皆鼓舞欣悦"。但在他看来,此举"虽杀风景,免造业也",可见此害不轻。张邦基说:"公为政之惠利于民,率皆类此,民到于今称之。"苏轼自己在《东坡志林》也提到过这件事:"扬州芍药为天下冠,蔡繁卿为守,始作万花会,用花十余万枝,既残诸园,又吏因缘为奸,民大病之。"

王士禛《居易录》就升迁与赏花有个借题发挥。康熙年间,他和田子湄先后擢迁,翰林掌院学士库勒纳觉得他们两个属于"春花",相对而言还有"冬花"。冬花开放,须"留之密室,凿池作坎,缠竹其下,溉以牛溲,培以硫黄,笕引沸汤,扇以微风,盎然春温",因此"经宿而花放",完全凭借人工的力量催生。尽管如此,"及二三月,众花应候而发,而冬花已憔悴。视其根,则已腐败久矣"。春花就不同了,"知命而待时者也",符合自然规律,生命力也就长久。库勒纳感慨地说:"仕宦亦然,吾见夫冬花之荣落亦多矣。"但库勒纳忽略了一点,在自然界,"人定胜天"已成笑柄,但在由人主宰的社会领域,没有对权力的约束,权势者是没有办不到的事情的。因而"春花"虽已应候而发,"冬花"也可以照常不败。这几年来,先后宣称"治庸"的地方不少,刚刚还有武汉,实际上也就是抓抓劳动纪律、工作作风而已。真正意义上的治庸,是把根已腐败的冬花拔掉,别在那里占着茅坑不拉屎或者胡乱作为。

两宋都城都有一种传统:每逢节日,公私园林向百姓开放,并以游人多寡为荣辱。武大要收门票,首先让赏花的人们觉得不爽,凭什么？樱花又不是你们种的。关键在于,收门票究竟达到了管理的目的没有？如果没有,只是埋头在收,那就难免让人往借机敛财的方面联想了。

赏花 15

看花人

周末遇上暖阳天,久违的蓝天白云出现了,加上广州正值鲜花盛开的时节,因而到处是花,到处是看花的人群。木棉之外,宫粉洋紫荆、黄花风铃木今年格外耀眼。余于收门票的海珠湿地、不收门票的海珠湖,均有目睹;微信圈则延伸了视角,以华南农业大学为例,看花市民之众,导致校园内外道路、地铁口皆人满、车满为患,校方至于引发了要不要借鉴武汉大学看樱花的做法,进行收费的问题。

这种"出门俱是看花人"的情形,杨巨源早已诗意地呈现笔端。李渔说:"花鸟二物,造物生之以媚人者也。"不管他这话成立与否,人们喜欢看花是个不争的事实,即便从前也不例外。《新唐书·白居易传》载,武元衡被刺客杀害,"京都震扰"。白居易上疏"请亟捕贼,刷朝廷耻,以必得为期",然"宰相嫌其出位,不悦"。这时又有人说话了:"居易母堕井死,而居易赋《新井篇》,言浮华,无实行,不可用。"白居易于是被"追贬江州司马"。白母为什么会堕井呢?《南部新书》云,就是"因看花"。那么,白居易的《赏花》《新井》诗,便成了有害名教。《牡丹亭》中杜丽娘游园看花,感叹"原来姹紫嫣红开遍"。丫鬟说:"是花都放了,那牡丹还早。"丽娘说:"牡丹虽好,他春归怎占的先?"清朝有位广陵殷氏女,也有一首看花诗透出弦外之音:"土来浇灌水来栽,颠倒工夫任我来。满院春风花自语,不将颜色向人开。"

唐人看花格外看重牡丹,民间传说中武则天与之还有过一段恩怨。《唐语林》云:"京师贵牡丹,佛宇、道观多游览者。慈恩浴室院有花两丛,每开及五六百朵。"许是这个缘故吧,白居易刚上任杭州刺史,便"令访牡丹"。找了半天,"独开元寺僧惠澄近于京得此花,始栽植于庭,栏围甚密,他亦未知有也"。于是,"惠澄设油幕覆其上",专为满足白氏"到寺看花"。皇帝也喜欢看花。《武林旧事》云,宋孝宗乾道三年(1167)三月初十日,人奏"连日天气甚好,欲一二日间恭邀车驾幸聚景园看花,取自圣意选定一日",成了太上皇的高宗不知怎么动了恻隐之心:"传语官家,备见圣孝,但频频出去,不惟费用,又且劳动多少人。本宫后园亦有几株好花,不若来日请官家过来闲看。"《履园丛话》云,清朝"京师看花之所"在丰台,那里"凿池开沼,连畛接畦,无花不备"。

还是唐朝,"看花人"也可以借指,借指进士及第者,当然也是真看。唐朝举子进士及第后有大量宴集活动,其中规模最大、时间最长的一个叫关宴,曲江泛舟、杏园探花、雁塔题名什么的,搞好几天。曲江、雁塔,今天遗迹尚存,《唐两京城坊考》明确杏园在通善坊。《云麓漫钞》转引《秦中岁时记》云:"杏园初会,谓之探花宴。便差定先辈二人少俊者,为两街探花使;若他人折得花卉,先开牡丹、芍药来者,即各有罚。"就是说,常以同榜中最年少的进士二人为探花使或探花郎。唐诗中此类作品数量不少,刘沧之"及第新春选胜游,杏园初宴曲江头",李远之"今日杏园宴,当时天乐声",刘禹锡之"紫陌红尘拂面来,无人不道看花回",或即时抒发,或触景生情。刻薄者如施肩吾,因与同年赵嘏不睦而赵旧失一目,"以假珠代其精",乃嘲之曰:"二十九人同及第,五十七只眼看花。"

实际上,这一天不独杏园,京城长安的所有名园也一律开放,任由及第举子们去探,所谓"谁家不借花园看,在处多将酒器行"(张籍句)。孟郊《登科后》之"春风得意马蹄疾,一日看尽长安花",完全是写实。形成鲜明对照的,则是贾岛的《下第诗》:"下第只空囊,如何住帝乡。杏园啼百舌,谁醉在花傍?"道出无限凉的同时,流露了无比艳羡。有人研究,唐诗中写自己当过探花使的有两人,一个是翁承赞,一个是韩偓。翁承赞有《擢探花使三首》,其中的"深紫浓香三百朵,明朝为我一时开""今日始知春气味,长安虚过四年花"与"每到黄昏醉归去,纻衣惹得牡丹香",同样洋溢着志得意满。韩偓的《余作探使以缭绫手帛子寄贺因而有诗》,王勋成先生认为,以此知杏园探花宴上还有长安歌妓参加。

深得看花精髓的看花人,清朝李渔绝对算得上一个。在《闲情偶寄》中,他把"看花"和"听鸟"等而视之,以为二者须臾不可或分,所谓"既产娇花嫩蕊以代美人,又病其不能解语,复生群鸟以佐之"。然而,可惜"世人不知,目为蠢然一物,常有奇花过目而莫之睹,鸣禽悦耳而莫之闻者"。于是乎,"其捐资所购之姬妾,色不及花之万一,声仅窃鸟之绪余,然而睹貌即惊,闻歌辄喜,为其貌似花而声似鸟也"。在他看来,此种"贵似贱真,与叶公之好龙何异?"李渔说他不是这样,"每值花柳争妍之日,飞鸣斗巧之时",他都是"夜则后花而眠,朝则先鸟而起,惟恐一声一色之偶遗也。及至莺老花残,辄怏怏有所失"。因此,他认为自己一生,"可谓不负花鸟;而花鸟得予,亦所称'一人知己,死可无恨'者乎!"

"弄花一年,看花十日。"任何时候的看花人,当然都极少能达到李渔的境界。然稍稍有所思考,产生些许感悟,还是聊胜于狂拍之后发个朋友圈吧。

送穷

农历正月初五是民俗中的财神生日,今天许多地方仍然保留着"迎财神"的民俗。广州数万善信即拥入三元宫、南海神庙等财神供奉地参拜,祈求虎年(2010)财源广进,生意兴隆。旧时这一天,至少在唐朝吧,是送穷的日子。姚合有"万户千门看,何人不送穷"的诗句,韩愈更有著名的《送穷文》存世。迎财神与送穷,类似一枚硬币的正反面。送穷的同时也正是为了迎富。

梁章钜《浪迹三谈》引《四时宝鉴》讲了"送穷日"的来历:"高阳氏之子,好衣敝食糜,时号贫子,正月晦日死于巷,世作糜粥敝衣,是日祝于巷,曰除贫。"于是,送穷"竟如寒食竞渡之事止于此日也",固定了下来。当然,也有一种说法是初六送穷。怎么送呢?《送穷文》设人鬼问答,该可窥见唐代民间的这种仪式:主人准备好车船干粮,然后"三揖穷鬼而告之……子无底滞之尤,我有资送之恩,子等有意于行乎?"你该没什么可留恋的,我又这么诚心诚意,况且水陆由你,你可以走了吗?完全是商量或乞求的口吻。

清朝彭兆荪诗云:"剪纨劈纸仿婵娟,略比奴星送路边;富媳娶归穷媳去,大家如愿过新年。"其自注云:"正月五日剪纸为妇人,弃路衢,曰:'送穷',行者拾归供奉,曰:'娶富媳妇归'。"钱锺书先生说:"此所送之穷即彼所迎之富,一物也,糟弃曰'穷',被拾曰'富',见仁见智,呼马为牛,可以参正名齐物焉。"这就是送迎并举。《送穷文》言"穷鬼"表现尚在五个方面:智穷、学穷、文穷、命穷和交穷,洪迈《夷坚志》不仅已尊称穷鬼为穷神,而且偶像也由五鬼变为一妇。董迫《广川画跋》言唐末陈惟岳《送穷图》亦云:"其画穷女,形露猥湊,作伶仃态,束刍人立,曳薪船行",这样的穷鬼、丑鬼自然要"开门送之";而陈惟岳"又为富女,作婴娱象,裁衬为衣,镂木为质",这样的富神、靓鬼自然又要开门迎之了。"功利"一面的背后是文化心理的作用。

周寿昌《思益堂日札》云其友吴淮有除夕小诗数首,其一为送穷:"感汝缠绵三十年,兹行海澨又山巅。柳船无力桃符恶,珍重高牙大宅边。"周寿昌笑谓吴淮,你的诗如此多情,"穷鬼不忍舍君而他适也",吴淮亦哈哈大笑。周氏又将近闻录了一首:"家家都放霸王鞭(炮仗),送去穷神路八千。此去更无相见日,要来你也没盘缠。"认为"写穷字尽相穷形,大可喷饭",可惜吴淮未及听到。从前有很多文人的确真穷,"四顾徒余壁,一床空有书"。王士禛《池北偶谈》云,林茂之"年八十余,贫甚,冬夜眠败絮中",自家诗作有句"恰如孤鹤入芦花",方尔止寄诗曰:"积雪初晴鸟晒毛,闲携幼女出林皋;家人莫怪儿衣薄,八十五翁犹缊袍。"真是别样的惺惺相惜了。又云邵潜,八十多岁时王士禛前往造访,但见其家"茅屋三间,黝黑如漆"。陈其年亦曾感慨:"古今文人多穷,然未有如邵先生者,听其言,伧然如刘孝标所自序也。"当然,古今文人亦有富之极者,今日媒体推金庸先生,古人则推唐朝李邕——《旧唐书》说:"自古鬻文获财,未有如邕者。"又当然,极贫的百姓更数不胜数,历史对他们没有留下半点痕迹就是了。

按照方濬师《蕉轩随录》的分析,司马相如的"家贫"则是一种伪穷。先前,相如以赀为郎,颜师古注曰:"以家财多,得拜为郎也。"相当于买了个小官。而当其"病免游梁,归而家贫。不过宦游后家渐清贫,不如前之多财耳"。方濬师还分析道:"观其赴卓王孙之召,亦复车骑雍容,闲雅甚都,何至与文君归成都,竟家徒四壁立耶?即曰家真四壁,更无资产,不知其从人车骑作何安置?及其再至临邛,卖车骑,买酒舍,自着犊鼻裈与佣保杂作。稍知自爱者不为,而谓长卿为之乎?"说到这里,方濬师把孔门大弟子也捎上了:"此与颜子在陋巷箪食瓢饮,而有负郭五十亩田,同一谎语。吾于此等处,不能无惑。"同样是读书献疑,前人摆事实之余,"不能无惑"而已,今人则极尽哗众取宠之能事。如央视《百家讲坛》上的王立群先生,竟然由司马长卿的若干行为得出其乃流氓,当年骗财骗色,再骗国人二千年的荒谬结论!

《双槐岁钞》云,王琦当官时,"在公门无私谒",两袖清风。回家后,有一年光景不好,"无以朝夕",吃上顿没下顿,"冬且暮,大雪日僵卧不能出门户"。但有当官的来送东西,他却不要。有人说:"当路甚重公,举一言何所不济?乃自苦如此。"王琦回答:"吾求无愧于心耳。心无所愧,虽饥且寒,无不乐也,何啻之有?"不送"自找"之穷,不迎不义之富,官场人士倘都有如此境界,该是社稷之福了。

《送穷文》中的主人抱怨"凡所以使吾面目可憎、语言无味者,皆子之志也",一语未了,"五鬼相与张眼吐舌,跳踉偃仆,抵掌顿脚,失笑相顾",主人呢?"于是垂头丧气,上手称谢,烧车与船,延之上座"。单纯地"送",穷是不肯离去的。

人日

传统习俗里,农历正月初七是人日。人日今天在各地状况如何,式微与否,须待民俗界人士田野调查才能得知了,但人日曾经流行于全国各地,是不争的事实。洪迈《容斋随笔》云,西汉东方朔在《占书》里就提到了人日:"岁后八日,一为鸡,二为犬,三为豕,四为羊,五为牛,六为马,七为人,八为谷。"为什么如此排序?就要追溯到神话时代的伏羲、女娲了。相传两兄妹开天辟地造万物,第一天造鸡司晨,第二天造犬看门,第三、第四天造猪羊供食,第五、第六天造牛马拉车,第七天造人使主宰六畜。人诞生于"初"七,所以这天成为人的"生日"。

这种说法的起源或许更早,但到南北朝之东魏时,显然还未成为大众的共识。《北齐书·魏收传》载,东魏孝静帝元善见宴百僚,问大家人日的来历,"皆莫能知"。这时魏收站了出来,根据"晋议郎董勋《答问礼俗》",说了一套类似东方朔的话,"正月一日为鸡……七日为人"云云。当时邢劭"亦在侧,甚恶焉"。惭愧什么呢?因为"邢魏"如后世"李杜"一样并称一时,魏收能答出皇帝的问题而自己却不能。邢劭是个文学家,其"雕虫之美,独步当时,每一文初出,京师为之纸贵,读诵俄遍远近"。邢劭自恃才高,也有骄傲的资本吧。他"有书甚多,而不甚雠校",自己读书不那么认真,还嘲笑人家"何愚之甚,天下书至死不可读遍,焉能始复校此"。缺一点儿较真精神,当堂应对之时,不知邢卲又该作何感想。不过,魏收是历史学家,二十四史中的《魏书》就出自他的手笔,可见彼时人日的概念,尚要从典籍中钩沉。而南朝梁之宗懔有一部《荆楚岁时记》,其中说道:"正月七日为人日,以七种菜为羹,剪彩为人或镂金箔为人,以贴屏风,亦戴之头发。又造华胜(妇女的一种花形首饰)以相遗,登高赋诗。"也就是说,人们在这一天,或者剪彩纸,或者镂金箔,都弄成人的形状,贴在屏风上、帐上、戴在头上,还相互赠送,大作"人"的文章。宗懔与魏收的生活年代相当,南面热热闹闹而北面寂寂无闻,敢是北方战乱频仍、传统中断的缘故?

"春度春归无限春,今朝方始觉成人。从今克己应犹及,颜与梅花俱自新。"(唐卢仝《人日立春》)人日从什么时代起进入了千家万户,须待专家考证。武则天儿子唐中宗李显很看重这个节日,人日那天每每大宴群臣,"赐王公以下彩缕人胜"。彩缕人胜,业界人士说就是用彩帛或金箔剪制镂刻的人物,大约有"以人厌胜"的意思,包含了法术诅咒或祈祷的成分,所以人日又名人胜节。计有功《唐诗记事》收了不少中宗时的大臣人日那天于大明宫或清晖阁的"应制"诗,李适的、宗楚客的、刘宪的、赵彦昭的、沈佺期的等等。温庭筠《菩萨蛮》词——"水精帘里颇黎枕,暖香惹梦鸳鸯锦。江上柳如烟,雁飞残月天。 藕丝秋色浅,人胜参差剪,双鬓隔香红,玉钗头上风",描绘的也是人日时"人胜"的盛况。

人日的习俗丰富多彩,从前人留下的文字中,至少可以窥见其三个特质。其一祈寿。如李适《人日大明宫应制》——"林香近接宜春苑,山翠遥添献寿杯。向夕凭高风日丽,天文垂耀象昭回";赵彦昭《人日清晖阁应制》"幸承今日宴,长奉万年春"云云。

今天香港还有人日"食寿包"的习俗。其二怀人,怀念友人,思念家乡。薛道衡有《人日思归》:"入春才七日,离家已二年。人归落雁后,思发在花前。"大雁飞回来了,而人不及候鸟,思乡之情跃然纸上。高适《人日寄杜二拾遗》云:"人日题诗寄草堂,遥怜故人思故乡。柳条弄色不忍看,梅花满枝空断肠。身在南蕃无所遇,心怀百忧复千虑。今年人日空相忆,明年人日知何处?"这种表达就更直接了。按照叶嘉莹先生的解读,温词中"人胜参差剪"一句,透露出的也是怀人情感。其三登高。唐中宗景龙三年(709)人日,大家的诗作就是围绕"清晖阁登高遇雪"。此外,唐朝诗人中,乔侃有《人日登高》、宋之问有《军中人日登高赠房明府》、韩愈有《人日城南登高》,诗题都开宗明义。"遥知兄弟登高处,遍插茱萸少一人",登高与怀人,从来就是一对孪生兄弟吧。

宋朝张耒云:"岁后七日,其名曰人;爱此嘉名,饮酒欢欣。岂竹木之始和,生庶汇而施仁。"在东方朔的说法里,正月初七这天的天气阴晴非常重要,能够预测当年的世道以及作物的丰歉。如果天气晴朗,政事方面则"民安,君臣和";农业方面,则"所主之物育,阴则灾"。所以杜甫诗曰:"元日到人日,未有不阴时。"洪迈说:"八日为谷,所系尤重,而人罕知者,故书之。"在洪迈看来,人吃什么比人生于哪天要重要得多。今天,当各地胡乱寻找文化"抓手"之际,倒不妨考虑人日的复兴。

元宵节

　　元宵节,我们的重要传统节日之一。这一天,从前叫作"上元",上元夜叫"元夜"或"元宵"。"去年元夜时,花市灯如昼,月上柳梢头,人约黄昏后。　今年元夜时,月与灯依旧,不见去年人,泪湿春衫袖。"朱淑真或欧阳修这阕脍炙人口的《生查子》,写的就是他们那个时候元宵节夜晚的一个侧面。

　　元宵节又叫灯节,概因为节日食品是吃元宵,而节日娱乐则是元夜张灯赏灯。"只许州官放火,不许百姓点灯",说的就是元宵节放灯。放火,不是点火或纵火,而是宋朝时,我的那位叫作田登的本家作州官,要百姓避讳他的名字——谐音也要避,像唐朝诗人李贺的父亲叫晋肃,所以李贺终身不参加进士考试一样。在田登的辖区内,灯于是全都叫作火。普遍认为,放灯习俗始于汉代,或曰因为汉初在这一天诛杀诸吕,立刘恒为文帝,纪念此"升平"之日;或曰武帝久病初愈,感于太一神的灵验而于这天灯火祭祀,通宵达旦;或曰明帝信佛,为倡导之,遂于上元之夜燃灯表佛。不论传说怎样,元夜在后来已经褪去了"原始"色彩,而完全成了世俗性的公众娱乐节日。以"模棱两可"名世的唐人苏味道,当官虽然毫无原则,但元夜诗写得非常漂亮,"火树银花合,星桥铁锁开。暗尘随马去,明月逐人来。游骑皆秾李,行歌尽落梅。金吾不禁夜,玉漏莫相催"云云。论者以为,该诗写尽了古人元夜游观、彻夜狂欢的盛况。

今天一些人鉴于传统节日的衰落,主张重要的传统节日应当立法成为公众假期,去年(2005)全国"两会"还有人递交提案或议案。这一点,古人倒是早就走在了前面的。宋朝《铁围山丛谈》云:"上元张灯,天下止三日,都邑旧亦然。"后来呢,一般的地方仍然热闹3天,京城或者大城市则可以热闹5天。有人说,多出的这两天,是"吴越钱王来朝,进钱若干买"的;也有人说,那是因为乾德五年(967)后蜀初平,正值正月,"太祖以年丰时平,使市民纵乐,诏开封增两夜"。《曲洧旧闻》描述了宋朝元宵时的情景:"故族大家,宗藩戚里,宴赏往来,车马骈阗,五昼夜不止。"在这几天,人们"每出必穷日,尽夜漏乃始还家,往往不及小憩,虽含醒溢疲思,亦不暇寐,皆相呼理残妆,而速客者已在门矣"。女士们更是要精心打扮一番,"首饰至此一新,髻鬟篸插,如蛾、蝉、蜂、蝶、雪柳、玉梅、灯毬、袅袅满头,其名件甚多"。

如果说以上所引的张灯三日或五日,跟放假联系在一起还有点含糊其词,那么,明朝永乐年间关于元宵节放假就说得非常明确了,而且假期达到10天之多,事见《万历野获编》。那是永乐七年(1409)正月十一日,朱棣觉得自己"继位以来,务遵成法,如今风调雨顺,军民乐业",乃下令"今年上元节正月十一日至二十日,这几日官人每都与节假,著他闲暇休息,不奏事;有要紧的事,明白写了封进来"。看,不急的公务都暂时抛开了。对民间放灯,也极大地体现了宽松,"从他饮酒作乐快活,兵马司都不禁,夜巡不要搅扰生事"。永乐帝并且要以此"永为定例"。到了明宣宗宣德二年(1427),大致的意思又重申了一遍。同样,"诸司堂属,俱放假遨游,省署为空"。街上就更热闹了,"春如红锦堆中过,人似青罗帐里行"。百姓不知怎样,士大夫们是"呼朋命伎,彻夜歌呼,无人诃诘";有权势的,则"先期重价,各占灯楼",至于"尺寸之地,只容旋马,价亦不訾"。

《双槐岁钞》对此还有两处细节上的描述。其一曰户部尚书夏原吉陪着母亲去观灯,不知怎么给永乐皇帝知道了,"遣中官赍钞二百锭,即其家赐之,曰为贤母欢也"。其二曰永乐帝还要借此展示御制的应节诗词,由儒臣奉和,并当场评出等次,"览而悦之,赐以羊酒钞币"。1412年的元宵,陈敬宗得了第一,但这些作品不外是"皓月金门夜,和风玉殿春"以及"愿歌鱼藻咏,长奉万年杯"之类的祥和句子。别的大臣恐怕也会有陪着母亲观灯的,为什么夏原吉得到重视呢?夏原吉在明初曾为钦差大臣专司江南治水,据说他采取的是疏浚吴淞江下游、疏导太湖水出海,以及通过黄浦江来排水等方法,对今天上海港的形成甚至产生了重要影响。那么,永乐帝这一举动,用意该是公开褒扬了。

清朝的元宵节同样热闹,京师有"前门灯市,琉璃厂灯市,正阳门摸钉,五龙亭看灯火,唱秧歌,跳老鲍,买粉团"。元宵节这些丰富多彩的习俗今天也消失得差不多了,通过立法放假就能够把它们自然而然地唤回吗?包括元宵节在内的传统节日的衰落,原因是多方面的,但根本原因显然不在这里,人们并不是因为工作繁忙才无暇顾及。

正月十五

提及正月十五的民俗,今天人们最熟悉的是吃元宵、观灯以及猜灯谜等。而在前人眼中,这一天的内涵却远远不止这些。只是有的消失了,有的演变了,有的成了局部存在,变成了人类学意义上的"文化残存"(culture survival)。

比如传柑。南宋陈元靓《岁时广记》引《诗话》云:"上元夜登楼,贵戚宫人以黄柑遗近臣,谓之传柑。"那是宋朝很普遍的官俗,朝廷每设传柑宴。苏东坡的诗词中,就有不少道及之处。如《上元侍饮楼上》诗之三,有"归来一点残灯在,犹有传柑遗细君"句,其自注云:"侍饮楼上,则贵戚争以黄柑遗近臣,谓之传柑。"不仅宴会上吃了,还带回家给老婆尝尝。又《上元夜有感》有"骚首凄凉十年事,传柑归遗满朝衣"句,《答晋卿传柑》有"侍史传柑玉座傍,人间草木尽天浆"句。而其《上元词》之"拚沉醉、金荷须满,怕明年此际,催归禁籞,侍黄柑宴",要耐人寻味了,"怕"的是什么,那不是荣耀吗?东坡之外,南宋张孝祥有"何人曾侍传柑宴,翡翠帘开识圣颜"句,赵以夫有"看明年,进店传柑宴,衮绣貂蝉"句。王同祖《京城元夕》之"鼓吹喧喧月色新,天街灯火夜通晨。玉皇不赐传柑宴,散与千门万户春",想象天上所以没这东西,是将吉祥如意化作春风、春雨播撒到人间的千家万户了,借来洋溢新春的美好。

传柑宴之兴,在于借"柑橘"名称的好意头:吉。明朝田汝城《西湖游览志馀》云:"正月朔日……插芝麻梗于檐头,谓之'节节高'。签柏枝于柿饼,以大橘承之,谓之'百事大吉'。"到了清朝《京都竹枝词》中,还有"火树银花绕禁城,太平锣鼓九衢行。今年又许开灯戏,贵戚传柑到四更"。如今广州过年时,年桔在花市中的占比是一个大头,家家户户都要买上一盆,或正与此习俗相关。

又比如迎紫姑。迎之作甚?《荆楚岁时记》说了:"以卜将来蚕桑,并占众事。"预测一下桑蚕的收成如何,兼及其他。《清嘉录》说他们苏州那里把迎紫姑叫"接坑三姑娘",目的也是"问终岁之休咎",还引刘敬叔《异苑》对紫姑来历作了简要介绍,云其"姓何名媚,字丽娘,莱阳人。寿阳李景之妾"。因为"不容于嫡,常役以秽事",正月十五日这天,激愤而死。于是"世人以其日作其形,夜于厕间或猪栏边迎之",还要念念有词,"子胥不在,曹姑归去,小姑可出"云云。与此同时"戏提猪,觉重者则是神来"。所以紫姑也是神话中的厕神,主管茅厕。李商隐《观灯乐行》有"身闲不睹中兴盛,羞逐乡人赛紫姑"句,足见唐时此风已盛。

张世南《游宦纪闻》云,他小时"尝见亲朋间,有请紫姑仙"。届时,"以箸插筲箕,布灰桌上画之。有能作诗词者,初间必先书姓名,皆近世文人,如于湖、石湖、止斋者。亦有能作时赋、时论、记跋之类者,往往敏而工"。请的是"紫姑",来的却是近世已死的著名文人张孝祥、范成大、陈傅良。此外,《萍洲可谈》中紫姑"与人应答,自称蓬莱大仙";《夷坚志》中"乡士请紫姑仙,得两大字曰'陈元'",而榜眼陈元已于前两年"未食禄而卒"。诸如此类,清人黄仲则认为,紫姑喜欢"冒名顶替"他人,包括"冒名顶替"他人写诗,那么在前人眼中,紫姑该属于比较顽皮的一类了。不过,张世南又说了:"言祸福,却多不验。"

正月十五最有意思的一项民俗,莫过于这一天还可以光明正大地偷东西。东魏孝静帝天平四年(537)"春正月,禁十五日相偷戏",除此之外,所见皆是纵容。按《帝京景物略》的说法:"金元时,放偷三日。"《松漠纪闻》云:"金国治盗甚严,每捕获,论罪外皆七倍责偿。唯正月十六日,则纵偷一日以为戏,妻女宝货车马,为人所窃,皆不加刑。"到这一天,"人皆严备,遇偷至则笑遣之。既无所获,虽畚锸微物,亦携去。妇人至显入人家,伺主者出接客,则纵其婢妾盗饮器",甚者"亦有先与室女私约,至期而窃去者,女愿留则听之。自契丹以来皆然,今燕亦如此"。清人毛奇龄也说:"渤海向北,有个风俗,平日禁偷极严,至每年元夕,各许里巷放偷一日,以为戏乐。"

连"妻女宝货车马"都偷,游戏怕是玩过了头,一句"夷俗哉"恐不能蔽之。而正月十五之偷,亦不局限于夷俗,也正是另外这些偷,才符合节日的属性。有的地方是"偷青"。"天青青,月明明,玉兔引路去偷青。偷了青葱人聪明,摘了生菜招财灵。"新闻所见,如今海口、荆州、广州等地,都还在传唱这种歌谣。偷的目的,是寓意自己能变得更聪明,兼且招财进宝。还有的地方偷灯盏。《岁时广记》引《琐碎录》云:"亳社里巷小人,上元夜偷人灯盏等,欲得人诅咒,云吉利。都城人上元夜一夕亦如此,谓之'放偷'。"为什么呢?因为"偷灯者生男子之兆"。又引《本草》云:"正月十五日灯盏,令人有子。夫妇共于富家局会所盗之,勿令人知,安卧床下,当月有娠。"这样的话,就是立竿见影了。《琐碎录》还说:"(偷)得匙者尤利,故风俗于此日不用匙。"这就不知为什么了,没人解释。

正月十五这些曾经的民俗退出了历史舞台,统而观之,无论消失、演变还是成为文化残存,都并非偶然。世易时移,大浪淘沙是也。

走百病

农历正月十六,一些地方仍有"走百病"的习俗。用明朝张宿的诗句说,就是"白绫衫照月光珠,走过桥来百病无。再过前门钉触手,一行直得一年娱"。上个周日例牌到家门口的海珠湖走走,不知人为什么比过年时还多,因而在微信圈里说了句"没到正月十六走百病嘛"。在四川阆中工作的同学看到,旋问广州也有这个习俗吗?因为阆中在2013年的时候已将"正月十六'游百病'"成功申报为"中国体育非物质文化遗产",概明清时的《阆中县志》记载:"上元后一日,锦屏山游人如蚁,谓之游百病。"

广州已经没有这种习俗了,但不远处的佛山还有,他们叫"行通济",就是去走通济桥。这个正月十五(2016),报道说有70万人提着生菜、拿着风车走过通济桥。"行通济"做什么呢?民谣道出了其中奥妙:"行通济,冇闭翳。"冇,方言字,"没有"的意思。记得20世纪70年代末第二轮简化字表公布的时候,大量汉字变得"缺胳膊短腿",其中"有"就被简化成了"冇",省了里面的"二",在别的地方好说,在"有""冇"意思南辕北辙的广州白话这里一旦施行,还真不知怎么办才好,好在那个字表非常短命。闭翳,方言词,大抵是忧愁、衰气的意思。那么,"行通济"的寓意就非常清楚了:祈愿身体健康。用本地方言来表述,就是"咩衰气都赶走嘞"。看了一些资料,似乎都认为佛山"行通济"是本地"独立起源"的结果,如桥头9级、桥尾13级石阶,反映出"九出十三归"的意念云云。不过客观地说,应该与其他地方是存在因果关联的。

放眼全国来看看。谢肇淛《五杂组》说的是明朝时的山东,"齐鲁人多以正月十六夜游寺观,谓之走百病"。刘侗、于奕正《帝京景物略》说的是明朝时的北京,"(正月)八日至十八日,集东华门外,曰灯市。贵贱相遝,贫富相易贸,人物齐矣。妇女着白绫衫,队而宵行,谓无腰腿诸疾,曰走桥"。徐珂《清稗类钞》说的是清朝时的东北,"正月十六日,妇女步平沙,曰走百病;或连袂打滚,曰脱晦气,入夜尤多"。顾禄《清嘉录》说的是清朝时的苏州,"元夕,妇女相率宵行,以却疾病。必历三桥而止,谓之走三桥"。又引其他志书云:"上元,妇女走历三桥,谓可免百病。"再加上阆中,无须以所见推所不见,也可以看到东西南北中,"走百病"在全国是一个全方位的存在。使之与"行通济"进行比对的话,不难发现二者本质上的相似,区别只在于个别元素;且这区别,即使在同名"走百病"的民俗中也一样存在。这里需要舍末逐本。

这里的"本"是什么呢?时间、地点、功能。综合起来可见,正月十六、桥、祈福,为各地此一民俗所共有。有篇报道告诉我们,佛山的"行通济"从前也正是在正月十六进行,近年才为地方政府改为正月十五,所以那些"老佛山"仍然坚持正月十六"行通济",这无疑是传统文化呈现的韧性一面。即便只是正月十五也不要紧,像明朝北京那样干脆还是一个范围,正月初八到十八,然而都属于"元宵民俗"的本质一面。这里的"末"又是什么呢?那就是各地元宵民俗相异的另一面。比如有的地方只有妇女参与其中;有的地方要走三座桥;有的地方还要"至城各门,手暗触钉,谓男子祥,曰摸钉儿",以祈求添丁就是生个儿子,还要"击太平鼓无昏晓,跳百索无稚壮,戴面具耍大头和尚"……这些"末"的细节,实则是在以"本"为基础的文化传播过程中融合了地方特色的产物。因而"本"的源头虽然已不可考,但是正如龙之九子,面貌虽异,"万变不离其宗"。佛山的"行通济"如此,成为国家体育非遗的阆中"游百病"、成为吴江本地非遗的"走三桥",同样如此。

明朝周用有一首《走百病行》:"都城灯市春头盛,大家小家同节令。姨姨老老领小姑,撺掇梳妆走百病。俗言此夜鬼穴空,百病尽归尘土中。不然这年且多病,臂枯眼暗偏头风。踏穿街头双绣履,胜饮医方二钟水。谁家老妇不出门,折足蹒跚曲房里。这年走健如去年,更乞来年天有缘。蕲州艾叶一寸火,只向他人肉上燃。"昔日"走百病"的盛况和功能,由此可窥一斑。老老少少,梳妆打扮,出去走,把病给他走丢啊。把脚上的花鞋走坏了有什么要紧,好过吃药啊。谁还在屋里犹豫,不愿出门?别这么傻,赶紧出门去走,明年生病的就是别人而不是你啊。尤其末句,何其趣味盎然?

"细娘分付后庭鸡,不到天明莫浪啼。走徧三桥灯已落,却嫌罗袜污春泥。"陆伸的这首《走三桥词》,谐谑之中,道出的也是"走百病"民俗在昔日的魅力。我们的许多传统节日内涵都十分丰富,极具参与性与娱乐性,而这正是传统节日得以传承、光大的前提要素。传统节日的衰落,实际上是节日民俗的衰落。节日来临之时,人们往往成了旁观者。而西方的情人节、万圣节、圣诞节等所以日益受到国人尤其是年轻人的青睐,在于节日中贯穿的情趣被他们仍然传承着,人们乐在其中。因此,振兴传统节日,必须从振兴民俗入手。

数九

当下是四九。"三九四九冰上走",在我的故乡,正值严寒时节;而在广州,不仅春意盎然,甚至有初夏的感觉。

像三九四九这类的说法,在民俗中叫作数九。就是从冬至开始起计算,将此后的81天分成九个段落,每九天为一九,第九个九天即九九。这是我国古代民间计算寒天的一种消遣方法。现在这个时间段,为一年中气温由较低过渡到最冷,再逐渐回暖的一段。其中三九至四九,不仅是我的故乡,而且是我国北方冬季最冷的时期。歌剧《江姐》中有"三九严寒何所惧,一片丹心向阳开",说的是四川;歌剧《刘胡兰》里有"数九寒天下大雪,天气虽冷我心里热,我从那前线转回来,胜利的消息要传开",说的则是山西。在我们那里,《燕京岁时记》还说了:"冬至三九则冰坚,于夜内凿之,声如錾石,曰打冰。三九以后,冰虽坚不能用矣。"所谓可用之冰,即夏日用于冰窖保鲜之冰。

在若干南方地区实际上也是这样。《清嘉录》记录的是苏州一带的节令习俗,其"连冬起九"条有数九歌云:"一九二九,相唤弗出手。三九廿七,篱头吹觱篥。四九三十六,夜眠如露宿。五九四十五,穷汉街头舞。不要舞,不要舞,还有春寒四十五。六九五十四,苍蝇垛屋柱。七九六十三,布衲两肩摊。八九七十二,猫狗躺湔地。九九八十一,穷汉受罪毕,刚要伸脚眠,蚊虫獦蚤出。"在三九四九那里,也是强调了冷。觱篥,汉朝从西域传入的一种管乐器,用竹作管,用芦苇作嘴。风刮在篱笆头上,犹如在吹觱篥一般,用于说明寒栗十分形象。该数九歌还特别说到,四九这个时候"必多雨雪",有"雨雪连绵四月天"之谓。类似的歌谣,在不同地方有不同的版本,然大同小异,所异之处,大抵都结合了自身特点。

数九漫长,穷汉受罪,富贵人家则不然,他们有饮酒作乐的消寒会。《红楼梦》第九十二回,宝玉道:"明儿不是十一月初一日么?年年老太太那里必是个老规矩,要办'消寒会',齐打伙儿坐下,喝酒说笑。"方浚颐《梦园丛说》云:"每当毡帘窣地,兽炭炽炉,暖室如春,招三五良朋,作'消寒会'",届时,"煮卫河银鱼,烧膳房鹿尾,佐以涌金楼之佳酿,南烹北炙,杂然前陈"。而"消寒会"这种做法,唐朝就有了,《开元天宝遗事》中已经提及。

前人还有一种"九九消寒图",形式多样,既有绘画,也有书法。

元朝杨允孚诗曰:"试数窗间九九图,馀寒消尽暖回初。梅花点徧无馀白,看到今朝是杏株。"其自注云:"冬至后,贴梅花一枝于窗间,佳人晓妆,日以胭脂图一圈,八十一圈既足,变作杏花,即回暖矣。"参照《帝京景物略》"春场"条,可明了其意。云冬至这一天,"画素梅一枝,为瓣八十有一,日染一瓣,瓣尽而九九出,则春深矣,曰九九消寒图。有直作圈九丛,丛九圈者,刻而市之,附以九九之歌,述其寒燠之候"。就是说,画好的81瓣梅花都是空白的,过一天,上色一瓣,全部上完,九九就结束了。《燕京岁时记》还补充了另外一种,"消寒图乃九格八十一圈。自冬至起,日涂一圈,上阴下晴,左风右雨,雪当中"。

《养吉斋丛录》讲到的消寒形式则是文字,云"道光初年,御制《九九消寒图》,用'亭前垂柳珍重待春風'九字,字皆九笔也。懋勤殿双钩成幅,题曰'管城春满'",那些值班的翰林,"按日填廓,细注阴晴风雪,皆以空白成字,工致绝伦。每岁相沿,遂成故事"。就是每天填一画,81天填完。无论是绘画还是书法,都相对于今天在月历上打了个×,表示过去了一天。九足,则春风送暖,寒意全消。然相较于月历,消寒图显然更情趣盎然。

"转眼消寒过九九,春光又到艳阳时。"(赵翼句)与"消寒"对应的是"消夏",这就涉及"夏九九"了。通常所说的数九,一般都是指"冬九九",而"夏九九"与之形成鲜明对照,只是流传不广罢了。电影《柳堡的故事》插曲人们耳熟能详,"九九那个艳阳天来哟,十八岁的哥哥呀坐在河边,东风呀吹得那个风车儿转哪,蚕豆花儿香啊麦苗儿鲜",说的就是夏九九。

相应地,"夏九九"是从夏至算起的81天,三九四九这回变成全年最炎热的季节。《西湖游览志馀》"委巷丛谈"条云:"杭人以冬夏二至后数九,以纪寒暑云。"并收录了一首关于夏九九的数九歌:"一九二九,扇子不离手。三九二十七,冰水甜如蜜。四九三十六,拭汗如出浴。五九四十五,头戴秋叶舞。六九五十四,乘凉入佛寺。七九六十三,床头寻被单;八九七十二,思量盖夹被。九九八十一,家家打炭墼。"表明这个时间段是天气由酷暑转为清凉的过程。清朝学者俞樾有一部《九九消夏录》,是他课徒之余所写的读书札记,着重于对《易》《诗》《四书》的考校,兼涉诸如琴棋书画、文房四宝、汉瓦京砖、文人轶事等。学者消夏的这种雅事,较之富贵人家消寒的那种俗事,高下立判了。

"春打六九头,沿河看垂柳";"七九河开,八九燕来"。民谚之外,数九民俗中的若干成分也相当有趣。然耳闻目睹,类似"九九消寒图"这些极具特色的形式,今天已经见不到了,不妨考虑复兴,一来有积极意义,二来不是什么难事,三来这也是振兴传统文化的一个组成部分。

二月二

在传统习俗中,农历二月初二是"龙抬头"的日子。传说中,安眠了一冬的龙在这一天终于苏醒了,抬起了头。有趣的是,天文现象中也有龙抬头。或者说,正是因为那种天象的存在,才催生了民间的传说吧。

我们的前人观测日月和金木水火土五星的运行,以恒星为背景,因而先后选择了黄道赤道附近的二十八个星宿,来表示日月星辰在天空的位置并借此判断季节。东方苍龙、北方玄武、西方白虎、南方朱雀各七宿,四七二十八。每一方的七宿联在一起,被古人想象成了四种动物的样子,因而有这种命名。比如东方苍龙是角、亢、氐、房、心、尾、箕七宿,从角宿到箕宿,联起来被想象成了一条龙,角宿恰似龙的角。每到二月二的黄昏,角宿就从东方地平线上出现,故称"龙抬头"。在《西游记》里,每个星宿都拟人化了,相应地还都给取了名字,跟孙悟空都是朋友。大圣在小雷音寺大战黄眉童儿,二十八宿都应邀前来助战,然而作用不大,亢金龙为大圣从铙钹中脱身算是帮了点儿忙,角木蛟只喊了声:"兄弟每,怪物来了!"

在唐宋时人留下的文字中,二月二已经成为节日了,但还看不到"龙抬头"的影子,那个时候叫挑菜节、踏青节。挑菜,就是初春百草生发之时，人们至郊外挖取野菜。唐李淖《秦中岁时记》有："二月二日，曲江采菜，士民游观极盛。"宋贺铸《二月二日席上赋》有："二日旧传挑菜节，一樽聊解负薪忧。"陆游《水龙吟·春日游摩诃池》词有："挑菜初闲，禁烟将近，一城丝管。"周密《武林旧事》卷二《挑菜》中有比较详细的描述："（二月）二日，宫中排办挑菜御宴。先是，内院预备朱绿花斛，下以罗皂作小卷，书品目于上，系以红丝，上置生菜、荠花诸品。俟宴酬乐作，自中殿以次，各以金篦挑之。"游戏进程中，除了后妃、皇子等有赏无罚之外，该罚的，"则舞唱、吟诗、念佛、饮冷水、吃生姜之类。用此以资戏笑。王宫贵邸，亦多效之"。从中可见，挑菜节已不是单纯为了挑菜，而演化成节日中进行的一次娱春活动了。

有人考证，最早记录龙抬头民俗的是元末熊梦祥的《析津志》，该书在描述京畿地区风俗时提到："二月二日，谓之龙抬头。五更时，各家以石灰于井畔周遭糁引白道直入家中房内，男子妇人不用扫地，恐惊了龙眼睛。"明刘侗、于奕正《帝京景物略》亦载："二月二日曰龙抬头，煎元旦祭余饼，熏床炕，曰熏虫儿。"沈榜《宛署杂记》云："二月引龙，熏百虫：宛人呼二月二日为龙抬头。乡民用灰白门外委蜿布入宅厨，旋绕水缸，呼为引龙回。用面摊煎饼。熏床炕令百虫不生"。大家期待"龙抬头"干什么？让他下雨，俗话说"龙不抬头天不下雨"嘛。龙在上古时，只是神人遨游天地时乘坐的普通交通工具，汉武帝会见西王母，后者就是"驾九色斑龙"而来。后来，龙被赋予了兴云作雨、滋润万物的功能。孙悟空在除魔过程中有几次需要雨，都是把东海龙王敖广叫出来帮忙。在朱紫国悟空行医需要无根水，敖广说："大圣呼唤时，不曾说用水，小龙只身来了，不曾带得雨器，亦未有风云雷电，怎生降雨？"一旦明了无根水无须太多，龙王释怀了："既如此，待我打两个喷嚏,吐些涎津溢,与他吃药罢。"

"春雨贵如油",初春的雨关系到农作物一年的收成,所谓"二月二,龙抬头。大囤满,小囤流"。所以,龙在这天能不能抬头并布雨,势必成为民间高度关注的一件事。古人似乎也已经认识到,二月二前后降水的概率极高,理当春雨潇潇,正像"清明时节雨纷纷"一样。唐李商隐有:"二月二日江上行,东风日暖闻吹笙。……新滩莫悟游人意,更作风檐夜雨声。"白居易有:"二月二日新雨晴,草芽菜甲一时生;轻衫细马春年少,十字津头一字行。"宋张耒《二月二日挑菜节大雨》有:"久将菘芥荆南美,佳节泥深人未行。想见故园蔬甲好,一畦春水辘轳声。"沈遘《正月久旱二月三日大雨》有:"二月震雷差似早,三农愆雨已惊迟。"诸如此类。本埠天气预报说,明后两天广东局部地区将有中到大雨。倘若我们了解前人的经验之谈,则自己也可预先知道一二了。

二月二的民俗事项委实丰富多彩。祈雨之外,还有前面的引龙回,熏虫儿;还有《清嘉录》中的"(二月)二日为土地神诞,俗称土地公公,大小官廨皆有其祠";还有我们更熟知的"二月二,剃龙头"。今年的二月二恰逢春分,一般来说它是在惊蛰前后,惊蛰是春回大地、农耕开始之时,也是百虫蠢蠢欲动、疫病易生之时,所以有"二月二,龙抬头,蝎子、蜈蚣都露头"的说法,人们祈望龙抬头来镇住毒虫。《清嘉录》记载的是苏州民俗,这一天是另一种热闹,"官府谒祭,吏胥奉香火者,各牲乐以酬。村农亦家户壶浆以祝神釐"。《清稗类钞》主要说的是吃和禁忌:"有食饼者,谓之龙鳞饼;有食面者,谓之龙须面。妇女亦停止针线,意恐伤龙目也。"

二月二的民俗事项如此丰富多彩,在振兴传统节日的今天,何愁找不到抓手?我们都已经淡忘了,只还记得个"剃龙头"吧。

波罗诞

广州南海神庙在每年农历二月十一至十三都要举行南海神诞,其中十三为正诞,祭祀南海神。这个庙会的历史悠久,宋朝刘克庄《即事》诗就写到了:"香火万家市,烟花二月时。居人空巷出,去赛海神庙。东庙小儿队,南风大贾舟。不知今广市,何似古扬州。"当下,这个广州地区民间影响最大的庙会,正在一如既往地热闹着。国人有了"非物质文化遗产"后,南海神诞自然忝列其中。新闻中得知,今年(2013)的神诞像前两年一样又是七天之多,未知是否借鉴了"长假"的吸金大法。

南海神诞又叫波罗诞。为什么?浏览诸多文章,大抵皆言因庙中有"夷人"或"番僧"种下的波罗树。明王临亨《粤剑编》云:"广城东六十里为南海神祠,门左有达奚司空立像。"波罗树就是达奚种的。王临亨是根据宋朝阮遵的说法:"菩提达磨与二弟由天竺入中国,达奚其季也。经过庙,欲谒王,王留与共治。达奚不可,揖欲去,俄死座间,化为神。航海者或遇风波,呼司空辄有应云。"因为这老外"植波罗树,不克归,立化于此。故至今海神庙土人皆呼为波罗庙"。王临亨还说"司空像本肉身也,而泥傅其外,未知真否"。神到了那个份上,可能真吗?以余观之,南海神庙或诞又叫波罗庙或诞,并非种植了波罗树这么简单,应该是两种信仰——南海神与佛——合而为一的产物。

南海神者何？古人所认为的东南西北四海神之一。学者指出，《山海经》中有四海海神的说法，都具有崇鸟、崇蛇的共同信仰特征。而与四海海神对应的还有四方方位神，南方之神就是祝融。到了汉代，海神与方位神合流，"南海神曰祝融，东海神曰句芒，北海神曰玄冥，西海神曰蓐收"，不仅有名字，还各自有老婆，祝融的老婆姓翳名逸寥。今仍见存之韩愈《南海神广利王庙碑》云："考于传记，而南海神次最贵，在北东西三神、河伯之上，号为祝融。"然而，祝融不是火神吗？清代屈大均这样阐释："火之本在水，水足于中，而后火生于外。火非水无以为命，水非火无以为性。水与火分而不分，故祝融兼为水火之帝也。其都南岳，故南岳主峰名祝融。其离宫在扶胥，故昌黎云，南海阴墟，祝融之宅。"离宫之说颇有趣，祝融的宝殿在衡山，出巡的时候驻在南海神庙。为什么南海神次最贵？屈大均也说了："四海以南为尊，以天之阳在焉。"

隋朝国家一统，乃于开皇十四年（594）"诏东镇沂山，南镇会稽山，北镇医无闾山，冀州镇霍山，并就山立祠。东海于会稽县界，南海于南海镇南，并近海立祠"。这末一句，就是南海神庙的"先祖"了。由此诏书亦知，文帝彼时立神庙，呈"全方位"的态势，不仅祀海神，而且祀山神。识者以为，此举搭建了国家祭祀与民间信仰互动的平台，确是。这样一来我们会发现，南海神庙对达摩（磨）传说的攀附一面。众所周知达摩是在南朝梁武帝时由广州登陆的，彼时庙尚不存，弟弟不肯留下之说不是建立在空中楼阁上？因此，波罗及其搭配出的树、诞、鸡（祭祀道具）等，必有另外一层原因，决不仅仅如屈大均所说波罗树有多神奇，什么"树不著花，土人刀斫其干，液出而成实，丑若鬼面，剖之有房，熟而食之,如栗而香。若或不经刀砍,则液流于地,实成地中,香达于外,土为之裂",等等。我们以前也有波罗树,《新唐书·南蛮传》载:"自曲靖州至滇池,人水耕,食蚕以柘,蚕生阅二旬而茧,织锦缣精致。"而"大和、祁鲜而西"就不同了,"人不蚕,剖波罗树实,状若絮,纽缕而幅之"。这表明土产的波罗树乃野生的木本棉花。

南海神庙的"波罗树",即便实指常绿乔木,显然也更具社会学意味。概因"波罗"二字,也可以是梵语"波罗蜜"之省,而波罗蜜在水果之外,还有"到彼岸"的内涵,即由此岸(生死岸)度人到彼岸(涅槃、寂灭)。这一观念,南朝的人已经有了。《世说新语》云:"殷中军被废东阳,始看佛经,初视《维摩诘》,疑般若波罗密太多,后见《小品》,恨此语少。"刘孝标注曰:"波罗密,此言到彼岸也。"综合起来不难看出,南海神与波罗融为一体,不分你我,实际上表明了本土与外来两种信仰的融合。商船、渔船出海,例向南海神祭拜,这种现实与沿海居民的生产生活方式息息相关;而祈求佛祖保佑,像其他地方一样,乃是精神世界的重要需求。神庙中的"千里眼""顺风耳"神像乃道教的守护神,说明其中也有道教的成分,足见南海神庙祭祀并非单一的一面。

"第一游波罗、第二娶老婆",由广州民间俗语中,可窥波罗诞曾经在百姓心目中的至高地位。1992年的那个波罗诞,余研究生即将毕业,到南海神庙勤工俭学了一回:白天验门票,晚上用麻袋或纸箱把香客们随处布施的人民币、港币、美金等收集起来。三天下来,真正见识了那是怎样一番盛景,尤其庙内到处缭绕的香火,熏得眼睛整天"内牛满面"。仿佛昨天的事情,却已有二十多年过去了。

三月三

农历三月初三,俗称三月三。从前这天有个雅号:上巳节。巳,古代的干支纪日法。巳日一共有五个:己巳、辛巳、癸巳、乙巳、丁巳。汉以前,把农历三月上旬的巳日视为节日,这一天,人们到水边嬉戏,涤除污垢,同时祈愿洗去疾病与厄运,所谓祓除不祥,称为修禊。禊者,洁也。魏晋以后,固定在三月初三进行,不必一定是上巳日了,但上巳的节日名称保留了下来。

这是个历史相当悠久的节日。

"溱与洧,方涣涣兮。士与女,方秉蕳兮。女曰:'观乎?'士曰:'既且。''且往观乎?洧之外,洵訏且乐。'维士与女,伊其相谑,赠之以勺药。"此乃《诗·郑风·溱洧》之第一章。这个浪漫的爱情故事,正发生春秋时期郑国的上巳日。当其时也,郑国青年男女到溱、洧二水之畔游春。姑娘邀约心上人,一起去那边看看吧?小伙子说,我已经去过了。姑娘说,那就再陪我去看看吧,听说很好玩呢。蕳,亦名兰,不是今天的兰花,而是一种著名的香草,古人用来沐浴或佩身。勺药,古时情人在"将离"时互赠之,寄托即将离别的情怀。《溱洧》诗生动描述了郑国这一节日的盛况,诗人本身就是秉蕳赠花中的一员也说不定。

《论语·先进》中,孔子要弟子们言志,曾点说"暮春者,春服既成,冠者五六人,童子六七人,浴乎沂,风乎舞雩,咏而归",亦被视为上巳祓除,蔡邕就是这么认为的。"吾与点也",曾点的这一志向得到了孔子的认同,皇侃认为:"当时道消世乱,驰竞者众,故诸弟子皆以仕进为心,唯点独识时变,故与之也。"

如前所述,三月三的重要民俗活动是休禊,全员参与。《后汉书·礼仪志上》载:"上巳,官民皆洁于东流水上,曰洗濯祓除去宿垢疢为大洁。"《晋书·礼志下》载:"晋中朝公卿以下至于庶人,皆禊洛水之侧。"史上最著名的休禊,当推东晋穆帝永和九年(353)的兰亭会。刘孝标注引王羲之《临河叙》曰:"永和九年,岁在癸丑,暮春之初,会于会稽山阴之兰亭,修禊事也。"《世说新语·企羡》云:"王右军得人以《兰亭集序》方《金谷诗序》,又以己敌石崇,甚有欣色。"这次雅集留下的诗赋被辑成一集,王羲之作序并书之,遂诞生了被誉为"天下第一行书"的《兰亭序》。

就三月三的文化特质而言,除了河边、沐浴,还有一个是"流杯曲水之饮",大约起源于东晋。《晋书》载废帝司马奕曾"于钟山立流杯曲水,延百僚"。《兰亭序》亦云,雅集所在,"有崇山峻岭,茂林修竹;又有清流激湍,映带左右,引以为流觞曲水,列坐其次"。当然不止"群贤"采用这种方式,南朝梁宗懔《荆楚岁时记》云:"三月三日,士民并出江渚池沼间,为流杯曲水之饮。"

"三月三日天气新,长安水边多丽人。"杜甫名篇《丽人行》,描写的是安史之乱前夕,尽管时局动荡,长安城南曲江边到了上巳节,仍旧美女如云、华服闪耀。唐朝非常重视三月三。《唐会要》载,德宗贞元十四年(798)上巳,"赐宰臣百官宴于曲江亭"。穆宗长庆三年(823)诏曰:"每年上巳、重阳日,如有百官宴会,宜每节赐钱五百十贯文,令度支支给。"度支,掌管全国财赋的统计与支调。这意味着,上巳等节日宴会,可以用公款进行额外开支。因此而导致的节日盛况,明胡震亨《唐音癸签》有过描述:"百官游宴,多是长安、万年两县有司供设,或径赐金钱给费。选妓携觞,幄幕云合,绮罗杂沓,车马骈阗,飘香堕翠,盈满于路。"

清朝学者赵翼发现:"《新唐书》列传内所增事迹较《旧(唐)书》多二千余条,其小者不必论,甚有必不可不载而《旧(唐)书》所无者。"比如《来俊臣传》。武则天时的某个上巳节,来俊臣"与其党集龙门",干什么呢,"题缙绅名于石,抵而仆者先告",将他们仇视的朝廷官员的名字先贴在石头上,然后拿小石头去掷,掷中哪一个就罗织罪名,告发哪一个。那次他们很想掷中宰相李昭德,却是未能如愿,结果"昭德知之,乃令卫遂忠发其奸,言自比石勒,欲告皇嗣及庐陵王与南北卫谋反"。赵翼说:"此皆见俊臣之恶,《旧(唐)书》不载,《新(唐)书》补。"来俊臣等人的行为,算是给三月三增添的一个污点了。

不同的人,对相同的节日自然有不同的心境。"一春花事今宵了。点检落红都已少。阿谁追路问东君,只有青青河畔草。尊前不信韶华老。酒意妆光相借好。檐前暮雨亦多情,未做朝云容易晓。"此宋人毛滂《玉楼春·三月三日雨夜觞客》词。是日遇雨,毛滂夜里备酒宴客,怅惘韶华易逝。刘克庄《忆秦娥·上巳》慨叹的则是时过境迁,魏晋风流不再:"修禊节。晋人风味终然别。终然别。当时宾主,至今清绝。　等闲写就《兰亭帖》。岂知留与人闲说。人闲说。永和之岁,暮春之月。"如此等等,不胜枚举。

上巳节今天已经退出了汉民族的历史舞台,不过,我国许多少数民族仍然保留着三月三,如壮、侗、苗、瑶族等。三月三还是广西壮族自治区公共假日。在汉民族这里,因为与清明节相近,宋朝开始两节乃逐渐融合为一体,不至于太过重复。未必如范成大《观禊帖有感三绝》所叹:"三日天气新,禊饮传自古。今人不好事,佳节弃如土。"

寒食节

清明节又到了。清明前后是祭祖和扫墓的日子,从前则不然,扫墓行为发生在寒食节。二者是相邻的两个节日。在时间关系上,寒食节在前,清明节在后。到了后来,二者合并,为不识者混为一谈了。富察敦崇《燕京岁时记》云:"清明即寒食,又曰禁烟节。古人最重之,今人不为节,但儿童戴柳祭扫坟茔而已。"

寒食节的一个文化特质是禁火。宗懔《荆楚岁时记》云:"去冬节一百五日,即有疾风甚雨,谓之寒食。禁火三日。"王禹偁《清明感事》诗云:"无花无酒过清明,兴味萧然似野僧。昨日邻家乞新火,晓窗分与读书灯。"乞新火,意谓寒食节时先灭火,清明节再取得新火,名曰"改火"。有人研究,改火曾经是世界范围内普遍流行的一项非常古老的习俗。王诗即点明了寒食与清明的时间关系,也点明了彼时清明还是游春赏玩的时节,然而自家四壁空空长物无,过得像苦行僧一样,只有燃灯读书了。

寒食节起自何时?《蕉轩随录》"时节始置"引《事物纪原》云:"伏羲初置元日,神农初置腊节,轩辕初置二社,巫咸始置除夕节,周公始置上巳,秦德公初置伏日,晋平公始置中秋,齐景公始置重阳、端午,楚怀王初置七夕,秦始皇初置寒食,汉武帝始置三元,东方朔初置人日。"归功于秦始皇。不过,寒食节是可以溯至上古的。《周礼》"秋官司寇"云,司烜氏"掌以夫遂取明火于日"。遂,即阳燧。按《古今注》的说法:"阳燧,以铜为之,形如镜,向日则火生,以艾承之,则得火也。"这种情形,跟如今每届奥运会举办之前,先要在希腊古奥林匹亚遗址采集圣火差不多,都是太阳聚焦的原理。到仲春,司烜氏还要负责"以木铎修火禁于国(城郭)中"。因此,郑玄说"禁火,盖周之旧制也",是春季防火的要求。

但是,主流民间传说将寒食节与介子推(或之推)紧密关联在一起。介子推,春秋晋国人,追随落难的重耳,有"割股奉君"之举;重耳归国继位,"赏从亡者",他又隐居"不言禄"。介子推的事迹大抵只有这些。传说增添了诸多神奇的成分,所谓重耳即晋文公负其功臣,介子推愤而隐于绵山,悔悟后的文公烧山逼令出仕,子推抱树焚死,民间乃相约于其忌日禁火冷食,以为悼念云云。绵山,也因之易名介山,就在山西介休。介休,亦因子推而得名。今天有研究指出,首先关联二者的是东汉桓谭,其《新论·离事》云:"太原郡民,以隆冬不火食五日,虽有疾病缓急,犹不敢犯,为介子推故也。"而洪迈《容斋三笔》认为,始作俑者是西汉刘向。刘向《新序》云,"晋文公反,酬士大夫酒",子推怨于无爵齿,拿起酒杯说了些气话:"有龙缫缫,将失其所,有蛇从之,周流天下,龙既入深渊,得其安所,蛇脂尽乾,独不得甘雨,此何谓也?"然后便上了介山,"文公使人求之不得,为之避寝三月,号呼期年",却是"待之不肯出,求之不能得",乃有焚山之举。

当然,前人对介子推说已有相当之多的辨正。《后汉书·周举传》载:"太原一郡,旧俗以介子推焚骸,有龙忌之禁。至其亡月,咸言神灵不乐举火,由是士民每冬中辄一月寒食,莫敢烟爨,老小不堪,岁多死者。"周举迁并州刺史,"既到州,乃作吊书以置子推之庙,言盛冬去火,残损民命,非贤者之意,以宣示愚民,使还温食。于是众惑稍解,风俗颇革"。沈括就说了,这里所云寒食,"乃是冬中,非今节令二三月间也"。《五杂组》亦云:"寒食禁火,以为起自介子推者,固俗说之误。"他还顺带指出:"以为龙星见东方,心为大火,惧火之盛而禁之,则尤迂之迂也。"在他看来,这些寒食节来源的说法"讹以传讹,日甚一日"。不过,建立在某种文化心理之上的节日民俗,一旦构成了深藏在人们行为、语言和心理中的基本力量,便是任何所谓辨正都力不从心的了。

唐朝很重视寒食节,表现之一是节日假期的设定。《唐会要》载,玄宗开元二十四年(736)明确:"寒食、清明,四日为假。"代宗大历十三年(778)加了一天,"自今已后,寒食通清明休假五日"。德宗贞元六年(790)又敕:"寒食、清明,宜准元日节,前后各给三日。"一家伙成了七天长假。宋朝继承了这一点,将寒食节与元旦、冬至同等看待,都是七天。《宋史·职官志》载:"元日、冬至、寒食假各七日。"《食货志》载,真宗大中祥符元年(1008),"诏泸州南井灶户遇正、至、寒食各给假三日"。就是说,四川那些专业制盐的人家寒食也有三天假放。

"春城无处不飞花,寒食东风御柳斜。日暮汉宫传蜡烛,轻烟散入五侯家。"唐朝韩翃《寒食》诗,被视为此类题材的代表作,德宗李适亦深爱之,诗人还因此擢升为驾部郎中知制诰。然后人指出,这实际上是一首政治讽刺诗。概《西京杂记》有"寒食禁火日,赐侯家蜡烛";又《后汉书·宦者列传》载,桓帝同日封单超等五名宦官为侯,"故世谓之五侯"。喻守真评价:"四句不说别处,偏飞'五侯家',则是明指宦官之得宠,而能传赐蜡烛。寓意深刻,不加讥刺,而已甚于讥刺。"德宗他们,没有看出这种春秋笔法吗?

寒食节(续)

寒食节的民俗是丰富多彩的。

彭乘《墨客挥犀》云:"镇阳于诸节中尤重寒食。是日,不问贫富,皆制新衣,焕然满目。"概"一岁终惟此日易衣。虽甚弊,不复易。至来岁是日,复图一新也"。这就是从前北方过年的待遇了。彭乘说"自闽岭已南,视此节则若不闻矣",举沈佺期谪岭表诗为例:"岭外逢寒食,春来不见饧。镇阳新甲子,何日是清明。"此之"镇阳"暂未知确指,北方是一定的,彭乘用以说明"南北异俗可知"嘛。

《东京梦华录》云:"寻常京师以冬至后一百五日为大寒食,前一日谓之'炊熟',用面造枣䭅飞燕,柳条串之,插于门楣,谓之'子推燕'。子女及笄者,多以是日上头。"及笄,即女孩年满十五岁,这个年纪要把头发绾起来,戴上簪子。《梦粱录》云:"清明节前两日谓之'寒食',京师人从冬至后数起至一百五日,便是此日。家家以柳条插于门,名之曰'明眼'。"《武林旧事》说得更详细一些,"都城人家,皆插柳满檐,虽小坊幽曲,亦青青可爱,大家则加枣䭅于柳上,然多取之湖堤",有人因而提醒"莫把青青都折尽,明朝更有出城人",给别人也留点儿。

归纳起来,寒食节的节俗,大致有这样几个。

其一,禁火。

"普天皆灭焰,匝地尽藏烟。"亦沈佺期句。唐朝将寒食视为重要节令,明文规定禁火三天。宋朝也是。《鸡肋编》云:"寒食火禁,盛于河东,而陕右亦不举爨者三日。"前面的"大寒食",是从冬至数起第一百零四天,第一百零六天则是"小寒食"。那么,禁火三天的起止时间就明白无误了。

唐朝伍唐珪有《寒食日献郡守》诗:"入门堪笑复堪怜,三径苔荒一钓船。惭愧四邻教断火,不知厨里久无烟。"意思相当清楚:大家都在为寒食节准备熄火,而像我这样的,不待节令,过的已然是这种生活。语意凄惨悲凉,语气却幽默诙谐。

其二,冷食。

既然禁火,不能举爨,那么唯有吃冷食。这是二者的逻辑关联。

冷食吃些什么呢?《荆楚岁时记》说"造饧大麦粥"。《鸡肋编》说"饭面饼饵之类,皆为信宿之具",都能应对这两三天。又说"以糜粉蒸为甜团,切破暴干,尤可以留久",而以松枝插枣糕置门楣,"留之经岁",还可以治口疮。《七修类稿》说吃青白团子,"采桐杨叶染饭青色"。《帝京岁时纪胜》说"香椿芽拌面筋,嫩柳叶拌豆腐,乃寒食之佳品"。时令相同,因地而异吧。

其三,扫墓。

这是寒食节最重要的功能了。

柳宗元贬谪永州,四年回不去家,不能为先人扫墓,致友人有"每遇寒食,则北向长号,以首顿地"语。他之所以悲从中来,因为"田野道路,士女遍满,皂隶佣丐,皆得上父母丘墓,马医夏畦之鬼,无不受子孙追养者",而自己却只能待在贬谪之地。

《宋史·礼志》载,仁宗庆历二年(1042)寒食节,"宗室刺史以上,听更往朝陵"。《鹤林玉露》云:"临安净慈寺后有望祭殿,每岁寒食,朝廷差官一员,望祭西京诸陵。差升朝官读祝版。"《鸡肋编》云:"寒食日上冢,亦不设香火,纸钱挂于茔树。其去乡里者,皆登山望祭,裂冥帛于空中,谓之'擘钱'。"浙西人家更有特色,"就坟多作庵舍,种种备具,至有箫鼓乐器,亦储以待用者"。

屈大均《广东新语》提到了韶关南雄过寒食节,"妇女相约上丘垅,以乌糯饭置牲口祭墓"。他还说,宋端宗赵昰被元军追赶南下,死在湛江,陵墓其实在新会崖山,确切地点则是个谜。屈大均尝访其迹,吊之曰:"一路松林接海天,荒陵不见见寒烟。年年寒食无寻处,空向春山拜杜鹃。"又曰:"万古遗民此恨长,中华无地作边墙。可怜一代君臣骨,不在黄沙即白洋。"

《宋史·曹幽传》载,曹幽"移浙东提点刑狱,寒食放囚归祀其先",把犯人放出来回家去扫墓。这一招效果很好,"囚感泣如期至",并没有借机逃跑的。

其四,游戏。

《旧唐书·德宗纪》载,贞元元年(785)寒食节,"上与诸将击鞠于内殿"。《文宗纪》载,大和六年(832)寒食节,"上宴群臣于麟德殿",台上优伶演孔子,文宗把戏班子赶走了,他说:"孔子,古今之师,安得侮渎。"这是皇帝。

张籍《寒食内宴二首》其一云:"朝光瑞气满宫楼,彩纛鱼龙四周稠。廊下御厨分冷食,殿前香骑逐飞球。千官尽醉犹教坐,百戏皆呈未放休。共喜拜恩侵夜出,金吾不敢问行由。"这是大臣。

白居易《和春深》云:"何处春深好,春深寒食家。玲珑镂鸡子,宛转彩球花。碧草追游骑,红尘拜扫车。秋千细腰女,摇曳逐风斜。"这是民间。

《开元天宝遗事》云:"天宝宫中至寒食节,竞竖秋千,令宫嫔辈戏笑以为宴乐。帝呼为'半仙之戏'。"宋朝同样如此,"上元结灯楼,寒食设秋千,七夕设摩睺罗"。摩睺罗,即土、木、蜡等制成的婴孩形玩具。总之,上至宫廷下逮民间,寒食节一派欢乐祥和。

宋元之际谢枋得有一首《沁园春》,感叹"十五年来,逢寒食节,皆在天涯",因而自嘲"麦饭纸钱,只鸡斗酒,几误林间噪喜鸦",害得它们都没得吃。寒食节又到,"帝命守坟,王令修墓,男子正当如是邪。又何必,待过家上冢,书锦荣华"。此种家国情怀,自然比柳宗元悲叹个人要高出许多。

清明节

今年(2008)清明节,是第一个有了法定公众假期的清明节。在农历二十四个节气中,既是节气又是节日的只有清明。在节前,关于清明节应该怎么弘扬的话题一直不断。民俗学者纷纷引经据典,描述古代清明节如何如何。的确,清明节在当代变得"单一"了,给人的感觉好像只有"祭奠"这一个主题内容,悲悲戚戚。如果就这样下去的话,虽然清明节有了假期,其前途也将注定是灰暗的。

古代清明节的内涵丰富多彩,杜牧那句脍炙人口的"清明时节雨纷纷,路上行人欲断魂",仅仅是一个侧面;清明节还有程颢所说的另外一面:"况是清明好天气,不妨游衍莫忘归。"也就是说,那时社会生活中的清明节,人们不仅祭扫亡灵,而且也借此机会踏青赏春,搞一些比较盛大的郊游活动。宋人张择端流传至今的巨制《清明上河图》,虽然对画题中的"清明"所指、对所描绘的季节历来存在争议,但普遍观点还是认为其所表现的时令为清明节,尤其是城外的一队人马,正为扫墓归来的情景。而整个画面也让我们看到,里面的各种人物非但不见丝毫哀伤之情,反倒洋溢着欢乐祥和的气氛。

据专业人士考证,本来意义上的清明节仅仅是一个物候节气的标志,"清明忙种麦,谷雨下大田",劳动人民据此来安排庄稼活计。祭扫先人坟墓,民间虽然自古就有,但并无统一时间规定,也没有编入国家正式礼典,称为"野祀"。然而,人们还是渐渐形成了在清明前三天的寒食节进行扫墓的习俗。前文已及,寒食节一说来自介子推"守志焚身"的故事。春秋时期,晋国在介子推生日到来的时候,要全国禁火,冷食一个月;到三国时的曹操颁布《禁绝火令》,才把期限缩短为三天。《旧唐书·玄宗本纪》载,开元二十年(732)诏令:"寒食上墓,宜编入五礼,永为恒式。"王溥《唐会要》亦载:"寒食上墓,礼经无文,近世相传,浸以成俗。士庶有不合庙享,何以用展孝思?宜许上墓,用拜扫礼。"而清明节获得扫墓、踏青这些实际内容,则始于北宋。《梦粱录》说,当时官方规定,自寒食至清明三日,"官员士庶,俱出郭省坟,以尽思时之敬"。这一规定,不仅把寒食节和清明节合二为一,而且把原本出自个人意愿的行为上升为需要履行的义务。

　　孟元老《东京梦华录》记载了那时清明节的盛况,从皇家到百姓,倾巢出动,因为"都城人出郊",致城内几空而"四野如市"。在官方,"禁中前半月,发宫人、车马朝陵,宗室、南班、近亲,亦分遣诣诸陵坟享祀,从人皆紫衫,白绢三角子、青行缠,皆系官给",而且,"亦禁中出车马,诣奉先寺、道者院、祀诸宫人坟"。普通百姓在扫墓之后,"往往就芳树之下,或园囿之间,罗列杯盘,互相劝酬。都城之歌儿舞女,遍满园亭,抵暮而归"。来之时,"各携枣锢、炊饼、黄胖、掉刀、名花、异果、山亭、戏具、鸭卵、鸡雏,谓之'门外土仪'"。有轿子的,"即以杨柳、杂花装簇顶上,四垂遮映"。在这三天之中,"但一百五日最盛",所谓达到高潮。这里的"一百五日"是从上年冬至开始数起的,即冬至后的第一百零五天,正是清明那一日。整个节日期间,小贩们如影随形,"卖稠饧(糖)、麦糕、乳酪、乳饼之类"。斯时"缓入都门,斜阳御柳,醉归院落,明月梨花",而"诸军禁卫,各成队伍,跨马作乐四出,……其旗旄鲜明,军容雄壮,人马精锐,又别为一景也"。

在这段记载中,有几个名词需要解释一下,黄胖、掉刀、山亭、土仪等等。黄胖,就是土偶,一种儿童玩具。《四朝闻见录》有"黄胖诗"条,说韩侂胄"以春日宴族人于西湖,用土为偶,名曰'黄胖'",这种土偶,"以线系其首,累至数十人"。韩侂胄"售之以悦诸婢",高兴之余还令"族党仙胄赋之",结果却因为仙胄句子中的"一朝线断他人手,骨肉皆为陌上尘",令韩侂胄很扫兴。言者无心,听者有意吧。掉刀,是古代战刀的一种,伊永文先生笺注《东京梦华录》引《三才图会》说:"掉刀,刃首上阔,长柄施镈。"类似关云长的那种"青龙偃月"吧,在这里则指玩具刀。山亭,也是玩具,是泥制风景建筑人物等小玩具的总称。浏览宋话本等,出现"山亭"字样时后面往往缀以"儿",如《万秀娘仇报山亭儿》,未解因何如此。土仪,即土产,又特指专作礼品的土产。明白了这些词的含义,就能很清晰地想象宋代清明节是怎样的欢乐景象了。

清明、端午、中秋等重要传统节日在今天有了法定假期,这是恢复节日传统的必要条件,但还不等于远去的节日立即就会重新回到我们的身边,还需要下大力气打捞其中蕴含的文化碎片。在使它们回归传统、具有实质性内容的同时,还应当赋予相应的时代内涵。也许这样,传统节日才不会渐行渐远。

踏青

清明节从前也被称为踏青节,概节前节后人们有到郊野游览的习俗。孟浩然之"岁岁春草生,踏青二三月"是也。这个时候,"王孙挟珠弹,游女矜罗袜",热闹得很。欧阳修《采桑子》十首之六,描写的是颍州西湖:"清明上巳西湖好,满目繁华,争道谁家?绿柳朱轮走钿车? 游人日暮相将去,醒醉喧哗,路转堤斜,直到城头总是花。"虽没有直接道及湖畔风光,但游人在上巳节争相踏青游春的情景,可窥一斑。清明节正在上巳节前后,二者早已合二为一,上巳节的这些内涵融合到了清明节中。

踏青的习俗很早就有了,没有正式"得名"就是。前文所引《诗·郑风·溱洧》"溱与洧,方涣涣兮"云云,表现的正是踏青的情形。溱水与洧水,是郑国的两条河流。郑玄笺曰:"仲春冰释,水则涣涣然。"用我们那里的话说,是河开了,水很大。在北方生活过的人,对这种情形都不陌生:浮动中的大小冰块沿河或沿江而下,相互撞击,追逐嬉戏一般,颇可一观。《溱洧》诗的意思很清楚:姑娘邀约小伙子陪她游春,表达的是爱慕之情。朱熹说:"郑国之俗,三月上巳之辰,采兰水上,以祓除不祥。故其女问于士曰:盍往观乎?士曰:吾既往矣。女复要之曰:且往观乎?盖洧水之外,其地信宽大而可乐也。"话说到这里挺好的,也挺正常的,可惜,他又兜头泼了来了这么一句:"此诗淫奔者自叙之辞。"清人姚际恒亦认为:"历观郑风诸诗,其类淫诗者,惟《将仲子》及此篇而已。"方玉润就更过分了,认为这是"男女戏谑,恬不知羞",并且他还进一步指出,此诗"开后世冶游艳诗之祖"。河畔踏青,青年男女相互谈笑,何其美好的画面,却给这几位用的"淫""艳"诸字破坏殆尽。

从前的踏青当然不局限于清明节。秦味芸《月令粹编》卷四引冯应京《月令广义》云:"蜀俗正月初八日,踏青游冶。"卷五引费著《岁华纪丽谱》云:"二月二日踏青节,初郡人游赏,散在四郊。"卷六引李淖《秦中岁时记》云:"上巳赐宴曲江,都人于江头禊饮,践踏青草,谓之踏青履。"综合起来,大有什么时间都可以踏青的态势,但作为清明节的一个文化特质,踏青是前人普遍的节日行为。

比如明朝。《广志绎》云,"都人好游,妇女尤甚",其中"清明踏青,高粱桥盘盒一望如画图"。《万历野获编》云,清明时,京师"冠绅闺阁,寻春选胜,继以上塚踏青,宝马钿车,更番杂沓,竞出西闉,水边林下,壶榼无虚日"。《帝京景物略》云,"清明日,男女扫墓……哭罢,不归也,趋芳树,择园圃,列坐尽醉,有歌者",祭祀的一面结束了,游春的另一面开始了,因而"是日簪柳,游高粱桥,曰踏青"。诸如此类。有意思的是,谢肇淛看不惯清明踏青,其《五杂组》中将南北的这一习俗来了个截然对立:"北人重墓祭。余在山东,每遇寒食,郊外哭声相望,至不忍闻。当时使有善歌者,歌白乐天《寒食行》,作变徵之声,坐客未有不堕泪者。南人借祭墓为踏青游戏之具,纸钱未灰,乌履相错,日暮,墦间主客无不颓然醉倒。"他不认同南方的做法,以为"夫墓祭已非古,而况以焄蒿凄怆之地,为谑浪酩酊之资乎?"在他看来,清明节是应该悲悲戚戚的。于丹女士前几年在广州演讲,在相关话题上正是这样,未知是无知,还是承继了这一观点。

再比如清朝。陈康祺《郎潜纪闻初笔》云,京师"二三月,高粱桥踏青,万柳堂听莺"。值得一提的,是纪晓岚《阅微草堂笔记》中的两个踏青故事。其一,天津某孝廉与数友郊外踏青,"见柳阴中少妇骑驴过,欺其无伴,邀众逐其后,嫚语调谑。少妇殊不答,鞭驴疾行"。有两三人跑得快,把少妇追上了,少妇"忽下驴软语,意似相悦"。接着,孝廉也追上来了,"审视,正其妻也"。但他知道自己老婆不会骑驴,"是日亦无由至郊外"。于是"且疑且怒,近前诃之,妻嬉笑如故。某愤气潮涌,奋掌欲捆其面。妻忽飞跨驴背,别换一形",露出本相,且以鞭指孝廉责曰:"见他人之妇,则狎亵百端;见是己妇,则恚恨如是。尔读圣贤书,一恕字尚不能解,何以挂名桂籍耶?"孝廉闻言,"色如死灰,僵立道左,殆不能去"。其二,"西山有僧,见游女踏青,偶动一念"。正想入非非呢,"有少妇忽与目成,渐相软语",说自己家离这里不远,"夫久外出。今夕当以一灯在林外相引",叮咛而别。这老兄晚上果然去了,虽"荧荧一灯,相距不半里,穿林渡涧,随之以行",然"终不能追及。既而或隐或现,倏左倏右,奔驰辗转,道路遂迷,困不能行,踣卧老树之下"。天亮一看,"仍在故处。再视林中,则苍藓绿莎,履痕重叠。乃悟彻夜绕此树旁,如牛旋磨也。自知心动生魔,急投本师忏悔"。

纪晓岚的《阅微草堂笔记》,是以笔记形式所编写成的文言短篇志怪小说,由狐鬼神仙、因果报应、劝善惩恶等乡野怪谭等构成,其中一些尽管道出人物的真名实姓,仿佛若有其事,然如郑开僖序文所言:"大旨要归于醇正,欲使人知所劝惩。"踏青时节他讲的这两个故事,正可印证,其于娓娓叙事之中,所要阐明的道理不是相当深刻吗?

秋千

荡秋千，人们都不会陌生：在木架上悬挂两绳，下拴横板。荡者在板上或站或坐，两手握绳，始而借助外力，前后上下摆动。从前，比如自汉代以后，荡秋千不仅是寻常娱乐，还是清明、端午等节日要进行一项的民俗活动。

关于秋千之源，高承《事物纪原》引《古今艺术图》云："北方戎狄爱习轻趫之能，每至寒食为之。后中国女子学之，乃以彩绳悬树立架，谓之秋千。或曰本山戎之戏也，自齐桓公北伐山戎，此戏始传中国。"齐桓公，那是春秋时的事了。翟灏《通俗编》"鞦韆"条，重申了这一说法。这两个字以前都有"革"旁，该是拴秋千的绳索为兽皮制成的吧。有种说法是"秋千"本名"千秋"，"出自汉宫祝寿词也，后世语倒为秋千"。此说或始自东汉王延寿《千秋赋》，里面讲的正是秋千。黄庭坚诗句有"未到清明先禁火，还依桑下系千秋"，属于沿用早期的说法。

谢肇淛《五杂组》云，"唐时清明有拔河之戏"，中宗时连将相们都参与其中。但在谢肇淛看来："此戏乃市井儿童之乐，壮夫为之，已自不雅，而况以将相贵戚之臣，使之角力仆地，毁冠裂裳，不亦甚乎？"那么玩儿什么好呢？他觉得是秋千，"今清明、寒食时，惟有秋千一事，较之诸戏为雅"。玄宗更名之曰"半仙之戏"，这是

《开元天宝遗事》中说的:"天宝宫中至寒食节,竞竖秋千,令宫嫔辈戏笑以为宴乐。帝呼为'半仙之戏',都中士民因而呼之。"为什么叫半仙?传说中仙人住在"上面",荡秋千到高点的时候,可算是"及半"了之故?揣度而已。

《燕京岁时记》云:"清明即寒食,又曰禁烟节。古人最重之,今人不为节,但儿童戴柳、祭扫坟茔而已。"非常失望的口吻。又引《析津志》云:"辽俗最重清明,上自内苑,下至士庶,俱立秋千架,日以嬉戏为乐。"与辽同期的宋,秋千也是娱乐工具。《东京梦华录》云,正月十六"收灯毕,都人争先出城探春"。探春,即郊游。这个时候,"举目则秋千巧笑,触处则蹴鞠疏狂"。到了清明,如"驾幸临水殿观争标锡宴",还有水上秋千,"有两画船,上立秋千,船尾百戏人上竿,左右军院虞候监教,鼓笛相和。又一人上蹴秋千,将平架,筋斗掷身入水",跟花样跳水差不多了。

陈其元《庸闲斋笔记》对西方列强在上海的租界颇有一番愤恨,因为那里我们首先没有主权,"租界为英、法、美三国分踞,一切公事,归华洋同知暨三国事会同办理,除命、盗案外,地方官不复与闻";其次那里藏污纳垢,"娼寮妓馆,趁风骈集,列屋而居,倚洋人为护符,吏不敢呵,官不得诘"。娼寮妓馆多到了什么程度?"有名数者,计千五百余家",且"自同治纪元后,外国妓女亦泛海而来,搔头弄姿,目挑心招,以分华娼头缠之利。于是中外一家,远近裙屐冶游之士,均以夷场为选胜之地"。乌烟瘴气程度,可窥一斑。陈其元在书里收录了余本愚的《游泰西花园记》,其中讲到,他们参观租界的一家洋人花园,"于疏篁密棘中插秋千一架,上贯双缏,挽棠木小舟"。已经有人在荡了,正是与余本愚同来的"导游"朱翼甫。盖入园之后,大家"各穿细径,拾翠寻芳",他因为熟门熟路,跑到这里来玩儿了,"洋人推荡之以为戏"。未几,

"同人闻声咸集,两番姝亦珊珊来,相与狂笑",但见朱翼甫"以妙手空空儿之倏高而倏下",惬意得很。荡着荡着,"洋人指一番姝,笑令飞登,与翼甫相向坐。于是推者推,荡者荡,双飞双落,髻鬋巾欹,直视中外为一家矣。喧笑未已,又有两青衣姝,结驷来游"。余本愚琢磨:"岂采兰赠药之遗,泰西风犹近古与?"难道洋人的生活方式和我们的古风很相像吗?前半句显然以《诗·郑风·溱洧》为铺垫。

纵览前人留下的诗词,荡秋千大抵皆与欢乐祥和为伍,脍炙人口的亦不乏。如李清照《点绛唇》:"蹴罢秋千,起来慵整纤纤手。露浓花瘦,薄汗轻衣透。 见客入来,袜刬金钗溜。和羞走,倚门回首,却把青梅嗅。"词人抓取了"蹴罢秋千"之后刹那间的情形,把少女初次萌动的爱情,表现得生动而自然。又如苏轼《蝶恋花》:"花褪残红青杏小。燕子飞时,绿水人家绕。枝上柳绵吹又少。天涯何处无芳草! 墙里秋千墙外道。墙外行人,墙里佳人笑。笑渐不闻声渐悄。多情却被无情恼。"下阕写墙里佳人荡秋千发出欢笑,本是出于内心,而墙外行人闻之,枉自多情。单看该词,亦颇有趣,然背后的故事令人唏嘘。《宋词纪事》云,苏东坡贬谪惠州时,秋霜初降之际,"与朝云闲坐",让她唱出这阕,时"落木萧萧,凄然有悲秋之意"。结果"朝云歌喉将转,泪满衣襟",东坡赶忙问怎么了,答曰:"奴所不能歌,是'枝上柳绵吹又少,天涯何处无芳草也'。"东坡大笑曰:"是吾政悲秋,而汝又伤春矣。"好吧,那就不唱了。谁知没过多久,朝云"抱疾而亡",东坡则"终身不复听此词"。前之朝云,后之东坡,都有各自不同的触景生情吧。

秋千,已于2006年5月列入第一批国家级非物质文化遗产名录,属于"传统体育、游艺与杂技"类。而其丰富的人文内涵,亦有值得深入探究的一面。

端午节

今年(2004)的端午节多少有一点儿特别,因为前一段韩国江陵市的"端午祭"申遗曾吓了我们一跳,因此部分国人有"保护端午"的呼声。其实,韩国并没有说端午节是他们发明的、原创的,而只是说他们的端午祭也有把地区的知名历史人物作为守护神加以敬奉,并有一套祭祀活动。不过,我们一位比较著名的民俗学者"出于未雨绸缪的心理"——应当说是没弄明白,就急急忙忙地上书文化部官员,从而引发了一场莫名其妙的"保卫战"。

即使在端午节的发源地中国,祭祀对象和祭祀活动也并非那么单一。撮其要者,有祭祀伍子胥、曹娥、屈原等。伍子胥有两件事很有名,一个是过昭关时一夜急白了头发,另一个是为报父兄之仇,掘楚平王之墓鞭尸三百。因为吴王夫差听信越国的谗言将要加害,子胥对邻舍人说,他死后,将他的眼睛挖出悬挂在吴京之东门上,"以看越国军队入城灭吴"。夫差闻言大怒,令取子胥之尸装在皮革里,于五月五日投入大江。因此江南一带的人们,在每年端午,都要划龙船迎接已被天帝封为潮神的伍子胥。东汉的曹娥则以孝女闻名。传其父溺于江中,数日不见尸体,14岁的曹娥便昼夜沿江痛哭,过了17天,到了五月五日依旧找不到,遂投江自尽,几天后人们发现两人尸首一同浮出水面。曹娥殉父之处因此更名为曹娥江,并在每年五月五日划龙舟竞渡。这是浙江绍兴一带的习俗。此外,还有把端午和勾践、介子推联系起来的,只是纪念屈原说流传最广、影响最大而已。

除了纪念人物,近代学者闻一多先生还考证认为,端午节是四五千年以前古代南方以龙为图腾的吴越民族举行图腾祭的一个节日,在每年五月五日这一天,他们将各种食物装在竹筒中,或裹在树叶里,往水里扔,献给神龙吃。他们还把乘坐的船刻画成龙的形状,配合岸上急促的鼓声,在水面上作各种游戏和竞赛划船。因此,关于端午的起源实在众说纷纭。

端午节在今天是一个欢乐祥和的节日,但在以前,却是一年里最不吉利的一天。古人把五月叫作恶月,把五日叫作恶日,五月五日就是恶月恶日。战国时的孟尝君、三国时的张飞、南朝宋的王镇恶、宋徽宗、西夏皇帝赵元昊等都出生在这一天,留下了不少故事。比如《史记》载,孟尝君田文五月五日出生时,其父田婴告诫其母"勿举也",不要生他,但其母偷偷生下并把他养活下来。待田婴发现,孟尝君已经长大了,乃对其母大发雷霆说:"五月子者,长与户齐,将不利其父母。"但孟尝君后来位至齐相,又成了人们驳斥所谓恶月恶日不吉利的标本。又比如王镇恶出生之时,"家人以俗忌,欲令出继疏宗",倒是让他生出来了,但想送走。他爷爷、前秦将相王猛坚持把他留了下来,并为之取名"镇恶",对抗俗忌。后来王镇恶也是颇有作为,率领大军东征西讨,成就了刘裕的霸业。不过因为性贪,也差点儿被刘裕给收拾了。王镇恶"极意收敛,子女玉帛,不可胜计",但刘裕对这些并不在乎,"以其功大";但他灭后秦时,把姚泓的辇给藏起来了,令刘裕心里发毛,怕他自立。派人去侦察了一下,发现"泓辇饰以金银,镇恶悉剔取,而弃辇于垣侧",才放下心来。

《金史》里有位田特秀,一生都跟"五"有关:五月五日生,小字五儿,所居里名半十,排行第五,二十五岁参加科举,乡、府、省、御四试皆第五,八月十五去世,终年五十五岁。这样有才华的人,可惜命短,加剧了人们对恶月恶日的恐惧。为了避恶,宋徽宗还特地将生日改为十月十日,并定该日为"天宁节",希望上天保佑其安宁。可见,恶月恶日的阴影不仅笼罩着平常百姓,也困扰着皇家宫廷。事实上,在一年当中任何一个日期出生的人,境遇都有大相径庭的可能,完全不可一概而论。我疑心,因为恶月恶日的观念根深蒂固,所以古人要在这一天举行一系列用吉祥物避恶和祭祀不幸死亡者的活动,乃形成了具有宗教色彩的端午节习俗。而许多著名历史人物却未必都在此日故去,不排除强拉硬拽的可能。

　　我们端午节的祭祀对象尚且众多,韩国"江陵端午祭"在内容上就更不可能一样。事实上,端午祭只是地区性庆典,祭拜对象是山神,其中之一是新罗时期在江陵消灭高句丽和百济两国军队的领军主帅金庾信。此外,端午祭的时间从农历四月五日开始一直要持续到农历五月七日,且主要活动是荡秋千、上演戴面具的无言剧等,总的来看与端午节毫不搭干。所以,还是《南方周末》报道此事时的标题用得准确:"你的端午祭,我的端午节"。

粽子

端午节一到,关于粽子的话题往往蜂拥而至,"天价"与否等。这种话题持续好几年了。端午民俗事项之一,正是吃粽子。从前我在京郊顺义县那个三县(顺义、通县、三河)交界的村庄生活时,都是自家动手包粽子,不仅绝对"平民",而且回想起来绝对纯天然:到苇塘里劈苇叶做粽子叶,在井台边割马蔺做绳。馅儿嘛,就是江米加红枣。蒸熟的粽子因而是淡的,吃的时候要蘸糖。到广东之后,发现广式粽子真是另外一个天地,不要说裹蒸粽连外形都大异其趣,就算模样相似的,糯米包裹着的"内容"百花齐放得令人瞠目结舌,鲜肉、蛋黄、香菇……似乎什么都不在话下。

粽子的历史相当悠久。西晋周处《风土记》有"仲夏端五,方伯协极。享用角黍,龟鳞顺德",角黍就是粽子;还有"俗重此日也,与夏至同"。据说,这是关于粽子和端午的最早记载,显然还没有与屈原关联。南朝梁吴均《续齐谐记》云:"屈原五月五日投汨罗水,楚人哀之,至此日,以竹筒贮米投水以祭之。"他还引进一个传说:东汉刘秀时,长沙区曲见到一个自称"三闾大夫"的人,告诉他:"闻君当见祭,甚善。常年为蛟龙所窃,今若有惠,当以楝叶塞其上,以彩丝缠之。此二物,蛟龙所惮。"区曲照着办了,相沿下来,粽子就成了端午节的标志性食品。这两则记载,正可小小地验证一下顾颉刚先生的"古史层累说":时代愈后,传说中的中心人物便愈放愈大。

"端五数日间,更约同解粽。"陆游《过邻家》句。粽,也是粽子。查《说文解字》:粽,"芦叶裹米也,作弄切"。《水浒传》写到了宋朝的很多节日,元宵节、盂兰盆节、中秋节、重阳节、腊八节等,端午节自然不会例外。第十三回"青面兽北京斗武"之后,杨志就在梁中书的手下做事,转眼间端午来到,梁中书与蔡夫人"在堂家宴,庆贺端阳",这里有一段端午民俗的文学化描写:"盆栽绿艾,瓶插红榴。水晶帘卷虾须,锦绣屏开孔雀。菖蒲切玉,佳人笑捧紫霞杯;角黍堆金,美女高擎青玉案。食烹异品,果献时新。弦管笙簧,奏一派声清韵美;绮罗珠翠,摆两行舞女歌儿。当筵象板撒红牙,遍体舞裙拖锦绣。逍遣壶中闲日月,遨游身外醉乾坤。"其乐融融之际,蔡夫人提醒老公别忘了"富贵功名从何而来",梁中书则说早为丈人蔡京的生日准备了十万贯金珠宝贝,就是后来被晁盖他们"智劫"的那些"生辰纲"。比照纪实的《东京梦华录》,可知《水浒传》对端午民俗所言不虚。在节物方面,《东京梦华录》说有"百索、艾花、银样鼓儿,花花巧画扇,香糖果子、粽子、白团、紫苏、菖蒲、木瓜,并皆茸切,以香药相和,用梅红匣子盛裹"。这些东西都是什么,含义如何,前人都已作出考证。比如百索,高承《事物纪原》引《续汉书》曰:"夏至阴气萌作,恐物不成,以朱索连以桃印,文施门户",目的是以止恶气。宋之"百索",在高承看来"即朱索之遗事也",只是"本以饰门户,而今人约以臂,相承之误也"。《水浒传》为什么说"角黍堆金"呢?南宋陈元靓《岁时广记》引《岁时杂记》说:"端五因古人筒米,而以菰叶裹粘米,名曰角黍相遗,俗作粽。或加之以枣,或以糖,近年又加松栗、胡桃、姜桂、麝香之类。近代多烧艾灰淋汁煮之,其色如金。"也就是说,角黍堆金是剥掉了棕叶的情形,形容的不是粽子的外表而是"内涵"。

端午到来之前,《东京梦华录》说:"自五月一日及端午前一日,卖桃、柳、葵花、蒲叶、佛道艾。次日家家铺陈于门首,与五色水团、茶酒供养。又钉艾人于门上,士庶递相宴赏。"这种浓郁的节日氛围,与《水浒传》中的描写可相印证,后者正建立在前者的基础上也说不定。就粽子本身而言,也是"名品甚多,形制不一。有角粽、锥粽、茭粽、筒粽、秤鎚粽,又有九子粽",等等,或者都有相应的文化含义吧。2005 年 6 月,江西省德安县意外发现一座宋墓,墓主右手拿一根长 40 厘米的桃枝,桃枝上吊有两个棱形粽子。粽子长 6 厘米,宽 3 厘米,分别系于桃枝两边,外皮为棕叶,苎麻捆扎。这两个粽子,被认为是世界上最早的实物粽,只不知该归为宋代那么多粽子品种中的哪一种。

传说中的端午节来源有好几个,千百年来,占上风的自然是纪念屈原。前两天看央视科教频道的一个应时节目,在什么地方拍的忘了,那地方保留的民俗是真的要在江中投粽,且要坐船到"屈平河"去投。一名年轻的女记者跟着采访,上船之前一再询问那条为什么叫屈平河。村民或许没有听懂,或许也不清楚,总之是语焉不详,答非所问,最后说到那条河在乐脚坪还是落脚坪,沾了个 ping 音吧,女记者乃有恍然大悟之感。而"屈原者,名平,楚之同姓也",《史记·屈原贾生列传》开篇就是这句。你说为什么叫屈平河,还用问吗?这位女记者不仅连常识都不具备,而且专事此行却连必要的功课都不做一做,悲哉!

龙舟

端午临近的缘故，从一大早开始，窗外就不断传来擂鼓声和鞭炮声。该是附近的村民在练习龙舟，准备参加竞渡吧。说是村民其实已经不够准确，我所居住的广州大塘这一带早已没了耕地，好多村民在如今被称为"城中村"的所在建了自家的小楼，楼下无一例外地开了小工厂，从事制衣或上下游产业。从老照片来看，20世纪80年代初，各种大小的船只还是这里的主要交通工具，交公粮、卖水果、去医院，莫不划船。现在也保留了若干河涌，水质却黑臭得不行，"人闻之捂鼻而过"。沾了前几年人工开挖的海珠湖的光，旁边的河道算是有些旧时风貌，划龙舟的传统习俗也因之有了去处。

端午竞渡，南朝梁宗懔《荆楚岁时记》已有记载，那是我国最早记录楚地岁时节令、风物故事之作。农历五月初五，"四民并蹋百草，又有斗百草之戏"之余，"是日竞渡"。因为这天"俗为屈原投汨罗日，伤其死，故命舟楫以拯之。舸舟取其轻利，谓之飞凫，一自以为水军，一自以为水马。州将及土人悉临水而观之"。与此同时，该书也承认，"东吴之俗，（竞渡）事在（伍）子胥，不关屈平也"。表明争抢文化源头，我们是有相关基因的，但今人排他的决绝态度显然没有古人来得坦诚。

端午龙舟竞渡,至少在唐朝出现了。生于玄宗年间的张建封写过一首《竞渡歌》,开篇即"五月五日天晴明,杨花绕江啼晓莺。使君未出郡斋外,江上早闻齐和声",百姓早早地等候在现场。竞渡开始后,"鼓声三下红旗开,两龙跃出浮水来。棹影斡波飞万剑,鼓声劈浪鸣千雷。鼓声渐急标将近,两龙望标目如瞬。坡上人呼霹雳惊,竿头彩挂虹蜺晕"。看到这几句,很容易想到电影《边城》里的赛龙舟场面,像是为之诠释。这个"标",就是在水面终点插的标记,往往是一根长竿,竿上缠锦挂彩,以其鲜艳,呼为"锦标",谁先夺标谁就赢了,竞渡因而又称"争标"。

众所周知,在我们的传统文化中,皇帝很早就把"龙"给垄断了去,穿的叫龙袍,坐的叫龙椅,乘的船自然要叫龙舟。所以,文天祥"去年今日逼崖山,望见龙舟咫尺间",望的就不是端午竞渡的那种,而是后来被陆秀夫背着跳海的小皇帝的栖息之所。《东京梦华录》介绍了徽宗时的这种龙舟,"约长三四十丈,阔三四丈,头尾鳞鬣,皆雕镂金饰,锢板皆退光,两边列十子,充分歇泊中,设御座龙水屏风"。蔡絛《铁围山丛谈》另有补充,说太宗时"龙舟甚大",但哲宗时"诏名匠杨谈者新作"的龙舟更大,"独铁费十八万斤,他物略称是"。蔡絛还津津乐道地讲了他爸爸蔡京的一次龙舟历险。那是新龙舟造成时,大家都上去开眼界,"龙舟既就岸,于是侍臣以次登舟",到蔡京了,"龙舟忽远开去,势大且不可回",结果害得他一下子掉水里了。就在"万众喧骇,仓卒召善泅水者"之际,蔡京自己浮了出来,"得浮木而凭之矣,宛若神助"。看起来,被历史上视为奸臣的蔡京,不仅书法了得,游泳也相当不错。

因此,宋朝的赛龙舟颇有些怪异。区分大小不说——小龙舟才参与竞渡,并且竞渡不关屈原的事。首先,时间上不对。《东京梦华录》说是在"清明节"时,《武林旧事》说是在"禁烟"时,禁烟指寒食节,清明之前三天。其次,目的更在于当作军事体育活动,但形式、过程又都差不多。《东京梦华录》对小龙舟以及虎头船、飞鱼船、鳅鱼船等如何"争标"有比较详尽的描写。《武林旧事》有"西湖游幸"条,孝宗也是"游幸湖山,御大龙舟",观看十余条小龙舟竞渡争标。"京尹为立赏格"之外,"内珰贵客,赏犒无算。都人士女,两堤骈集,几于无置足地。水面画楫,栉比如鱼鳞,亦无行舟之路,歌欢箫鼓之声,振动远近"。

端午扒龙舟,是广东一项传承不衰的民俗。番禺何柳堂先生早年创作的广东音乐代表作"赛龙夺锦",表现的就是龙舟竞渡的盛况。2010年广州亚运会开幕式上,第一棒火炬手吴国冲便是来自佛山九江龙舟队的舵手。清初屈大均《广东新语》已经提到龙江"岁五六月斗龙船"。届时,"约自某所起至某所止,乃立竿中流以为界。船从竿左右斗,不得逾界。先期定其敌,两龙船为一偶,大小长短相若"。那个时候的规则有些意思:两船相斗,赢了的,"一标书胜字与之";输了的,"又与他船斗,或胜,则亦得一胜标"。这天三连胜的,"为初场最"。次日,三连胜者之间相斗,再连胜二次的,"则得一五胜之标,是为二场最"。第三天,五连胜的再跟五连胜的斗,"其一得全胜者,是为三场最"。这回赢了的,"主者与以状头标,张伎乐,簪花挂红,为四六庄语送之还埠",埠就是龙舟出发的地方。全胜而还,"则广召亲朋燕饮,其埠必年丰人乐,贸易以饶"。这些规则和习俗,今天变迁了与否?

"吾今细观竞渡儿,何殊当路权相持。不思得岸各休去,会到摧车折楫时。"把读者情绪调动起来了的张建封,忽然笔锋一转,从龙舟竞渡转去了官场,想到了朋党之争的互不相让。这个思维跳度太大,且有些败兴,但有没有道理自然见仁见智了。

艾草

吃粽子、划龙舟之外,端午还有若干民俗。如唐朝的送扇。贞观十八年(644)端午,太宗谓长孙无忌等:"五日旧俗,必用服玩相贺,今朕各遗卿飞白扇二枚,庶动清风,以增美德。"飞白,书法的一种。庶,作"幸"解,希冀之词;清风,自然不是寻常的那种流动空气。不知道太宗在扇子上写了些什么,但从"以增美德"来推断,该是希望大臣们扇扇子的时候想起那些文字吧。

"清明插柳,端午插艾。"如今,以扇相遗早已成为史书中的记载,说是湮没无闻并不为过,而端午节的艾草,却从来没有淡出人们的视野。从前过节,人们每将艾草编成人形或虎形,或者用艾叶剪成相应样子,然后把"艾人""艾虎"悬挂或钉、插在门上,用以避邪。因此,端午时的对联,如"绿艾悬门漆藻彩,青蒲注酒益芬芳",跟春节时的"天增岁月人增寿,春满乾坤福满堂"一样,都比较常见。如今采来艾草插或挂在门上,还是许多地方的常见做法。在我以前生活过的黑龙江富拉尔基,人群来自全国各地,习惯五花八门,然在端午采挂艾草方面有着惊人相似的一致。

套句流行的俗话问:为什么是艾草?无他,艾草作为一种植物,前人很早就发现它有祛病之效。《诗·王风·采葛》有"彼采艾兮,一日不见,如三岁兮",此中的"艾",朱熹云"蒿属,干之可以灸,故采之"。《孟子·离娄上》中,孟子告诫天下打算称王的人,得其民当得其心,"今之欲王者,犹七年之病求三年之艾也",这是不行的。"苟为不畜,终身不得;苟不志于仁,终身忧辱,以陷于死亡"。按照杨伯峻先生的译文,这是说今天这些人不然,譬如害了七年的病要用三年的陈艾来医治,如果平常不积蓄,终身都得不到。如果无意于仁政,终身都会受忧受辱,以至于死亡。这就是说,孟子就知道艾草可以治病。

艾草之治病与端午又有什么关联呢?前文《端午节》曾经道及,端午这天在古人眼中是恶月恶日。再用金元之际著名文学家元好问的话说:"古今俗忌,以五月为恶月,端午为恶日,赴官者顿不敢发,生子者弃不敢举。不幸而与祸会,故一切以俗忌为当然。"艾草与端午的关联,正在这里:祛邪,镇恶。

艾草在端午节的表现形式有多种,综合起来看,一曰以艾草为人虎。前面已略有说到,此外,南朝《荆楚岁时记》云:"五月五日,采艾以为人,悬门户上,以禳毒气。"清《燕京岁时记》云:"端午日用菖蒲、艾子插于门旁,以禳不祥,亦古者艾虎蒲剑之遗意。"又云:"每至端阳,闺阁中之巧者,用绫罗制成小虎及粽子、壶卢、樱桃、桑椹之类,以彩线穿之,悬于钗头,或系于小儿之背。"古诗之"玉燕钗头艾虎轻",说的正是这个意思。用艾作虎或剪彩为虎,粘艾叶,是为了戴之以辟邪。

还有一种将艾草表现为人,宋《岁时广记》说是做成张天师。"端五都人画天师像以卖。又合泥做张天师,以艾为头,以蒜为拳,置于门户之上"云云。所谓艾草为头,恐怕是为须,胡子吧。《梦粱录》亦云,杭都风俗,自初一至端午,"以艾与百草缚成天师,悬于门额上"。当时想来也是极盛,苏辙诗有"太医争献天师艾,瑞雾长萦尧母门";魏元履词有"挂天师,撑着眼,直下觑,骑个生狞大艾虎,闲神浪鬼,辟慄他方远方,大胆底,更敢来、上门下户"。

二曰采艾浸酒。亦见《岁时广记》:"洛阳人家端午造术羹艾酒,以花彩楼阁插鬓,赐辟瘟扇、梳。"以艾草泡酒,是为了饮之以驱邪。

三曰采艾制糕。《辽史·礼志六》载:"五月重五日,午时,彩艾叶和绵著衣,七事以奉天子,北南臣僚各赐三事,君臣宴乐,渤海膳夫进艾糕。以五彩丝为索缠臂,谓之'合欢结'"。又以彩丝宛转为人形簪之,谓之'长命缕'。"宋叶隆礼《契丹国志》"岁时杂记"条的记载差不多,"五月五日午时……国主及臣僚饮宴,渤海厨子进艾糕"云云,看起来,这习俗应该是北方传来的。

《东京梦华录》中的端午习俗,大致相类:"自五月一日及端午前一日,卖桃、柳、葵花、蒲叶、佛道艾,次日家家铺陈于门首,与粽子、五色水团、茶酒供养,又钉艾人于门上,士庶递相宴赏。"伊永文先生说,佛道艾即伏道艾,因产于汤阴伏道故称。李时珍说,"宋时以汤阴复(伏)道者为佳"不假,然"自成化以来,则以蕲州者为胜,用充方物,天下重之,谓之蕲艾"。时珍父亲李言闻还写过《蕲艾传》,"产于山阳,采以端午。治病灸疾,功非小补"云云。那么,艾草也有名牌,从前也在争高下呢。今年(2018)央视端午节目大做了寻艾,专题巧妙地借用了那首大家耳熟能详的歌曲:《特别的"艾"给特别的你》。为此,他们去了号称"艾草之都"的河南南阳;此前,他们也去过李时珍的家乡安徽蕲春,那里则号称"中国艾都"。有趣的是,汤阴隶属安阳,与南阳在地域上"南辕北辙",未知何时以及为何被南阳抢去了品牌。

"仁孝自应禳百沴,艾人桃印本无功。"东坡的句子,此番扮演了"皇帝的新衣"中的小男孩。然而,"指桑骂槐"可也,与人们的文化心理较劲是毫不必要的。

雄黄酒

传统端午节还有一项民俗是喝雄黄酒。富察敦崇《燕京岁时记》云,京城"每至端阳,自初一日起,取雄黄合酒洒之,用涂小儿额及鼻耳间,以避毒物"。广东也不例外。屈大均所谓"五月自朔至五日……饮菖蒲雄黄醴,以辟不祥"是也。

雄黄是一种矿物,可以制造烟火、染料,中医用作解毒杀虫药。《清嘉录》云:"研雄黄末,屑蒲根,和酒以饮,谓之雄黄酒。又以余酒染小儿额及手足心。随洒墙壁间,以祛毒虫。"吴地民歌也是这么唱的:"秤锤粽子满盘堆,好侑雄黄入酒杯。余沥尚堪驱五毒,乱涂儿额嗅墙隈。"用诗人或许夸张的说法,斯时小儿"一抹妆成半额黄"。

雄黄酒还有一个众所周知的功能:驱蛇。与梁祝、孟姜女、牛郎织女并为中国四大传说的白蛇传故事中,白娘子与许仙断桥相会、借伞定情,原本美好的幸福生活却被法海从中作梗,就是用雄黄酒令白娘子现出白蛇本相,把许仙愣给吓死。蛇怕雄黄,前人很早就笃信不疑。李时珍用原理解释:"雄黄味辛温有毒,具有解虫蛇毒、燥湿、杀虫驱痰功效。"

葛洪《抱朴子内篇·登涉》在答复"隐居山泽辟蛇蝮之道"时说:"昔圆丘多大蛇,又生好药,黄帝将登焉,广成子教之佩雄黄,而众蛇皆去。"如果带上武都产的雄黄,"色如鸡冠者五两以上,以入山林草木,则不畏蛇"。《玉堂嘉话》引《续夷坚志》说得更神:"广府某官苦蛇毒,取雄黄贮纱囊中,挂四壁间。既而承尘上日流黑汁,视之,有巨虺一,众虺十数,皆腐溃而死。自是府舍清安,绝无毒物蟠蛰。"宋徽宗时兴建的艮岳深谙此道,其"大洞数十,其洞中皆筑以雄黄及卢甘石。雄黄则辟蛇虺,卢甘石则天阴能致云雾,瀚郁如深山穷谷"。金兵攻入汴京,艮岳被拆毁,有人收购,"凡得雄黄数千斤,卢甘石数万斤"。明朝郎瑛也知道这件事,他说:"近日富贵家之叠假山,是山虽成也,自不能如真山之有生气。"这且不说,"春夏且多蛇虺,而月夜不可乐也",害怕。

梁章钜对雄黄酒则持有非议,其《浪迹丛谈》云:"吾乡(福建福州)每过端午节,家家必饮雄黄烧酒,近始知其非宜也。"为什么呢?"有表亲钱某,于端午大饮雄黄烧酒,少时腹痛,如服砒信,家众误认为痧,百计治之,有知者云:雄黄性烈,得烧酒而愈烈,饮又太多,是亦为患也。急觅解法,而已无及矣"。不过,《榆巢杂识》"接骨"条,颇似与之针锋相对。云"孙渊如官京师时,尝被车压折胫骨,为一金姓医治好",方法就是"服雄黄兑烧酒四十九日"。在金医生看来,"雄黄能去瘀血,烧酒无损脾胃"。两个说法都云里雾里,姑妄听之好了。

《宣室志》里还有一则关于雄黄的神话。说"安史之乱"时唐玄宗逃到四川,"梦一叟须发尽白,衣黄襦,再拜于前"。叟言自己是孙思邈,"庐于峨眉山有年矣,今闻銮驾幸成都,臣故候谒"。玄宗说久闻大名,今天来是有什么事吗?孙思邈曰:"臣隐居云泉,好饵金石药。闻此地出雄黄,愿以八十两为赐。脱遂臣请,幸降使赍至峨眉山。"玄宗答应之后,"悸然而寤",马上派人"挈雄黄八十两,往峨眉宣赐思邈"。《酉阳杂俎》亦云:"玄宗幸蜀,梦思邈乞武都雄黄,乃命中使赍十斤,送于峨眉顶上。"除了要的分量不同之外,还特别说是武都雄黄。《抱朴子内篇·仙药》云:"雄黄当得武都山所产者,纯而无杂,其赤如鸡冠,光明晔晔者,乃可用耳。"这个武都山,大约该在四川境内吧。使者到山上,都见到了孙思邈,他还答谢了。按《酉阳杂俎》所云,孙思邈手指大盘石曰:"可致药于此,上有表,录上皇帝。"使者"视石上,朱书百余字。遂录之,随写随灭,写毕,上无复字矣。须臾,白气漫起,因忽不见",啥都没了。"药王"孙思邈众所周知,是上了中学课本和纪念邮票的,所以说他向玄宗乞雄黄是神话,在于高宗永淳元年(682)孙思邈已去世,而"安史之乱"是在755年爆发,前后差了近80年!

纪晓岚《阅微草堂笔记》大抵都是通过讲故事来指桑骂槐。有一则说,他的已故叔父仪南公在西城开有一个当铺,由佣人陈忠负责购买蔬菜。大家都认为陈忠肯定捞了不少外快,"宜飨众",应当请客,陈忠却说哪有什么油水啊。第二天他发现,"箧钥不启,而所蓄钱数千,惟存九百"。因为楼上一直有只狐狸,"恒隔窗与人语",陈忠觉得可能是狐狸干的,"试往叩之"。狐狸果然说话了:"九百钱是汝雇值,分所应得,吾不敢取。其余皆日日所乾没(私吞),原非汝物。今日端阳,已为汝买粽若干,买酒若干,买肉若干,买鸡鱼及瓜菜果实各若干,并泛酒雄黄,亦为买得,皆在楼下空屋中。"还告诉他:"汝宜早烹炮,迟则天暑,恐腐败。"陈忠弄了个"哑巴吃黄连"。纪晓岚说:"此狐可谓恶作剧,然亦颇快人意也。"当时的人们读到,估计能猜出纪晓岚针对的是谁吧。

《五杂组》云:"古人岁时之事,行于今者,独端午为多。"那还是明朝的情形,今天来看,斗草、喝雄黄酒是没有了,但龙舟竞渡、吃粽子、悬艾草依然,较之其他,端午的文化特质仍然居多。振兴传统节日,端午的确有最多的发力点。

六月六

在传统节日中,农历六月六占有重要一席,不知从何时起被主流社会给遗忘掉了,只在一些地方还仍然保留。在谢长汀先生的朋友圈就看到,他们老家那里这天是"庆禾祭",又名"百鸭祭",每家每户都用大肥鸭、黄米粄祭拜他们心目中的保护神——"黄悖三仙"。"百鸭祭"还入选了他们龙岩市的非遗项目。

放眼看去,六月六是一项集约多项民俗活动的节日。比如北方有"六月六,请姑姑"之谚,说这一天嫁出去的闺女要回娘家。由来要上溯到春秋时的晋相狐偃和其婿赵盾,化解嫌隙,消怨避难。除此之外,最主要的民俗活动是晒或洗,"晒"的品种很多,书、衣服、衣冠带履、銮舆仪仗,"洗"的对象亦然,人、猫狗,甚至还有大象。并且,六月六不拘地域,是一个全方位的存在

《西湖游览志馀》讲的是杭州民俗,云"六月六日,宋时作会于显应观,因以避暑,今会废,而观亦不存。自此游湖者多于夜间停泊湖心,月饮达旦,而市中敲铜盏卖冰雪者,铿鞳远近。是日,郡人舁猫狗浴之河中,致有汩没淤泥,踉跄就毙者,其取义竟不可晓也"。

《清嘉录》讲的是苏州民俗,云"六月六日牵猫犬浴于河,可避虱蛀"。同时还有"晒书",云"人家曝书籍图画于庭,云蠹鱼不

生"。又云:"诸丛林各以藏经曝烈日中,僧人集村妪为翻经会。谓翻经十次,他生可转男身。"识者指出,"翻经节"的内涵,是在明代才得以确立。

《帝京岁时纪胜》讲的是北京民俗,云六月六日,"内府銮驾库、皇史宬等处,晒晾銮舆仪仗及历朝御制诗文书集经史。士庶之家,衣冠带履亦出曝之。妇女多于是日沐发,谓沐之不腻不垢。至于骡马猫犬牲畜之属,亦沐于河"。又《万历野获编》云:"六月六日本非令节,但内府皇史宬晒曝列圣实录、列圣御制文集诸大函,则每岁故事也。至于时俗,妇女多于是日沐发,谓沐之则不腻不垢。至于猫犬之属亦俾浴于河,京师象只皆用其日洗于郭外之水滨,一年惟此一度。"

洗大象,不少笔记中都有道及。《燕京岁时记》云:"象房有象时,每岁六月六日牵往宣武门外河内浴之。观者如堵,后因象疯伤人,遂不豢养。光绪十年以前尚及见之。"张茂节《大兴岁时志稿》云,届时,"銮仪卫官以旗鼓迎象出宣武门,浴响闸。象次第入河,如苍山之颓也。额耳昂回,舒鼻吸嘘水面,矫若蛟龙。象奴挽索据脊,时时出没,观者如堵"。《郎潜纪闻初笔》更将"宣武门看洗象,西湖赏荷"列为"京师四时之景物"。

关于洗猫狗,明朝《雅谑》里还收了则笑话,说有人三月三来拜访杨南峰,"杨以浴辞",没见,"客不解,谓其傲也,思以报之"。六月六杨南峰往拜时,机会来了,那人"亦辞以浴"。杨南峰笑了,戏题其壁:"君昔访我我洗浴,我今访君君洗浴。君访我时三月三,我访君时六月六。"三月三是浴佛日,而六月六是浴猫狗日,弦外之音不难明了:你邯郸学步,不是亏吃大了?

六月六大抵在北宋时期最为风光。《宋史·真宗纪》载,大中祥符四年(1011)春,"诏以六月六日天书再降日为天贶节",摇身一变为钦定节日,官员"赐休假一日"。天贶,上天的恩赐。天书,天神写的书或文字。再降,自然是有两次。第一次,大中祥符元年(1008)春正月,"有黄帛曳左承天门南鸱尾上,守门卒涂荣告,有司以闻。上召群臣拜迎于朝元殿启封,号称天书"。第二次,即大中祥符二年(1009)六月六日,"天书再降于泰山醴泉北"。

不过,所谓天书之降自然是一出戏码,编导是真宗和王钦若。《宋史纪事本末》"天书封祀"条云,景德元年(1004),辽军南下,宰相寇準坚持真宗御驾亲征,结果以签订"澶渊之盟"了结,双方虽约为兄弟之国,但宋要向辽输送岁币。因为苟安,真宗很是得意了一阵。不料有天王钦若对真宗说:"城下之盟,《春秋》耻之。澶渊之举,以万乘之尊而为城下盟,何耻如之!"如何补救呢?他出了个主意:"惟封禅可以镇服四海,夸示外国。"可是自古封禅,"当得天瑞希世绝伦之事,乃可尔",然"天瑞安可必得?"不能必得,就来个运作,"陛下谓河图、洛书果有耶?圣人以神道设教耳"。于是真宗便对群臣说自己去年十一月时做过一个梦,"夜将半,朕方就寝,忽室中光耀,见神人星冠绛衣,告曰:'来月宜于正殿建黄箓道场一月,当降天书《大中祥符》三篇。'朕竦然起对,已复无见。"就这样,天书果然如期而至。"景德"这个年号,因为天书的到来而成为历史,易之以"大中祥符"。

宋真宗与王钦若刻意选取六月六这一天上演这出戏码,或者是因为六月六乃道教神仙崔府君的生日,《东京梦华录》说市民"多有献送,尤盛如此";或者就是要叨这个本身已经存在并具有丰富文化意象的节日的光也说不定。按《岁时广记》的集纳,宋朝六月六有很多事情需要做或不能做。不能做的,如"在京禁屠宰九日",从欧阳彪之请,后来又"诏诸路并禁",就是说九天内举国不可杀生。要做的,则有"谒圣祖""收瓜蒂""造神麹""酿谷醋"

等等。

　　六月六如今已成为人类学概念上的"文化残存",比较可惜。如"晒""洗"之类,还是趣味盎然吧。

土地爷

日前徒步行经海珠区新市头村,某个围墙转角处忽见一座大约一米高的石碑,正面刻有"兴隆社社稷之神"七个大字,前面是供桌、香炉,香炉里几乎插满了燃烧过的、长短不一的香。石碑旁的配套水泥建筑形似座椅,"扶手"则是两条麻石。新市头虽仍曰村,但早就身处闹市,属于城中村了,仍然有这样的文化残存,颇感新奇。

社稷神,古代帝王、诸侯所祭祀的土神和谷神合称。《白虎通·社稷》云:"王者所以有社稷何?为天下求福报功。"因为"人非土不立,非谷不食",而"土地广博,不可遍敬也;五谷众多,不可一一祭也。故封土立社,示有土也。稷,五谷之长,故封稷而祭之也。"这该是社稷神的来源了。其中的土神,说白了就是土地爷,掌管、守护一方地面。《西游记》里除了几位取经人,大约土地爷的出现频率最高。孙悟空但凡在某处遇到挫折,每每第一时间把土地叫出来问话,土地对本地状况无不了如指掌,对孙悟空也总是战战兢兢。当然,也有例外的时候。比如悟空和鹿力大仙赌砍头时,他的脑袋先被砍掉,原本一声"头来",脑袋会跑回自动装上。鹿力大仙见了,"即念咒语,教本坊土地、神祇"把悟空滚了老远的头给按住,承诺赢了悟空之后,"奏了国王,与你把小祠堂盖作大庙宇,泥塑像改作正金身"。土地、神祇也真的照办了,倘若悟空没有"喝声'长',飕的腔子内长出一个头来"的本领,就要提前抵达西天了。那一回,可能是那个土地神没有抵挡住诱惑吧。更多的时候,是孙悟空"捻着诀,念一声'唵蓝净法界'的真言,拘得那山神、土地在半空中施礼道:'大圣,呼唤小神,有何使令?'"

土地神亦即社神,汉族民间信仰最为普遍的众神之一,神州大地不分东西南北,土地庙所在皆是。我疑心,新市头村的土地神原来也是有庙的,地皮升值之后,被挤压成这个样子而已。土地神是什么样子自然没人见过,然如《土风录》所云:"天下社神,宜通谓之公,后讹为土地公公,而稗官演义所载皆白发翁矣。"这不奇怪,非此即彼,土地神的言行举止在典籍中全都人格化了,面目自然也需要"代颜"。《夷坚丙志》"衡山民"条里还有个土地神,"布衫草屦,全如田夫状"。《搜神记》卷五中的蒋子文,"嗜酒好色,挑达无度"。他死后,有部下在路上又看到他,"乘白马,执白羽,侍人如平生"。他告诉部下:"我当为此土地神,以福尔下民。尔可宣告百姓,为我立祠。不尔,将有大咎。"颇有赤裸裸敲诈的意味。有趣的是,袁枚《子不语》中也有"土地奶奶索诈"条,她告诉梦中的吴氏:"今年此处火灾是九月初三日,君家首被其祸,数不可逃。须烧纸钱、买牲牢还愿,庶不至烧伤人命。"吴氏醒来,"乃往各邻家告以故",吓得诸邻"彼此演戏祭祷,费数百金"。九月将至,吴家干脆"一门衣箱器具尽搬移戚里家",且"自初一日起,不复举炊矣"。结果"至期,四邻寂然,竟无焚如之患"。

土地公公到处都有,土地奶奶自然也不止一个。同样有趣的是,土地奶奶以负面形象居多,在《聊斋志异》里甚至是"淫鬼不自羞"的一类。蒲松龄讲完故事给打了圆场,说那个诱惑别家男人的美貌土地奶奶一定是冒充的,因为"土地虽小,亦神也,岂有任妇自奔者？愤愤应不至此。不知何物淫昏，遂使千古下谓此村有污贱不谨之神。冤矣哉！"《坚瓠辛集》里有个盛教授，认为土地庙里就不该供什么土地奶奶。"今肖像之设，夫妇偶坐，楚楚裙钗之饰，盈盈朱粉之施，侍从旁立，男女杂处"，太不像话，"虽近世风俗之弊，亦未尝无男女之别。至于闾阎细民，客或过之，其妻犹避而不出。岂有身为神明，妻乃不知内外之分，呈身露面，据案并食，以飨士大夫笾豆之荐，反不若闾阎匹妇乎？"诸如此类，算是茶余饭后的解颐之资吧。

土地神是个小神，不要说齐天大圣可以欺负他，寻常富豪也未必把他多当回事。《子不语·土地神告状》云，"洞庭山棠里徐氏，家世富饶，起造花园，不足于地"，便打了东边"香火久废"的土地庙的主意，"私向寺僧买归，建造亭台"。一年后，苏州城隍神"奉都城隍差委"，借徐妻韩氏及小婢之躯来审理此案了，一番原告被告传唤，"其夫惊骇伏地，愿退地基，建还原庙"。韩氏素不识字，此时索纸笔判云："人夺神地，理原不应。况土地神既老且贫，露宿年余，殊为可怜。屡控城隍，未蒙准理，不得已，越诉都城隍。今汝既有悔心，许还庙宇，可以牲牢香火供奉之。中证某某，本应治罪，姑念所得无多，罚演戏赎罪。寺僧某，于事未发时业已身死，可毋庸议。"最后，"其夫一一如所判而行。从此，棠里土地神香火转盛"。这故事想来是要人们对土地神也要有敬畏之心吧。细看之下，告状过程与判决结果，今天亦似曾相识。

1985年9月我刚来广州的时候，新市头村的周边还全是农田，赤岗塔近在咫尺，便踩着水田田埂到塔下仰视了一回，觉其高耸入云。如今，赤岗塔虽早已装饰一新，却在高楼大厦之中全然丧失了尊严。新市头村拆迁改造在即，全村围蔽已经完成，未知涅槃后的此处，还有没有土地公公的一席之地。

三伏

时下正是三伏天,也就是一年中最热的时节。当年负笈岭南之时,风扇亦无,饱受其苦,条件与感受大抵不会与古人相差多少。潘岳说"挥汗辞中宇,登城临清池";包佶说"几度衣裳浣,谁家枕簟清";梅尧臣说"日色若炎火,正当三伏时";王言史说"谁怜在炎客,一夕壮容消"。最夸张的还推白子仪的句子:"炎天三伏经初伏,火烈石焚疑此时。"

所谓三伏,即初伏、中伏和后伏。《初学记》引《阴阳书》云:"从夏至后第三庚日起为初伏,第四庚为中伏,立秋后初庚为后伏。"庚者,庚日也,天干、地支合并记载时间的方式。今年(2020)的初伏在7月16日,用此记日法就是庚申日;中伏7月26日,庚午日;末伏则8月15日,庚寅日。《史记·秦本纪》载,秦德公二年(前676),"初伏,以狗御蛊"。张守节认为:"六月三伏之节起秦德公为之,故云初伏。伏者,隐伏避盛暑也。"颜师古此前已道出这个观点,在注释《汉书·郊祀志》秦德公"作伏祠"时指出:"伏者,谓阴气将起,迫于残阳而未得升,故为藏伏,因名伏日也。立秋之后,以金代火,金畏于火,故至庚日必伏。庚,金也。"什么叫"以狗御蛊"呢?张守节又说了:"蛊者,热毒恶气为伤害人,故磔狗以御之。"那么,又为什么是狗?"狗,阳畜也。以狗张磔于郭四门,禳却热毒气也。"

在前人看来,三伏天的燥热之气是地下所散发出来的毒邪之气,因而杀狗淋血、把狗皮悬挂于城门可以驱邪避毒。《后汉书·和帝纪》亦载,永元六年(94)"六月己酉,初令伏闭尽日"。李贤注引《汉官旧仪》云:"伏日万鬼行,故尽日闭,不干他事。"闭户,为的是祛灾。《荆楚岁时记》云南朝时"六月伏日,并作汤饼,名为辟恶饼",又引《魏氏春秋》云"何晏以伏日食汤饼,取巾拭汗,面色皎然,乃知非傅粉",可知伏日吃避恶饼,从三国的时候就已经开始了。《太平御览》引鱼豢《典略》云,三国时三伏还要大吃大喝,"大驾督许(昌),使光禄大夫刘松北镇袁绍军",结果刘松"与绍子弟日共宴饮,常以三伏之际,昼夜酣饮,极醉,至于无知,云以避一时之暑"。这一段,《初学记》注释"避暑饮"时,说是出自曹丕的《典论》。

从官方层面看,汉代仍是"吃伏"。《汉书·东方朔传》载:"伏日,诏赐从官肉。"分肉的来晚了,东方朔乃自己"拔剑割肉",一边动手一边说同僚:"伏日当蚤归,请受赐。"拿上便回家了。分肉的告了状,汉武帝让东方朔把事情说清楚,"朔免冠谢"。武帝说,起来吧,自责就是。不料东方朔说:"受赐不待诏,何无礼也!拔剑割肉,壹何壮也!割之不多,又何廉也!归遗细君(老婆),又何仁也!"武帝笑了:"使先生自责,乃反自誉!"宋朝某个三伏天,梅尧臣记起此事,还赋诗一首:"伏日每苦热,古来亡事侵。尝闻东方朔,割肉趋庭阴。百职当早罢,将畏赫日临。我无归遗人,怀念空沾襟。"

"吃伏"之外,真正解决问题是依靠冰来降温。《邺中记》云:"石季龙(虎)于冰井台藏冰,三伏之月,以冰赐大臣。"石虎是十六国时的后赵皇帝。《开元天宝遗事》中有杨国忠家族以"冰山避暑",又每至伏日以"冰兽赠王公",还"令工人镂为凤兽之形,或饰以金环彩带,置之雕盘中,送与王公大臣",行笼络之能事。梅尧臣的"日色若炎火"诗,亦因《中伏日永叔遗冰》而作:"盘冰赐近臣,络绎中使驰。莹澈肖水玉,凛气侵入肌。近日多故友,分贶能者谁……天子厚于公,不使炽毒欺。公亦厚于我,将恐煎熬随。"欧阳修享受这种待遇,而未忘老友,有福同享,令梅尧臣十分感动。清朝时还有赐冰。《燕京岁时记》云:"京师自暑伏日起至立秋日止,各衙门例有赐冰。届时由工部颁给冰票,自行领取,多寡不同,各有等差。"在民间,则各有各的适应三伏的方式了。《清嘉录》云苏州三伏天,"好施者,于门首普送药饵,广结茶缘。街坊叫卖凉粉、鲜果、瓜、藕、芥辣索粉,皆爽口之物。什物则有蕉扇、苎巾、麻布、蒲鞋、草席、竹席、竹夫人、藤枕之类,沿门担供不绝",澡堂子则"暂停爨火"。

最有趣的三伏诗,莫过于三国时程晓的《伏日》。诗有不同版本,兹录《太平御览》卷三一所载:"平生三伏时,道路无行车。闭门避暑卧,出入不相过。今世褦襶子,触热到人家。主人闻客来,颦蹙奈何此。摇扇臂中疼,流汗正滂沱。传戒诸高明,热行宜见呵。"能,即襶,褦襶,衣服粗重宽大,既不合身又不合时,因而比喻无能,不晓事。那么,这首诗的意思就非常清楚了:大热天的,不该到人家串门,串的话,很招人烦。四库本则多了几句,说得更直白。在"摇扇臂中疼"前有"谓当起行去,安坐正踑跨。所说无一急,嗒哈一何多";在"传戒诸高明"前有"莫谓此小事,亦是人一瑕"。嘴上说走又不走,还要坐下,又没啥急事,啰唆个什么呢?

据说,1981年8月24日,卸任美国总统后的卡特访问北京,一下飞机便结结巴巴地念出了"今世褦襶子,触热到人家"这两句。8月,北京正是酷热时节,则卡特颇有自嘲的意味。而能搬出那两句,也说明他的幕僚的汉语造诣很不得了。

七夕

农历七月初七,即传统节日中的七夕。也许是借着牛郎织女的动人传说吧,有人称七夕为"中国情人节"。但也有人——有位民俗学家说不对,应该叫"中国爱情节",为什么呢?因为牛郎织女属于"已婚人士",而且还有了孩子。这样的"举证"不只有趣,还要令人喷饭。在名目上纠缠不休,毫无实质意义,不管七夕今天该叫什么"外号",如果我们打算传承它的话,该是借用其中的什么来丰富现实生活,只有"情人"或"爱情"吗?

七夕在从前是个很重要的节日。其内涵也确有"爱情"的一面。秦少游脍炙人口的《鹊桥仙》——纤云弄巧,飞星传恨,银汉迢迢暗度——据说就是借神话传说来倾吐自家内心压抑已久的呐喊。在此之前的"七月七日长生殿,夜半无人私语时",人们也耳熟能详,说的则是唐玄宗与杨贵妃的那点儿事。在香山居士的臆想中,二人在七夕时还相互发誓:在天愿作比翼鸟,在地愿为连理枝。臆想的东西自然很难经住考证。陈寅恪先生就说,唐朝那个时代泡温泉,"其旨在治疗疾病,除寒祛风",不像咱们今天,"以为消夏逭暑之用者也"。因此,玄宗之临幸华清池"必在冬季或春初寒冷之时节",夏天他是不会去的,史书中也的确没留下相应的记载。那么,"长生殿七夕私誓之为后来增饰之物语,并非当时真确之事实"。当然,寅恪先生的"小心求证",只是否认了香山居士的"大胆假设",并无否认七夕内含"爱情"因子之意。

不同于一些传统节日文化内涵的相对单一,七夕是多重的,比如它还有妇女向传说中的织女学艺求巧的一面,所以又叫作乞巧节。读一读宋人孟元老的《东京梦华录》,就可以见识那时的七夕该是怎样的丰富多彩了。"七夕前三五日,车马盈市,罗绮满街,旋折未开荷花,都人善假做双头莲,取玩一时,提携而归,路人往往嗟爱。又小儿须买新荷叶执之,盖效颦磨喝乐。儿童辈特地新妆,竞夸鲜丽。"这不是跟过年差不多热闹吗?到了七夕那一天,更不得了,大街小巷"皆卖磨喝乐"。两次提到了"磨喝乐",这会是什么东西呢?小塑土偶。河南禹县出土过一个白釉加彩男童子,骑坐在鼓形绣墩上,敞怀坦腹,手持荷叶,被专家认为最接近磨喝乐之作。七夕之时,磨喝乐"悉以雕木彩装栏座,或用红纱碧笼,或饰以金珠牙翠,有一对直数千者"。伊永文先生猜测,磨喝乐这个原本人身蛇头蟒神的舶来品,到中国变成眉清目秀之男儿后,"也许因其含义无量,慧力无边,所以民间都膜拜它"。

与此同时,人们还"以小板上傅土旋种粟令生苗,置小茅屋花木,作田舍家小人物,皆村落之态,谓之'谷板'。又以瓜雕刻成花样,谓之'花瓜'。又以油面糖蜜造为笑靥儿,谓之'果实',花样奇巧百端"。更有特色的是,"以绿豆、小豆、小麦,于磁器内,以水浸之,生芽数寸,以红篮彩缕束之,谓之'种生'。皆于街心彩幕帐设出络货卖"。至于乞巧,自然也是重要环节,权贵人家"多结彩楼于庭,……铺陈磨喝乐、花瓜、酒炙、笔砚、针线,或儿童裁诗,女郎呈巧,焚香列拜,谓之乞巧"。这当中,"妇女望月穿针,或以小蜘蛛安合子内,次日看之,若网圆正,谓之'得巧'"。"望月穿针"实际上是试巧,"得巧"实际上是卜巧,都是乞巧的方式,这一天往往以弄巧亦即较量技艺,从而使节日的气氛达到高潮。

七夕的内涵如此丰富,委实没有必要一味地在"情人"或"爱情"上打圈圈。诚然,中国的制衣业如今那么发达,生产的服装份额占到了全世界60%左右,弘扬"乞巧"变得不太现实了,然而七夕的乞巧既可以实指女红,也可以指代心灵手巧,也就是聪明。如果给弘扬七夕找一个发力点的话,何不可从此入手?如果尝试着把宋朝时的七夕内涵发掘一下,以女性为节日的主体,比赛一下怎样"谷板"、怎样"花瓜"、怎样"果实"、怎样"种生",那该是怎样的妙趣横生?

"七月新秋风露早,渚莲尚拆庭梧老。是处瓜华时节好。金尊倒,人间彩楼争新巧。 万叶敲声凉乍到,百虫啼晚烟如扫。箭漏初长天杳杳。人语悄。那堪夜雨催清晓。"欧阳修的这阕《渔家傲》,道出了彼时七夕的意境。在传统节日中,元宵节已被称为中国的情人节,中秋节也被称为中国的情人节,大有传统节日的振兴唯做"情人"文章之势,黔驴技穷,莫此为甚。不难想象,如果传统节日这样下去的话,它离走入死胡同也就为期不远了。

中元节

农历七月十五是中元节,也就是通常所说的鬼节,因而民俗有祭祀亡故亲人的活动。早几年在广州,这个时候晚间常见路边有人烧纸,一堆堆的火光,现在极少了,也还是有。视野所及,各种传统文化在广东都保留得比较完整,比如我就是来广东才第一次见识宗祠。在我成长的京郊顺义县南庄头村,也是聚族而居的,第一生产队基本上是贾姓,第二生产队基本上都是董姓,这种"划分"未必是延续传统,而是各家住房基址"所在"的因素使然。但我从来没见过贾姓或董姓的宗祠,走过好多村子,也没见过别姓的。像语言一样,广东客观上保留了大量传统文化的因子。中元节是为其一。

中元为汉族传统"三元"节日中的一元。上元是正月十五元宵节,众所周知;下元是十月十五,鲜为人知。中元介乎其间,半生不熟有些逻辑使然。三元节日源出于道教,用清朝学者赵翼的说法,"其以正月、七月、十月之望为三元日,则自元魏始"。后来,道教以三官配三元,就是让他们所奉的神——天官、地官、水官,分别出生于这三天。在他们的说法里,天官赐福,地官赦罪,水官解厄。《后汉书·刘焉传》注引《典略》云,东汉末年张角借"五斗米道"领导的黄巾起义,以治病为名聚集队伍,打的就是"三官"的旗号。方法倒是很简单:"道师持九节杖,为符祝,教病人叩头思过,因以符水饮之。病或自愈者,则云此人信道,其或不愈,则云不信道。"喝符水而已,好了是我的事,没好是你的事,你还得"出米五斗",完全是无本生意。符上写什么呢?"书病人姓字,说服罪之意"。就像如今重要的事情说三遍一样,他们要将祷文"作三通,其一上之天,着山上,其一埋之地,其一沈之水,谓之'三官手书'"。不过,当时的有识之士就认识到了,此法"实无益于疗病,但为淫妄,小人昏愚,竞共事之"。

关于三元,唐玄宗时还有天下各地需断屠三日的禁令。那是开元二十二年(734)十月,玄宗敕曰:"道家三元,诚有科戒。今月十四十五日是下元斋日,都内人应有屠杀,令河南尹李适之勾当总与赎取,并令百姓是日停宰杀渔猎等。自今以后,两都及天下诸州,每年正月七月十月三元日,起十三至十五,兼宜禁断。"断屠的目的,旨在通过禁止杀生来祈求消灾赐福。

具体到中元节,从前道观在作斋醮之外,僧寺则要作盂兰盆会,所以此节道佛色彩并重。李商隐《中元作》有"绛节飘飘空国来,中元朝拜上清回"句,陈元靓《岁时广记》转引《道经》云:"七月十五中元之日,地宫校勾,搜选人间,分别善恶,诸天圣众,普诣宫中,简定劫数,人鬼簿录,饿鬼囚徒一时俱集,以其日作元。都大斋献于玉京山,采诸花果、异物、幡幢、宝盖、精膳、饮食献诸圣。众道士于其日夜讲诵《老子经》,十方大圣高咏灵篇,囚徒饿鬼一切饱满,免于众苦,悉还人中。若非如斯,难可拔赎。"诸如此类,就是浓厚的道教色彩。

《东京梦华录》对宋朝中元节的记载,则关联佛教。"先数日,市井卖冥器:靴鞋、幞头、帽子、金犀假带、五彩衣服,以纸糊架子盘游出卖。潘楼并州东西瓦子,亦如七夕"。热闹之外,书籍类如

《尊胜目连经》热卖,用具类如"以竹竿斫成三脚,高三五尺,上织灯窝之状"的"盂兰盆"热卖,杂剧类如《目连经救母》热演,"直至十五日止,观者增倍"。中元这一天,"供养祖先素食,才明即卖穄米饭,巡门叫卖,亦告成意也。又卖转明菜花、花油饼、馂馅、沙豏之类。城外有新坟者,即往拜扫。禁中亦出车马诣道者院谒坟。本院官给祠部十道,设大会,焚钱山,祭军阵亡殁,设孤魂之道场"。

如果从中元节中挑选一个鲜明的文化符号,恐怕非放河灯莫属,想来大家对这种情形都不陌生。关于宋朝的小说《水浒传》里,两次讲到了中元节,其中一次是第五十一回,梁山那些号称好汉的人为了拉朱仝入伙而残忍地杀害年仅四岁的小衙内。当天正是朱仝带着小衙内来"地藏寺里去看点放河灯",因为"七月十五盂阑盆大斋之日,年例各处点放河灯,修设好事"。梁山的所谓智多星吴用,便想出了杀害小衙内以断绝朱仝后路的馊主意。《水浒传》中另一次讲到中元节是第四十回,蔡九知府准备将宋江、戴宗"来日押赴市曹,斩首施行"之际,平日里"与戴宗颇好"的黄孔目救不了他,只好能拖一下就拖一下。他说:"明日是个国家忌日,后日又是七月十五日中元之节,皆不可行刑。大后日亦是国家景命。直至五日后,方可施行。"结果,就是拖了这几天,给晁盖他们争取了时间,上演了"梁山泊好汉劫法场,白龙庙英雄小聚义"的一幕。

宋敏求《春明退朝录》云,宋太宗时"三元不禁夜,上元御乾元门,中元、下元御东华门,后罢中元、下元二节,而初元游观之盛,冠于前代"。现在,上元保留得最为彻底,中元还在,下元有名无实或曰名存实亡了,其中祭祀亡灵的功能前移,合并给了中元。以今日对鬼神的认识,中元节渐渐退出历史舞台无疑也将成为必然。

中秋节

八月十五中秋节,是我国见存的四大传统节日之一。南宋张抡词曰:"光辉皎洁。古今但赏中秋月,寻思岂是月华别?都为人间天上气清澈。"800多年过去了,中秋时的天"气"依然清澈如故,但在人间,因为月饼——主要是包装的日益高档化备受抨击并给人以种种猜想,这股"气"已多少显得浑浊。

"人逢喜事精神爽,月到中秋分外明"(冯梦龙语)。不合时令的话此时还是不要多言。毕竟当"圆月"被赋予"团圆"的社会内涵之后,其中的情感色彩还没有浊气在内,前人更是如此。《梦粱录》云:"八月十五日,中秋节,此日三秋恰半,故谓之中秋。"《东京梦华录》记载了北宋京城中秋节时的热闹情形:"中秋节前,诸店皆卖新酒,重新结络门面彩楼,花头画竿,醉仙锦旆,市人争饮,至午未间,家家无酒,拽下望子。"末一句,即摘下酒招,关门,没酒卖了嘛。入夜,"贵家结饰台榭,民间争占酒楼玩月。丝篁鼎沸,近内庭居民,夜深遥闻笙竽之声,宛若云外。闾里儿童,连宵嬉戏,夜市骈阗,至于通晓"。中秋在古人生活中的地位可见一斑。

有专家考证,中秋节虽然起源于先秦,添加赏月的习俗是到汉晋才形成雏形的;至于月饼,则是唐玄宗梦里飞到"广寒清虚之府",受到嫦娥的酥饴仙饼款待之后才仿制而成的产物。那一梦令明皇如痴如醉,根据对梦的记忆,还编成了著名的《霓裳羽衣曲》。李商隐说"嫦娥应悔偷灵药",幸而是在玄宗之后,否则就是跟皇帝抬杠了。

中秋节在传统节日中属于长盛不衰的一个。"听月楼头接太清,依楼听月最分明。摩天咿哑冰轮转,捣药叮咚玉杵鸣。乐奏广寒声细细,斧柯丹桂响叮叮。偶然一阵香风起,吹落嫦娥笑语声。"当中秋赏月的习俗勃兴之后,古人留下的相关诗词汗牛充栋。唐代大诗人刘禹锡被贬到朗州(今湖南常德)任司马的那一年,写有《八月十五夜桃源玩月》:"尘中见月心亦闲,况是清秋仙府间。凝光悠悠寒露坠,此时立在最高山。碧虚无云风不起,山上长松山下水。群动悠然一顾中,天高地平千万里。少君引我升玉坛,礼空遥请真仙官。云軿欲下星斗动,天乐一声肌骨寒。金霞昕昕渐东上,轮欹影促犹频望。绝景良时难再并,他年此日应惆怅。"宦途上失意的刘禹锡,对着皎皎圆月,把落魄之时称之为"良时",恐怕月光确有陶冶的功能,而不能认为只是他一时的自我宽慰吧。

对月光,向来是"照之有余辉,揽之不盈手"(陆机语),所以在《望月怀远》里,张九龄咏出"海上生明月,天涯共此时"后,感叹"不堪盈手赠,还寝梦佳期"。但《铁围山丛谈》里的一则故事说,有位韩生夜不睡,抱个篮子,在院子里"以勺酌取月光,作倾泻入篮状"。人家问他在干什么,他说:"今夕月色难得,我惧他夕风雨,倘夜黑,留此待缓急尔。"时人皆笑其妄。其实,国人向来缺少奇想,20多年前电影里还有个把科幻片,今天则干脆缺了这个品种。所以如此,在于如韩生之举从来都是嘲笑的对象吧。

中秋月儿圆。每到中秋,最让人期盼的该是圆月早一点露面,别让天气什么的给败坏了兴致。陆龟蒙有《中秋待月》诗:"转缺霜轮上转迟,好风偏似送佳期。帘斜树隔情无限,烛暗香残坐不辞。"等一等,也无妨。苏东坡的名篇"明月几时有?把酒问青天",从字面上看,大约也属于等得心急的一类。他在该词的小序里说:"丙辰中秋,欢饮达旦大醉,作此篇,兼怀子由(弟弟苏辙)。"度其语意,好像又并非实指而是寓意了。

但即使在今天,不可抗拒的天公往往也有作梗的可能。不过,无月可赏的中秋也未必让人遗憾。沈德符《万历野获编》云,永乐时开中秋宴会,"月为云掩",成祖命解缙赋诗。解缙是大才子,《永乐大典》的主编,"墙上芦苇,头重脚轻根底浅;山间竹笋,嘴尖皮厚腹中空",就出自他之手。另外人们耳熟能详的则是那副对联:"门对千竿竹,家藏万卷书。"据说,对门那家因此把竹子砍了,然这边的联立刻续成:"门对千竿竹短,家藏万卷书长。"对门索性把竹子连根挖出,联再续为:"门对千竿竹短无,家藏万卷书长有。"解缙是很有些急才的,没月亮这点小事难不住他,当即口占一首《落梅风》:"嫦娥面,今夜圆,下云帘,拼今宵倚栏不去眠,看谁过广寒宫殿。"成祖大喜,再命解缙"以此意赋长歌",把它展开。沈德符认为,同样是没月亮的作品,金海陵炀王的《鹊桥仙》更"雄快可喜",词云:"停杯不举,停歌不发,等候银蟾出海。是谁遮定水晶宫?作许大、通天障碍。　虹髯撚断,星眸睁裂,犹恨剑锋不快。一挥挥断彩云根,要看嫦娥体态。"在此前弘治时,薛格也有阁试中秋不见月诗,考第一,传诵一时。其中一联云:"关山有恨空闻笛,乌鹊无声倦倚楼。"沈德符认为这些都相当不错,纳闷成祖为什么对解缙的如此赏识。

近人樊增礼也有一首《中秋无月诗》:"亘古清光彻九州,只今烟雾锁琼楼,莫愁遮断山河影,照出山河影更愁。"樊增礼1846年出生,1931年辞世。这首诗似乎是在感怀"国破",只不知在感怀哪一段。如果说第二次鸦片战争的时候他年纪还不大,那么八国联军、军阀混战,他都赶上了,或为其一吧。

中秋月

中秋节(2010)一早到了中山大学珠海校区,在那里应节。受台风"凡亚比"的影响,下午开始下雨,时骤时疏,傍晚止歇。"九霄中,千里外,无片云遮映。是谁家妆罢娉婷,挂长空不收冰镜?"元杂剧《云窗梦》中,郑月莲中秋夜凭窗倚栏感叹的一幕,此前几天气象部门就告诉我们不可奢望,但夜深之后,月亮还是抑制不住好奇,时隐时现,虽然是以朦胧的面目。

中秋节在今天也是一个很重要的节日,前两年开始还有了一天的法定假期,从前就更不用说了。"中春迎暑,中秋迎寒",先秦就有的习俗。随着"团圆"内涵被注入并得到公众的普遍认同,这一重要传统节日便日渐勃兴,在唐玄宗时达到高潮。他不是在某年中秋之夜还梦到自己飞入月宫,进了"广寒清虚之府"并受到嫦娥的热情款待吗?玄宗属高雅之人,因而在梦醒之后,如痴如醉之余,创作了享誉后世的《霓裳羽衣曲》;而像猪八戒那样的俗人,同样的美事就出了性质问题。按《西游记》里他自己的道白,他本是天上的天蓬水神,一次去参加王母娘娘的蟠桃会——比孙悟空还高的待遇,喝醉了,"东倒西歪乱撒泼",借着酒胆,"逞雄撞入广寒宫"。彼时其尚未错投猪胎,模样肯定不是后世定型的肥头大耳,所以才会有"风流仙子来相接"。但水神很把持不住,"见他容貌挟人魂,旧日凡心难得灭。全无上下失尊卑,扯住嫦娥要陪歇。再三再四不依从,东躲西藏心不悦";于是,"色胆如天叫似雷",惹了事。

正如面对嫦娥能够考量出"雅俗"一样,面对中秋月亮,也能见出品位高下。"满月飞明镜,归心折大刀"(杜甫)、"但愿人长久,千里共婵娟"(苏轼),属于一种;《杨文公谈苑》所载朱贞白诗,属于另一种。朱贞白什么都能入诗,《咏刺猬》《题棺木》,甚至还有一首《题狗蚤》。其人既"善嘲咏",自然离不开谐谑,《咏月》正是如此:"当涂当涂见,芜湖芜湖见。八月十五夜,一似没柄扇。"但他的《题棺木》则要"端庄"得多:"久久终须要,而今未要君。有时闲忆著,大是要知闻。"《围城》里曹元朗的十四行诗《拼盘姘伴》,还可再辟一种。"昨夜星辰今夜摇漾于飘至明夜之风中/ 圆满肥白的孕妇肚子颤巍巍贴在天上/ 这守活寡的逃妇几时有了个新老公?"小说中写道,亏他辅以大量的"自注",方鸿渐才知道"孕妇的肚子"就是指满月,而"逃妇"指嫦娥。然鸿渐心里明明鄙视,嘴上却是恭维:"真是无字无来历,跟做旧诗的人所谓'学人之诗'差不多了。这作风是不是新古典主义?"

《宋稗类钞》载,某年"中秋有月",王珪在翰林当值,为神宗"召来赐酒"。宣学士就坐之后,王珪不敢,说故事无君臣对坐之礼,"乞正其席"。神宗说:"月色清美,与其醉声色,何如与学士论文?若要正席,则外廷赐宴。正欲略去苛礼,放怀饮酒。"要他暂抛君臣礼数,当作知心朋友聚会,王珪还是不大习惯,固请不许才"再拜就坐"。两个人谈得很投机,神宗"引谢庄赋、李白诗,称美其才",又拿出自己的诗作示公;王珪则又是"叹仰圣学高妙",又是每欲起身表达恭敬,害得神宗不得不"敕内侍挟掖,不令下拜"。夜漏三鼓,神宗悦甚,"令左右宫嫔各取领巾、裙带,或团扇、手帕求诗",内侍在旁边摆好家伙,"举牙床,以金相水晶砚、珊瑚笔格、玉管笔,皆上所用者"。王珪来者不拒,略不停辍,"都不蹈袭前人,尽出一时新意,仍称其所长。如美貌者,必及其容色,人人得其欢心,悉以呈上"。神宗又发话了,你们不能让学士白劳动吧,"须与学士润笔"。于是,大家"各取头上珠花簪公,幞头戴不尽者,置公袖内",怕掉出来,"宫人旋取针线,缝公袖口"……

中秋月之外,古人的月亮情结同样深厚。宋代诗人杨万里有一首《月下传杯》,自谓"仿佛李太白",其中的"老夫渴急月更急,酒落杯中月先入;领取青天并入来,和月和天都蘸湿",以及"一杯未尽诗已成,诵诗向天天亦惊。焉知万古一骸骨,酌酒更吞一团月"等,气势的确不让太白。《焦氏笔乘》云,王元顺"潜心力学",曾经端坐房间内,月余不出。他说:"当其静极时,心如皎月当空。平生所疑,触处皆悟。"谁人都知,如今浮躁之辈恁多,闻此倒是不妨一试。

月饼

月饼是中秋的节令食品,往年是"天价"犯了众怒,今年(2013)不知怎么,网友对五仁月饼进行了口诛笔伐。

按照《中国大百科全书》的说法,南宋周密在其著作《武林旧事》里最早提到"月饼"这个概念。检索该书,在卷六"市食"条下的"蒸作从食"中果然有所发现。周密笔下之武林,非金庸笔下之江湖,而是南宋的都城临安(杭州)。1992年余初到杭州游览,夜幕中曾在"武林广场"留影,当时不解杭州为何以这个不大相称的名字命名中心广场,全不知其乃杭州旧称。那么,《武林旧事》实则杭州旧事。此前,孟元老追忆汴京繁盛的《东京梦华录》即出,引来了众多仿效者,《武林旧事》为其一,且仿效得最成功。《四库全书总目》评价曰:"湖山歌舞,靡丽纷华,著其盛,正著其所以衰。遗老故臣,恻恻兴亡之隐,实曲寄于言外,不仅作风俗记、都邑簿也。"

周密列举的"市食",就是市面店铺里卖的东西。该书卷七之《乾淳奉亲》条提到:"初筵,教坊奏乐呈伎,酒三行,太上宣索市食,如李婆婆杂菜羹、贺四酪面、脏三猪胰胡饼、戈家甜食等数种。"在周密开列的这份食单上,记录了八大类共200多种食品,从水果、菜蔬到肉类,从腌制、凉拌到烧烤,从飞禽、走兽到鱼虾,从粥、糕点到各色酒水饮料，无所不备。而从食，即正餐外的点心和小吃，周密这么说的："子母茧、春茧（茧形包子）、大包子、荷叶饼……月饼、馉子……"而"蒸作"二字似乎表明，月饼在彼时乃蒸而非烤，该与武大郎的炊饼"同宗"。概炊饼即蒸饼，宋仁宗讳祯，蒸之音近也不行，只好改名。"月饼"虽然首次出现，该仅仅是个名词，与今天我们吃在嘴里的月饼是否一个东西还很难说。

月饼的概念出现在南宋，其"实"则显然可以上溯。唐高祖李渊说过"应将胡饼邀蟾蜍"，把胡饼与月亮（蟾蜍）关联起来，可能已具备月饼之"实"了。《东京梦华录》"中秋"条，自然谈到了吃，"是时螯蟹新出，石榴、榅勃、梨、枣、栗、孛萄、弄色枨桔，皆新上市"。对时令食品，螯蟹之外，大量地提到了水果。这里的"弄色"值得注意，表明宋朝已经能做水果的外观文章了。弄色即做色，或为"用铜绿色水浸泡，以长时间保持色泽鲜艳"，或为"果子将熟之际，剪纸粘上，夜露日烘，渐变红色，其纹如生"。后一种做法今天已不乏见，春节余在贵阳，每见不知怎么"晒"出的带有"富贵""发财"一类字样的苹果，确是生成的感觉。前一种未知有害与否，总之还是别给今天的无良商家听去为妙。孟元老讲了那么多水果，与他对其他节日介绍对食品的不厌其详大不同，似可证明月饼在彼时即便事实上存在了，却还无足轻重，构不成代表中秋特色的要素。

但在明朝，月饼显然与今天的一般无二了。或正从明朝开始，月饼成为中秋节特定的节日用品（拜月用）和食品。如嘉靖朝田汝成《西湖游览志馀》云："八月十五谓之中秋，民间以月饼相遗，取团圆之义。"万历朝沈榜《宛署杂记》记述的是制作："士庶家俱以是月造月饼相遗，大小不等，呼为月饼。"其中还提到"市肆至以果为馅，巧名异状，有一饼值数百钱者"。看起来，彼时月饼已与"天价"有染了。明末刘侗、于奕正著《帝京景物略》则这样说:"八月十五日祭月,其祭果饼必圆;分瓜必牙错瓣刻之,如莲华。"这一天,"家设月光位,于月所出方,向月供而拜,则焚月光纸,撤所供,散家之人必遍。月饼月果,戚属馈相报,饼有径二尺者。女归宁,是日必返其夫家,曰团圆节也"。诸如此类,不是完全具备了今天月饼的特征码?

关于月饼的起源,还有"八月十五杀鞑子"的著名传说。鞑子,源出鞑靼,原为北方游牧民族的一支。宋元人泛称蒙古各部为鞑靼,近代则为汉人对蒙古及满洲人的蔑称。传说元末江淮百姓忍受不了蒙古统治者的虐政,在月饼馅中夹藏纸条而相约起义,到八月十五,家家户户掰开月饼看到暗号,便一同杀死身边的蒙古人。无论故事的版本如何,策划都归到了刘伯温的头上,就像永乐皇帝修建北京城是在其死后30多年,民间仍然津津乐道于"刘伯温制造哪吒城"一样,这是对其勋业极度崇拜的结果。就"八月十五杀鞑子",当代陈学霖先生指出:"从清末到民国,在炽烈的反满情绪的影响下,这个以刘伯温为中心的元朝末年汉人起义故事很受到汉民族的欢迎,信以为真,并在每年庆祝中秋节时大张其事。"陈先生并以大量篇幅考证了此说的不可信,以及不可信的东西何以成为"后人对这些轰轰烈烈的革命事迹的集体记忆"。

"小饼如嚼月,中有酥和怡。"东坡《留别廉守》中的句子,说的也是月饼吧。五仁月饼只是月饼中的一种,在食品安全已成惊弓之鸟的今天,它也不见得就恶劣到了什么程度,犯不着网友不知真假的动怒。但今天传统节日似乎只剩了吃之一途,说是网友没事找事寻开心,不会冤枉谁吧。

嫦娥

2013年12月2日凌晨1时30分,西昌卫星发射场,搭载着"嫦娥三号"的长征三号乙运载火箭点火发射,然后顺利升空。此前大家已经知道,"嫦娥三号"的目的地是月球,启动登月的第二阶段。其所携带的"玉兔号"月球车,将进行首次月球软着陆和自动巡视勘察,获取月球内部的物质成分并进行分析,将一期工程的"表面探测"引申至内部探测。嫦娥、玉兔、月球,前人早就据此建立了关于月亮的完整故事体系,三者已然有机地融合在了一起。如今的"探月工程"借助这些文化符号,形象而生动。

有人考证,对嫦娥的最早文字记录出自战国时期的《归藏》:"昔常娥以西王母不死之药服之,遂奔月为月精。"在西汉时的《淮南子》里,故事就基本成型了。《淮南子·览冥训》在谈及凡事当究治根本,亦即"乞火不若取燧,寄汲不若凿井"时举了一例:"譬若羿请不死之药于西王母,姮娥窃以奔月。怅然有丧,无以续之。何则?不知不死之药所由生也。"高诱在此注曰:"姮娥,羿妻。羿请不死药于西王母,未及服食之,姮娥盗食之,得仙,奔入月中为月精。"至于这里的"常娥"又成"姮娥",有前人说了,这是避汉文帝刘恒的讳;但又有前人说了,文帝是"恒",《说文解字》里没有"姮",后人造的。莫衷一是。莫衷一是的当然不止于此,但凡神话故事,试图弄个究竟定然徒劳,能做到的只是梳理一下大致的来龙去脉。

"白兔捣药秋复春,嫦娥孤栖与谁邻?"李白在《把酒问月》中的这句,好像是发问,实际上他自己也知道答案。与谁邻?如明无名氏《金雀记·玩灯》所云:"嫦娥真可想,伐木有吴刚。"今年9月,"嫦娥三号"月球车进行全球征名活动时,吴刚理所当然也成候选。吴刚,大约从段成式《酉阳杂俎》中脱颖而出。成式云:"旧言月中有桂、有蟾蜍,故异书言月桂高五百丈,下有一人常斫之,树创随合。"那人"姓吴名刚,西河人。学仙有过,常令伐树"。段成式所说的异书,可能是指《山海经》。有人认为《山海经》中的常羲就是嫦娥,《大荒西经》说"有女子方浴月。帝俊妻常羲,生月十有二,此始浴之",而古音中的"羲"读"娥"音。有趣的是,《西游记》第九十五回,玉兔"私自偷开玉关金锁走出宫来",变身妖怪,在天竺国和孙悟空大战了一场。他的兵器是一根短棍,悟空"见那短棍儿一头壮,一头细,却似舂碓臼的杵头模样",后来知道,真的就是捣药杵。玉兔是有后台的,自然当悟空"愈发狠性,下毒手,恨不得一棒打杀"之时,会来救兵。这次来的是太阴星君,"后带着姮娥仙子",嫦娥也到场了。

吴刚被罚斫桂,是学仙有过;《西游记》里的猪八戒终成肥头大耳,则是仙人有过。八戒本来是仙,玉皇大帝的天蓬元帅,"只因王母会蟠桃,开宴瑶池邀众客"时喝多了,"逞雄撞入广寒宫"。嫦娥来迎,八戒"见他容貌挟人魂,旧日凡心难得灭。全无上下失尊卑,扯住嫦娥要陪歇"。人家不依,他便"色胆如天叫似雷,险些震倒天关阙"。结果惊动了纠察灵官,把"广寒围困不通风,进退无门难得脱"。刚开始,像醉驾被捉的人一样,"酒在心头还不怯",等到"押赴灵霄见玉皇,依律问成该处决",吓坏了,亏得太白金星出手相救，只是被贬出天庭。八戒重新投胎后外貌丑陋，好吃懒做兼好色，但大家都不厌烦他，其诚实的一面起到了关键作用。这一番悟能自道，更朴实得可爱。在天竺国风波的尾声，八戒本性不改，"忍不住跳在空中"抱住了嫦娥："姐姐，我与你是旧相识，我和你耍子儿去也。"遗憾的是嫦娥始终未发一言。

众所周知，人类历史上首次登月成功是在1969年7月，美国人阿姆斯特朗留下了"个人一小步，人类一大步"的名言。那一枚硕大而清晰的脚印，以一蹦一蹦姿态行走的宇航员，给全世界都留下了深刻印象。不过开玩笑说，我们中国人早就"上去"过，不是坐宇宙飞船。如唐玄宗，道士"掷手杖于空中，即化为银色大桥"，连走带飞就上去了，逛了"广寒清虚之府"、默记仙女优美舞曲后，玄宗还依其声调整理出了著名的《霓裳羽衣曲》。《聊斋志异》中，落第举子吴筠骑着凤凰也上去过一回，被"导入广寒宫"，跟仙女还有了"衾枕之爱"。就交通工具而言，协助他的白于玉更神，"翩然跨蝉背上，唧唧而飞，杳入云中"。当然了，我们那些都纯粹出于幻想，殊途同归的是在月亮上生活惬意得很。因此，李商隐的"嫦娥应悔偷灵药"煞是扫兴，不如王禹偁的"嫦娥月里休相笑，万古应无窃药踪"。

"今人不见古时月，今月曾经照古人。古人今人若流水，共看明月皆如此。"借助嫦娥故事，古人营造了一个充满诗情画意，可望实则不可及的仙境。那个仙境何其清幽雅致，悠闲自在？现在，这个美丽的神话没有因登月的人类"坐实"那里没有空气、没有水、没有生命而有丝毫的衰减。这或是因为，她既不像文字发明之前的种种传说那样有历史的影子游荡其中，也没有蕴含着前人对未知世界的粗浅理解，而纯粹寄寓着人类的美好幻想和期冀。

广寒宫

月亮是中秋节最鲜明的主题,在前人的奇想中,月亮上面有座宫殿叫广寒宫,里面住着嫦娥。

这奇想众所周知关联唐明皇,唐人说他到月亮上去过,看见了。如柳宗元《龙城录》说是在开元六年(718)八月十五,明皇与申天师及道士赏月之时,"因天师作术,三人同在云上游月中,过一大门,在月光中飞浮,宫殿往来无定,寒气逼人,露濡衣袖皆湿。顷见一大宫府,榜曰'广寒清虚之府',其守门兵卫甚严,白刃粲然,望之如凝雪"。明皇"见有素娥十余人,皆皓衣乘白鸾,往来笑舞于广陵大桂树之下,又听乐音嘈杂亦甚清丽",因其"素解音律",默记了下来。第二天夜里他又要上去,"天师但笑谢不允",于是他"因想素娥风中飞舞袖被编律成音,制霓裳羽衣舞曲"。又如卢肇《逸史》云:"罗公远中秋侍明皇宫中玩月,以拄杖向空掷之,化为银桥,与帝升桥,寒气侵人,遂至月宫。女仙数百,素练霓衣,舞于广庭。上问曲名,曰霓裳羽衣。上记其音,归作霓裳羽衣曲。"这次月亮之行,明皇"看到"了广寒宫尚在其次,重要的是他那部名曲是个真实存在,并且"自古洎今清丽无复加于是矣"。

这是见之于文字的广寒宫,见之于图像的,钱泳在《履园丛话》里说过,那是他在别人家中看到的五代时卫贤所画《广寒宫图》。但见"楼台殿阁,细逾毛发,中有一宫门,上书'广寒清虚之府'六字。离宫别馆,用笔若丝,刻划精整,几无剩意。其款两字在一石隙之间,恐小李将军亦不能过之也"。钱泳推测,此乃"南宋故府之物"。小李将军,即唐高宗时宗室画家李思训的儿子李昭道,曾任扬州大都督府参军,李思训因受封为右武卫将军,人称大李将军,父子二人开创了唐代"青绿山水画派"。小李将军的《明皇幸蜀图》今藏台北故宫博物院,苏东坡评此画时尤其欣赏"帝马见小桥,作徘徊不进状"的细节,以为表现了明皇斯时的矛盾心态。卫贤的《广寒宫图》今已不存,北京故宫博物院藏其《高士图》,画的是汉梁鸿、孟光"相敬如宾,举案齐眉"的故事。钱泳云卫贤的水准不让小李将军,无非是要说明《广寒宫图》绘制之精。

明皇游月宫的传说影响甚广,神往者不乏。南宋淳熙八年(1181)中秋节,"孝宗诣德寿宫,太上留宴香远堂。堂东有万岁桥,以白玉石为之,雕阑莹彻,上作四面亭,皆用新罗白木,与桥一色。大池十余亩,植千叶白莲,御榻、屏几、酒器皆用水晶,独召小刘妃吹白玉笙,作《霓裳中序》"。斯情斯景,令后人王士禛觉得"不啻明皇梦游广寒也"。并且,这传说在一些地方还形成了民俗。如清时扬州,城内小秦淮河"中秋最盛,临水开轩,供养太阴,绘缦亭彩幄为广寒清虚之府,谓之月宫纸。又以纸绢为神具冠带,列素娥于饼上,谓之月宫人"。太阴,月亮;素娥,此专指嫦娥。不过,也至少自南宋始,质疑之声便不绝如缕。王灼《碧鸡漫志》引《鹿革事类》又给出了"八月望夜,叶法善与明皇游月宫"的说法,进而认为不论与申天师、与罗公远,还是与叶法善同游,"虽大同小异,要皆荒诞无可稽据"。周密来了句"要之皆荒唐之说,不足问也"。明人谢肇淛更一棍抡去:"世间第一诞妄可笑者,莫如日中之乌、月中之兔。而古今诗文沿袭相用,若以为实然者。"质疑归质疑,动怒大可不必。除了天真无邪的儿童,以及走火入魔的成人,大抵不会有人把这类奇想当真,但是保留奇想的能力十分必要。当代国人的想象力日趋贫乏,至于科幻电影成为缺项,科幻小说这两年因为《三体》等才稍有起色。

《万历野获编》云,徽王朱载堉"尝于八月十五日凝坐望天际,忽有一鹤从月中飞下殿亭,鹤载一羽士,真神仙中人也"。徽王很高兴,畅谈之余问人家有没什么要求,对曰:"广寒宫年久颓敝,将更新之。他材已备,惟少一梁,愿王留意。"并且说:"不必具材,但需银皮傅梁上,约万金足矣。"不用真弄根梁来,出钱就行,"因示广袤长短之数,姑令制就,明年此日来取,复乘鹤飞去。王果如言,琢就龙凤花纹甚工。至明年中秋,则羽衣者从月飞下,添鹤一只,顶礼为谢,身跨一鹤,以一鹤衔银梁返月宫"。看到这里,大家一定以为这又是个奇想故事,然则此番却是团伙行骗。有一天,有司捉了个嫖娼的道士,"疑其为盗,盖以龙文银作夜合资",拷问之下,"则对以诱骗徽府所得"。至于骗子如何做到从月中飞下飞返,不得而知,总之骗术十分高明就是。

清朝道光年间的汪鋆,秋试后"潜入贡院观填榜,见己名在十三",高兴之余赋诗一首:"广寒宫阙异人间,防卫森严昼掩关。亲见上真注名姓,居然身到列仙班。"应当说,这个比喻殊不贴切。母校康乐园内也有座"广寒宫",校史上说,1933年9月落成之际名"新女学",专为女生宿舍。概岭南大学20世纪初就开始招收女学生,是近代中国较早实行男女同校的大学,随着女生日益增多,遂由岭南大学美国基金会向美国友人、以及钟荣光校长发动广东华人妇女认捐了这座更大的宿舍。这个"广寒宫"的功能,较之汪鋆笔下的才更接近本意。

玉兔

中秋民俗中还有一个重要的文化特质:玉兔。"月中何有?玉兔捣药。"傅咸《拟〈天问〉》中的句子。"白兔捣药成,问言谁与餐?"李白《古朗月行》中的句子。在前人的大胆奇想中,月亮上面除了有嫦娥、有吴刚、有桂树、有广寒宫,还有只捣药的兔子,就是白兔或称玉兔。此中白兔,自非寻常白色的兔子,而属于神兔。在前人"三观"中,若干白毛动物均属于上瑞,白虎、白猿、白狼等等之外,正有白兔。

研究指出,玉兔捣药故事始见于宋郭茂倩编纂《乐府诗集》中的《相和歌辞·董逃行》,"吾欲上谒从高山,山头危险道路难"云云。那么难还上去干什么呢?可以"采取神药若木端",因那神药形同"白兔长跪捣药虾蟆丸。奉上陛下一玉桮,服此药可得神仙"。董逃行,西晋崔豹《古今注》以为乃"后汉游童所作也。终有董卓作乱,卒以逃亡。后人习之为歌章,乐府奏之以为儆诫焉"。按这说法,逃的该是百姓。而《后汉书·五行志》载:"灵帝中平中,京都歌曰:'承乐世董逃,游四郭董逃,蒙天恩董逃,带金紫董逃……"意谓董卓跋扈,"纵有残暴,终归逃窜,至于灭族也"。按这说法,逃的又该是董卓。不过,不管这个"逃"的主语究竟为谁,玉兔捣药的意象是很明确的,那药可以长生不老,可以成仙,其中的"陛下"大约要关联汉武帝了。

在《西游记》里，吴承恩令玉兔顽皮了一下，以反面角色登场亮相，当了回妖怪，事在第九十三到九十五回。在那里，玉兔"缺唇尖齿，长耳稀须"，形象和家兔差不太多，但它的本事在于摄藏了天竺国王的公主，然后摇身一变，"假合真形"，目的是"欲招唐僧为偶，采取元阳真气，以成太乙上仙"。当然了，玉兔的本相也有动人的一面，"直鼻垂酥，果赛霜华填粉腻；双睛红映，犹欺雪上点胭脂"嘛。被悟空识破这是个假公主后，玉兔"解剥了衣裳，摔摔头，摇落了钗环首饰。跑到御花园土地庙里，取出一条碓嘴样的短棍，急转身来乱打行者"。悟空不认识那根短棍，喝道："孽畜！你拿的是甚么器械，敢与老孙抵敌？"玉兔便从历史讲起，"仙根是段羊脂玉，磨琢成形不计年。混沌开时吾已得，洪蒙判处我当先"云云。它正告悟空："这般器械名头大，在你金箍棒子前。广寒宫里捣药杵，打人一下命归泉。"在玉兔眼里，捣药杵比金箍棒的历史要早多了，名气要大多了，用起来也厉害多了。如果比照其他打唐僧主意的妖怪，这玉兔"头顶上微露出一点妖氛，却也不十分凶恶"，不仅如此，还有几分可爱。它解释自己的假冒，实在是"与君共乐无他意，欲配唐僧了宿缘"，因而嗔怪悟空"你怎欺心破佳偶，死寻赶战逞凶顽？"

老北京中秋夜有小儿祭拜"兔儿爷"的民俗，大约就是由玉兔故事衍生而出吧。明人纪坤《花王阁剩稿》云："京中秋节多以泥抟兔形，衣冠踞坐如人状，儿女祀而拜之。"清人潘荣陛《帝京岁时纪胜》云："京师以黄沙土作白玉兔，饰以五彩妆颜，千奇百状，集聚天街月下，市而易之。"也正是在清代，兔儿爷从兔神演变成了儿童的中秋节玩具。富察敦崇《燕京岁时记》云："每届中秋，市人之巧者用黄土抟成蟾兔之像以出售，谓之兔儿爷。有衣冠而张盖者,有甲胄而带纛旗者,有骑虎者,有默坐者。大者三尺,小者尺余。其余匠艺工人无美不备,盖亦谑而虐矣。"坐则有坐狮、坐象、坐虎、坐豹的,各有不同寓意。还有的是兔首人身之商贩、剃头师父、缝鞋、卖馄饨、茶汤的,不一而足。由此想到早几年我在韩国济州岛泰迪熊博物馆看到,泰迪熊一概扮演着重大历史事件中的角色,比如诺曼底登陆作战中的双方士兵、拆毁柏林墙,以及我们的兵马俑阵容等。此外,微笑的蒙娜丽莎、叼烟斗包耳朵的梵高等我们熟悉的世界名作,画中人物也都换成了泰迪熊。感觉上貌似不敬,效果上却非常可爱。作为北京市非物质文化遗产的兔儿爷倘若有振兴打算的话,不妨借鉴一下这种做法,进一步扩大兔儿爷人格化的想象力。

"团圆佳节庆家家,笑语中庭荐果瓜。药窃羿妻偏称寡,金涂狡兔竟呼爷。秋风月窟营天上,凉夜蟾光映水涯。惯与儿童为戏具,印泥糊纸又搏沙。"清人栎翁诗,可窥兔儿爷在老北京中秋时节的重要地位。有报道云,2004年3月,启功先生得知北京准备评选奥运吉祥物,毫不犹豫地说,如果要他投票他就投兔儿爷。老舍先生先前则有一篇《兔儿爷》,写于1938年。"中秋又到了,北平等处的兔儿爷怎样呢?我可以想象到:那些粉脸彩衣,插旗打伞的泥人们一定还是一行行的摆在街头,为暴敌粉饰升平啊!"进而想到了那些汉奸,"到时候,他们就必出来……他们的脸很体面,油光水滑的,只可惜鼻下有个三瓣子嘴,而头上有一对长耳朵。他们的身上也花花绿绿,足下登起粉底高靴。身腔里可是空空的,脊背有个泥团儿,为插旗伞之用;旗伞都是纸作的。他们多体面,多空虚,多没有心肝呢!他们唯一的好处似乎只在有两个泥膝,跪下很方便。"老舍先生借题发挥,给兔儿爷真正赋予了妖怪的举止,只是这一回不仅毫不可爱,而且令人憎恶。

蟾蜍

今年(2020)的中秋节和国庆节又齐齐聚首,这是19年才有一次的景观。"夜凉河汉静无声,澄澈天开万里晴。蟾吐寒光呈皎洁,桂排疏影甚分明。"金段成己描述的,本是中秋夜的正常图景,遗憾的是这个中秋之夜在广州,因为天气不佳没有看到月亮。

段成己句子中,"蟾吐寒光"的"蟾",大家都知道是月亮。在前人的奇想中,"日中有踆乌,而月中有蟾蜍"。蟾蜍乃月中之精,是月亮、月光的代名词,如《古诗十九首》之"三五明月满,四五蟾兔缺",李白之"四郊阴霭散,开户半蟾生"等。不过,也有不认同这一奇想的。唐人封演云:"月中云有蟾蜍、顾兔并桂树,相传如此,自昔未有亲见之者。"宋人苏东坡诗云:"悬空如水镜,泻此山河影。妄称蟾兔蟆,俗说皆可屏。"明人谢肇淛更斩钉截铁:"世间第一诞妄可笑者,莫如日中之乌、月中之兔。"然而,神话乃是某个民族生活经历和心理经历的表现,往往借助幻想把自然力加以拟人化。因而神话无须证实,不可证实,后人关注的应是其中所蕴涵着的前人的"三观"。与神话较这个真,如果不是借题发挥,则要贻笑大方。这些年来,不少地方纷纷争抢神话传说中的人物,如伏羲、孙悟空等,一定要"坐实"其"籍贯",言之凿凿的样子,更要令人喷饭了。

蟾蜍,即俗话说的癞蛤蟆。清人有云:"生从何来不必问,不知死从何去？一生以花月为命，脱不得仙，化作花间蝶、月中蟾，亦不恶。"化作月中蟾，当然是件美事。神话传说中，嫦娥正化作了蟾蜍。在后人的塑造中，嫦娥是美丽无比的，害得天蓬元帅没把持住，怎么能和丑陋的癞蛤蟆画上等号？一种观点认为蕴含着深刻的寓意，那就是初民对生命的不可毁灭性和统一性所具有的深沉的、不可动摇的信念。因而嫦娥之化为蟾蜍，是在用变形来代替生命死亡这一个根本而永恒的事实，一方面使嫦娥逃避了个体的死亡的结果，另一方面补偿了初民非愿而死的憾恨，其中流动着的是强烈而执着的生命意识。

"羿毙十日，嫦娥奔月"，羿神话与嫦娥神话原本是平行关系，互不搭界。羿神话着重的是初民对天神般英雄的渴望，能够帮助他们战胜干旱、野兽的威胁。嫦娥神话则融入了拒绝死亡、否定死亡的生命意识。二者在汉代突然合流，在于汉代人以阴阳观念对日月神话进行了重新整合。此有学者专文论述。有趣的是，李善注《文选》引《归藏》云："昔嫦娥以西王母不死之药服之，遂奔月，为月精。"说奔月的药是嫦娥直接从西王母那里拿的，而到了《淮南子·览冥训》，变成了从丈夫羿那里偷的："羿请不死之药于西王母，姮娥窃以奔月，怅然有丧，无以续之。何则？不知不死之药所由生也。"《后汉书·天文志》刘昭注引张衡《灵宪》补充说道："羿请无死之药于西王母，姮娥窃之以奔月。将往，枚筮之于有黄，有黄占之曰：'吉。翩翩归妹，独将西行，逢天晦芒，毋惊毋恐，后其大昌。'姮娥遂托身于月，是为蟾蜍。"蟾蜍，即蟾蜍。

嫦娥这个"翩翩归妹"一变而成为癞蛤蟆，袁珂先生认为表明了妇女地位的降低，"推想起来，必定是有谴责的意思存于其中"。而在彼时，蟾蜍未必不是个好东西。《西京杂记》云，汉景帝曾孙、广川王刘去疾"好聚亡赖少年"盗墓，"所发冢墓不可胜数，其奇异者百数焉"。在晋灵公冢中,"其余器物皆朽烂不可别,唯玉蟾蜍一枚,大如拳,腹空,容五合水,光润如新"。玉蟾蜍,不知道在灵公那里意味着什么,宝贝是无疑的。广川王则"取以盛书滴",拿来当磨墨时的水盂用了。

又《挥麈后录》云:"道家者流,谓蟾蜍万岁,背生芝草,出为世之嘉祥。"所以,宋徽宗时,"黄冠用事,符瑞翔集",那情景该是一片乌烟瘴气。李谡以待制守河南,有百姓真的献上了一个背生芝草的蟾蜍,小李毫不怠慢,马上又献给了徽宗。徽宗大喜,布告天下。百官也找到了表现机会,不仅"称贺于廷",而且上表,"九天睿泽,溥及含灵。万岁蟾蜍,聿生神草。本实二物,名各一芝。或善辟兵,或能延寿。乃合为于一体,允特异于百祥",洋洋洒洒,说了一大通。可惜的是,徽宗"命以金盆储水,养之殿中。浸渍数日,漆絮败溃,赝迹尽露",原来是为了献媚而作出来的。徽宗生气了,"黜谡为单州团练副使"。识者据《宋大诏令集》等指出,小李所贬乃唐州团练副使,安州安置。然献蟾蜍之事所言不虚吧。《清波杂志》在收录此事时则强调了徽宗的英明:政和二年(1112),待制李谡进蟾芝,徽宗不信:"蟾,动物也,安得生芝!闻大相国寺市中多有鬻此者,为玩物耳。谡从臣,何敢附会如此!"乃命以盆水渍之,果然"一夕而解,竹钉故楮皆见",造假所用原材料一清二楚。比较起来,还是偶然露馅比较可信。

蟾蜍从什么时候开始、又是因为什么而变得令人厌恶,当是一个有意思的研究课题。我的故乡颇多蟾蜍,居家随处可见,青蛙则仅见于田野之中。彼时顽童如我等,见蟾蜍则必觅砖头击之,打翻而后快,主要是因为厌恶它的长相。如今想来,神话之外,人家也是归入益类的,捕杀危害旱地作物的多种昆虫和小动物嘛。则彼时之行为,真乃失敬,失敬也!

重阳节

农历九月九日,重阳节,重要的传统岁时节日之一。古人以九为阳数之极,乃称九月九日为"重九"或"重阳"。按曹丕的说法,这一天"日月并应,俗嘉其名,以为宜于长久,故以享宴高会"。这就像刚过去的10月10日(2010),各地结婚者众,取其"十全十美"的寓意。重阳成为节日,也是数字吉祥的因素。这一天,广州市民向来有上白云山登高揽胜的习俗。因为登山的人太多,前两天本地警方就开始通告,白云山届时不接待团体客,不准放孔明灯;同时,广州市物价局还把门票价格提高了一倍,登高者要比平时多掏五元钱。

重阳文化的一个重要特质正是登高。南宋陈元靓《岁时广记》引南朝《续齐谐记》云,"汝南桓景,随费长房游学累年",因为有了些交情,长房向他透露了一则天机:"九月九日汝家中当有灾厄,宜急去,令家人各作绛囊,盛茱萸以系臂,登高饮菊花酒,祸乃可消。"桓景如其言,"举家登山,夕还,见鸡犬牛羊一时暴死"。陈元靓认为:"今世人九日登高饮酒,妇人带茱萸囊,盖始于此。"当然,这种传说像众多的节日起源传说一样,属于"齐东野语"。费长房在《后汉书》里入列《方术列传》,神道中人。然传说也从侧面告诉我们,重阳至少在东汉时已经出现。北宋吕原明《岁时杂记》载:"重九日天欲明时,以片糕搭小儿头上乳保祝祷云:百事皆高。"在朝廷,要"赐臣下糕酒",这该是步步高升的希冀了。九既喻久,糕则喻高,顺理成章。

重阳的另一个文化特质为赏菊,传说和"采菊东篱下,悠然见南山"的"菊痴"陶渊明有关。与五柳先生同时代的檀道鸾在《续晋阳秋》中说道:"王弘为江州刺史,陶潜九月九日无酒,于宅边菊丛中,摘盈把,坐其侧,望见一白衣人至,乃刺史王弘送酒也,即便就酌而后归。"于是,"菊花如我心,九月九日开。客人知我意,重阳一同来",便成了陶渊明生活中追求的一大志趣。

《东京梦华录》记载了北宋时重阳的盛况,届时"都下赏菊有数种,其黄白色蕊若莲房曰'万龄菊',粉红色曰'桃花菊',白而檀心曰'木香菊',黄色而圆者曰'金铃菊',纯白而大者曰'喜容菊',无处无之。酒家皆以菊花缚成洞户"。《水浒传》里的梁山好汉在这一天也不例外。他们排定座次之后险些祸起萧墙,就是因为重阳宋江赏菊而起。宋江叫宋清安排大筵席,搞个菊花之会,"但有下山的兄弟们,不拘远近,都要招回寨来赴筵"。到了重阳那天,"肉山酒海",忠义堂上遍插菊花,"堂前两边筛锣击鼓,大吹大擂,语笑喧哗,觥筹交错,众头领开怀痛饮"。大醉后的宋江填了一阕《满江红》,令乐和单唱:"喜遇重阳,更佳酿今朝新熟。见碧水丹山,黄芦苦竹。头上尽教添白发,鬓边不可无黄菊。愿樽前长叙弟兄情,如金玉。 统豺虎,御边幅。号令明,军威肃。中心愿平虏,保民安国。日月常悬忠烈胆,风尘障却奸邪目。望天王降诏,早招安,心方足。"乐和正唱到"望天王降诏,早招安",武松说话了:"今日也要招安,明日也要招安去,冷了弟兄们的心!"黑旋风便睁圆怪眼,大叫道:"招安,招安!招甚鸟安!"只一脚,把桌子踢起,撷做粉碎。

在重阳文化要素中,有名的还有茱萸。茱萸是一种常绿带香的植物,可入药,佩茱萸具备杀虫消毒、逐寒祛风的功能,所以民间有菊花乃"延寿客"、茱萸乃"避邪翁"之谓。刘禹锡甚至数过,唐诗中"用茱萸字者凡三人。杜甫云'醉把茱萸子细看',王维云'遍插茱萸少一人',朱放云'学他年少插茱萸'",在他看来,"三君所用,杜公为优"。不过宋朝洪迈告诉我们,刘禹锡数得太马虎,"唐人七言中用茱萸的至少还有十余家",如王昌龄"茱萸插鬓花宜寿",戴叔伦"插鬓茱萸来未尽",卢纶"茱萸一朵映华簪",权德舆"酒泛茱萸晚易曛",白居易"舞鬟摆落茱萸房""茱萸色浅未经霜",杨衡"强插茱萸随众人",张谔"茱萸凡作几年新",耿沨"发稀那敢插茱萸",刘商"邮筒不解献茱萸",崔橹"茱萸冷吹溪口香",周贺"茱萸城里一尊前",等等,且认为"比之杜句,真不侔矣"。诗句意境的高低见仁见智,然在人家罗列的事实面前,刘禹锡确实有点粗心。

宋宗咸平三年(1000),27岁的杨亿赴阙途中正值重阳,留下《旅中重阳有怀乡国》并《重阳日忆远》,前诗曰:"嘉节临重九,羁游托异乡。萸房谁系臂,菊蕊懒浮觞。野渡宾鸿急,村田晚稻黄。悲秋更怀土,只恐鬓成霜。"后诗曰:"逆旅重阳节,穷秋万里身。金英浮酒盏,珠泪湿衣巾。为客飘蓬远,思家落叶频。只应蝴蝶梦,夜夜得相亲。"有趣的是,杨亿还为妻子拟了一首《代答》,也就是答《重阳日忆远》:"征车苦迢递,节物感愁辛。已入授衣月,那经落帽辰。金樽难独酌,宝瑟任生尘。把菊流双泪,谁知忆远人。"从前但逢佳节,游子莫不赋予乡愁因子,并不独与重阳为伍。至于高适的"纵使登高只断肠,不如独坐空搔首",借题发挥,更属另外的范畴了。

尊高年

重阳节在古代的文化内涵主要是登高、赏菊,自从1989年重阳节被国家明确为老人节,就此增添或曰强化了尊老的内涵。尊老是我们的一项悠久文化传统。在不同历史时期对这种相同行为有不同的表达,余以为《明会要》中的"尊高年"三字,最言简意赅。

这项传统可以上溯到什么时候呢?三皇五帝。《礼记·王制》云:"凡养老,有虞氏以燕礼。"有虞氏,舜帝的部落。接下来,"夏后氏以飨礼,殷人以食礼,周人修而兼用之。五十养于乡,六十养于国,七十养于学,达于诸侯";并且,"周人养国老于东胶,养庶老于虞庠"。此所谓"国老",就是卿大夫一级年老致仕的;所谓"庶老",就是庶民百姓中德高望重的。国老、庶老并养,显示了周代尊高年的普遍性一面,不是单纯地盯着"官位"。《礼记》又说:"五十杖于家,六十杖于乡,七十杖于国,八十杖于朝,九十者天子欲有问焉,则就其室,以珍从。"这里的"杖",该书之《礼曲》有解释:"大夫七十而致事,若不得谢,则必赐之几杖。"皇侃《论语义疏》在疏《乡党》之"乡人饮酒,杖者出,斯出矣"时指出,杖者即老人,乡人饮酒即乡饮酒之礼,"故呼老人为杖者也。乡人饮酒者贵龄崇年,故出入以老人者为节也"。

前人对高年的尊,不仅体现在口头上、文件中,而且有实际行动。如《管子·入国》载,凡国都有"掌老"之官,对年七十以上的老人,一个儿子可以免除国家的征役,每三个月还享受官馈之肉;"八十已上,二子无征,月有馈肉。九十以上,尽家无征,日有酒肉。死,上供棺椁"。与此同时还有"掌病"之官,虽然这项措施具有普遍性,但"九十以上,日一问。八十已上,二日一问。七十以上,三日一问。众庶五日一问"。从这样的频率来看,同样也是对年纪越大的人,越体现出尊的力度。

《后汉书·礼仪志》载,汉明帝永平二年(59),"上始帅群臣躬养三老、五更于辟雍"。三老,老人知天、地、人事者;五更,老人知五行更代之事者。用郑玄的话说:"皆年老更事致仕者也。名三五者,取象三辰五星,天所因以照明天下者。"像周代那样把老人们养在学宫里,大抵也是注意到了发挥老年人的智力资源吧。该志另载:"仲秋之月,县道皆案户比民。年始七十者,授之以王(玉)杖,铺之糜粥。八十九十,礼有加赐。"又提到了"杖",杖有实体,即"鸠杖",在手杖的扶手处做成一只斑鸠鸟的形状,如《后汉书》所描述:"长(九)尺,端以鸠鸟为饰。"为什么用鸠?这里的说法是"鸠者不噎之鸟也,欲老人不噎";应劭《风俗通》另有一种:楚汉相争之时刘邦败于京索,"遁薆薄中,羽追求之,时鸠正鸣其上,追者以鸟在,无人,遂得脱";后来刘邦即位,"异此鸟,故作鸠杖以赐老者"。不管寓意如何吧,鸠杖在先秦时期是长者地位的象征,赐鸠杖是尊敬长者的一种典礼,到东汉出台了明确的法令条文。鸠杖已于各地考古发掘中履现,木制的、铜制的不一,使我们有了直观认识。

《辽会要》里辟有"礼高年"条,也是自其太祖耶律阿保机起,即"省风俗,见高年",天显七年(933)有"赐高年布帛"之举。圣宗耶律隆绪时的记载更具体,统和十二年(994),"霸州民李在宥年百三十有三,赐束帛、锦袍、银带,月给羊酒,仍复其家";十六年(998),"还上京,妇人年逾九十者赐物"。此外,他们对三世、四世乃至六世同居的家庭,皆有相应的赐物、赐官奖励。前面提到的《明会要》"尊高年"条,有洪武元年(1368)诏:"民年七十以上者,许一丁侍养,免其杂泛差役。"十九年(1386)诏:"有司存问高年。贫民年八十以上者,月给米五斗、肉五斤、酒三斗;九十以上者,岁加帛一匹、絮一斤。有田产者,罢给米"。对京城应天、帝乡凤阳的富民,还有精神层面的褒奖,"年八十以上,赐爵'社士';九十以上,'乡士';天下富民,年八十以上,'里士';九十以上,'社士'"等等。类似的物质政策,在建文、永乐、天顺、成化、弘治、正德、嘉靖等朝都曾施行,名目有变,数量不等就是。

  清朝尊高年的一个特点是大摆"千叟宴",营造强烈的视觉冲击力。昭梿《啸亭杂录》云,康熙六十大寿(1713)的时候,"开千叟宴于乾清宫,预宴者凡一千九百余人"。乾隆登基五十年之际,也在乾清宫大摆宴席,这回参加宴会的达三千九百之众,且各赐鸠杖;1796年,乾隆九十大寿前夕,"适逢内禅礼成,开千叟宴于皇极殿",这回六十岁以上参加宴会的老人达五千九百余人,还有十多位百岁老人,"皆赐酒联句"。昭梿认为,百余年间这三次盛典,使老人们"欢饮殿庭,视古虞庠东序养老之典,有过之无不及者"。但百余年间才搞这热热闹闹的三次,难免有"形象工程"之嫌。

  世易时移。今天对老人的尊,见之于行动的往往是搭乘市内公共交通工具、游览风景名胜免费等等,但目前只有部分城市能够做到,而做到的城市亦每每只尊本地户籍的老人,偏狭得很。随着我国快速步入老龄化社会,如何尊高年无疑正在日益成为检验政府责任的一个标尺。

序齿

2011年9月1日出版的《南方周末》，报道了5月份16卷本《易中天文集》在北京的首发仪式，盛况空前吧。张思之、江平、资中筠、刘道玉、叶选基、陶斯亮、胡德平等担任了"见证人"，吴敬琏、姜文、李承鹏、韩寒发来祝贺视频，秦晓、邓晓芒、李零、秦晖、吴思等都来捧场。比较特别一点儿的是，嘉宾名单按年龄排序，座位也这样安排。报道说这是易中天自己的意见：以年龄为序，借此破一下"官本位"；邀请的人，也以陈寅恪"独立之精神，自由之思想"为标准。

以年龄为序排座次，从前叫作序齿。不仅排这种座次，很多事情都是这样。元杂剧表现满饮几杯之时，动辄有"哥哥先请"之声。如《朱太守风雪渔樵记》中，因为大雪，打柴的朱买臣和杨孝先一起到捕鱼的王安道船上一起饮酒，王安道递给朱买臣，说："兄弟满饮一杯。"朱买臣则说："哥哥先请。"佛山去年恢复了乡饮酒礼，这个传统礼俗更是"齿尊先饮"。《吴下谚联》还收录了一个这方面的笑话，三个老人比谁年纪大。一个说："盘古皇帝分天地，吾替伊捐曲尺。"是说盘古开天地之时，那把丈量天下的尺子就是他扛着的。另一个说："王母娘娘蟠桃三千年拨一只，是吾吃过七八百。"拨，吴语"给"之意。七八百乘三千，何其年长？第三个说:"吾亲眼见你两家头搭鸡屎,又来罔话骗吾老伯伯。"你两家头,吴语"你们两个人"之意;罔话,瞎话;搭鸡屎,小孩子尿尿和烂泥。也就是说,你们两个的确够老,但我是看着你俩长大的。《西游记》第一回,石猴打赌钻进了先前没猴敢钻的水帘洞,受拜称王,此后众猴都"拱伏无违,一个个序齿排班,朝上礼拜"。石猴就此将"石"字隐了,遂称美猴王,后来的齐天大圣、孙悟空等名号,前一个自己打出来的,后一个是皈依佛门后祖师给取的。即是说,猴子也知道按照年龄的大小排序,前提当然是人间的做法影响了猴界。

范成大《骖鸾录》记他自家乡苏州出发,赴广南西路桂林就知静江府任的沿途经历。到衢州的时候,见"自婺至衢皆砖街,无复泥涂之忧",觉得很惊奇。一打听,知道那是"两州各有一富人作姻家,欲便往来,共甃此路",属于主观上为己,客观上利民。接着,一干从外地赶来的以及本地的朋友聚会,在如何落座问题上,大家谦逊起来。范成大与郑公明因为"同召试,同除正字校书郎",级别相当;但是汪圣锡"时修国史馆中",那里的规矩是"例序齿",而郑公明比范成大长十余岁,因此范"复用故事逊公明",要坐他的下首。郑公明当然力辞,他也有理论依据,叫作:"各已出馆,正当叙官。"大家都已不是馆阁学士,该看谁的级别高了。汪圣锡后来举例说:"应辰旧与凌季文尚书皆为正字。季文年长,上坐。比岁,仆以端明殿学士守平江,过湖,季文在焉,时为显谟阁学士,同会郡中,仆亦用故事避之,季文不辞。"因此,朋友相聚不用讲究官阶,还是应该年长的上座,郑公明这才坐下。

与序齿相对应的,正是"序官",按级别高低落座。因而乡饮酒礼是齿尊先饮的民俗,官场上则从来都是官尊先饮的官俗,当然也会有例外。唐朝张说有一次设宴集贤院,举杯时说:"吾闻儒以道相高，不以官阀为先后。太宗时修史十九人，长孙无忌以元舅，每宴不肯先举爵。长安中，与修《珠英》，当时学士亦不以品秩为限。"于是大家一齐举杯同饮，"时伏其有体"。《麟台故事》接下这个话头说："至今馆职序坐，犹以年齿为差，亦燕公（张说封燕国公）流风之所及欤！"当然，这种状况只能局限于一时一事。在《朱太守风雪渔樵记》中，朱买臣发迹之后，再说"哥哥先请"，王安道就说了："不敢，相公请。"前面是序齿，后面就有"序官"的意味了，那么朱买臣碰上比自己官阶高的，人家大概也不会有任何客套。有趣的是，今天饭桌上觥筹交错之时，往往是"我先喝，领导随意"，全然颠覆了传统。

序齿，显见有尊长、尊老的成分。然社会尊老，老者亦须自尊。几年前，南京一个老太太赶乘公交车时摔倒在地，小伙子彭宇将其搀起并送往医院，然而却老太太反咬一口，说彭宇撞倒了她。法院质问彭宇：如果你没有撞老太太，为什么要去扶她，承担50%医疗费吧。此案判决造成了恶劣的社会影响。不久前，天津许云鹤重蹈彭宇覆辙，好心救助马路上摔倒的老太太被诬为肇事者，被判赔10万大元。新近如皋市又出了一单，大巴司机殷红彬再被自己扶起的老人诬陷，好在这回大巴车头有监控摄像，才没有继续酿成"冤案"。但一来二去，社会热心人士难免寒心。终于，9月2日，武汉88岁的李老汉在离家不到100米的菜场口迎面摔倒后，围观者无人敢上前扶他一把，老汉未几因鼻血堵塞呼吸道而窒息死亡……这该是前面那些为老不尊者、乱判葫芦案者酿就的直接恶果了。

排座次

这几天的重要体育赛事颇多：斯诺克世锦赛、乒乓球世锦赛、羽毛球亚锦赛等等。竞技体育项目大抵都有世界排名，根据运动员的成绩排出座次。斯诺克干脆根据球员年度赢得的奖金数，听起来，这项貌似绅士的运动相当俗气。目前（2019）罗尼·奥沙利文以 119.65 万英镑暂列世界第一，但是他在世锦赛第一轮就被名不见经传的詹姆斯·卡希尔淘汰了，如果尼尔·罗伯逊夺冠，因为冠军奖金高达 50 万英镑，尼尔·罗伯逊就将以 129.25 万英镑来取代奥沙利文的座次。

在竞技体育之外，我们文化里的排座次堪称一项传统。《礼记·中庸》云："宗庙之礼，所以序昭穆也；序爵，所以辨贵贱也。……燕毛，所以序齿也。"明确在不同场合，有序爵和序齿两种座次排法，前一个根据官职大小，后一个根据年龄大小。对序齿，孔颖达疏曰："言祭末燕时，以毛发为次序，是所以序年齿也。"朱熹注曰："以毛发之色别长幼，为坐次也。齿，年数也。"此中"燕"同"宴"。某年某高校校庆，对来宾秉承序齿不序爵的排座次方式，引发好一通赞颂之声。概如今无论何种集会，序爵早已成为惯例。见之于官方正式场合，自然必要，而见之于校友回校参加庆典，就让人不是滋味。《水浒传》里的莽汉九纹龙史进，也懂得在乡亲中要序齿来排座次。少华山上冒出3个强人,带着一帮喽啰打家劫舍,史进出于"递相救护,共保村坊"的考虑,召集村民商议,先"叫庄客拣两头肥水牛来杀了",然后"叫庄客去请这当村里三四百史家庄户,都到家中草堂上序齿坐下,教庄客一面把盏劝酒"。

因此,集会或聚会排座次时序齿还是序爵,首先得看场合,必须要讲究的正式场合,就得按正式场合的规矩来。这是礼仪的一种,也是国际惯例。值得一说的如校庆那种,便端赖主事者的掌握了。友朋聚会,尽管都有官职,序什么关联个人修养。前文《序齿》曾引范成大《骖鸾录》所记一例便是。范成大上任途中经过那里,是官职在身的,按规矩应该序爵,但一来范成大谦逊,二来大家都认为朋友相聚,不用讲究官阶,还是应该年长的坐上首,排老大的郑公明才肯坐下。

对于排座次,小说家更不遗余力,可以增强故事性、悦读性嘛。《说唐》根据个人的武艺高低,就排出了十八条好汉的座次:第一条好汉李元霸,第二条好汉宇文成都,第三条好汉裴元庆,第四条好汉雄阔海……之所以记得这些,功劳要归于20世纪80年代初的袁阔成评书,那时每天钟点一到,就守在收音机旁,津津有味地听完,便去津津乐道。那种排座次颇有绝对性,第一就是第一,李元霸两锤击败宇文成都、三锤打跑裴元庆,从来都不会输。竞技体育的排座次不然,排名不断公布,第一经常易主。第一也不会绝对厉害,奥沙利文此番不是就败给了还没有排名的小将吗?

相形之下,《水浒传》中的"梁山泊英雄排座次"不知依据什么,当然,"忠义堂石碣受天文"了,问题是石碣依据的是什么。搞个"罗天大醮",弄完"七昼夜好事",三更时分天上就掉下一个石碣,"正面两侧,各有天书文字",写的是三十六天罡、七十二地煞的绰号和姓名,就齐活了。比如林冲落草前是八十万禁军枪棒教头,实的;关胜"幼读兵书,深通武艺,有万夫不当之勇",虚的。可是关胜排第五,林冲排第六。解珍、解宝"弟兄两个,都使浑铁点钢叉,有一身惊人的武艺",虚的;燕青"一张川弩,只用三枝短箭,郊外落生,并不放空,箭到物落",还有相扑,"江湖上不曾逢着对手",实的;可是解珍、解宝居然双双排在燕青前面,燕青在天罡星中居然垫底!这样的排座次,宋江只有靠上苍"都已分定次序"来压人了,要求"众头领各守其位,各休争执,不可逆了天言"。这个座次不是我排的,天注定。

不少前人都指出,一百单八将排座次出于梁山领导集团的精心策划,李卓吾就认为"是吴用之计",具体而言,"萧让任书,金大坚任刻,做成一碣埋之地下,公孙胜作法掘将起来,以愚他众人",因为"梁山泊如李逵、武松、鲁智深那一班,都是莽男子汉,不以鬼神之事愚他,如何得他死心塌地?"金圣叹则觉得不必计较石碣天文真有其事,还是宋江伪造,"作者亦只图叙事既毕,重将一百八人姓名一一排列出来,为一部七十回书点睛结穴耳。盖始之以石碣,终之以石碣者,是此书大开阖。为事则有七十回,为人则有一百单八者,是此书大眼节。若夫其事其人之为有为无,此固从来著书之家之所不计,而奈之何今之读书者之惟此是求也?"他是在提醒大家,读《水浒传》不要舍本逐末。

不过,从我们的文化传统看,梁山这一排座次怕没有金圣叹想得那么单纯,有领导人物的良苦用心。当下多如牛毛的各种排行榜,也是一种排座次。智库兴起之后,所谓重要成果每每就是弄出个什么榜单,给某个领域的具体单位来个集合排队。这里面,有多少是客观现实的反映,又有多少是从自身利益出发的主观设定?

腊八粥

农历十二月初八,就是通常所说的"腊八",传统习俗要喝腊八粥。就节日食品而言,正像正月十五对应元宵、五月初五对应粽子、八月十五对应月饼一样,腊八对应的则是腊八粥。

从前,"腊"与"猎"是同一个字,祭祀用的字眼。《礼记·月令》云,孟冬之月,"天子乃祈来年于天宗,大割祠于公社及门闾,腊先祖五祀,劳农以休息之"。孔颖达疏曰:"腊,猎也。谓猎取禽兽以祭先祖五祀也。"这是国家层面的非常重要的祭祀活动。《左传·僖公五年》载,秋天,晋国第二次借道虞国去攻打虢国,虞国的宫之奇用唇亡齿寒的道理进谏;未果,他就来了个全族大撤退,因为他认为"虞不腊矣",那意思就是虞国今年搞不成祭祀了,亡国了。《荆楚岁时记》云:"十二月八日为腊日。村人并击细鼓,戴胡头,及作金刚力士以逐疫。"虽然这一天,"并以豚酒祭灶神",但"金刚力士"这个"世谓佛家之神"的出现,表面已与佛教发生了关联。

腊八粥的出现,可能确与佛教相关,目前基本上认为始于宋朝。宋初陶穀《清异录》中已见,云东京城闾阖门外有个"张主羹家",专卖节令食品,"水产陆贩,随需而供,每节专卖一物",腊八这天卖的是"法王料斗"。有人考证,"料斗"有可能就是"腊八粥"的原始名称。而"法王",也正出于佛教用语。

《东京梦华录》"十二月"条,明确了"腊八粥"的名称。"初八日,街巷中,有僧尼三五人作队念佛,以银铜沙罗或好盆器,坐一金铜或木佛像,浸以香水,杨枝洒浴,排门教化。诸大寺作浴佛会,并送七宝五味粥与门徒,谓之腊八粥。都人是日各家亦以果子杂料煮粥而食也。"这里说的是京城的情形,两宋之交的庄绰《鸡肋编》云:"宁州腊月八日,人家竞作白粥,于上以柿栗之类,染以众色为花鸟象,更相送遗。"宁州,即今之甘肃宁县,表明腊八粥的传播范围已经非常之广。吴自牧《梦粱录》讲的是南宋都城临安,"(十二月)八日,寺院谓之腊八。大刹等寺,俱设五味粥,名曰腊八粥"。周密《武林旧事》讲的是杭州,"(十二月)八日,则寺院及人家用胡桃、松子、乳蕈(小蘑菇)、柿、栗之类为粥,谓之腊八粥"。与此同时,"医家亦多合药剂,侑以虎头丹、八神屠苏,贮以绛囊,馈遗大家,谓之腊药"。腊八粥的出现,每与僧尼寺院关联,所以也叫佛粥。陆游《十二月八日步至西村》,即有"今朝佛粥交相馈,反觉江村节物新"句。

《明史·礼志》载,明朝对腊八非常重视,与立春、元宵、四月八日、端午、重阳等同看待,成祖年间,这些节日要"俱于奉天门赐百官宴,用乐"。永乐之后仪式稍有简化,"皆宴于午门外,不用乐",但阵势依然可观,弘治朝吴宽有《腊八日赐宴》诗:"诏遣长筵列凤池,人间节序九重知。食传内饔真成例,坐接同官易得诗。雪里高寒瞻玉宇,风前微动识朱旗。十年左掖频分席,深愧黄封酒满卮。"有意思的是,腊八这天的赐宴食品却不是腊八粥,而是腊八面,届时宴席"俱设午门外,以官品序坐",郑重其事地吃。沈德符《万历野获编》"赐百官食"条云:"立春则吃春饼,正月元夕吃元宵、圆子,四月八日吃不落夹,五月端午吃粽子,九月重阳吃糕,腊月八日吃腊麵。"当然了,民间仍然是腊八粥魅力不减,明末成书的《帝京景物略》说,斯时"家效庵寺,豆果杂米为粥,供而朝食,曰腊八粥"。与此同时,"有先期凿冰方尺",到腊八这天,"纳冰窖中,鉴深二丈,冰以入则固之,封如阜",干什么呢?用于储存水果。

顾禄《清嘉录》记载的是清代苏州岁时节日:"(十二月)八日为腊八,居民以菜果入米煮粥,谓之'腊八粥'。或有馈自僧尼者,名曰'佛粥'"。又引他著云:"杭俗,腊八粥一名七宝粥,本僧家斋供,今则居室者亦为之矣。"《燕京岁时记》说的自然是北京了,"腊八粥者,用黄米、白米、江米、小米、菱角米、栗子、红豇豆、去皮枣泥等,合水煮熟,外用染红桃仁、杏仁、瓜子、花生、榛穰、松子及白糖、红糖、琐琐葡萄,以作点染"。

作为一个从传统习俗演变而来的节日,腊八的主旋律肯定是欢乐祥和的。但《清嘉录》所引李福《腊八粥》诗,道出骨感现实的另一面:"腊月八日粥,传自梵王国。七宝美调和,五味香糁入。用以供伊蒲,借之作功德。僧民多好事,踵事增华饰。此风未汰除,歉岁尚沿袭。今晨或馈遗,啜之不能食。吾家住城南,饥民两寺集。男女叫号喧,老少街衢塞。失足命须臾,当风肤迸裂。怯者蒙面走,一路吞声泣。问尔泣何为,答言我无得。此景亲见之,令我心凄恻。荒政十有二,蠲赈最下策。悭囊未易破,胥吏弊何极。所以经费艰,安能按户给。吾佛好施舍,君子贵周急。愿言借粟多,苍生免菜色。此志虚莫偿,嗟叹复何益。安得布地金,凭仗大慈力。睊焉对是粥,跂望蒸民粒。"流露的是杜甫"安得广厦千万间"的悲悯情怀。

《红楼梦》里宝玉诌了个故事开黛玉的玩笑,"林子洞里原来有群耗子精。那一年腊月初七日。老耗子升座议事。因说:'明日乃是腊八,世上人都熬腊八粥'"云云。世上人,不知包括韩国与否,包括的话,倒要提防他们拿去申遗了,不妨借此开个他们的玩笑。

灶王爷

农历腊月二十三,在我家乡那里是小年,"腊月二十三,灶王爷升天"。因此,这一天是祭灶的日子,欢送灶王爷到天庭去享受一年一度的七天长假。有的地方,升天日期是在二十四,出于朗朗上口的考虑,俗谚也另有版本。如范成大《祭灶词》,"古传腊月二十四,灶君朝天欲言事"云云。灶王爷升天干什么呢?范词说了,汇报。传说灶王爷本来是在天庭上给玉皇大帝掌勺的"御厨",因为偷吃了不该吃的东西,被罚落人间,所以整天就待在灶台上,看人家做好吃的,吧唧嘴。但玉皇并没有把事做绝,从腊月二十三直到除夕,允许他回去探亲,上面还有个灶王奶奶呢。比较来看,灶王比牛郎织女要幸运得多,后者的探亲假一年才只一天。

灶王爷要升天,民间一派紧张,概因担心他在玉皇面前说坏话,"外廷千言不如禁密片语"嘛。所以就把灶王爷尊奉为灶神,平时自然供奉,动身的这一天更好酒好肉摆起来。这样一看,祭灶这一套就有了"贿赂"的意味,范词后续部分的高度概括道得分明:"云车风马小留连,家有杯盘丰典祀。猪头烂熟双鱼鲜,豆沙甘松粉饵圆。男儿酌献女儿避,酹酒烧钱灶君喜。婢子斗争君莫闻,猫犬触秽君莫嗔,送君醉饱登天门,杓长杓短勿复云,乞取利市归来分。"既然吃饱了,喝好了,那些"婢子斗争""猫犬触秽"之类的芝麻小事就当没看见算了,"上天言好事,下界降吉祥"吧。《帝京景物略》亦云:"廿四日,以糖剂饼、黍糕、枣栗、胡桃、炒豆祀灶君,以槽草秣灶君马,谓灶君翌日朝天去,白家间一岁事。祝曰:好多说,不好少说。"民间如此行事的文化心理,显然认为"吃人家嘴软,拿人家手短"的明规则,既适用于人也适用于神。想想也是,好多貌似不食人间烟火的神其实就是人,吹成了神而已,区别在于有的成了永久的神,有的昙花一现,有的一捅就破而造神者仍然乐此不疲,那是把所造之神权当满足一时之需的工具。

　　祭灶习俗由来已久,但对于灶神的"实体",说法可就五花八门了。一种说,灶神是一位上古帝王或其后裔。一具体,说法又不同了。《淮南子》就有两说,一曰"炎帝作火死而为灶";《太平御览》引其佚文又云:"黄帝作灶,死为灶神。"《风俗通》则从《周礼》中爬梳出:"颛顼氏有子曰黎,为祝融,祀以为灶神。"这一种,明显地具有"神化"色彩,虚幻缥缈一些。另一类则相对"人化",更能让民间觉得若有其事。隋杜台卿《玉烛宝典》引《灶书》说法,灶王爷"姓苏,名吉利"。《庄子·达生》提到"灶有髻",唐初道士成玄英疏曰灶神叫作髻,他不知从哪里听来的:"其状如美女,著赤衣。"段成式《酉阳杂俎》有"诺皋记",为其"览历代怪书,偶疏所记",同样不知他从哪本怪书上看来的,"灶神名隗,状如美女。又姓张名单,字子郭。夫人字卿忌,有六女,皆名察洽",灶神的全家都给安排齐备了。不仅如此,段成式还知道东王公叫什么倪,西王母叫杨回。但从流传下来的灶神"模样"看,大抵都是留着八字胡的中老年汉子,与"女"尚相去甚远,遑论"美"?简直就是"风马牛不相及",美女说或是哪个风流才子的一厢情愿而民间不屑采纳吧。

《战国策·赵策》载,卫灵公宠爱雍疽、弥子瑕,这两人"专君之势,以蔽左右",借势来个狐假虎威。有乐人对卫灵公说,前几天我做了个梦,现在果然见到您老人家了。灵公问他做了什么梦,他说梦见灶王爷了。灵公很生气,人家梦见君上都是梦见太阳,你却梦见灶王爷,要解释清楚,"有说则可,无说则死"。乐人从容道来:太阳普照大地,什么也遮蔽不了,"若灶则不然,前之人炀,则后之人无从见也",有人把灶口堵住,后面的人就烤不到火。比喻过后,乐人直奔主题:"今臣疑人之有炀于君者也,是以梦见灶(君)。"乐人这是借灶王爷来进谏,灵公听明白了,"因废雍疽、弥子瑕,而立司空狗"。《论语·八佾》也有这种借题发挥。王孙贾有一句"与其媚于奥,宁媚于灶",什么意思呢?综合前人的见解大致是这样:祭灶,乃五祀(门神、户神、井神、灶神、土地神并宅神)之一,"凡祭五祀,皆先设主(牌位)而祭于其所,然后迎尸(神之替身)而祭于奥(室西南隅为奥),略如祭宗庙之仪",这就是所谓"奥有常尊而非祭之主",以祭灶而言,"灶虽卑贱而当时用事"。所以王孙贾是在暗示孔子:"自结于君,不如阿附权臣。"王孙贾乃卫大夫,正权臣也,他那是以奥喻君,以灶自喻。不过,对王孙贾的暗示,孔子明确表示"不然"。

与多数人媚灶的做法不同,明朝谢承举的态度是反其道而行之。其《送神辞》云,去说吧,去汇报吧,不要紧,然"切须公语毋隐容",别乱说就行。"公厅纷纭争务繁,私家细琐犹多类",一年里得有多少事情发生?且"今年畿甸事更多,愿神开口如悬河"。谢承举的态度极其可取,事情是自己干下的,还怕人说?另一方面,防神之口甚于防川,同样是不行的。

过年

除夕将近,这几天大家见面,大抵开头几句都是回不回家的话题。这里的回家,自然不是回自己的小家,而是回祖籍所在,或者回父母家。由城中前一阵子就已开始空旷、大小道路均无司空见惯的交通堵塞亦可推断,广州这座大城市的"土著"一定是极小的比例;即便在"土著"之中,另一半也可能为非"土著",还要去婆家或娘家。这种情形在其他城市怕也不会例外,首都这个鼎鼎大名的"首堵",每当过年,留在城里的人们不是无论道路还是心情都一概畅顺了吗?

过年回家,弥漫着浓郁的传统情结。自古以来,人们便视过年为所有节令中最隆重的节日。那么,以传统节日为重要精神生活的古人,就更不会例外了。从他们留下的海量作品中,可以窥其端倪。

《乐府诗集》有一首《孤儿行》,一个孤儿叙述自身的遭遇:"父母在时,乘坚车,驾驷马。父母已去,兄嫂令我行贾。南到九江,东到齐与鲁。腊日来归,不敢自言苦。"行贾,即出外经商,这在汉代被看作为贱业,彼时征发到边疆去服兵役的七种人中,"贾人四",排在第四位。如此,则孤儿等于在诉说身受兄嫂奴役。而"头多虮虱,面目多尘土",表明了回家路途之异常辛苦。《玉光剑气集》里有个饶州省祭居京,"颇苦尘劳",就写了首诗:"碌碌庸庸立世间,朝来直到睡时间。谁知梦里犹辛苦,千里家山一夜还。"饶州,大抵相当于今天的江西鄱阳。种种可见,古人过年回家的艰辛远甚于今天的春运。

过年不回家,往往是客观因素使然,没办法。高适《除夜作》云:"旅馆寒灯独不眠,客心何事转凄然?故乡今夜思千里,霜鬓明朝又一年。"何事凄然?过年了,该回家了,自己却在旅馆猫着。白居易《客中守岁在柳家庄》云:"守岁樽无酒,思乡泪满巾。始知为客苦,不及在家贫。畏老偏惊节,防愁预恶春。故园今夜里,应念未归人。"又《除夜宿洺州》云:"家寄关西住,身为河北游。萧条岁除夜,旅泊在洺州。"除夕之夜,不能在家里守岁,身在异乡为异客的孤寂心境跃然纸上。此外,李京的《除夜长安作》,"长安朔风起,穷巷掩双扉。新岁明朝是,故乡何路归。鬓丝饶镜色,隙雪夺灯辉。却羡秦州雁,逢春尽北飞"云云,崔涂的《巴山道中除夜书怀》,"迢递三巴路,羁危万里身。乱山残雪夜,孤烛异乡春。渐与骨肉远,转于僮仆亲。那堪正飘泊,明日岁华新"云云,描述的都是因为无法与亲人们一同守岁的遗憾,在崔涂这里,只好转而和僮仆相依为命。

宋仁宗嘉祐六年(1061)十一月,苏轼以"将仕郎大理寺评事签书节度判官厅公事"的身份正式踏上仕途,来到凤翔府(今陕西凤翔)为官,除夕之夜遥想起昔日在家乡守岁的情形,写了一首《馈岁》,"官居故人少,里巷佳节过。亦欲举乡风,独唱无人和"云云。当此阖家团聚之际,东坡记起故乡的馈岁风俗,而却无人与之共举乡风,无法遏止的思乡思亲之情溢于言表。那些不知为什么而除夕夜还在半路上的,就更有些凄凉了。如戴叔伦的两首,其一《除夜宿石桥馆》:"旅馆谁相问,寒灯独可亲。一年将尽夜,万里未归人。寥落悲前事,支离笑此身。愁颜与衰鬓,明日又逢春。"其二,《建中癸亥岁奉天除夜宿武当上北茅平村》:"岁除日又暮,山险路仍新。驱传迷深谷,瞻星记北辰。古亭聊假寐,中夜忽逢人。相问皆呜咽,伤心不待春。"末一句,用"同是天涯沦落人,相逢何必曾相识"来诠释,当真恰如其分了。

不难发现,前人的过年作品每与年华关联。这很自然,年是人的寿命的一种计量单位,每过一次新年人便增加一岁,亦即年龄,见之于大树则叫年轮。人不能"逆生长",年龄正如"长江之水奔腾到海不复回"。也许基于此吧,前人每将过年与流水等同看待,所谓"逝水流年"。法国小说家马塞尔·普鲁斯特的代表作《追忆似水年华》被誉为20世纪最重要的文学作品之一。日本电影《情书》以之为媒介,在影片结束之际再次出现,使男女主人公青葱岁月之时的朦胧爱情达到了高潮,也极大地调动了观众的情绪。《追忆似水年华》的书名,正符合影片的回溯基调。在我们这里,东坡有著名的"大江东去,浪淘尽千古风流人物",杨慎翻其语意有"滚滚长江东逝水,浪花淘尽英雄"。钱锺书先生还爬梳出若干不那么知名的句子,如韩琮之"行人莫听宫前水,流尽年光是此声",李端之"云在高天风会起,年如流水日长催",张蠙之"昔时霜鬓今如漆,疑是年光却倒流"。其中以郭则沄《洞霄小志》的尤为有趣:景月汀梦入贵家园林,叠石为山,下临一池,惜无水。嗟叹间,有人说话了:"君不知前人词乎:好是泉声有时住,不教流尽年光!"钱先生风趣地说:"微嫌'教'字用力,窃欲以'然'字易之。"

"年去留不得,年来也任他。"卢仝的句子。"弥年不得意,新岁又如何?"刘禹锡的句子,消极了些,灰暗了些。所以,过年了,除了考虑一下回不回家,还该琢磨一下新年的打算。无他,像改革开放之初的那部著名纪录片的片名:莫让年华付水流。

书"福"

春节就要到了,单位里集结各部门的书画高手,例牌进行书写"福"字活动。到场员工尽可向高手们提出要求,你来我往,其乐融融。

福者,幸福、福气也。《书》有"洪范九畴",其九为"五福":一曰寿,二曰富,三曰康宁,四曰攸好德,五曰考终命。就是说,凡富贵寿考、康健安宁、吉庆如意、全被圆满皆谓之福。尤其过年时节,在门上贴个"福"字,是汉民族的一项民俗,寄托着对新年的美好期冀。《梦粱录》云,宋朝除夕之夜,"士庶家不论大小家,俱洒扫门闾,去尘秽,净庭户,换门神,挂钟馗,钉桃符,贴春牌,祭祀祖宗"。有人认为,其中的"贴春牌"就是贴"福"字。

《扬州画舫录》云,扬州太守高承爵,为"民人爱慕,每岁暮,乡民求书福字以为瑞"。某年,有百姓先前得到了他的一个"福"字,不大满意,请他再写一次。高承爵仔细看了后承认:"书此字时,笔不好耳。"官员与百姓如此不见外,很长时间都在当地传为美谈。

浏览所见,清朝特别注意书"福",皇帝也亲笔上阵,被视为承平时宫禁的一件盛事。赐大臣"福"字,更成为一种政治待遇。

《郎潜纪闻二笔》"年终赐福"条云:"列圣每于年终御书'福'

字,赐中外大臣及翰林之值两书房者。"如果"兼赐'福''寿'字",那就是额外开恩了;如果"召入亲瞻御书,即时受赏者",那待遇就尤其不得了了。又云每到腊月初一,"圣驾在重华宫,以康熙年间赐福苍生,笔书'福'字斗方十幅,则用以张贴宫庭,从不颁赐臣下"。而"道光三年,宣宗御此笔,于十幅外别书'福'字一幅,交总管太监梁宝,传旨赏协办大学士英和,实出非常恩遇"。加赐"寿"字,有种说法亦是道光初年才有。另,"蒋文肃之恩遇"条云:蒋廷锡还是庶吉士的时候,"即蒙圣祖赐第西华门右",御题匾曰"揖翠堂";雍正时,"复赐新第于得胜门"。年终赏大臣"福"字皆用红笺,有一年因为蒋母曹夫人服未除,还"特书金笺'福'字以赐"。

《榆巢杂识》"甘汝来受知遇"条云:甘汝来"以吏部主事蒙宪皇帝特旨擢广西太平府知府",十二月二十七日,他进宫请训。"是日,上赐九卿'福'字,随同九卿传进",都赐完了,雍正把甘汝来叫到案前,连书两个"福"字,"谕令带赐粤西总督、提督各一",然后又写了一个专赐甘汝来,甘汝来受宠若惊:"外吏小臣,何敢蒙赐宸翰。"雍正大笑曰:"怎么说是小臣?做官只论好歹,不问大小。尔若做得好,即日就是大臣了。"雍正这番借题发挥,应该是说给九卿们听的,不管其用意如何,这句"做官只论好歹,不问大小",咀嚼起来颇有意味。

《啸亭续录》"赐福字"条亦云:"定制,列圣于嘉平朔(腊月初一)谒阐福寺归,御建福宫,开笔书福字笺,以迓新禧,凡内廷王公、大臣皆遍赐之。"第二天,"上御乾清宫西暖阁,召赐'福'字之臣入跪御案前,上亲挥宸翰,其人自捧之出,以志宠也"。其中,"内廷翰林及乾清门侍卫,皆赐双钩福字,盖御笔勒石者也。其余御笔皆封贮乾清宫,于次岁冬间,特赐军机大臣、御前大臣数人,谓之赐余福云"。

既为待遇,凡是得到御赐"福"字的大臣,无不珍之重之。且看王际华和毕沅的做法。

王际华,乾隆十年(1745)探花,历任工、刑、兵、户、吏各部侍郎,以及礼部尚书。《郎潜纪闻初笔》"二十四福堂"条云,王际华"赐第在护国寺西",他在中央干了24年,每年除夕蒙赐一个"福"字,总共有24个。他把这些"福"字全部挂出来,室名"二十四福堂"。因为全都挂满了,"外无余地",儿子问"此后拜赐,何以置之?"他说"别置一轩,名曰余福"。可惜不久他就去世了,"语竟不遂"。

毕沅,乾隆二十五年(1760)状元,官至河南巡抚、湖广总督,代表作《续资治通鉴》,上与《资治通鉴》相衔接,即起于宋太祖建隆元年(960),下迄元顺帝至正二十八年(1368),构成一部较完备的宋辽金元编年史。《履园丛话》"灵岩山馆"条云,毕沅在灵岩山之阳西施洞下给自己建了养老之所,"营造之工,亭台之胜,凡四五载而始成"。别的设施且不说它,单说"楼上有楠木橱一具,中奉御笔扁额'福'字及所赐书籍、字画、法帖诸件,楼下刻纪恩诗及谢表稿,凡八石",御笔自然出自乾隆皇帝。

国人祈福,出自趋利避害的本能。不过,老子很早就对此泼了冷水。《道德经》第五十八章有句人们耳熟能详的提醒:"祸,福之所倚;福,祸之所伏。孰知其极?"这句话经前人引述,产生了不同版本,最常见的是"祸兮福所倚,福兮祸所伏"。无论版本如何吧,它阐述的是福与祸的辩证关系,二者并不绝对,而是相互依存,可以互相转化,谁知道最终什么样呢?也就是说,坏事可以引出好的结果,好事也可以引出坏的结果。如毕沅,建房子的时候那么大张旗鼓,身后却被抄家、被革世职,灵岩山馆也落得"日渐颓圮,苍苔满径"。所以如此,一种说法认为受了和珅案的牵连,和珅40岁生日的时候,他曾以诗献媚。这种情形,一如《左传·襄公二十三年》闵子马所云:"福祸无门,唯人所召。"福祸本身没有定数,皆为人所自取罢了。

除夕之"卖"

今年(2016)没有年三十,腊月廿九就是除夕。除夕,堪称传统节日中最重要的一个。

从前的好多岁时民俗极有趣味。比如正月初五有"送穷",虽然各地叫法、方式不一,但是目的殊途同归:希冀自己在新的一年与"穷"无染,富贵有余。除夕的民俗就更多了,有一个与"送穷"相映成趣,那就是广东一些地方的"卖懒"。在不太久远的过去,广州还在传承着这种习俗。欧阳山《三家巷》写到了1925年的旧历除夕:周榕"在陶街碰上一群逛街卖懒的少年人",就是区桃、周炳、陈文婕他们八个。周榕去陈家说了半天话,那八个小孩"一直在附近的横街窄巷里游逛卖懒,谈谈笑笑,越走越带劲儿",一路走还一路唱:"卖懒,卖懒,卖到年卅晚。人懒我不懒!"卖懒,把身上的懒惰卖掉,自然是希冀新年勤奋。当真也罢,有口无心也罢,在除夕的喜气氛围中,"这八个少年人快活得浑身发热,心里发痒"。

土生土长于广州的著名学者黄天骥先生认为,卖懒的习俗在清初已有记载,原本是"卖冷"。屈大均《广东新语》云,广州人除夕"以苏木染鸡子(即以红水染鸡蛋)食之,以火照路,曰卖冷"。在黄先生看来,粤语里"冷""懒"音近,久而久之,"卖冷"被讹成

"卖懒"。因为三百年前广州的冬天很冷,"卖冷"反映了先辈对温暖的祈盼;又因为先辈觉得不卖也罢,春天总是要来,便让孩子们卖起"懒"来,"这一改,点铁成金,体现了广州人的智慧"。黄先生的此番见解,臆断成分居多,只能聊备一说。实际上,放眼清初之前,比如上溯至宋朝,我们会发现吴中地区的除夕之"卖"与岭南的"卖懒"颇有神似之处,很可能是同一民俗事项在不同区域的不同变体。

周密《武林旧事》是追忆南宋都城临安(今杭州市)城市风貌的著作,在讲到除夕时这样说:"如饮屠苏、百事吉、胶牙饧、烧术、卖憃等事,率多东都之遗风焉。"东都,即建康府(今南京市),高宗建炎三年(1129)曾作为行都。卖憃,即卖憃懂,犹言卖痴呆。范成大《腊月村田乐府十首》记录的是吴中地区的民俗,其第九首《卖痴呆词》序云:"分岁罢,小儿绕街呼叫云:'卖汝痴!卖汝呆!'"范成大认为,"世传吴人多呆,故儿辈讳之,欲贾其余,益可笑"。还是不要笑,民俗就这样,后人看来不可思议的东西,却正是前人"三观"的真实映射。到了元朝,高德基《平江纪事》还在说:"吴人自相呼为呆子,又谓之苏州呆。每岁除夕,群儿绕街呼叫云:'卖痴呆,千贯卖汝痴,万贯卖汝呆,见卖尽多送,要赊随我来。'"《西游记》中八戒每被代之以"呆子",悟空呼八戒往往也是"呆子"不离口,或许正与籍贯江苏淮安的吴承恩将家乡的民俗照搬过来相关。

卖者,出售也。卖懒、卖痴呆,实际上是单方面的转嫁行为,这种一厢情愿自然只具象征性,与"送穷"异曲同工。然而,痴呆不是一件视之有物、能够拿之在手的东西,却又怎么个卖法呢?呼叫;一旦应答,就是卖了。陈元靓《岁时广记》引《岁时杂记》云:"元日五更初,猛呼他人,他人应之,即告之曰:'卖与尔憃懂。'

卖口吃亦然。"《西游记》里孙悟空大战金角大王、银角大王时,似可参照。那二怪有五件宝贝,其中的红葫芦和玉净瓶能够把人装进去,如果"底儿朝天,口儿朝地,叫他一声,他若应了,就装在里面",如果再"贴上一张'太上老君急急如律令奉敕'的帖子",装进去的人"就一时三刻化为脓了"。孙悟空了解到底细,便自称"者行孙"来叫战。人家叫他,他一开始仍然犯嘀咕:"若是应了,就装进去哩。"人家激他:"你怎么不应我?"他拖时间:"我有些耳闭,不曾听见。你高叫。"然后"在底下掐着指头算了一算",心里想:"我真名字叫做孙行者,起的鬼名字叫做者行孙。真名字可以装得,鬼名字好道装不得。"然后就忍不住,应了他一声,结果"飕的被他吸进葫芦去"。原来妖怪的宝贝,"那管甚么名字真假,但绰个应的气儿,就装了去也"。卖痴呆之类的原理想必正是如此,一旦应承,痴呆就是你的。

  范成大《卖痴呆词》全文,更把吴中地区的这一民俗写得十分幽默风趣。"除夕更阑人不睡,厌禳钝滞迎新岁;小儿呼叫走长街,云有痴呆召人买。二物于人谁独无?就中吴侬仍有余;巷南巷北卖不得,相逢大笑相揶揄。栎翁块坐重帘下,独要买添令问价。儿云翁买不须钱,奉赊痴呆千百年。"痴和呆,谁人没有,你卖给谁去?有老翁自是戏耍一下小儿了,我买,多少钱?小儿也不含糊,不用钱,赊着就行了,你老人家赊上千百年也没问题。

  从以上比较中可以看出,广州的卖懒与吴中的卖痴呆等实在如出一辙:时间都是除夕,主角都是儿童,所"卖"不同而已,目的都是要去除身上的惰习或不利于己的成分,寄托了对新年的美好期冀。"卖冷"则完全关乎自然。正如送穷,尽管虔诚地"沥酒再拜早离去",结果往往仍然"老穷方走新穷临"。不过,从前的节日是那样地使人快慰,从除夕之"卖"中可窥一斑。

扫除

"腊月二十四,掸尘扫房子。""腊月二十五,家家扫尘土。""年廿八,洗邋遢。"……各地民谚的说法不同,而指向同一:农历新年将至,祭灶之后,就该开始扫年了。扫,意谓用扫帚除去尘土。毛主席有句名言:"扫帚不到,灰尘照例不会自己跑掉。"说的就是这层道理。那篇雄文的前面,他还说了句更通俗的:"从来没有不经过打扫而自动去掉的灰尘。"朱子家训之"黎明即起,洒扫庭除",诚然是家庭卫生理应的一种常态,但年关的扫除,具有许多人文意义。

打扫卫生,去除尘埃,王嘉《拾遗记》云,尧的时候人们已经注意到了,当然不是意识上的自觉,而是像诸多其他行为一样,出于趋利避害的心理。说是有一种"重明之鸟",长得像鸡,叫起来像凤,"能搏逐猛兽虎狼,使妖灾群恶不能为害",人们"饴以琼膏",期盼它来。但这种神鸟"或一岁数来,或数岁不至",不来的时候,"国人莫不扫洒门户,以望重明之集"。与此同时,"国人或刻木,或铸金,为此鸟之状,置于门户之间",这种替代品的功效一样,"魑魅丑类,自然退伏"。这或许也有门神、桃符起源的影子。《周礼·夏官》有"隶仆"一职,"掌五寝之扫除粪洒之事"。郑玄注曰:"此吏而曰隶,以其事亵。"事虽亵,却亦无关厕所一类,此之粪,乃扫除意。《左传·昭公三年》张趯嗔怪子大叔:"自子之归也,小人粪除先人之敝庐,曰子其将来。今子皮实来,小人失望。"这意思很明白:你说你来,我还专门打扫了房子,结果你却换个人来。《后汉书·第五伦传》载,第五伦"载盐往来太原、上党,所过辄为粪除而去",说的也是打扫。

从扫除的"起源"似可明了,此类举动在某些时候是件非常隆重的事情,这从张趯嗔怪中已可窥一斑。除此之外,典籍中也常见前人每每刻意强调"我打扫房子了"这一点。如《晏子春秋》载,景公饮酒,"晏子避走,立乎门外。公令人粪洒改席,召衣冠以迎晏子"。《史记·魏公子列传》载,魏公子窃符救赵,赵王很感激,打算"以五城封公子"。魏公子的门客劝他不要"自骄而功之",于是"赵王扫除自迎,执主人之礼,引公子就西阶",然"公子侧行辞让,从东阶上"。明清才子佳人小说《玉娇梨》第十八回,白公与托名柳秀才的苏友白在异地一见如故,"焚香吊古,对酒论文"了几天,白公邀其来家,苏友白说"大都违颜半月,即当至贵村叩谒矣"。白公便道:"至期当扫门拱候。"如是种种都表明,打扫房子对待客人,属于高看一眼,表达的是迎宾的诚意。

扫除的工具,毛主席说了是扫帚。打扫屋子是尊重客人,然打扫本身毕竟属于亵事,"宫人拍手笑相呼,不识阶前扫地夫"(唐王建《宫词》)嘛。甚至连沾上扫帚都是这样。《南齐书·刘休传》载,刘休的妻子妒心很强,宋明帝代他出头,办法是"赐休妾,敕与王氏二十杖",再"令休于宅后开小店,使王氏亲卖扫帚皂荚以辱之"。明帝为什么对刘休"见亲如此"?刘休的各种本事令他满意。比如"帝颇有好尚,尤嗜饮食",刘休则"多艺能,爰及鼎味,问无不解"。还有,"后宫孕者,帝使筮其男女,无不如占"。生男生女有多重要?"帝素肥,痿不能御内,诸王妃妾怀孕,使密献入宫,生子之后,闭其母于幽房,前后十数",专门把男孩留下。

关于打扫房子的轶事,以东汉陈蕃的最为知名,说出来大家都知道。就是15岁的陈蕃"尝闲处一室,而庭宇芜秽",薛勤来见他爸爸,问他"何不洒扫以待宾客",结果陈蕃来了句"大丈夫处世,当扫除天下,安事一室乎?"陈蕃后来成名了,自然展现的是雄心壮志;邯郸学步的,不免要被讥讽为"一屋不扫何以扫天下",与"眼高手低"同义。实际上,《荀子·强国》里的"堂上不粪,则郊草不瞻旷芸",已经表达了同类观点。最早注解《荀子》的唐朝杨倞指出,这是说"堂上犹未粪除,则不暇瞻视郊野之草有无也",连自己的厅堂都还没有打扫,又怎么可能去收拾郊外的野草呢?《诗·唐风·山有枢》之"子有廷内,弗洒弗扫",大抵也是这个意思。

至于年关的扫除,很早就形成了一种民俗。《梦粱录》"除夜"条,说的是宋朝:十二月尽,俗云"月穷岁尽之日",谓之"除夜"。届时,"士庶家不论大小家,俱洒扫门闾,去尘秽,净庭户,换门神,挂钟馗,钉桃符,贴春牌,祭祀祖宗。遇夜则备迎神香花供物,以祈新岁之安"。《清嘉录》"打尘埃"条,说的是清朝,"腊将残,择宪书宜扫舍宇日,去庭户尘秽。或有在二十三日、二十四日及二十七日者,俗呼'打尘埃'"。时人蔡云就此赋诗曰:"茅舍春回事事欢,屋尘收拾号除残。太平甲子非容易,新历颁来仔细看。"

众所周知,毛主席关于扫除的那句名言既是实指,又是借喻,借喻"对于中国人民脑子中的落后的东西,我们要去扫除,就像用扫帚打扫房子一样";接着他又说:"凡是反动的东西,你不打,他就不倒。这也和扫地一样。"由寻常之事阐发大的道理,是毛主席的一项拿手好戏。年关之际的扫除,无疑也有双重寓意,既指庭院内的陈年积垢,也指旧岁中遇到的种种不快。

门神

从前过年的时候,家家户户都要贴门神。《清嘉录·门神》云:"夜分易门神。俗画秦叔宝、尉迟敬德之像,彩印于纸,小户贴之。"今天在某些乡间,依然可以看见痕迹。历史悠久一点儿的祠堂,大门上更有绘就的武士形象。前两年溜达佛山的历史文化名村松塘村,不少祠堂大门都是这样装饰,只是仍然处于自然状态,剥落了不少色彩,不免为之惋惜。

门神,是传说中的护门之神,贴上它,有驱逐鬼怪之效,所以形象往往"皆甲胄执戈,悬弧佩剑",露出一副威武之相,一左一右,比肩而立。像诸多神祇一样,门神也早已被人格化,千百年来,主要定格在了神荼、郁垒,和秦叔宝、尉迟恭身上。前二者是传说中的神物,后二者则实有其人,众所周知是跟着李世民打天下的功臣,上了《凌烟阁功臣图》的,根据现实需要,他们才由人而擢升为神。对门神的起源,清朝学者恽敬还有个观点,认为《汉书》载广川王刘去"殿门有成庆画,短衣大绔长剑,去好之,作七尺五寸剑",为门神之始。俞樾认同这一见解。成庆,晋灼认为是荆轲,"卫人谓之庆卿,燕人谓之荆卿"。但颜师古认为不是,就是古代一勇士。当然,也早就有人对这些传统文化采取和稀泥的态度,如《燕京岁时记》说:"门神或谓为神荼、郁垒,或谓为秦琼、敬德,其实皆非也。但谓之门神可矣。"好像是学陶渊明"不求甚解",但与人家的本意完全南辕北辙。

关于神荼、郁垒,东汉王充《论衡·订鬼》引《山海经》云:"沧海之中,有度朔之山。上有大桃木,其屈蟠三千里,其枝间东北曰鬼门,万鬼所出入也。上有二神人,一曰神荼,一曰郁垒,主阅领万鬼。恶害之鬼,执以苇索而以食虎。"基于这些背景因素,"黄帝乃作礼以时驱之,立大桃人,门户画神荼、郁垒与虎,悬苇索以御凶魅"。应劭《风俗通义》引《黄帝书》则云,神荼与郁垒乃"昆弟二人,性能执鬼",于是"县官常以腊除夕,饰桃人,垂苇茭,画虎于门,皆追效于前事,冀以卫凶也"。在后世所绘的门神中,神荼白脸,喜相,郁垒红脸,怒相,自然又是某个时代根据自身需要的"改良"了。

关于秦叔宝、尉迟恭,《西游记》第十回《二将军宫门镇鬼　唐太宗地府还魂》活灵活现地描写了他们二位如何完成从人到神的"转型"过程。那是太宗不豫,梦见鬼来追债,尉迟恭说:"创立江山,杀人无数,何怕鬼乎?"太宗说自己倒是不信,但是"这寝宫门外,入夜就抛砖弄瓦,鬼魅呼号,着然难处。白日犹可,昏夜难禁"。秦琼站了出来:"陛下宽心,今晚臣与敬德把守宫门,看有甚么鬼祟。"当天晚上,"他两个介胄整齐,执金瓜、钺斧,在宫门外把守",果然一夜无事。天亮后太宗把二人招来,重重赏劳道:"朕自得疾,数日不能得睡,今夜仗二将军威势甚安。卿且请出安息安息,待晚间再一护卫。"如此过了二三夜,太宗"不忍二将辛苦",想到了一举两得的解决办法,跟大臣们说,他想找会画画的,"传二将军真容,贴于门上,免得劳他。如何?"大家都说这样好啊,于是"选两个会写真的",将两人"依前披挂,照样画了,贴在门上。夜间也即无事"。

谁知前门安宁了,太宗抱怨"后门又响,却不又惊杀寡人也"。徐茂公这回出了个主意:"前门不安,是敬德、叔宝护卫;后门不安,该着魏徵护卫。"太宗于是"宣魏徵今夜把守后门"。魏徵虽然是个政治家,执行这种命令也并不含糊,"提着那诛龙的宝剑",同样流露出英雄气概,"圆睁两眼四边瞧,那个邪神敢到?"《清嘉录》说,明清时苏州地区是"书'钟进士'三字,斜贴户后以却鬼"。钟进士,就是大名鼎鼎的钟馗了,传说他本来考中了进士,却因为貌丑而落选。宋人《醉翁谈录》对钟馗当门神还有个说法:唐明皇做了梦,除夕夜"梦鬼物名曰'钟馗',既觉,命工绘画之。至今人家图其形,贴于门壁"。事实上,门神的"名姓"只是相对固定,不同的地方门神也略有不同,比如赵云、马超,薛仁贵、盖苏文,也都榜上有名。

"盱目掀髯惯避邪,除书新换记年华。笑君只是春来燕,尽入寻常百姓家。"(清吴曼云诗)门神的观念早已深入国人内心,门神画,从来都是各地年画的重要题材。《东京梦华录》载,除夕时"禁中呈大傩仪",还要表演呢。届时,"用镇殿将军二人,亦介胄,装门神。教坊南河炭丑恶魁肥,装判官。又装钟馗小妹、土地、灶神之类,共千余人,自禁中驱祟出南薰门外转龙弯,谓之'埋祟'而罢"。有趣的是宋朝袁褧《枫窗小牍》中的一种说法:"靖康已前,汴中家户门神多番样,戴虎头盔,而王宫之门至以浑金饰之。识者谓虎头男子是虏字,金饰更是金虏在门也。不三数年而家户被虏。"把金兵的入侵,归咎于门神画面的不祥之兆,算得上是门神的"躺枪"了。

韩愈《送穷文》中有个穷鬼,面对"门神户灵,我叱我呵",毫不在乎,且"包羞诡随,志不在他",跟定了主人。这当然是韩愈的寓庄于谐,也多少表明贴门神,只是趋利避害的心理寄托。然而,这是传统文化中的有益成分,在今天不仅不该渐行渐远,而且应该得到传承弘扬。

II
二十四节气

"春雨惊春清谷天,夏满芒夏暑相连,秋处露秋寒霜降,冬雪雪冬小大寒。"在中学时代,我就会背这首二十四节气歌。20世纪70年代中,北京地区的中学都开设有"农业"课。"惊蛰乌鸦叫,春分地皮干",此前,从长辈口中零零星星地也了解了不少。二十四节气是上古农耕文明的产物。我们的前人很早就认识到了季节更替和气候变化的规律,借助之,能够比较准确地顺应寒暑冷暖、昼夜短长和气温变化,可以更好地安排生产和生活。我故乡的父老乡亲,彼时种地下田便往往以之为参照。

《尚书·尧典》有"日中星鸟,以殷仲春……日永星火,以正仲夏……宵中星虚,以殷仲秋……日短星昴,以正仲冬",语言学家王力先生认为,这意味着时人已经掌握了二分二至,日中、宵中即指春分、秋分,日永、日短即夏至、冬至。《吕氏春秋》则名二分曰日夜分,因为这两天昼夜长短相等;名二至曰日长至、日短至,因为这两天一天白天最长一天白天最短。《左传·僖公五年》载:"春王正月辛亥朔,日南至。公既视朔(每月朔日在太庙听治一月之政事),遂登观台以望,而书,礼也。凡分、至、启、闭;必书云物(云物即云的色彩,《周礼》所谓"以五云之物,辨吉凶、水旱降丰荒之祲象"），为备故也。"杨伯峻先生认为，这意味着时人已经掌握了四立，此中分为春分、秋分，至为夏至、冬至，启则指立春、立夏，闭指立秋、立冬。那么，前面这段话的意思是说，国君于二分二至及四立之日，必登台以望天象即日旁云气之色，以占吉凶，对未来心里能早点儿有谱。四立何以称为启、闭？杨先生如此解释，春生夏长，古人谓之阳气用事，启，开也，故谓之启；而秋收冬藏，古人谓之阴气用事，故谓之闭。

在《吕氏春秋》里，便明确提到立春、立夏、立秋、立冬四个节气了。其开篇《孟春纪》即谈及立春时的规定动作："先立春三日，太史谒之天子曰：'某日立春，盛德在木。'天子乃斋。"到了立春那一天，"天子亲率三公、九卿、诸侯、大夫，以迎春于东郊。还，乃赏公卿、诸侯、大夫于朝"。立夏、立秋、立冬的时候也是这套程序，只是太史分别又说了"盛德在火、在金、在水"的话，因此天子这三天大概同样没有肉吃。"还"的时候，出手也不尽相同，立夏"还，乃行赏封侯庆赐，无不欣悦"；立秋"还，乃赏军率武人于朝"；立冬"还，乃赏死事，恤孤寡"。在《淮南子》里，我们就见到了和后世完全相同的二十四节气名称，表明到了秦汉年间，二十四节气已完全确立。

《淮南子·天文训》曰："两维之间，九十一度十六分度之五，而升日行一度，十五日为一节，以生二十四时之变。"然后，从冬至开始，每"加十五日"，则道出一节气名称，小寒、大寒、立春……再以冬至终，次序和今天一模一样。不过，《汉书》的记载表明，这个次序实际上被后人微调过了，其《律历志》在"惊蛰"之下有"今曰雨水"，"雨水"之下有"今曰惊蛰"，"谷雨"之下有"今曰清明"，足证汉初惊蛰尚排在雨水的前面，谷雨尚排在清明的前面。所以，何宁先生集释《淮南子》时认为，"后人以今之节气改之也"。孔颖达《左传正义》干脆点明,更改就发生在武帝太初(前104—前101)年间。调整的目的何在?大约节气名称的含义更接近时令之故吧。

二十四节气是前人留下的宝贵财富,在农业社会就是揭示时令特征、指导农业生产的"小百科丛书",完全融入了人们的日常生活中。宋人即编辑了《岁时杂咏》,二十四节气又成为诗人灵感迸发的重要题材。以四立来说,只挑名人的看,孟浩然有《立春日对雪》:"迎气当春立,承恩喜雪来。润从河汉落,花逼艳阳开。不睹丰年瑞,焉知燮理才。撒盐如可拟,愿糁和羹梅。"司马光有《四月十三日立夏呈安之》:"留春春不住,昨夜的然归。欢趣何妨少,闲游勿怪稀。林莺欣有吒,丛蝶怅无依。窗下忘怀客,高眠正掩扉。"(陶潜尝言夏月虚闲,高卧北窗之下,清风飒至,自谓羲皇上人。)白居易有《立秋日曲江忆元九》:"下马柳阴下,独上堤上行。故人千万里,新蝉三两声。城中曲江水,江上江陵城。两地新秋思,应同此日情。"范成大有《立冬夜舟中作》:"人逐年华老,寒随雨意增。山头望樵火,水底见渔灯。浪影生千叠,沙痕没几棱。峨眉欲还观,须待到晨兴。"如此等等,借时令而抒发各种情感。

"芒种火烧天,夏至雨涟涟";"白露身不露,寒露脚不露";"小寒雨蒙蒙,雨水惊蛰冻死秧"……前人的经验之谈,往往是科学认知的基础。2006年5月20日,二十四节气民俗列入了第一批国家级非物质文化遗产名录,显示了国家层面的重视。2016年11月30日,二十四节气被正式列入联合国教科文组织人类非物质文化遗产代表作名录,名曰"二十四节气——中国人通过观察太阳周年运动而形成的时间知识体系及其实践",更得到了国际的认可。平心而论,脑袋里还有二十四节气这些概念的人,怕都已经有一把年纪了。如何使这笔宝贵的文化遗产对后人而言像前人那样入脑入心,在口耳代代传承已然中断的前提下,唯有寻找新的发力之点。

立春

立春是二十四节气中之首。《史记·天官书》载:"正月旦,王者岁首;立春日,四时之始也。"司马贞注释,这是说"立春日是去年四时之终卒,今年之始也"。按照这个观点,从前计量新的一年,不当从正月初一,而应从立春开始算起。盖因为也是从这天起,"流水初销冻,潜鱼欲振鳞。"(冷朝阳《立春》)

当下大讲文化,对立春这样的古人非常重视的节气,自然是个弘扬的机会。果然,随便浏览一下也看到好几则:北京建国门街道举办立春日鞭春牛和"咬春"活动,由打扮得漂亮喜庆的小牛童和春姑娘一起挥鞭打牛祈福,然后小牛童将牛肚子里装着六种杂米的袋子掏出,分发给居民,寓意丰收和谐;有网友称位于朝阳公园西门的春饼店,因购买的人太多还"惊动"了警察来维持秩序;山西省运城市新绛县举办一年一度的万名农民进城,踩街闹社火闹新春迎立春传统民俗大巡游;等等。"鞭牛县门外,争土盖春蚕。"(元稹《生春》)"小儿著鞭鞭土牛,学翁打春先打头。"(杨万里《观小儿戏打春牛》)立春中的一个重要风俗图像就是鞭打春牛,有人考证起源于先秦,因为春来了,大家都开始耕作了,只有老牛还在酣睡,要把它打起来。不过,结合牛的良善秉性及国人对之赞赏有加的一贯情结,横竖都让人怀疑这传说的可靠性。传说当然也考虑到了这一点,说不打真的牛,而以泥制的土牛来象征。今天建国门街道则是塑钢牛,所以牛肚子里才能装东西,以五谷流出来祈求丰收。在历法知识无从普及的古代社会,鞭打春牛了,意味着一年农事的肇始。这个民俗自周代起即正式列为国家典礼,撷取几个片段,亦见这个传统两千年来的一以贯之。

《后汉书·礼仪志》载:"立春之日,夜漏未尽五刻,京师百官皆衣青衣,郡国县道官下至斗食令吏皆服青帻,立青幡,施土牛耕人于门外,以示兆民,至立夏。唯武官不。"在这一天,还要下宽大书,曰:"制诏三公:方春东作,敬始慎微,动作从之。罪非殊死,且勿案验,皆须麦秋。退贪残,进柔良,下当用者,如故事。"俗语"一年之计在于春"的"春",应该指的就是立春吧。

孟元老《东京梦华录》记录的是宋朝时的盛况,立春前一天,"开封府进春牛于禁中鞭春。开封、祥符两县,置春牛于府前。至日绝早,府僚打春,如方州仪。府前左右百姓卖小春牛,往往花装栏坐,上列百戏人物,春幡雪柳,各相献遗"。到立春那一天,"自郎官、御史、寺监、长贰以上皆赐春幡胜,以罗为之;宰执、亲王、近臣皆赐金银幡胜。入贺讫,戴归私第"。伊永文先生比对陈元靓《岁时广记》后发现,后者讲得更清楚些:"立春之日,凡在外州郡公库造小春牛,分送诸厅。立春之节,开封府前左右百姓卖小春牛,大者如猫许,清涂板而立牛其上,又或加以泥,为乐工、雪柳等物,其市在府南门外,近西至御街,贵家多驾安车就看,买去相赠送"。这里的小春牛,显然成了吉祥物的一种。邓之诚先生从《岁时广记》中也爬梳出诸多立春民俗,"立春前一日,大内出春盘并酒以赐近臣,盘中生菜染萝卜为之装饰,置筵中",还要"烹豚、白熟饼、大环饼,比人家散子其大十倍。民间亦以春盘相馈,有园者园吏献花盘"。与此同时,京师贵家还要做面茧,"以肉或素馅,其实厚皮馒头酸馅也"。这种应节食品在人日时也做,叫做探官茧;立春时再做,则叫探春茧。馅里"置纸签,或削作木书官品,人自探取以卜异时官品高下"。这种探官纸街市前期有卖,"言多鄙俚,或选取古今名人警策句可以占前程者,然亦但举其吉祥之词耳"。欧阳修诗云"来时擘茧正探官",说的就是人们把探官茧剥开,看自己"运程"如何的情景。当然,这只是纯粹民间娱乐的一种。

顾禄《清嘉录》讲的则是清代苏州风土人情,也是讲立春前一天,"郡守率僚属迎春娄门外柳仙堂,鸣驺清路,盛设羽仪,前列社伙,殿以春牛"。届时无论男女,大家争相用手去摸春牛,谚曰"摸摸春牛脚,赚钱赚得着"。其中的社伙,由"附郭县官都委坊甲装扮",造型有观音朝山、昭君出塞、学士登瀛、张仙打弹、西施采莲等。立春日,太守"鞭牛碎之",农民也"竞以麻、麦、米、豆抛打春牛",这叫"打春";"士庶交相庆贺",谓之"拜春"。与此同时,"里胥以春毯相馈贻,预兆丰稔;百姓买芒神、春牛亭子置堂中,云宜田事"。

"愿得长绳系去日,光临天子万年春。"唐阎朝隐句,因是《奉和立春游苑迎春应制》,免不了要拍拍皇帝的马屁。"兹日何所喜,所喜物向荣。灿缕作翠柳,意先新阳生。涂金镂为胜,义不首时轻。增年已叹老,斗酒聊自倾。"梅尧臣因是自家抒怀,乃感叹时光飞逝。立春在从前是那样的热闹,其民俗活动无疑具备农业经济社会的典型特征。虽然自新世纪以来到现在(2012),中央先后发了九个关于农业的"一号文件",但在追求GDP的大势所趋之下,农业的颓势似乎没有多少好转的迹象。在这样的背景下倘要振兴立春,恐怕比其他的传统节日要困难得多。

雨水

二十四节气的第二个是雨水。和谷雨、小雪、大雪一样,雨水也是反映降水现象的节气。它的到来,意谓降雨开始,雨量渐增,有纪实的意味。杜甫之"好雨知时节,当春乃发生",韩愈之"天街小雨润如酥,草色遥看近却无",可能都是在这个时节落笔的。

雨水节气出现得很早。二分二至之后,大约它和惊蛰就问世了。同样是很早之前,雨水在二十四节气中并非固定排名第二,它和惊蛰的位置曾被颠来倒去。赵翼《陔馀丛考》云:"《大戴礼·夏小正》已有启蛰、雨水等名目,则夏时已有之。第三代以上,惊蛰在雨水前。"这种状况直到汉初,惊蛰还是正月节,"犹在雨水前,其后改雨水在正月,惊蛰在二月者",汉武帝时已经改成了"春雨惊春"。赵翼不能理解的是,"汉已改雨水在惊蛰之前,而新旧《唐书》又先惊蛰后雨水,至《宋史》始雨水在前,惊蛰在后,此不知何故。岂唐又改从古法,至宋而定今制耶?"同样的情况还有谷雨和清明的排序问题,"《汉书·历志》先谷雨后清明,新旧《唐书》则皆先清明后谷雨,《宋史》亦同"。这种现象确实需要专业人士才能作答了。

《月令七十二候集解》云:"正月中,天一生水。春始属木,然生木者必水也,故立春后继之雨水。且东风既解冻,则散而为雨矣。"总之,到雨水这时气温逐渐回升、冰雪逐渐融化、降水逐渐增多。从前几天开始,几个月没有下雨的广州,细雨、中雨果真开始连续不断,一直持续至今天。怪趣的是,二十四节气别的那些大都不适合岭南,雨水倒是罕见的例外。北方则恰恰相反,降雪还非常普遍,高速公路动辄封闭的新闻不绝于耳。在雨水节气到下一个惊蛰节气的这15天里,正逢"七九"的后半段到"九九"的前半段,"七九河开八九燕来,九九加一九耕牛遍地走",这意味着,除了西北、东北、西南高原的大部分地区仍处在寒冬之中外,其它许多地区正在进行或已经完成了由冬向春的过渡。

《礼记·月令》云,仲春之月,"始雨水,桃始华"。此雨水,即雨水节气。郑玄注曰:"汉始以雨水为二月节。"前面所引赵翼的说法,已经讲得比较清楚。这个时候,"天子居青阳大庙,乘鸾路,驾仓龙,载青旂,衣青衣,服仓玉,食麦与羊,其器疏以达"。天子该住在哪里,出门该坐什么车、车前跑着什么马、车子如何装饰,车上的天子该穿着什么衣服、佩戴着什么饰物,以及他该吃什么、用什么,都有一套讲究。在他的个人行为之外,国家层面要"安萌芽,养幼少,存诸孤",善待始生植物、幼小动物以及孤儿。要"择元日,命民社",对安身立命之本的农业予以应有的敬畏。要"命有司省囹圄,去桎梏,毋肆掠,止狱讼",宽刑慎杀。雨水节气的这些举措,今天亦不失其积极意义的一面。

"立春阳气转,雨水雁河边,惊蛰乌鸦叫,春分地皮干。"雁,即"鸿雁",也就是"大雁"。雨水的三候,相应地分别为:一候獭祭鱼,二候鸿雁来,三候草木萌动。《七修类稿》释"獭祭鱼"云,獭,一名水狗,"贼鱼者也。祭鱼,取鱼以祭天也,所谓豺、獭之报本。岁始而鱼上游,则獭初取以祭"。就是说,这个时候,水獭开始捕鱼了,将鱼摆在岸边如同先祭后食的样子。又释"候雁北"

云,"雁,知时之鸟,热归塞北,寒来江南,沙漠乃其居也,孟春阳气既达,候雁自彭蠡而北矣"。这里的"沙漠乃其居也"不知从何说起,或受其识见局限。总之是说,雨水节气五天过后,大雁开始从南方飞回北方,流行歌曲《鸿雁》唱道,当其南飞之时,就默念着"心中是北方家乡"嘛。又释"草木萌动"云,"天地之气交而为泰,故草木萌生发动矣"。意谓再过五天,在"随风潜入夜,润物细无声"的春雨中,草木随地中阳气的上腾而开始抽出嫩芽。接着到来的惊蛰节气,把冬眠中的动物们也唤醒了。

物候之外,前人还发现,大自然中的花也是按照一定顺序含苞、盛开的。自小寒至谷雨,他们把这四个月划分为二十四候,每五日一候,每候对应一种,因而归纳为"二十四番花信风"。谢肇淛《五杂组》详列了二十四番花信风的具体名目,如小寒,"一候梅花,二候山茶,三候水仙";如春分,"一候海棠,二候梨花,三候木兰"。雨水呢,"一候菜花,二候杏花,三候李花"。不过,如谢肇淛所云:"亦举其大意耳,其先后之序,固亦不能尽定也。"虽然如此,陆游之"小楼一夜听春雨,深巷明朝卖杏花",释志南之"沾衣欲湿杏花雨,吹面不寒杨柳风",查慎行之"长水塘南三日雨,菜花香过秀州城",均可推断为写自雨水时节了。而刘禹锡之"百亩庭中半是苔,桃花净尽菜花开",印证了赵翼所云"新旧《唐书》又先惊蛰后雨水",概惊蛰一候便是"桃花",惊蛰在雨水的前面,才能开完桃花再看菜花。按照宋朝开始延续至今的固定排序,平仄先不计较,他那诗句应该易为"菜花净尽桃花开"。

在杜甫的《春夜喜雨》之外,我们还可以读到孟浩然的"夜来风雨声,花落知多少",徐俯的"春雨断桥人不渡,小舟撑出柳荫来"等。雨水节气所降之春雨,其给万物带来了勃勃生机,历来得到人们的青睐、美誉,实属必然。

惊蛰

惊蛰到了,黄河中下游一带,大部分地区开始进入春耕、春种时期。我在京郊顺义县富各庄中学读书那时有一门"农业"课,老师讲到这个节气时记忆尤深,其实就是照本宣科:蛰伏在地下的小动物开始苏醒云云。但可能是老师拿腔拿调的缘故吧,引起大家的笑声。那老师平时说话很像韩乔生先生的体育解说,明明是口语却追求"主谓宾定状补"一应俱全,弄得口语、书面语"两不似"。老师的女儿正在我们班,个子很矮,坐第一排,从此不知被谁奉送了个外号就叫"小动物"。

气温上升,土地解冻,春雷始鸣,蛰伏过冬的动物惊起活动,惊蛰因而得名。《七修类稿》云:"万物出乎震,震为雷,故曰惊蛰。是蛰虫惊而出走矣。"蛰者,动物冬眠时潜伏在土中或洞穴中不食不动的状态。当然了,人如隐藏不出,也可以是蛰居斗室。有些本领或传说中有些本领的人隐藏不出,就是所谓隐逸高士了。与人的刻意闭门不同,变温动物冬蛰或称冬眠,是他们对冬季不利的外部环境条件(如寒冷和食物匮乏)的一种适应,但前人弄不大清楚这是怎么回事,认为是"蛰草"在起作用。姚元之《竹叶亭杂记》说:"草中有蛰草,闻之久矣。"但他不了解详细情况,而"朱荢仙言之颇悉",老朱怎么说的呢?外貌上,"此草高寸许,叶微似艾,八楞三尖,有毛。每霜后,草枯而此独鲜。恒于立冬时放花,花着于叶之近本处,如石竹而小,黄色,心似菊,有红色一线围之"。开花的时候,"凡蜈蚣蝎虺诸虫纷趋,旋绕三四匝,餂其叶而去。最后则蛇至,且食其花及叶与茎而去,去则蛰矣。诸虫之来先于蛇,次春出亦在蛇先。蛇最后蛰,故出亦在后。蛇之行屈曲,及食此花行不百曲即止,昂首若噎,少顷复行,行复如是。至可蛰处,以首着地,而后盘屈不动焉"。他因而断言:"百虫不嗅此花,不能蛰也。"有趣的是,蛰草不仅作用于动物,而且作用于人,"茌平有王氏妇,一日拾薪于野,归觉头晕,但昏睡。医胗视无病,不食亦不起,如是者两月余。立春后渐醒,惊蛰忽起,病恍然失。家人问故,乃言拾薪时见有鲜草开花,虫竞来嗅花,因亦摘食之,有顷但觉头晕,其沈睡初不自知也"。

不知道为什么,历代的不少人都喜欢谈论惊蛰与雨水的时序问题,孰先孰后,而比对来看,说轻了都是在炒冷饭,说重了都是在抄袭。前文所引赵翼《陔馀丛考》说的那些,明末清初顾炎武《日知录·雨水》早已考证在先,依据的文本也几无二致,只结论为"则当依古以惊蛰为正月中,雨水为二月节为是"。然而,顾炎武的这些,宋朝周密《齐东野语》又早就说过了,"汉以前惊蛰为正月节。余尝读班史《历》,至周三月二日庚申惊蛰,而有疑焉。……然后知汉以前,皆以立春为正月节,惊蛰为中,雨水为二月节,春分为中也。至后汉,始以立春、雨水、惊蛰、春分为序"。这里只是撮其要者罗列一下,经眼所见的更多,所以用当下流行的"论文查重"软件检测一下的话,大多不免有"抄袭"的嫌疑,那时候不讲知识产权,找出"原创"者不要说比较困难,即便找出来,也谈不上追究后来者吧。

对于惊蛰,与其重重复复做这种了无新意的考据文章,不如多关注一下相关民俗,爬梳由民俗而生发出的文化意象。如《清嘉录》云,"土俗,以惊蛰节日闻雷,主岁有秋",所谓"惊蛰闻雷米似泥",就是说惊蛰那天如果听到打雷,收成就好,米会像地里的泥一样多。但是,"若雷动于未交惊蛰之前,则主岁欠",这回的俗谚是"未蛰先蛰,人吃狗食"。又如《扬州画舫录》云,八月"红梅"新熟,新酒上市,各肆择日贴帖,曰"开生",人争买之,曰"尝生",至惊蛰后止,谓之"剪生"。这里的记载过于简略,那么,研究一下"三生"就该很有意思。《万历野获编》云嘉靖十一年(1532)惊蛰,"当祈谷于圆丘,上命武定侯郭勋代行"。郭勋为明朝开国勋臣郭英六世孙,袭爵。这个人挟恩宠,揽朝权,擅作威福,声名狼藉,根本不配"代行",但是张永嘉、夏言他们这些位高权重者却"不闻一言匡正",只有刑部主事赵文华上言。沈德符感慨道:"时文华登第甫三年,其辞严而确,使其末路稍修洁,固俨然一直臣矣。"别的且不计较,惊蛰之"当祈谷于圆丘",也有相当可以研究的内容。

苏辙诗曰:"新春甫惊蛰,草木犹未知。高人静无事,颇怪春来迟。"因为他们要"肩舆出东郊,轻裘试朝曦。百草招生意,乔松解寒姿,尺书招友生,冠盖溢通逵",视之为"人生瞬息间,幸此休暇时"的到来,与韦应物的"微雨众卉新,一雷惊蛰始。田家几日闲,耕种从此起,丁壮俱在野,场圃亦就理"相比,形成鲜明对照,要是在大讲阶级斗争的时代,根据惊蛰时的作为,恐怕要成为划分两个阶级或两个阵营的一道界限。开个玩笑。

春分

春分到了。这一天,太阳几乎直射地球赤道,因而全球各地昼夜几乎等长,各 12 小时。春分过后,太阳直射点开始移向北半球,北半球的白昼便长于黑夜;到夏至,直射北回归线,到达一年的最北端,这一天白昼最长、黑夜最短,然后又开始南移。回到赤道,就到了秋分;回到南回归线,就到了冬至……周而复始。

"二月惊蛰又春分,种树施肥耕地深。"天文学上明确,春分为北半球春季之始。欧阳修有一阕优美的《踏莎行》:"雨霁风光,春分天气。千花百卉争明媚。画梁新燕一双双,玉笼鹦鹉愁孤睡。 薜荔依墙,莓苔满地。青楼几处歌声丽。蓦然旧事心上来,无言敛皱眉山翠。"这句"千花百卉争明媚",道尽了春分时节万物复苏的欣荣景象。这种感受,具有北方生活经验的人体会当尤深一些。在我生活过的齐齐哈尔,每逢此时,便是树木复苏的颜色也几乎一天呈现出一种不同的绿,令人在愉悦的同时生出期待。然而,永叔先生缘何大煞风景地"蓦然旧事心上来",需要研究该词的写作背景才能得出答案了。

为什么叫春分?《月令七十二候集解》云:"二月中,分者半也,此当九十日之半,故谓之分。秋同义。"就是说,如果将春夏秋冬细化的话,可以各自三分。春,分孟春、仲春、季春;秋,分孟秋、仲秋、季秋。每一分为一个月,共90天。春分、秋分正是春季、秋季90天的中分点,因此得名。用董仲舒《春秋繁露·阴阳出入上下》的说法:"仲春之月,阳在正东,阴在正西,谓之春分。春分者,阴阳相半也,故昼夜均而寒暑平。"那么,夏,也分孟夏、仲夏、季夏;冬,也分孟冬、仲冬、季冬,为什么却没有夏分和冬分呢?同样是个饶有趣味的话题,《集解》之"夏冬不言分者,盖天地闲二气而已",过于简略,不解何意。

古代春分有一个重要习俗:祭日。与之相对应的,是秋分祭月。《礼记·祭义》云"祭日于坛,祭月于坎",孔颖达疏曰:"祭日于坛谓春分也,祭月于坎谓秋分也。"用清朝潘荣陛的说法:"春分祭日,秋分祭月,乃国之大典,士民不得擅祀。"擅祀,属于僭越。作为全国文物重点保护单位的北京日坛,在明清两代就是帝王祭祀大明之神(太阳)的所在,届时由"皇帝亲祭"。如《明会要》所载,嘉靖十年(1531)"二月庚辰,上亲祀大明于朝日坛;八月癸未,亲祀夜明于夕月坛",说的就是嘉靖皇帝春分祭日、秋分祭月。在民俗方面,宗懔《荆楚岁时记》载:"春分日,民并种戒火草于屋上。有鸟如乌,先鸡而鸣,架架格格,民候此鸟则入田,以为候。"戒火草,相传是火灾克星,反映出古人已有相应的防火意识并且非常重视。至于如乌之鸟,显然为燕子。春分三候中的第一候,即"元鸟至"。元鸟,又称玄鸟,就是燕子。

上古传说中有著名的"玄鸟生商"故事,商,夏商周三代中的殷商。《诗·商颂·玄鸟》云:"天命玄鸟,降而生商,宅殷土芒芒。"朱熹认为,这是"祭祀宗庙之乐,而追叙商人之所由生,以及其有天下之初也"。周振甫先生译曰:"上天命令燕子,降下卵来生出商,住在殷土一片茫茫。"以之为肇始,故事得到广泛流传。如屈原《天问》,便有这样两问:"简狄在台喾何宜?玄鸟致贻女何喜?"怎么生出商的呢?《史记·殷本纪》载:"殷契,母曰简狄,有娀氏之女,为帝喾次妃。三人行浴,见玄鸟堕其卵,简狄取吞之,因孕生契。"契,殷商的始祖。有娀氏吞了燕子的卵,而生出了契,时间点就该是在春分。

对这个带有史诗性质的神话传说,清朝方潜师罗列前人观点予以断然否认,如"尧、舜与人同耳,血气之类,父施母生,耳听目视,二足而行,是圣智、愚不肖之所同也,何必有恢奇诡谲之观,然后为圣且神哉!"这是"好事者多从而附益之,则怪以传怪"。具体到《玄鸟》诗,他认为"毛公止谓春分玄鸟时降,有娀氏女简狄配高辛氏帝,帝率与之祈于高禖(求子祭祀)而生契,无他异也",本来是春分时帝喾与简狄举行求子祭祀礼,适值玄鸟降临,郑玄笺《诗》时却说"本《史记》等书,谓玄鸟遗卵,简狄吞之而生契"。郑玄何以如此,在于其"为人,酷信哀、平间谶纬之书,当是暗引谶纬,而隐其所本",但"人类生育,决无吞一燕卵而能生子之理也"。引申来看,"则刘邦之生决无梦与神交而生之理"。《史记》对此也是言之凿凿:"刘媪尝息大泽之陂,梦与神遇。是时雷电晦冥,太公往视,则见蛟龙于其上。已而有身,遂产高祖。"回到"玄鸟生商",郑玄对《诗》无疑属于过度解读,周振甫先生的译文也可商榷。

像众多节气一样,春分的三候也不适用于岭南,但不等于岭南定然漠视。《广东新语·食语》讲到茶的时候,把节气视为采摘的一个重要时间点。说西樵山有一种茶,"宜以白露之朝采之,日出则味稍减";又说曹溪茶,"气味清甜,岁凡四采,采于清明、寒露者佳"。也说到了春分,罗浮山"幽居洞北有茶庵,每岁春分前一日,采茶者多寓此庵",准备采茶。未知西樵、曹溪、罗浮诸地,今日尚存此采茶传统否?

谷雨

谷雨在二十四节气中属于极其寻常的一个。前人从经验中得知,谷雨前后,降雨量会比之前增加。明代农书《二如亭群芳谱》云:"谷雨,谷得雨而生也。"所以,谷雨是播种移苗、埯瓜点豆的最佳时节,所谓"雨生百谷"。由此,"谷雨前后,种瓜种豆""谷雨之日,萍始生""清明忙种麦,谷雨下大田"等农谚,也便应运而生。除此之外,谷雨算得上默默无闻,只是反映气候变化的一个小角色。

谷雨之外,二十四节气中反映气候变化的,还有雨水、小暑、大暑、处暑、白露、寒露、霜降、小雪、大雪、小寒和大寒。如果再进行细分,小暑、大暑、处暑、小寒、大寒是反映气温的变化,用来表示一年中不同时期的寒热程度;雨水、谷雨、小雪、大雪是反映降水的变化,用来表示一年中不同时期的降雨、降雪的时间和强度。另外的白露、寒露、霜降呢,反映的则是气温逐渐下降的过程和程度:当气温下降到一定程度,水汽就出现凝露现象;当气温继续下降,凝露增多,降至摄氏零度以下,水汽便凝华为霜。谷雨在反映气候变化的这些节气中又有怎样突出的一面?"清明断雪,谷雨断霜",谷雨是春季的最后一个节气,它的到来,意味着寒潮天气基本结束。

谷雨在从前还是纪念仓颉的日子。仓颉不是传说中文字的创造者吗？没错。《淮南子》云，造出文字的这一天"天雨粟，鬼夜哭"，前面三个字是说天上下起了谷子雨，关联大抵在此。2015年第4期《紫禁城》杂志认为，仓颉是在"谷雨节这一天成功创造了汉字"，不大可信。前人对二十四节气的认知，自二分二至始，然后是四立等等，直到秦汉才完全定型，而仓颉是传说中黄帝的史官，那个时候还没有谷雨节。仓颉造字成功，为什么会"天雨粟"？以其过于简约，历来便有不同的解释，正反都有。所谓正，如高诱注《淮南子》："仓颉始视鸟迹之文造书契则诈伪萌生，诈伪萌生则去本趋末，弃耕作之业而务锥刀之利。天知其将饿，故为雨粟。"怕大家都去做买卖没人种地，以后没饭吃，所以先发警告。而所谓反，如墨子曰："天雨粟，不肖者食禄，与三公易位。天雨黍、豆、麦、粟、稻，是谓恶祥；不出一年，民负子流亡，莫有所向。"天上下来的不是水，而是那些东西，兆头极其不好。至于"鬼夜哭"，凌濛初《二刻拍案惊奇》开篇所做的尽情发挥，令人拍案叫绝："仓颉制字……流到后来，奸胥舞文，酷吏锻罪，只这笔尖上边几个字断送了多多少少人？那些屈陷的鬼，岂能不哭！至于后世以诗文取士，凭着暗中朱衣神，不论好歹，只看点头。他肯点点头的，便差池些，也会发高科，做高官不肯点头的，遮莫你怎样高才，没处叫撞天的屈。那些呕心抽肠的鬼，更不知哭到几时，才是住手。"

清朝的某个谷雨，原本为明朝大将的洪承畴一边与人下棋，一边出了幅上联：一局妙棋，今日几乎忘谷雨。对方续曰：两朝领袖，他年何以别清明。以"清明"对"谷雨"，工整之余更一语双关：一方面，二者都是节令；另一方面，你老兄在历史上如何归类呢？算明朝的，还是清朝的？洪承畴此前还有一联："君恩深似海，臣节重如山。"降清之后，有人给各加一字："君恩深似海矣！

臣节重如山乎？"嘲讽之味溢于言表。实际上，像洪承畴这样的"贰臣"，不要说明朝那边的人肯定瞧他不起，就是清朝这边的对之亦无好感。其叩头请降之后，皇太极"即日赏赉无算，置酒陈百戏"，将领们不高兴了："上何待承畴之重也！"皇太极循循善诱："吾曹栉风沐雨数十年，将欲何为？"诸将曰："欲得中原耳。"皇太极于是笑了："譬诸行道，吾等皆瞽。今获一导者，吾安得不乐？"所以，皇太极亲自到牢房去探视洪承畴，把自己的貂裘给他穿上，再来句"先生得无寒乎"，貌似关切，出发点其实是利用。正因为洪承畴没有辜负他的期望，洪承畴也才为后世所不齿。

"神祠别馆筑商人，谷雨看花局一新。不信相逢无国色，锦棚只护玉楼春。"清蔡云句。国色，牡丹也，刘禹锡云"唯有牡丹真国色"嘛。玉楼春，牡丹的一个品种。那么，谷雨看花，主要是看牡丹花了。欧阳修《洛阳牡丹记》早就说过："洛阳以谷雨为开候，而此花常至一百五日开，最先。"然《司马光集注》有"洛阳人谓谷雨为牡丹厄"之谓。不知何解，厄者，灾难也。敢是此项特产，像许多特产一样因为进贡而沦为地方的祸害？顾禄《清嘉录》在记录"谷雨节前，邑侯采办洞庭东山碧螺春茶入贡"之余，说牡丹花从前正俗呼"谷雨花"，因为"其在谷雨节开也"。在苏州一带，还有"谷雨三朝看牡丹"之谚，概"无论豪家名族，法院琳宫，神祠别观，会馆义局，植之无间。即小小书斋，亦必栽种一二墩，以为玩赏"。品种以玉楼春为多，"价廉而又易于培植也"，当然也没那么绝对，"五色佳本，亦不下十余种"。到谷雨节时，一方面，种花人"载至山塘花肆求售"；另一方面，"郡城有花之处，士女游观，远近踵至，或有入夜穿幕悬灯，壶觞劝酬，迭为宾主者，号为'花会'"。

谷雨看牡丹，未知洛阳、苏州等地今日尚存这一独特民俗否？

立夏

在天文学意义上,立夏的到来表示正式告别了春天。不过,若按气候学的标准,日平均气温稳定在22℃以上方是夏天的开始。从这点来看,广州差不多一个月之前就已经入夏。"立夏小满,江河易满",这句俗谚倒是更适合广州,这两天,大雨真的是说来就来。

《逸周书·时训》云:"立夏之日,蝼蝈鸣;又五日,蚯蚓出;又五日,王瓜生。"这说的是立夏时节的三种物候现象:先听到蝼蛄的叫声,然后看见蚯蚓掘土、王瓜攀藤生长。郎瑛《七修类稿》云蝼蝈有好多别名,"各地方言之不同也",确是。我们家乡就叫它拉拉蛄,有句口头禅叫"听见拉拉蛄叫还不种地了呢",用来比喻因为害怕有人反对而不敢去做本该做的事。这口头禅的渊源,或与立夏有关了。王瓜是什么?郎瑛引《图经》说了,"生平野田宅及墙垣,叶似栝楼,乌药,圆无丫缺,有毛如刺,蔓生,五月开黄花,花下结子如弹丸,生青熟赤,根似葛,细而多糁……今药中所用也"。虽然描述得算是具体,但对没见过王瓜的人而言还是很难形成图像。

物候反映的是自然现象,二十四节气的重要功能正在于指导农业生产。"立夏前后,种瓜点豆。"各地的俗谚很多。清朝叶梦珠是松江府上海县人,其《阅世编》记录了他们那里立夏时节的农业生产状况："吾邑土高水少,农家树艺,粟菽、棉花参半。向来种粳稻有三种,而秫不与焉。其最贵者曰瓜熟稻,计渍种以及收成不过七八十日,大约三月终下种,六月中便可登新谷,收成后尚可种菉豆也,然而收数不能丰,最上之田,亩不能过三斛,故种者亦罕。其次早者曰百日稻,计渍种迄收成百余日,皆于立夏渍种,布散于水田,不必插秧成列,总谓之川珠。"

在文化层面,立夏的内涵也比较丰富。先看看官俗。《礼记·月令》云:"立夏之日,天子亲率三公、九卿、诸侯、大夫,以迎夏于南郊。还返,行赏、封诸侯,庆赐逐行,无不欢悦。"那是先秦时的。《燕京岁时记》之"赐冰",记的是清朝的事,"京师自暑伏日起至立秋日止,各衙门例有赐冰。届时由工部颁给冰票,自行领取,多寡不同,各有等差"。按《帝京景物略》的说法,"前明于立夏日启冰赐文武大臣。编氓卖者,手二铜盏叠之,其声嗑嗑,曰冰盏。是物今尚有之,清泠可听,亦太平之音响也"。点明赐冰的时间点不仅在明朝已有,而且明确为立夏。

再看看民俗。潘荣陛《帝京岁时纪胜》云:"立夏取平日曝晾之米粉春芽,并用扬面煎作各式果叠,往来馈遗。"顾禄《清嘉录》云,苏州附近"立夏日,家设樱桃、青梅、坒麦,供神享先,名曰立夏见三新。宴饮则有烧酒、酒酿、海蛳、馒头、面筋、芥菜、白笋、咸鸭蛋等品为佐,蚕豆亦于是日尝新。酒肆馈遗于主顾,以酒酿、烧酒,谓之馈节"。其所附《昆(山)新(阳)合志》云,他们立夏见的三新则是另三样:樱桃、青梅、麦蚕。入夏之后,可能"眠食不服",一旦如此怎么办呢?"于立夏日取隔岁撑门炭烹茶以饮,茶叶则索诸左右邻舍,谓之'七家茶'。或小儿嗜猫狗食余,俗名'猫狗饭'。是日虽寒,必著纱衣一袭,并戒坐户槛,俱令人夏中壮健"。此外,还有"立夏三朝开蚕党",蚕党,即育蚕者,概"环太湖诸山,乡人比户蚕桑为务。三四月为蚕月,红纸粘门,不相往来,多所禁忌。治其事者,自陌上桑柔,提笼采叶,至村中茧煮,分箔缫丝,历一月而后驰诸禁"。吃不了育蚕这种辛苦饭的,则"往往于立夏后买现成三眠蚕于湖以南之诸乡村"。

对文人而言,立夏时节循例要"送春"。《浪迹三谈》云:"杭州城东有药园,康熙中,毛西河先生会同城诸名士,于立夏前一日集此,作送春诗,橐笔者数十人,多有佳句",然"末坐钱景舒杲年甚少,独集唐句为之,如用王建、杜甫句云:'每度暗来还暗去,暂时相赏莫相违。'又用翁绶、白居易句云:'百年莫惜千回醉,一岁惟残半日春。'"陈康祺《郎潜纪闻初笔》里的一则就弄得像神话了,说道光二十九年(1849)立夏,潘祖荫"在私宅,晨起,突见窗上一蝶,黄质黑章,四跌古朴,类枯叶",老潘画画了得,觉得这只蝴蝶是来求画的,"遂取箑为写影,稿成即入署";晚上回来蝴蝶还在,原来是怪他画得不像,不肯走,等到"皆曰肖,蝶始翩然去"。陈康祺说这只蝴蝶一定成仙了,"清衙久住,岁久通灵,遍识名流,至能择人索画"。

民俗层面最有趣的,是南方一些地方比如杭州,"立夏日悬大秤,男妇皆秤之,以试一年之肥瘠",到立秋的时候再复秤,所谓"悬衡——判低昂,轻重休夸蜡貌强。莫是菜人须论价,就中愁绝是猪王"。清人所撰之《上海县竹枝词》,有"春蚕吃罢吃摊牺,一味金花菜割畦。立夏称人轻重数,秤悬梁上笑喧闺"。《沪城岁时衢歌》也有"深院垂帘静昼长,家厨樱笋酒初香。持衡笑语论轻重,骨相凭君仔细量"。

秤人习俗据说起源于三国时期,与刘阿斗和孟获有关。浏览这两日新闻所见,今日浙江等地仍然保留这一有趣民俗。倘若"振兴"立夏的话,这是一个极好的抓手。

小满

二十四节气的众多名称大多顾名思义，知其名往往便知其实，但"小满"听上去多少有些费解，因为它既不直接表示季节的更替，也不表示气候的冷热变化。并且，像"暑""雪""寒"都有"小大"之分，"满"却只有"小"又没有"大"。种种因素叠加，"小满"颇有些特立独行的意味。

《月令七十二候集解》释云："小满者，物致于此小得盈满。"什么"物"呢？麦类等夏熟作物。因为到了四月中这个时候，小麦等作物灌浆、乳熟，籽粒开始饱满，但还没有完全成熟的状态。所以，小满的"特性"在于它是一个反应物候的节令。像二十四节气的其他项目一样，小满也有三候：小满之日（一候）苦菜秀，又五日（二候）靡草死，又五日（三候）麦秋至。前人把五天称为"一候"，候温法，现代仍然沿用。举例来说，候（即五天）平均气温小于10℃就意味着到了冬季，候平均气温大于22℃是为夏季，候平均气温在10℃～22℃之间是为春秋季。

小满这三候的内涵是什么呢？先看苦菜秀，说的是小满这天要吃苦菜。至少西周就有了这种习俗，虽然那时"小满"名称本身可能尚未问世。俗话有云："春风吹，苦菜长，荒滩野地是粮仓。"一种说法是，《诗·唐风·采苓》中的"采苦采苦，首阳之下"，就是指采苦菜。苦菜是国人最早食用的野菜之一。再看靡草死。《礼记·月令》云："(孟夏之月)靡草死,麦秋至。"孔颖达疏曰："以其枝叶靡细,故云靡草。"靡草为至阴之所生,因而不胜至阳而死。小满之后,阳气上升,所以靡草本年的生命便宣告结束。再看麦秋至。麦秋,别当初秋天,实际上是初夏。这是因为百谷"各以其初生为春,熟为秋,故麦以孟夏为秋"。关于小满三候的解释,郎瑛《七修类稿》里引经据典得更多。

顾禄《清嘉录》有"小满动三车"条,说的是清代吴地民俗,小满时节,"三车"必然齐动。所谓三车,即缫丝车、榨油车、汲水车。首先,"蚕妇煮茧,治车缫丝,昼夜操作"。其次,"郊外菜花,至是亦皆结实,取其子,至车坊磨油,以俟估客贩卖"。第三,"插秧之人,又各带土分科。设遇梅雨泛滥,则集桔槔(汲水工具)以救之。旱则用连车递引溪河之水,传戽入田,谓之踏水车"。关于踏水车,顾禄同时收录了蒋士焌的《南园戽水谣》,可见其艰辛程度:"日脚杲杲晒平地,东家插秧西家莳。养苗蓄水水易干,农夫踏车声如沸。车轴欲折心摇摇,脚跟皲裂皮肤焦。隁水如汗汗如雨,中田依旧成槁土。农夫尔弗忧,天心或怜汝。尔不见,南门已阖铁冶闭,即看好雨西畴至。"同样,缫丝、榨油,也轻松不到哪里去。比如缫丝,"茧丝既出,各负至城,卖与郡城隍庙前之收丝客。每岁四月始聚市,至晚蚕成而散,谓之卖新丝。"蔡云《吴歈》歌云:"蚕家多半太湖浜,浮店收丝只趁新。城里那知蚕妇苦,载钱眼热卖丝人。"

除了"小满动三车",《清嘉录》转引《震泽志》又说到了"小满见三新"。哪三新呢?"摘菜薹以为蔬,舂菜籽以为油,斩菜萁以为薪,磨麦穗以为面,杂以蚕豆,名曰'春熟'"。那么,三新就是菜薹、菜籽、麦穗了,饭菜与食油齐备。如今浏览,见三新乃樱桃、黄瓜、大麦仁,想必有其另一来路吧。欧阳修《归田园四时乐春夏》把小满时节描绘得诗情画意,"南风原头吹百草,草木丛深茅舍小。麦穗初齐稚子娇,桑叶正肥蚕食饱。老翁但喜岁年熟,饷妇安知时节好。野棠梨密啼晚莺,海石榴红啭山鸟"云云,鲁迅先生《风波》里的描写大概针对于此:村民们要吃晚饭了,"河里驶过文人的酒船,文豪见了,大发诗兴,说,'无思无虑,这真是田家乐呵!'"接着笔锋一转,"文豪的话有些不合事实"。

《南齐书·武帝纪》载,齐武帝萧赜永明元年(483)诏曰:"宋德将季,风轨陵迟,列宰庶邦,弥失其序,迁谢遄速,公私凋弊。泰运初基,草昧惟始,思述先范,永隆治根。莅民之职,一以小满为限。其有声绩克举,厚加甄异;理务无庸,随时代黜。"这个"小满"指什么呢?《资治通鉴》给出了答案:"宋末,以治民之官六年过久,乃以三年为断,谓之小满;而迁换去来,又不能依三年之制。"三月,癸丑,诏:"自今一以小满为限。"这就是说,南齐总结前朝覆亡的教训,归结为地方官员的任期太长,因而规定任期以三年为限。彼时自然有彼时的考虑,但今天的情形表明,任期越短可能越坏事。

今天大抵是以五年为一任期,较之南朝宋的"过久"短,较之南朝齐的"小满"长,算是无意中来了个折衷,但是照样有"公私凋弊",突出表现为催生"政绩工程"。虽然对各级官员不断强调要有"功成不必在我任期"的理念和境界,然见诸现实,"一任领导一套规划"的现象早就见怪不怪且有前赴后继之势,他们要么秉承的是"新官不理旧事",要么是担心自己被认为没思路没魄力,政策是不是"翻烧饼",产业是不是"走马灯",就管不了那么多了。总之,为了在自己的任期内出政绩,千方百计要自己另搞一套。

芒种

"时雨及芒种,四野皆插秧。家家麦饭美,处处菱歌长。"陆游的诗作,说的是芒种时节因为雨水充足,田里的人们都在忙着栽插水稻的情景,辛劳之中亦充满欢乐。芒种的到来,的确预示着忙碌的田间生活开始了。

作为普通名词,芒种指稻、麦之类有芒刺的谷物。《周礼·地官·稻人》云:"泽草所生,种之芒种。"郑玄注曰,这是说"泽草之所生,其地可种芒种。芒种,稻麦也。"我们对芒种更熟悉的一面,还是它作为节气名称。《嬾真子录》"小满芒种"条记载了马永卿与乐明远的一段对话。乐氏云:"二十四节气,其名皆可解,独'小满''芒种'说者不一。"马氏请教,乐氏曰:"皆谓麦也。小满四月中,谓麦之气至,此方小满而未熟也。芒种五月节,'种'读如'种类'之'种',谓种之有芒者,麦也,至是当熟矣。"既然存在各种解释,这也只能是聊备一说了。马永卿说:"仆近为老农,始知过五月节则稻不可种。所谓芒种五月节者,谓麦至是而始可收,稻过是而不可种矣。"他进而认为:"古人名节之意,所以告农候之早晚深矣。"农耕文明时代,二十四节气名称正有此种一望而知的功能。

芒种的三候颇为费解:一候螳螂生,二候鵙始鸣,三候反舌无声。《七修类稿》进行了阐释。所谓螳螂生,是说"螳螂,草虫也,饮风食露,感一阴之气而生,能捕蝉而食……深秋生子于林木间,一壳百子,至此时,则破壳而出"。对螳螂,我们不仅熟悉其名字,而且了解其作为,"螳螂捕蝉,黄雀在后""螳臂当车",都有它的踪影嘛。所谓"䴗始鸣",䴗,鸟名,即百劳或博劳、伯劳。朱子曰:"博劳,恶声之鸟,盖枭类也。"曹子建也有一篇《恶鸟论》,云"百劳以五月鸣,其声䴗䴗然",因以得名。《诗·豳风·七月》也有"七月鸣䴗,八月载绩",周历七月即夏历五月。所谓"反舌无声",反舌,郑玄注《礼记》曰即百舌鸟;高诱注《淮南子》"人有多言者,犹百舌之声"曰:"百舌,鸟名,能易其舌效百鸟之声,故曰百舌也。"因而《淮南子》那句话,是"以喻人虽多言而无益于事也"。沈约有《反舌鸟赋》,"有反舌之微禽,亦班名于庶鸟。乏佳容之可瓻,因繁声以自表"云云。范成大《五月闻莺》说得更形象:"一声初上最高枝,忙杀呕哑百舌儿。"那么,芒种三候简言之就是:螳螂出生了,伯劳鸟开始鸣叫了,而喜欢模仿其他鸟叫的反舌鸟,却因感应到阴气而"缄默不语"了。

  芒种除了能指挥农业生产之外,还可以旁及其他领域。《癸辛杂识》有"插瑞香法"条,瑞香,一种常绿直立灌木。《清异录》云:"庐山瑞香花,始缘一比丘昼寝磐石上,梦中闻花香,烈酷不可名,既觉,寻香求之,因名睡香。四方奇之,谓乃花中祥瑞,遂以瑞易睡。"不过李渔说瑞香"乃花之小人",此是另话。瑞香怎么栽培呢,"凡插之者带花,则虽易活而落花,叶生复死。但于芒种日折其枝,枝下破开,用大麦一粒置于其中,并用乱发缠之,插于土中,但勿令见日,日加以水浇灌之,无不活矣"。《天工开物》还有"造竹纸"条,云"凡造竹纸,事出南方,而闽省独专其盛。当笋生之后,看视山窝深浅,其竹以将生枝叶者为上料。节界芒种,则登山斫伐"。这是说,将要生枝叶的嫩竹是造竹纸的上等原料,芒种的时候来伐正当其时。

比较有趣的,是芒种节气还有一项社会学意义的功能,那就是作为官吏职田分界的日子。

顾炎武《日知录》"俸禄"条云:"今日贪取之风,所以胶固于人心而不可去者,以俸给之薄而无以赡其家也。"此论当然要姑妄听之,只有那些贪得无厌的家伙才会闻之窃喜。顾炎武想要表达的是:"前代官吏皆有职田,故其禄重,禄重则吏多勉而为廉。"他举例说,如《元史》载"世祖至元元年八月乙巳,诏定官吏员数,分品从官职,给俸禄,颁公田";《太祖实录》载"洪武十年十月辛酉,制赐百官公田,以其租入充俸禄之数";等等。职田,即职分田。北魏时起,政府即有按官职品级授给官吏作为俸禄公田、解职时留给后任的做法,一直实行到明初。铁打的职田,流水的官员。职田的收成不以官员任职时间为转移,又该如何交接呢?以芒种为界。如《宋书·阮长之传》载:"时郡县田禄,芒种为断,此前去官者,则一年秩禄皆入前人;此后去官者,则一年秩禄皆入后人。"当阮长之离职武昌郡的时候,接替他的人还没到,他也在"芒种前一日解印绶",非常有风度。《封氏闻见记》里的高利则是另一种风度,其"自濠州改为楚州,时江、淮米贵,职田每年得粳米直数千贯",而"准例替人五月五日已前到者,得职田"。高利想把收成给前任,从濠州出发后,"所在故为淹泊。候过限数日,然后到州",赢得了大家的一致称颂。只是那个时候,前后任交接时间乃端午而不是芒种。

必须明确的是,汉宣帝即认识到"吏不廉平则治道衰",这是不错的,而顾炎武所谓"今之制,禄不过唐人之什二三,彼无以自赡,焉得而不取诸民乎",则纯属书生之见。对历代官员而言,所谓禄薄不过是相对而言,何至于就到"无以自赡"的地步?退万步而言,即便如此,这也不能成为可以"取诸民"的堂皇理由。

夏至

夏至到了。"昼晷已云极,宵漏自此长。未及施政教,所忧变炎凉。"韦应物的《夏至避暑北池》,诗意地道出了夏至是我们所在的北半球一年中白昼最长、黑夜最短的一天。后两句,当然属于借题发挥了。

夏至这天的最显著天象,众所周知是太阳几乎直射北回归线,也就是太阳在一年中所能达到的北半球最高纬度。夏至过后呢,太阳直射点开始逐渐向南移动,北半球白昼于是开始逐渐变短,夜晚开始逐渐变长。到冬至的时候达到极限,套用韦氏话说就是"宵漏自此短"了。到了冬至,太阳则几乎直射南回归线;那之后,太阳直射点又开始逐渐向北移动,昼夜的长短也正好颠之倒之,北半球白昼开始逐渐变长,夜晚开始逐渐变短。夏至、冬至,冬至、夏至,就这样周而复始,循环不已。

北回归线是穿越广东境内的,有报道说广东的北回归线地理标志数量因之拿了世界之最——最多的省份,肇庆市封开县、汕头市和广州市从化区都有。封开那个又拿了我国大陆之最——最早建成。20世纪80年代末90年代初,我曾在该县罗董镇"劳动锻炼",记得先在县城江口镇报到,吃完午饭就迫不及待地跑去西江岸边去看那座北回归线标志塔。可惜的是其时近秋,夏至早过,没能领略到"立竿无影"的奇妙感受。成语"立竿见影"是说把竹竿竖在太阳光下可以立刻看到影子,比喻收效迅速。然而在北回归线上,在夏至这一天的某个时刻,这成语则完全不能成立。古人当然也知道这一点。不过,《广志绎》云:"周公测景台在登封五十里村中,旧郜县也,对箕山许由冢,有所遗量天尺存,其所竖小石碑,果夏至日中无影。"又云:"唐颜鲁公又于汝宁城北小阜立天中山碑,亦谓夏至无影。"登封、汝宁,今皆隶属河南,离北回归线有不小的距离,则那两地的夏至无影便颇为费解。

  包括夏至在内的二分二至,是二十四节气中最早被确定的节气。研究指出,公元前7世纪,我们的前人采用土圭来测日影,就已确定了夏至。至,按《汉学堂经解》所集崔灵恩《三礼义宗》的说法有三个意思:"一以明阳气之至极,二以明阴气之始至,三以明日行之北至。故谓之至。"夏至还有个名字叫"日长至",孔颖达说:"长至者,谓此月之时日长之至极。"古人相当重视这一天。《周礼·春官》载:"以冬日至致天神、人鬼,以夏日至致地示物魅。"郑玄说:"百物之神曰魅。"《史记·封禅书》转引《周官》亦云:"夏日至,祭地祇,皆用乐舞。"可见周代在夏至这天还要祭神呢。

  与此同时,在不同的朝代、不同的地方,夏至日有着不同的民俗。南朝《荆楚岁时记》云:"夏至节日,食粽。"届时,"人并以新竹为筒粽。练叶插五彩系臂,谓为长命缕。是日,取菊为灰,以止小麦蠹。"有意思的是,该书在介绍"端午"的时候只说"是日竞渡",却没有提到要吃粽子。而在隋杜台卿的《玉烛宝典》里,竞渡干脆也是夏至日的娱乐活动。综合其他一些史料,端午节的风俗很可能源自夏至日的风俗,此不展开。《西阳杂俎》云:"北朝妇人,常以冬至日进履袜及靴……夏至日进扇及粉脂囊,皆有辞。"

《辽史·礼志六》讲到大辽"岁时杂仪",可窥这一民俗还在延续:"夏至之日,俗谓之'朝节'。妇女进彩扇,以粉脂囊相赠遗。"《清嘉录》记载的是苏州民俗:"夏至日为交时,日头时、二时、末时,谓之'三时',居人慎起居、禁诅咒、戒剃头,多所忌讳。"《土风录》记载的是江南一带民俗,其引卢熊《府志》云:"夏至食李,以解注夏之疾。"又引《南郭志》云:"夏至用蚕豆、小麦煮饭,名'夏至饭'。戒坐户槛,云犯得注夏疾。"注夏,一种说法是"注"为"蛀",即"入夏不健,如树之为虫蛀也",总之是不大舒服的意思吧。《广东新语》关乎的自然是广东民俗:"夏至磔犬御蛊毒,农再播种,曰晚禾。"还有句俗谚,叫作"冬至鱼生,夏至犬肉",是说夏至这天要吃狗,现在也还不少人秉承这种风俗吧。

《晋书·乐广传》有"杯弓蛇影"的故事。说有个宾客好久不来了,乐广问怎么回事,宾客说上次在你那里喝酒,"方欲饮,见杯中有蛇,意甚恶之,既饮而疾"。乐广想起来了,当时墙壁上"有角,漆画作蛇",恐怕"杯中蛇即角影也",乃"复置酒于前处";再问他在杯里还能看到蛇不,答曰"所见如初"。于是乐广"告其所以,客豁然意解,沈疴顿愈"。杯弓蛇影,后用以比喻因疑虑而引起恐惧。此前,东汉应劭《风俗通》已经说到类似之事,关系到了他的祖父,而喝酒的日子就发生在夏至这天,所谓"予之祖父郴为汲令,以夏至日请见主簿杜宣,赐酒"。接下来的故事,将"宾客"置换成"杜宣"就可以了。不同的是,杜宣喝了之后,"其日便得胸腹痛切,妨损饮食,大用羸露,攻治万端,不为愈"。同一模板的故事,时间有先后,《晋书》应该"借鉴"了《风俗通》吧。

再看韦应物的那首夏至诗:"公门日多暇,是月农稍忙。高居念田里,苦热安可当。亭午息群物,独游爱方塘。门闭阴寂寂,城高树苍苍。"悲天悯人归悲天悯人,该享受还是享受我的。苟如是,韦氏写出这样的句子便毫无现实意义,流露的只是洋洋自得的心态而已。

小大暑

夏至过后是小暑。小,微也;暑,热也。《逸周书·时训》云:"小暑之日,温风至。"但小暑一过,"一日热三分"。小暑之后是大暑,到了这时,正值三伏天的"中伏"前后,一般也就到了最热的时候。古人总结:"小大者,就极热之中,分为大小,初后为小,望后为大也。大者,炎热至极也。"广州这两天正是极热之时,真难想象,读书那些年既无空调又无风扇的日子是怎么熬过来的。唐戴叔伦诗曰:"暑夜宿城南,怀人梦不成。"差不多吧,不可能睡得好。

暑天,每用来表示炎热的夏季,这里的"暑"或正来自小大暑的"暑"。因为"小暑交大暑,热得没钻处",古人在这个时节往往连仗都不愿打。《三国志·魏书·田畴传》载,曹操北征乌丸,听了田畴的计谋,先撤退,且"署大木表于水侧路傍",上面明晃晃地写道:"方今暑夏,道路不通,且俟秋冬,乃复进军。"《晋书·王鉴传》亦载,"时杜弢作逆,江湘流弊,王敦不能制,朝廷深以为忧"。王鉴乃有上疏,也是认同"议者或以当今暑夏,非出军之时"的观点,主张"今宜严戒,须秋而动",天凉快了再说。上疏毕,"(元)帝深纳之"。明朝中叶,面对"辽东巡抚张学颜等报称达贼二十余万谋犯辽东,前哨已到大宁,请兵请粮,急于星火",张居正的《论边事疏》却显得相当沉着,核心观点同样是"暑月非虏骑狂逞之时,料无大事,请宽圣怀"。其实人家如果真的没来,也只能说是凑巧。曹操玩儿的就是兵不厌诈的把戏,那种"此地无银三百两"的做法,不知怎么乌丸还会上当,"诚以为大军去也",明白过来时已经晚了,结果"单于身自临陈,太祖与交战,遂大斩获,追奔逐北",田畴因此受封"亭侯,邑五百户"。

《水浒传》里,晁盖、吴用他们"智取生辰纲"也发生在暑月,动手的时候正是小暑时节。施耐庵写得分明,梁中书老丈人蔡京的生日是六月十五嘛。所以杨志率领押送生辰纲的队伍出发的时候,"正是五月半天气,虽是晴明得好,只是酷热难行",作者在这里借用了古诗来形容,"公子犹嫌扇力微,行人正在红尘道"云云。走到事发地黄泥岗,更不得了,"正是六月初四日时节,天气未及晌午,一轮红日当天,没半点云彩,其日十分大热"。作者这里再借用了古诗,"日轮当午凝不去,万国如在红炉中"云云。而假扮成酒贩子的白日鼠白胜出场时的唱词,最著名,也更加晓畅易懂:"赤日炎炎似火烧,野田禾稻半枯焦。农夫心内如汤煮,公子王孙把扇摇。"我在20世纪80年代中购得的《中国古代民歌一百首》,就把它收了进去。施耐庵生活在元末明初,但他写的宋朝这一段,却并非凭空想象。宋人便有类似的句子,如戴复古的《大热》:"天地一大窑,阳炭烹六月。万物此陶熔,人何怨炎热。君看百谷秋,亦是暑中结。田水沸如汤,背汗湿如泼。农夫方夏耘,安坐吾敢食?"又如陆游的《苦热》,亦有"万瓦鳞鳞若火龙,日车不动汗珠融。无因羽翮氛埃外,坐觉蒸炊釜甑中"。诸如此类,都是相同的意境。

酷热之时,街上每能见到赤裸着上身的"膀爷",尤其在北方,有失文雅乃至文明都是显而易见的。这一点上,更应当学学孔子,脑袋里有点儿"礼"的意识。《论语·乡党》载,孔子"当暑,袗绤绤,必表而出之"。袗,单衣;绤、绤,分别是细的和粗的葛布;表,加上衣也。前人注疏曰:"表而出之,谓先着里衣,表绤绤而出之于外,欲其不见体也。"这就是说,即使天再热,孔子出门也会穿戴得非常齐整,像今天参加正规研讨会着正装一样,把麻布单衣穿在外面,里面还要衬有内衣,总之不会光膀子、打赤膊。这也同时表明,孔子对"礼"的遵循表里如一,不仅在与国君和大夫们见面时的言谈举止和仪式上如此,而且在日常生活中的方方面面都如此。

《玉壶清话》云,五代时范质在遁迹民间之际,"一旦,坐对正巷茶肆中",忽然一个形貌丑陋的人上前作揖,嘴里还叨咕"相公相公,无虑无虑"。那时是暑天,范质正扇着扇子,扇子上书有"大暑去酷吏,清风来故人"一联。这个人看见了,"夺其扇",说:"今之典刑,轻重无准,吏得以侮,何啻大暑耶?公当深究狱弊。"后来,在后周就任高职的范质,果然"首议刑典",直指"今繁苛失中,轻重无准,民罹横刑,吏得侮法"。世宗柴荣命其"与台官剧可久、知杂张湜聚都省详修刊定,惟务裁减,太官供膳"。五年后结题,诞生了著名的《大周刑统》,直接影响了中国历史上第一部刻板印行的法典《宋刑统》。《玉壶清话》中的这一段,固有野史村言的成分,但比照《旧五代史·刑法志》,可知相去亦并不远。

"何当暑天过,快意风云会。"杜甫的诗。何当?快了,过完小大暑,就将顺理成章地进入节气中的秋天。相较之下,杜牧的那句"大暑去酷吏,清风来故人",只能是一种美好期冀。故人可乘清风而来,酷吏却不会因暑热而去。

立秋

到了立秋,意味着到了"七月流火"的时节。在北方老家,该是孙逖所说的"徂暑迎秋薄,凉风是日飘"了。而在岭南,则要换上高适的说法,"犹是对夏伏,几时有凉飚"。当然,也没到泾渭分明的地步,但"自是以后,或有时仍酷热不可耐者,谓之'秋老虎'",热天还要蹦跶一下。

"七月流火,九月授衣",《诗·豳风·七月》中的这一句,于今每为望文生义者理解为酷热的同义词,实则恰恰相反,指的是天气转凉。这个"火"是星名,"流火",不是天气滚烫,而是大火星从西边落了下去。杜甫的理解就是准确的,其《立秋日雨院中有作》云:"山云行绝塞,大火复西流。飞雨动华屋,萧萧梁栋秋。"农历的七月,大致相当于公历的8月。立秋,正是转凉的节点。《四民月令》说得直截了当:"朝立秋,冷飕飕;夜立秋,热到头。"《燕京岁时记》云:"京师自暑伏日起至立秋日止,各衙门例有赐冰。届时由工部颁给冰票,自行领取,多寡不同,各有等差。"这项朝廷给官员的福利,到立秋就终止了,因为不需要了;再有福利的话,该发御寒的东西,识做的下属该想着"炭敬"了。

前人对"四立"非常重视。如立秋,《礼记·月令》云,前三天,大史就要提醒天子:"某日立秋,盛德在金。"天子便开始斋戒,摆出虔诚庄敬的姿态迎秋。到了立秋那天,"天子亲帅三公、九卿、诸侯、大夫以迎秋于西郊。还反,赏军帅武人于朝"。到了汉朝也还隆重得很。《后汉书·礼仪志》载:"先立秋十八日,郊黄帝。是日夜漏未尽五刻,京都百官皆衣黄。至立秋,迎气于黄郊,乐奏黄钟之宫,歌《帝临》,冕而执干戚,舞《云翘》《育命》,所以养时训也。立秋之日,夜漏未尽五刻,京都百官皆衣白,施皁领缘中衣,迎气于白郊。礼毕,皆衣绛,至立冬。"穿什么衣,奏什么曲,跳什么舞,都有一套严格的制度。在立秋这天,"白郊礼毕,始扬威武,斩牲于郊东门,以荐陵庙"。乘舆还宫之后,还要"遣使者赍束帛以赐武官",因为武官们要习战阵之仪,"兵、官皆肄孙、吴兵法六十四阵,名曰乘"。《后汉书·鲁恭传》中,还有"旧制至立秋乃行薄刑"一类。立秋为什么会与"杀气"关联?出于前人"敬若天时"的考虑,此不赘言。

官俗之外,立秋的民俗也相当丰富。《东京梦华录》云:"立秋日,满街卖楸叶,妇女儿童辈,皆剪成花样戴之。是月,瓜果梨枣方盛,京师枣有数品:灵枣、牙枣、青州枣、亳州枣。"《武林旧事》云:"立秋日,都人戴楸叶,饮秋水、赤小豆。"《梦粱录》云:"立秋日,太史局委官吏于禁廷内,以梧桐树植于殿下,俟交立秋时,太史官穿秉奏曰:'秋来。'其时梧叶应声飞落一二片,以寓报秋意。都城内外,侵晨满街叫卖楸叶,妇人女子及儿童辈争买之,剪如花样,插于鬓边,以应时序。"诸如此类,像其他节日一样,有相应的岁时活动以应节。楸叶,楸树的叶子。楸树是落叶乔木,叶子三角状卵形或长椭圆形,花冠白色,有紫色斑点,木材质地细密。楸叶成为主角,当是取"楸"与"秋"同音之义。

记载吴地风俗的《清嘉录》说,"立秋前数日,罗云复叠,细雨帘织,金风欲来,炎景将褪",但在立秋这天忌讳听到雷声,因为

"立秋日雷鸣,主稻秀不实"。谚云"秋毂碌,收秕谷",就是说如果听到像车轮滚动声的雷声,收成便麻烦了。范成大《秋雷叹》有"立秋之雷损万斛,吴侬记此占年谷";蔡云《吴歈》有"雨洒风飘日又晴,先秋十日借秋声。雪瓜火酒迎新爽,怕听天边玉虎鸣",说的都是这种后果。想来一定是某个立秋,因为下雨而导致了严重歉收,才令吴人产生了井绳之惊吧。

立秋还有一则有趣的民俗:复秤。概立夏之时,"家户以大秤权人轻重,至立秋日又秤之,以验夏中之肥瘠"。再用蔡云的《吴歈》,"风开绣阁飏罗衣,认是秋千戏却非。为挂量才上官秤,评量燕瘦与环肥"。杭州也有这种风俗,"立夏日悬大秤,男妇皆秤之,以试一年之肥瘠"。肥瘠的结果,通过立秋的复秤来检验。"瘠"了的,要"贴秋膘",首选方式是"以肉贴膘",像梁山好汉一样大块吃肉。不过,专业人士也早就提醒了,一味"贴秋膘"反而可能"贴"掉健康,要注意分寸,别造成消化不良。

"春花秋草,只是催人老",晏殊《清平乐》中的句子。此外,武元衡有"明朝独向青山郭,唯有蝉声催白头",令狐楚有"平日本多恨,新秋偏易悲",白居易有"萧飒凉风与衰鬓,谁教同会一时秋"等。秋天到了,给文人雅士带来不少伤感。悲秋最有名的,该是屈原的弟子宋玉,"悲哉!秋之为气也。萧瑟兮,草木摇落而变衰"云云,施耐庵在写《水浒传》的时候都受了感染。林冲梁山落草交不了"投名状",在房间"端的是心内好闷",施先生作了一首嵌有大量典故的《临江仙》词,其中一句就是"悲秋宋玉泪涟涟"。

在文人眼里,秋天这种自然现象有所谓肃杀之气,自作多情的成分多了些吧。不过,说得多了,却也难免感染开来。

处暑

一大早就有好多人发同质内容的朋友圈,关于处暑。如今,二十四节气每到一个,朋友圈中都有此类转发。不用看日历,便知道今天是什么节气了。不过,那些抄来抄去、大同小异,转发者也可能不明其详的东西几人认真去看,就不知道了。平心而论,节气里的文化史知识,真值得国人咀嚼再三。

处暑,望文生义的话是处于盛暑,其实恰恰相反,是"出暑",炎热离开。《月令七十二候集解》云:"处,止也,暑气至此而止矣。"孔颖达说:"处暑,暑将退伏而潜处。"那么,处暑作为一个过渡节气,反映的是气温的变化,温度下降的转折点。处暑的到来,不仅预示着气温由炎热趋向凉爽,而且意味着即将进入气象意义上的秋天。宋人诗云:"处暑无三日,新凉直万金。"

"七月流火,九月授衣",包括了处暑时节,天气要变凉了,该准备做过冬的衣服了。如此,则当年唐僧之收服沙僧,大约也发生在处暑前后。《西游记》第二十二回开篇即道:"话说唐僧师徒三众脱难前来,不一日行过了黄风岭,进西却是一脉平阳之地。光阴迅速,历夏经秋,见了些寒蝉鸣败柳,大火向西流。正行处,只见一道大水狂澜,浑波涌浪。"这里的"大火向西流",说的就是"七月流火";那道"大水",即流沙河。彼时,把骷髅骨挂在脖子上当项链的"沙僧",正过着悠闲而残忍的尘世生活,"饱时困卧此山中,饿去翻波寻食饷。樵子逢吾命不存,渔翁见我身皆丧"。

从物候方面看,处暑之三候也传递着秋天的气息:一候鹰乃祭鸟,二候天地始肃,三候禾乃登。《七修类稿》释义"鹰乃祭鸟"云:"鹰,义禽也,秋令属金,五行为义,金气肃杀,鹰感其气,始捕击诸鸟,然必先祭之,犹人饮食,祭先代为之者也;不击有胎之禽,故谓之义。"释义"天地始肃"云:"秋者,阴之始,故曰天地始肃。"释义"禾乃登"云:"禾者,谷连藁秸之总名,又稻秫菰粱之属,皆禾也,成熟曰登。"这些文绉绉的话说白了就是:老鹰开始大量捕猎鸟类,像人准备祭祀仪式的用品一样,以待慢慢享用;天地间呈现肃杀之气,万物开始凋零;农作物渐渐成熟,丰收的时节就要到来了。处暑之后是秋分,6月份国务院新闻办已经明确,自今年(2018)起,将每年农历秋分设立为"中国农民丰收节",这是有道理的。

像其他节气一样,处暑也相应地产生了民俗以及官俗。民俗方面,如《清嘉录》云,清朝苏州有"处暑十八盆"之谚,什么意思呢?"以处暑后天气犹暄,约再历十八日而始凉",所以还要沐浴十八天。又以处暑这天宜雨,俗谚云"处暑若还天不雨,纵然结实也难收"。《广东新语》亦云:"广七月七夕有雨,则八月无雨。处暑无雨,则白露有雨。"白露有雨就惨了,"白露雨谓之苦雨,禾沾之白飑,果生虫,蔬菜味苦"。广州这几天下的是台风雨,动辄突如其来,此处暑之雨适用屈氏所言之有雨乎?开玩笑。

官俗方面,如《燕京岁时记》"换葛纱"条云:"每至六月,自暑伏日起至处暑日止,百官皆服万丝帽、黄葛纱袍。"过了处暑,官员的服装也得换季了。黄葛,布之一种。这种布做出来的衣服,春秋时的吴王夫差就喜欢穿。《吴越春秋》云,勾践被吴国释放回国后,"翼翼小心,出不敢奢,入不敢侈",不是吓坏了,而是"念复吴仇",因此有"悬胆于户,出入尝之"之举。在自己充分准备的同时,勾践还想到了麻痹对手的一招:"吴王好服之离体,吾欲采葛,使女工织细布,献之以求吴王之心。"手下都说好啊,勾践"乃使国中男女入山采葛,以作黄丝之布"。做好衣服,贡使还没出发,已经收效了,"吴王闻越王尽心自守,食不重味,衣不重彩,虽有五台之游,未尝一日登玩",感动了,不知道人家卧薪尝胆正是为了对付他,还"赐之以书,增之以封"。

《国语·楚语上》载,楚灵王修筑陈国、蔡国、不羹的城墙,派子晳去询问范无宇。问什么呢?"诸夏不服吾而独事晋,何也?唯晋近我远也。今吾城三国,赋皆千乘,亦当晋矣。又加之以楚,诸侯其来乎?"那三个原本都是国家,被楚国灭掉之后成了楚之别都。子晳后面的意思是说,这么一来二去,诸侯们该来归附了吧。但范无宇不认同这种做法,他说,"夫边境者,国之尾也,譬之如牛马,处暑之既至",牛虻也聚得多了,"而不能掉其尾"。此处暑,三国孟康曰"于夏为七月,于商为八月,于周为九月",正指节气无疑。处暑到来之前,是不是牛虻就多,我还真不大清楚。范无宇打这个比方是想说,"国为大城未有利者",如此将尾大不掉,"使诸侯之心惕惕焉"。

《五杂组》云:"麦秋至,麦至是熟。凡物之熟者,皆谓之秋耳。"但是,"今俗指麦间小虫为麦秋,可笑也";可笑就罢了,他还说这种叫法"亦犹北人指七月间小蜻蜓为处暑耳"。这倒是闻所未闻,余亦"北人",他说的是哪一旮旯?

"强起披衣坐,徐行处暑天。上阶来斗雀,移树去惊蝉",陆龟蒙郊居时的句子,似乎情趣盎然;然度全诗语意,流露出的是怀才不遇的灰暗心态,"明时如不用,归去种桑麻"嘛。不知诗人在那个处暑时节遇到了什么。

白露

白露是9月的头一个节气,在二十四节气之中排名第十五,标志着整个一年中昼夜温差最大。唐朝孔颖达云:"谓之白露者,阴气渐重,露浓色白。"这些变化在岭南自然不会有什么感觉,不仅白露,二十四节气大抵都与这里合不上拍。比如立秋过去一个月了,谚曰"一场秋雨一场寒",然而雨也下过几场,但广州用前人的"节过白露犹余热"也还远远不能达意,因为气温根本就和盛夏没什么两样。"十场秋雨要穿棉"就更有天方夜谭之感了,余落籍此地已整整30年,尚从未着棉。

露,即露水,是水汽遇冷凝结于草木土石上的水珠。在昼夜温差大一点的地方或时间段,露水是一种常见的自然现象。《诗·召南》有"厌浥行露,岂不夙夜,谓行多露",是说谁不想天没亮的时候就赶路? 路上的露水太多嘛。天寒了,才会"露浓色白",这在我的故乡极其寻常。《诗·秦风》中有脍炙人口的"蒹葭苍苍,白露为霜""蒹葭凄凄,白露未晞""蒹葭采采,白露未已",按周振甫先生的解释,这里的白露并非节气名,而是真的白色露水。韩愈《秋怀诗十一首·其二》中,"白露下百草,萧兰共雕悴。青青四墙下,已复生满地"云云,说的也是这种情形。韩诗当然只是借用一下露水这种自然现象,通过"寒蝉暂寂寞,蟋蟀鸣自恣"来阐明"适时各得所,松柏不必贵"的道理,虽是正宗的"你方唱罢我登场",不过,非但没有"乱哄哄",反而十分遵从自然规律就是。

白露作为节气关联的自然与人文,《逸周书》里有个简介:"立秋之日,凉风至。又五日,白露降。又五日,寒蝉鸣。凉风不至,国无严政。白露不降,民多邪病。寒蝉不鸣,人皆力争……白露之日,鸿雁来。又五日,玄鸟归。又五日,群鸟养羞。鸿雁不来,远人背畔。玄鸟不归,室家离散。群鸟不养羞,下臣骄慢。"前人关于天人感应的那一套,还有传说中的玄鸟之类,姑妄听之可也,但天凉了进而冷了,"鸿雁来"及"群鸟养羞"却不会差。对身居南国的人们来说,目睹"鸿雁来"是种奢望。当此白露之际,不免记起儿时在华北平原的生活:每当听到雁鸣之声,往往便仰望天空,盯着南飞的大雁,虽然雁阵只有"人"字和"一"字两种,还是百看不厌。这样的情景现在不知道还能不能见到,因为一方面自然生态恶劣了,另一方面人的出手也相当之狠了,大雁其能幸免乎?比方同样是飞来温暖地方过冬的禾花雀,所经地域从前些年起便遭到了层层捕杀,至于世界自然保护联盟在2013年将禾花雀从"易危"级别提升至"濒危"级别,跟大熊猫一个待遇了。一份来自"让候鸟飞"公益基金的调研报告显示,广东地区持续多年的捕杀,是导致该物种濒临灭绝的重要原因。而广东人之所以如此,在于他们认为禾花雀"很补",所谓"宁食飞禽一两,莫食地下一斤"。

至于"群鸟养羞",是我们不难想象的情形。羞,同"馐",美食,李白《行路难》有"金樽清酒斗十千,玉盘珍羞值万钱"。那么,"群鸟养羞"是说冬天要到了,鸟儿们都知道把好的食物积蓄起来,准备过冬。关于"鸿雁来",法国导演雅克·克鲁奥德拍摄过一部感人至深的纪录片《鸟与梦飞翔》,借助镜头我们可以重拾往日的记忆,进而对大鸟们飞过湖泊、田野、沼泽、大海,飞越峡谷、雪山、城市、农村,还能产生相应的理性认识,加上角度绝美的画面,带有禅意的配乐,电影在震撼我们心灵的同时也在提醒我们:要保持对于大自然的关注和热爱。关于"群鸟养羞",在英国广播公司(BBC)拍摄的纪录片《地球脉动》中,可以一窥相当之多的细节。从南极到北极,从赤道到寒带,从非洲草原到热带雨林,再从荒凉峰顶到深邃大海,电影中拍摄到的难以计数的生物,无不以极其绝美的身姿呈现在世人面前。这又是一部难以逾越的经典之作。

像二十四节气中的众多"兄弟"一样,白露也与农业生产有着千丝万缕的关联,这自然是由节气的"出身"所决定。如宋张知甫《可书》云:"浙人以白露节前后早晚得雨,见秋成之厚薄。如雨在白露前一日,得稻一分,前十日,得十分。白露后得之,则无及矣。"类似的表述,还有"白露白迷迷,秋分稻秀齐"等,意谓白露前后如果有雾,则稻穗易实。在一些地方,白露节气还产生了相应的民俗。如明初松江人顾禄《清嘉录·秋兴》云:"白露前后,驯养蟋蟀以为赌斗之乐,谓之秋兴,俗名斗赚绩。提笼相望,结队成群。呼其虫为将军,以头大足长为贵,青、黄、红、黑、白,正色为优。"按照顾景星《斗蟋蟀记》的说法,"白露后开斗,重阳后止斗"。

"悲秋将岁晚,繁露已成霜。遍渚芦先白,沾篱菊自黄。"唐代颜粲的《白露为霜》,则是借节咏怀了。唐诗中的此类作品,大约首推杜甫的《月夜忆舍弟》:"戍鼓断人行,边秋一雁声。露从今夜白,月是故乡明。有弟皆分散,无家问死生。寄书长不达,况乃未休兵。"节气只是一年当中的一天,人们根据自然规律赋予了标志性意义,因而任何节气都不免染上浓浓的人文色彩。

秋分

秋分了。《春秋繁露·阴阳出入上下》云:"至于中秋之月,阳在正西,阴在正东,谓之秋分。秋分者,阴阳相伴也,故昼夜均而寒暑平。"我们都知道,太阳在这一天几乎直射地球赤道。因此秋分的到来,既意味着当天昼夜平分,又表示平分秋季。秋分过后,北半球各地开始昼短夜长,也就是一天当中白天短于黑夜,与春分正好相反。

前人比较重视二分:春分、秋分,表现之一是要祭祀。如《燕京岁时记》云:"春分前后,官中祠庙皆有大臣致祭,世家大族亦于是日致祭宗祠,秋分亦然。"表现之二是百官有假。如赖瑞和《唐代基层文官》云,汉代官员五日一休,唐代则十日一休,韦应物因有"九日驱驰一日闲,寻君不遇又空还"句。但除了旬休之外,唐朝官员还有不少假日,二十四节气中的"四立"、夏至冬至、春分秋分等也在内。春分、秋分,"给假一日"。刘禹锡《监祠夕月坛书事》诗云:"西白司分昼夜平,羲和停午太阴生。锵锵揖让秋光里,观者如云出凤城。"描写的就是彼时秋分的祥和画面。宋朝也是这样,秋分日百官放假。

秋分的三候为:雷始收声、蛰虫坯户和水始涸。什么意思呢?《七修类稿》里有大略的解释。雷始收声,是说"雷二月阳中发声,八月阴中收声,入地则万物随入也"。前人认为,雷是因为阳气盛而发声,秋分后阴气开始旺盛,所以不再打雷了。蛰虫坯户,这里的坯,即"淘瓦之泥,细泥也"。《礼记》有"坯益其蛰穴之户,使通明处稍小,至寒甚乃墐塞之也",意谓由于天气变冷,蛰居的小动物开始藏入穴中,并且用细土将洞口封起来以防寒气侵入。水始涸,则"水本气之所为,春、夏气至故长,秋、冬气返故涸也",是说此时降雨量开始减少,一些沼泽及水洼处便处于干涸之中。这是前人的生活经验、对自然的观察,再加上自身"三观"所得出的结论。

围绕秋分的文化现象亦值得一提。先看唐朝一正一野的两件事情。

《旧唐书·于志宁传》载,高宗永徽二年(651)于志宁监修国史,"时洛阳人李弘泰坐诬告太尉长孙无忌,诏令不待时而斩决"。李弘泰是诬告长孙无忌谋反。但对高宗的立命斩之,于志宁不同意,有个上疏切谏。他首先肯定"陛下情笃功臣,恩隆右戚",且"以无忌横遭诬告,事并是虚,欲戮告人,以明赏罚,一以绝诬告之路,二以慰勋戚之心。又以所犯是真,无忌便有破家之罪,今告为妄,弘泰宜戮不待时"。然而,现在是春天,"时属阳和,万物生育,而特行刑罚,此谓伤春"。因此,"若欲依律,合待秋分"。秋决,至少是从汉代开始就已经形成的传统,除了谋大逆的,其他一概"秋后算账",所谓顺应天意,皇帝是天的儿子,就要按天意、天时行事嘛。实际上,高宗诏令的"不待时",已经明确了这一点。于志宁再引经据典进行了一番强调:"窃案《左传》声子曰:'赏以春夏,刑以秋冬。'顺天时也。又《礼记·月令》曰:'孟春之月,无杀孩虫。省囹圄,去桎梏,无肆掠,止狱讼。'又《汉书》董仲舒曰:'王者欲有所为,宜求其端于天道。天道之大者在阴阳。阳为德,阴为刑,刑主杀而德主生。阳常居大夏,而以生育养长为事;阴常居大冬,而积于空虚不用之处。以此见天之任德不任刑也。'"如此等等,于志宁建议高宗"使举动顺于天时,刑罚依于律令,阴阳为之式序",生气归生气,事情该怎么办还得怎么办。"疏奏,帝从之"。

《朝野佥载》云:"则天好祯祥。"祯祥,即所谓吉兆。武则天对吉兆迷信到了什么程度?"拾遗朱前疑说梦云,则天发白更黑,齿落更生,即授都官郎中",立马得到了提拔。她的这一软肋尽人皆知吧,狱囚也充分利用了这一点。"司刑寺囚三百余人,秋分后无计可作,乃于圜狱外罗墙角边作圣人迹,长五尺。至夜半,三百人一时大叫",一问,狱囚们说,看见圣人了,"身长三丈,面作金色";圣人还发话了:"汝等并冤枉,不须怕惧。天子万年,即有恩赦放汝。"狱卒"把火照之",果然看到一个大脚印,武则天"即大赦天下",且将年号改为"大足元年"。当然,这类故事只有姑妄听之了。

再看清人说的一件事情。

《竹叶亭杂记》云,秋分时节,和阗采玉最好。和阗玉今天也极负盛名,在五个产玉的地方中,"惟出玉陇哈什、哈喇哈什二河中者美"。嘉庆年间,"充贡之地皆罢采",唯有玉陇哈什河那里依旧,而"采恒以秋分后为期",彼时"河水深才没腰,然常浑浊",就在"秋分时祭以羊,以血沥于河,越数日水辄清,盖秋气澄而水清。彼人遂以为羊血神矣"。到了开采的那一天,"叶尔羌帮办莅采于河,设毡帐于河上视之。回人入河探以足,且探且行。试得之,则拾以出水,河上鸣金为号。一鸣金,官即记于册,按册以稽其所得。采半月乃罢"。看起来,秋分的指导作用远远超出了农业生产。

寒来暑往,周而复始,秋分也是一样。而今年(2018)的秋分,又稍有些不同寻常,正式成为"中国农民丰收节"。这是我国第一个在国家层面专门为农民设立的节日,与此同时,无疑也为传统节气注入了新的时代内涵。

寒露

寒露，二十四节气中的第 17 个。

"转瞬光阴节序移，又逢露冷欲霜时。天高夜月苍凉映，野旷秋风惨淡吹。"清朝恭亲王奕䜣的诗。其句中自注云："本月十一日寒露，二十六日霜降。"则诗中的"露"即寒露，"霜"即霜降。寒露过后，节气的顺序是霜降。

二十四节气是前人依据太阳运行周期而订立的一种用来指导农事的补充历法，所谓不以人的意志为转移，奕䜣云"苍凉"云"惨淡"，显然赋予了人文色彩，有其特定的含义。实际上也正是如此。其诗题已有交代："乙亥九月十八日辰刻，穆宗毅皇帝梓宫由观德殿、孝哲毅皇后梓宫由永思殿同时奉移东陵隆福寺行宫暂安殿。恭理一切礼仪，敬谨送往，仍随扈军机处入直。"穆宗，同治皇帝。时间，1875 年。护送皇帝皇后的灵柩去下葬，必须要悲从中来，这且不够，还要有"海噬山陨同爱戴"一类的口号，代表百姓高呼一回。再往前看，奕䜣虽然贵为清朝的铁帽子王，但终不及差点儿接了道光皇帝的班更为风光，给同父异母的哥哥（咸丰）抢去宝座，斯时令他有些触景生情也说不定。

闲话休说，回到节气。"袅袅凉风动，凄凄寒露冷。兰衰花始白，荷破叶犹青。"白居易的句子，道出了寒露节气的特征。露，前人一般将之作为天气转凉乃至变冷的用字。比如"白露",标志着由炎热向凉爽的过渡,但暑气尚未完全消尽,早晨尚可见到露珠晶莹闪光。"寒露"呢,作为二十四节气中第一个带"寒"字的节气,则标志天气由凉爽转而向寒冷过渡。因此,就"露"本身的形态而言,如果说仲秋时白露节气还是"露凝而白",那么季秋时寒露节气便是"露气寒冷,将凝结为霜"。王安石"空庭得秋长漫漫,寒露入暮愁衣单"句,与白诗说的是同一个问题:天冷了,得想办法保暖了。用俗谚来更直截了当:"白露身不露,寒露脚不露。"

寒露的三候,前人明确为:"一候鸿雁来宾;二候雀入大水为蛤;三候菊有黄华。"一候的意思是说,这个时节鸿雁排成一字或人字形的队列继续大举南迁,而"雁以仲秋先至者为主,季秋后至者为宾",表明这是南迁的最后一波了。二候的意思是说,这个时节雀鸟都不见了,海边却突然出现了很多蛤蜊,因为蛤蜊的条纹及颜色与雀鸟很相似,前人便以为雀鸟都成了蛤蜊。三候的意思是说,这个时节菊花已普遍开放,一般来说寒露是在农历九月,该月因此被称为菊月,今年(2017)是闰六月,所以寒露尚在八月。菊花为寒露时节最具代表性的花卉。不闰月的话,马上就该"遥知兄弟登高处,遍插茱萸少一人"了。寒露与重阳每相邻近,文化特质因而基本相同,黄巢之"冲天香阵透长安,满城尽带黄金甲",宋江之"头上尽教添白发,鬓边不可无黄菊",描写的都是重阳时的情景,都把菊花挂在嘴边。

《西厢记》第四本第三折,莺莺送张生赴京赶考,有一段著名的【端正好】唱词:"碧云天,黄花地,西风紧,北雁南飞。晓来谁染霜林醉,总是离人泪。"研究者指出,"碧云天,黄花地",本自范仲淹《苏幕遮》之"碧云天,黄叶地,秋色连波,波上寒烟翠"。范氏填词的时间不大明朗,而莺莺送别张生,大抵正发生在寒露时节,因为比照寒露的三候,至少应了大雁南飞、菊花正黄这两候嘛。《西厢记》故事发生地在山西蒲州(今山西永济),1997年夏天我曾到过一回,见普救寺西厢小院的院墙上,故意凌乱了几块瓦片,标识"张生逾垣处",可发一噱。登临莺莺塔顶,近前的黄河尚需极目,更不要说看见大海了,因而如"雀入大水为蛤"这种"飞物化为潜物"的所谓现象,是不可能进入莺莺眼帘并且超出了她的想象范围。但这曲【端正好】,借寒露时节的萧瑟景致,尽情地抒发了二人即将别离的凄苦。

即使是在广东,到了寒露之后,也可以感受到阵阵凉意了。客家谚语便有"寒露过三朝,过水要寻桥",指的就是天气变凉,不能再像以前那样赤脚蹚水过河或者下田了。但对岭南而言,寒露也是收获的季节。屈大均《广东新语·食语》"谷"条云:"广州之稻,每十月获终,即起土犁晒,根萎霜凝,则田可以不粪。"早稻什么节气"浸种",什么节气"尽熟",什么节气"有新米",一一娓娓道来。在讲到晚稻的时候他说:"晚谷每亩所收,少于早稻三之一。是为两熟。其一熟者为潮田,秋分而获,寒露而获,至霜降而毕获。谚云:好禾不过降也。"说完稻谷之后,屈大均又说到了茶,云:"曹溪茶气味清甜,岁凡四采,采于清明、寒露者佳。"曹溪茶,说的是粤北那里的茶。

另一位岭南先贤张九龄,寒露时《晨坐斋中偶而成咏》诗作一首,开篇便道"寒露洁秋空,遥山纷在瞩"。然而,在看到"孤顶乍修耸,微云复相续"的同时,九龄想到了"人兹赏地遍,鸟亦爱林旭"。林旭,旭日照耀的树林。进而九龄又有了反躬自问,感叹"仰霄谢逸翰,临路嗟疲足"。仰望碧霄,叹自己不如自由飞翔的鸟儿;低头看路,叹自己但见疲惫不堪的马匹。加上"徂岁方暌携,归心亟踯躅。休闲倘有素,岂负南山曲",全诗的调子相当灰暗,似有归隐之意。寒露之时,张九龄何有此感,想来可以成为一个有意思的研究课题。

霜降

霜降，秋季的最后一个节气。

白乐天诗曰："昨夜霜一降，杀君庭中槐。干叶不待黄，索索飞下来。"明白易懂，而《国语·周语》就很费解："驷见而陨霜，火见而清风戒寒。"幸而三国韦昭有注释："谓霜降以后，清风先至，所以戒人为寒备也。"即是说，霜降过后要正式入冬了。这些气候变化于广州照例毫不适用，多数人今日（2017年10月23日）还是短袖衣着，前两天"入秋失败"的嚼馍用语又频频出现。

当代气象学对"霜"给出的概念是：若有较强的冷空气南下，地表面温度降到0℃或以下，近地面空气中的水汽达到饱和，便会在地面或近地面物体上直接凝华形成细小的冰晶。这就是霜。前人的认识自然没有这么科学，但是年复一年，周而复始，他们发现这个时候"气肃而凝，露结为霜矣"，因而提醒大家注意调整生产生活。江晓原先生指出，李冰父子在公元前3世纪建成了都江堰这一大型水利工程，其背后的理论支撑不可能是流体力学等现代科学理论，"更容易也更有把握猜想到的是，李冰父子熟悉并运用了阴阳五行、周易八卦等理论体系"。自然科学如此，社会科学亦然。前人的经验之谈，虽然没有遵照今天的某些原理，但不妨碍其对自然认知的精准程度。见之于二十四节气，每一节气的"三候"归纳，不仅使之具有图像化的意味，形象且易于接受，而且容易入脑入心。时间界限未必过了五天就这样过了五天就那样那么分明，但大体上差不了多少。

霜降的三候：一候豺乃祭兽，二候草木黄落，三候蜇虫咸俯，就都是举首低头可见的身边情形，有的为我们今天不再熟悉而已。如"豺乃祭兽"，清人朱右曾校释曰："豺似狗，高前广后，黄色群行，其牙如锥，杀兽而陈之若祭。"这是说豺狼在霜降后的头五天开始大量捕获猎物，吃不完的就储之过冬，好像人类在准备祭祀用品一样。"草木黄落"呢，顾名思义，是说此时万物凋零，生机全无，所谓"霜降杀百草"。自宋玉"萧瑟兮，草木摇落而变衰"之后，文人骚客每于此一时节便不免以肃杀、悲凉切入来发些人生感悟，汉武帝刘彻也不例外地弄了几句，"秋风起兮白云飞，草木黄落兮雁南归。兰有秀兮菊有芳，怀佳人兮不能忘"云云。"蜇虫咸俯"，则说的是霜降第十天后，虫类将全部进入洞中，不动不食，进入冬眠状态。在这三候中，除了前一候今日已成奢望，后两候在孕育二十四节气的黄河中下游地区，不是习见的景观和现象吗？我自幼在京郊顺义县农村生活的时候，长辈们虽不识字或识字不多，但对二十四节气如数家珍，说起来一套一套的，并且完全照此行事，无论日常生活还是农业生产。

洪迈《容斋五笔》有"风灾霜旱"条，云宋宁宗"庆元四年（1198），饶州（今江西鄱阳）盛夏中，时雨频降，六七月之间未尝请祷，农家水车龙具，倚之于壁，父老以为所未见，指期西成有秋，当倍常岁，而低下之田，遂以潦告"。不料，"九月十四日，严霜连降，晚稻未实者，皆为所薄，不能复生，诸县多然"。面对不期而至的自然灾害，"有常产者，诉于郡县"，请求减免租税。不过郡县的多数官吏都不同意。他们说遭遇霜灾要免，法律上没这么规定，跟着的说法更欠缺了人性："九月正是霜降节，不足为异。"洪迈因而翻出白乐天的另一首诗——"九月霜降秋早寒,禾穗未熟皆青干。长吏明知不申破,急敛暴征求考课",认为白氏真是所言不虚。他又记起苏东坡为杭州太守时,与宰相吕汲公书论浙西灾伤的一段话:"八月之末,秀州数千人诉风灾,吏以为法有诉水旱而无诉风灾,闭拒不纳,老幼相腾践,死者十一人。由此言之,吏不喜言灾者,盖十人而九,不可不察也。"洪迈认为"苏公及此,可谓仁人之言",昔人立法之初怎么考虑的不去深究,"今日之计,固难添创条式。但凡有灾伤,出于水旱之外者,专委良守令推而行之,则实惠及民,可以救其流亡之祸,仁政之上也"。

赵与时《宾退录》转引了《容斋五笔》的这一段,并发表了自己的一番感慨。他说《北史·卢勇传》有"山西霜俭,运山东租输,皆令实载,违者罪之",照样不减;而唐马周奏疏云,"往贞观初,率土霜俭,一匹绢才易斗米,而天下帖然者,百姓知陛下忧怜之,故人人自安",没有怨言。由是推之,唐初以前霜降带来的灾害,"必皆有蠲租故事,中世方不然",但"有能援以言上,圣明之朝,当无不从也"。关键在于,一直以来鲜有人挺身而出,便是"鼓咙胡"(谓不敢公言,私咽语)者亦凤毛麟角。现实之中,多的是东坡笔下的一类官员,为了自己的仕途而无视百姓疾苦,"揣(上司)所乐闻与所忌讳,争言无灾,或有灾而不甚损"。后世"三年自然灾害"的时候,这种景象尤其突出。

在前人看来,节气当天的天象都是有兆头的,因此总结出许多谚语。如《清嘉录》云,霜降日如有霜,来岁可能会丰稔,所谓"霜降见霜,米烂陈仓";如果没有呢,来年可能要歉收,所谓"未霜见霜,粜米人像霸王"。这类民谚的唯心成分居多,与"寒露没青稻,霜降一起倒",明确霜降时必须收割那种实用性的民谚,完全是两个性质。

立冬

传统观点认为,立冬即冬季自此开始。旋见一篇科普文字,说是从气候学上讲,连续五天日平均气温在10℃以下才算作冬季。前两天,北京迎来了今年(2015)的初雪。不过在广州,这些天包括今日仍宛如盛夏,白天的气温29摄氏度,一直在穿短袖,且有不知穿到何时的态势,说是冬季开始,未免失笑。当然了,二十四节气也根本不是根据岭南的季节变化总结出来的。除了清明、冬至岭南相当重视,其他的也概不理睬,而指导农事活动当是二十四节气的重要功能。

在北方,黄河中下游一带就全然不同了。元稹《酬乐天初冬早寒见寄》云:"乍起衣犹冷,微吟帽半欹。霜凝南屋瓦,鸡唱后园枝。"如果说"初冬"这个时间点还有些含混,那么宋相张商英的《立冬日》则明白无误了,他又是怎么说的?"己亥残秋报立冬,新新旧旧迭相逢。定知天上漫漫雪,又下人间叠叠峰",那天许是特殊一些,至于"夜来西北风声恶,拗折亭前一树松"。不知道当时张商英身处哪里,想来是汴京也就是开封,确是的话,无疑那里真的已经入冬了。

传统社会对待立冬隆而重之。《吕氏春秋·孟冬》云,"是月也,以立冬。"孟冬,冬季第一个月,即农历十月。但今天是农历九月廿七,不知道是不是给去年闰九月闹的,连续两个立冬都没有与《吕氏春秋》合辙。重要的自然不在这里,在于时令的官俗。"先立冬三日,太史谒之天子,曰:'某日立冬,盛德在水。'天子乃斋",先做好准备。到了立冬这天,"天子亲率三公九卿大夫以迎冬于北郊。还,乃赏死事,恤孤寡"。高诱注曰:"先人有死王事以安边社稷者,赏其子孙;有孤寡者,矜恤之。"也就是奖赏那些为国捐躯者的后人;与此同时,抚恤孤寡。这样的话,立冬的内涵就远远超出了其作为冬季来临的标志。

民俗在立冬日也有相应体现,看看《东京梦华录》,立冬"前五日,西御园进冬菜。京师地寒,冬月无蔬菜,上至宫禁,下及民间,一时收藏,以充一冬食用。于是车载马驼,充塞道路"。这种情形,在北方生活过且稍微有点儿年纪的人都会记忆犹新。20世纪80年代中我离开齐齐哈尔时,冬藏还是家家户户的"标准动作"。梅尧臣诗曰:"畦蔬收莫晚,圃吏已能供。根脆土将冻,叶萎霜渐浓。不应虚匕箸,还得间庖饔。旨蓄诗人咏,从来用御冬。"什么事情到了文人嘴里都诗情画意起来,现实则很骨感,至少我感到是一种沉重负担。首先,每家要择一空地去挖菜窖,不是华北那种掘一长方形的坑,然后加盖,而是挖一个直径不足一米的圆洞,三四米深,到底部之后再四扩,直如《地道战》里打鬼子的那种。圆洞供出入用,四扩部分储存用,储存的有土豆、大白菜、萝卜、胡萝卜、大葱等。《东京梦华录》中同时介绍了不少"时物",姜豉、鹅梨、榅桲(水果),甚至还有蛤蜊和螃蟹,只不知是否入藏,是的话,颇有些不可思议。记忆中东北收藏的时令在立冬之前,阳历的9月就开始了,东北与华北区别之故吧。

《官场现形记》第十三回,胡统领带兵去剿莫须有的土匪,从杭州到严州不过只有两天多路,却"一走走了五六天还没有到"。怎么回事呢?船上的官员公帑嫖妓是一个因素,还有一个因素就关联到了立冬。"这日饭后,太阳还很高的,船家已经拢了船,问了问,到严州只有十里了",问他"为甚么不走",船家回道:"大船上统领吩咐过:'明天交立冬节,是要取个吉利的。'所以吩咐今日停船。明天饭后,等到未正二刻,交过了节气,然后动身,一直顶码头。"交节,两个节气交接的时候,算命的人常用。命理中的月份都是以节来断月的,所谓交节即消,那些凶的、不吉利的东西过了节就消除了、没有了,因而胡统领一定要过了立冬节才动身。该回目中最搞笑的,还是胡统领教训文七爷的那些话,他假装说是他在省里听到的:浙东"所有的官员大半被这船上女人迷住,所以办起公事来格外糊涂。照着大清律例,狎妓饮酒就该革职,叫兄弟一时也参不了许多。总得诸位老兄替兄弟当点心,随时劝戒劝戒他们。倘若闹点事情出来,或者办错了公事,那时候白简无情,岂不枉送了前程,还要惹人家笑话?"其实,他因为吃文七爷的醋而旁敲侧击,却浑然不觉"乌鸦落在猪身上——看见别人黑不知道自己也黑"。

宋人余安行《龙游舟中遇立冬》诗曰:"挂帆朝发龙游浦,天寒正下潇潇雨。共道人间今日冬,连樯处处欢相语。我今与汝共孤舟,寂寞舟中任水流。人生自适乃为乐,莫把闲肠生寸愁。"这个龙游,可能是今天浙江衢州那个龙游吧,所以天虽寒但下的是"潇潇雨"而不是"漫漫雪"。从"共道人间今日冬,连樯处处欢相语"来推断,立冬在宋朝是个相当快乐的节气,只是余安行那时不知遇到了什么失意之事,科举又一次落败(安行53岁中进士),还是上书言事被斥而心灰意冷,退隐家居?总之,该高兴的时候高兴不起来,以诗句聊以自慰,必是人生中遇到了某种坎坷。

如今的立冬简单了,简单到只是新媒体什么的嚷嚷一下:今日立冬。索然无味。

小大雪

小雪到了，下一个将是大雪，二者在顺序上是前后脚。《月令七十二候集解》云小雪，"十月中，雨下而为寒气所薄，故凝而为雪。小者未盛之辞"；云大雪，"十一月节，大者盛也。至此而雪盛矣"。南朝梁崔灵恩认为："十一月，大雪为节者，行于小雪为大雪。时雪转甚，故以大雪名节。"明王象晋《群芳谱》还有个说法："小雪气寒而将雪矣，地寒未甚而雪未大也。"

以上说的主要都是作为节气的小大雪，每年的公历 11 月 22 或 23 日以及 12 月 7 或 8 日，它们会分别准时"来到"。而王象晋所说，主要是气象学意义上的小大雪，对此则有明确的定义，需符合两个条件中的一个：其一，下雪时，水平能见距离在 1000 米或以上为小雪，小于 500 米为大雪。其二，24 小时内降雪量小于或等于 2.5 毫米为小雪，大于 5 毫米则为大雪。节气的小大雪与天气的小大雪之间没有必然联系。节气概括出来的是所谓"普遍性"的一面，比如大雪的三候：一候鹖鴠不鸣，二候虎始交，三候荔挺出。这些费解的文字归结为一点，就是此时阴气最盛，盛极而衰，故阳气已有所萌动。这是一条普遍"规律"。而作为天气的小大雪，则有其"特殊性"的一面，如果说作为节气的小大雪内涵属于"耳听"，那么作为天气的则属于"眼见"，是否小大雪即便不用按照那两个标准来严格检验,凭借经验也能作出自身的判断。我们在众多前人的文字中,也不难了解到这一点。

比如关于小雪,以唐人诗句为例,戴叔伦有"花雪随风不厌看,更多还肯失林峦。愁人正在书窗下,一片飞来一片寒",徐铉有"寂寥小雪闲中过,斑驳轻霜鬓上加。算得流年无奈处,莫将诗句祝苍华",张登有"甲子徒推小雪天,刺梧犹绿槿花然。融和长养无时歇,却是炎洲雨露偏"等,大抵都属于借题发挥,抒发人生感悟,概因小雪所增的薄寒,或给人以浪漫遐想,或使人伤感咏怀。相对而言,大雪带给人的感受更加强烈,所营造出的文化意象往往更能达到震撼的效果。

《世说新语》中"雪夜访戴"的故事很有名。说王羲之的儿子徽之在山阴,"夜大雪,眠觉,开室,命酌酒。四望皎然,因起彷徨,咏左思《招隐》诗"。忽然他想起了戴逵,但戴逵远在曹娥江上游的剡县,徽之并不在乎,"即便夜乘小船就之,经宿方至",但是却又"造门不前而返",理由是:"吾本乘兴而行,兴尽而返,何必见戴?"在那样一个寒冷的晚上,王徽之仍然做出了但凭兴之所至的行为,十分鲜明地体现出"魏晋风度"中的士人如何任诞放浪、不拘形迹。

《水浒传》里有"林教头风雪山神庙"一章。林冲被刺配到沧州,看守军队的草料场,在陆虞候要取他性命的这天,天降大雪,压垮了他住的草房子。林冲"搬开破壁子,探半身入去摸时,火盆内火种,都被雪水浸灭了",他勉强"只拽的一条絮被"。但就是这场大雪,也救了林冲的性命。雪大到什么程度? 施耐庵先用了一阕《临江仙》:"作阵成团空里下,这回忒杀堪怜,剡溪冻住猷船。玉龙鳞甲舞,江海尽平填。 宇宙楼台都压倒,长空飘絮飞绵。三千世界玉相连,冰交河北岸,冻了十余年。"后来"看那雪到晚越下的紧了",又借"古时有个书生,做了一个词,单题那贫苦的恨雪",道是:"广莫严风刮地,这雪儿下的正好。扯絮掮绵,裁几片大如栲栳。见林间竹屋茅茨,争些儿被他压倒。富室豪家,却言道压瘴犹嫌少。向的是兽炭红炉,穿的是绵衣絮袄。手拈梅花,唱道国家祥瑞,不念贫民些小。高卧有幽人,吟咏多诗草。"

"剡溪冻住猷船",说的正是"雪夜访戴",意谓子猷那时遇到的大雪根本不算什么,放到这时连走都走不了。"富室豪家"云云,无论之前还是之后,都属常见现象。《开元天宝遗事》云:"巨豪王元宝,每至冬月大雪之际,令仆人自本家坊巷口,扫雪为径路,躬亲立于坊巷前,迎揖宾客。就本家具酒炙宴乐之,为暖寒之会。"《郎潜纪闻三笔》云,赵味辛、洪稚存一干友朋,"预订每遇大雪,不相招邀,各集陶然亭,后至者任酒资"。陈康祺以为"此会绝雅,吾辈知交,酒人多而热官少,大可踵而行之"。《曲洧旧闻》里的一件事更有趣味,说宋祁修《新唐书》时,"尝一日逢大雪",但并没有停工,而是"添帷幕,燃椽烛一,秉烛二,左右炽炭两巨炉,诸姬环侍"。磨墨濡毫之余,得意洋洋地问小妾们:"汝辈俱曾在人家,曾见主人如此否?"诸妾都说,没有没有,这种天哪有还工作的。他又问一个来自官宦之家的妾:"汝太尉遇此天气,亦复何如?"对曰:"只是拥炉,命歌舞,间以杂剧,引满大醉而已,如何比得内翰?"不料宋祁却点头表示认可:"也自不恶。"于是"阁笔掩卷,起,索酒饮之,几达晨"。

宋仁宗庆历年间,辽与西夏的侵扰给北宋带来了巨大的生存压力。有一天晏殊"大雪会饮",欧阳修席上作诗,来了句"须怜铁甲冷彻骨,四十余万屯边兵",惹得座师"怏然不悦"。但欧阳修的这种提醒很有必要,在恶劣的大雪天气里,一味"手拈梅花,唱道国家祥瑞,不念贫民些小",这是不行的。

冬至

冬至的到来，标志着北半球白天最短，夜间最长；之后，昼夜长短此长彼消，到夏至时演变成白天最长，夜间最短。负笈岭南之前，我对冬至并没有特别的感觉，以为就寻常的节气而已；来了才知道其在广东人心目中的重要，乃至有"冬至大过年"之谓，单位要提前一个钟头下班。浏览所及，更知这是传统文化的延续。

古人非常重视冬至。用《汉书》中的话说："冬至阳气起，君道长，故贺。"在他们看来，这一天"阴极之至，阳气始生，日南至，日短之至，日影长之至，故曰冬至"。借五行来解释，冬至是阴阳转化的关键节气。宋人徐天麟纂辑的《东汉会要》，给好几个节气立了项，其中一个就是冬至。"冬至前后，君子安身静体，百官绝事不听政，择吉辰而后省事"，衙门干脆还放假休息。当然不止放假，伴随着一套相应的节日习俗。"绝事之日，夜漏未尽五刻，京都百官皆衣绛，至立春。诸王时变服，执事者先后其时皆一日"，服饰上先有了变化。与此同时，还要"使八能之士八人，或吹黄钟之律、间竽；或撞黄钟之钟；或度晷景，权水轻重，水一升，冬重十三两；或击黄钟之磬；或鼓黄钟之瑟，轸间九尺，二十五弦，宫处于中，左右为商、徵、角、羽；或击黄钟之鼓"……烦琐得很。然后，"乘舆亲御临轩，安体静居以听之"。听什么呢？先是"五音并作",然后是"八能士各书板言事",照本宣科的范式为:"臣某言,今月若干日甲乙日冬至,黄钟之音调,君道得,孝道褒。"跟后世的年终总结报喜不报忧差不多,"商臣、角民、徵事、羽物各一板"。

这些记载表明,冬至节礼仪至少在东汉时已经非常成熟,官方的庆祝活动称得上排场了。《宋书·礼志》亦载:"魏、晋,冬至日受万国百僚称贺,因小会,其义亚于岁旦。"冬至成了当时第二大节日,"万国"来朝许是牛皮,地方是一定要派人晋京的。南朝宋永初元年(420)八月诏曰:"庆冬使或遭不,事役宜省,今可悉停。唯元正大庆,不得废耳。郡县遣冬使诣州及都督府者,亦宜同停。"可能晋京一趟,消耗不菲吧。

孟元老《东京梦华录》描述的是宋朝民间过冬至。云"京师最重此节。虽至贫者,一年之间,积累假借,至此日更易新衣,备办饮食,享祀先祖,官放关扑,庆祝往来,一如年节"。陈元靓《岁时广记》援引《岁时杂记》曰:"冬至既号亚岁,俗人遂以冬至前之夜为冬除,大率多仿岁除故事而差略焉。"盛况之下,苏东坡的《冬至日独游吉祥寺》诗——井底微阳回未回,萧萧寒雨湿枯荄。何人更似苏夫子,不是花时肯独来——就显得颇为悲凉,人家都回去过节了,只剩自己在这里左顾右盼。相形之下,白居易的《邯郸冬至夜思家》——邯郸驿里逢冬至,抱膝灯前影伴身。想得家中夜深坐,还应说着远行人——更可用凄凉名之了。

叶盛《水东日记》讲的是明朝的冬至。"初,京都最重冬至年节贺礼,不问贵贱,奔走往来者数日。家置一册,题名满幅",谁来过,还要签名留存呢。到"己巳之变,此礼顿废"。己巳之变,即发生于正统十四年(1449)的土木之变,明朝军队在土木堡被瓦剌军打败,英宗被俘。两年之后,景泰二年(1451)冬至来临,"礼部请朝贺上皇于东上门,诏免贺",这是按惯例行事,"凡遇节,鸿胪、尚宝、中书、六科直庐相接者，朝下即交相称贺"。《岁时广记》里面也说了："冬至天子受朝贺，俗谓之排东仗，百官皆衣朝服如大礼祭祀。凡宴飨而朝服，唯冬至正会为然。"此番诏免，大约是维稳的需要。果然，这一天，叶盛还是亲眼见到"鸿胪佐贰邀大兴杨公协走贺"，且杨协语中带刺："太上爷爷不得一见，尚谁贺耶？"在这里，他显然是在公开地指责朝政，因为继位的代宗幽拘了被释放回来的英宗，代宗是英宗的弟弟，他想就此由他这一支延续大明的江山。当然，他的算盘没有拨好，重病之际发生了"夺门之变"，英宗复辟之后，仅以亲王礼葬了他。

《清嘉录》讲的是清朝的冬至："郡人最重冬至节。先日，亲朋好友各以食物相馈遗，提筐担盒，充斥道路，俗称'冬至盘'。节前一夕，俗称'冬至夜'。是夜，人家更速燕饮，谓之'节酒'。女嫁而归宁在室者，至是日必归婿家。家无大小，必市食物以享先，间有悬挂祖先遗容者。"这里的郡人，说的是苏州人。顾禄还告诉我们，因为冬至"加于常节"，所以他们说"冬至大如年"，与广东的说法不约而同。冬至那天，"朝士大夫家，拜贺尊长，又交相出谒。细民男女，亦必以更鲜衣以相揖，谓之'拜冬'"。有趣的是，古人还发现，冬至前后如果是雨雪天气，则大年夜必晴；而如果冬至晴天，则年夜雨雪，道路泥泞，因有谚曰："干净冬至邋遢年。"

由以上爬梳可见，冬至作为传统文化的一脉相承。而最大的变化是，官方的那一套淡出了，民间的依然保持着旺盛的生命力。感觉上，包括传统节日在内的传统文化，似乎南方保留得更纯粹一些。

小大寒

"小寒大寒,冻作一团。"小寒是二十四节气中的第二十三个。每年的小寒都时值"三九"前后,"数九寒天,冷在三九","一九二九不出手,三九四九冰上走",从这些民谚亦知冷的程度。《春秋繁露》云:"小雪而物咸成,大寒而物毕藏。"大寒到来之后,意味以农历计算的一年已经走到了年尾,即将春回大地,传统的一年又完成了一个轮回。

二十四节气中属于"小大"组合的共有三对,顺序来看分别是:小暑、大暑,小雪、大雪,小寒、大寒。有趣的是,还有一"小",却没有对应"大",那就是有"小满"而没有"大满",理论上该是"大满"的位置实际上代之以"芒种"。为什么呢?《七修类稿》云:"夫寒暑以时令言,雪水以天地言,此以芒种易大满者,因时物兼人事以立义也。盖有芒之种谷,至此已长,人当效勤矣;节物至此时,小得盈满意,故以芒种易大满耳。"就是说,按照作物生长的规律,小满之后尤其需要辛勤劳作,不可以"大满"。另,《说文解字》云:"满,盈溢也。"俗谚又有"水满则溢,月盈则亏"。因此,不要说小满之后不会接着大满,在前人的哲学中,大满根本不可能存在。

就气候而言,小寒表示轻微的寒意,大寒则是酷寒、极冷。元萨都剌《过嘉兴》有"芦芽短短穿碧沙,船头鲤鱼吹浪花,吴姬荡桨入城去,细雨小寒生绿纱",《新五代史·晋臣传》载,吴峦守贝州以拒契丹,"会天大寒,裂其帷幄以衣士卒,士卒皆爱之"。这里的小寒、大寒就都不是节气。作为节气,小大寒对应着一定的物候。"花木管时令,鸟鸣报农时",花草树木、鸟兽飞禽以其规律性的行动,被前人视为区分时令节气的重要标志。按照七十二候理论,小寒三候乃"雁北乡""鹊始巢"和"雉始鸲"。候鸟顺阴阳而迁移,此时阳气已动,所以大雁开始向北迁移。喜鹊感觉到了阳气而开始筑巢。鸲,雌雄之同鸣也,雉也是"感于阳而后有声"。元稹《小寒》诗意地进行了描述:"小寒连大吕,欢鹊垒新巢。拾食寻河曲,衔紫绕树梢。霜鹰近北首,雏雉隐丛茅。莫怪严凝切,春冬正月交。"而东坡的"小寒初渡梅花岭,万壑千岩背人境。清远聊为泛宅行,一梦分明堕乡井",连同后面的"天南看取东坡叟,可是平生废读书",就透出无限悲凉了。

大寒三候乃"鸡乳""征鸟厉疾"和"水泽腹坚"。乳,育也,鸡妈妈此时可以孵小鸡了。鹰隼之类的杀伐之鸟,"至此而猛厉迅疾也",则正处于捕食能力极强的状态中。"水泽腹坚"呢,前人曰"冰之初凝,水面而已,至此则彻上下皆凝,故云腹坚,腹犹内也",是说水域中的冰一直冻到水中央,最结实。大寒之寒,前人每有道及,邵雍《大寒吟》有"清日无光辉,烈风正号怒。人口各有舌,言语不能吐"。白居易《村居苦寒》有"北风利如剑,布絮不蔽身。唯烧蒿棘火,愁坐夜待晨。乃知大寒岁,农者尤苦辛。顾我当此日,草堂深掩门。褐裘覆绗被,坐卧有余温。幸免饥冻苦,又无垄亩勤。念彼深可愧,自问是何人",流露出诗人对劳动人民一贯同情的心境。

小大寒时的民俗,旧时亦颇可观,《梦粱录》载之较详。说那些豪贵之家,"如天降瑞雪,则开筵饮宴,塑雪狮,装雪山,以会亲朋,浅斟低唱,倚玉偎香,或乘骑出湖边,看湖山雪景,瑶林琼树,翠峰似玉"。那些诗人才子,"遇此景则以腊雪煎茶,吟诗咏曲,更唱迭和。或遇晴明,则邀朋约友,夜游天街,观舞队以预赏元夕"。因为要过年了,"席铺百货,画门神桃符,迎春牌儿,纸马铺印钟馗、财马、回头马等,馈与主顾。更以苍术、小枣、辟瘟丹相遗……医士亦馈屠苏袋,以五色线结成四金鱼同心结子,或百事吉结子,并以诸品汤剂,送与主顾第宅,受之悬于额上,以辟邪气"。与此同时,"街市扑买锡打春幡胜、百事吉斛儿,以备元旦悬于门首,为新岁吉兆。其各坊巷叫卖苍术小枣不绝。又有市爆杖、成架烟火之类"。穷人也有自己的乐子,他们"三五人为一队,装神鬼、判官、钟馗、小妹等形。敲锣击鼓,沿门乞钱,俗呼为'打夜胡',亦驱傩之意也"。

岳珂《桯史》云,宋宁宗朝韩侂胄当政时,"其弟仰胄为知阁门事,颇与密议,时人谓之'大小韩'。求捷径者争趋之"。有天宫廷宴会,优人扮一"衣冠到选者"表演节目,先"自叙履历材艺,应得美官,而留滞铨曹,自春徂冬,未有所拟,方徘徊浩叹",又云时一算命者"弊帽持扇过其旁,遂邀使谈庚甲,问以得禄之期",不料人家厉声曰:"君命甚高,但于五星局中,财帛宫若有所碍。目下若欲亨达,先见小寒,更望成事,必见大寒可也。"以寒为韩,借助谐音,大家都不难理解明了优人的用意,至于"侍燕者皆缩颈匿笑"。岳珂又忆庆元五年(1199),其在客店"见壁间一诗",似出赵姓举子之手,道是:"塞卫冲风怯晓寒,也随举子到长安。路人莫作亲王看,姓赵如今不似韩。"韩侂胄以"奸臣"而入正史,时人这样评价他并不足怪,怪的是岳珂也持这种态度。岳珂是岳飞的孙子,而追封岳飞为鄂王、追削秦桧官爵的正是韩侂胄。

节气从历史中走来,打捞其中的文化内涵,对于认识节气乃至认识历史无疑都大有裨益。

III

女娲

山西吉县"发现"了女娲骸骨！消息传出，不可能不惊世骇俗。

报道说，这是国家文物局原副局长张柏、故宫博物院副院长李文儒等23位考古、历史、神话、民俗专家近日"形成的共识"。根据呢？吉县人祖山那里出土了一片成人头骨，碳14同位素测定年代大约有6200年之久；还有，明代的当地人留下一段墨书题记："大明正德十五年（1520），天火烧了金山寺，皇帝遗骨流在此。"然而，只弹未赞的舆论热议未几，那里又来了个矢口否认，推说是当地宣传部门的某个个人所为。这是当下各地普遍"流行"的一种做法。先以爆炸性的"眼球"新闻吸引公众，遭到迎头痛击之后诿过于个体。久而久之，大家"见怪还怪"的是玩儿得离谱的那些，如"坐实"女娲的这类。

女娲神话早已家喻户晓。在咱们先民的世界观中，女娲是人类的始祖，人就是由她"造"出来的。吉县那具只有区区6200年、不过只相当于半坡文化时代的骸骨敢说成是女娲，显见是来自不知何时得名的"人祖山"的底气。而之所以强调"咱们先民"，是因为人家也有先民，且"人家先民"也有人家的创世以及造人神话。比如在希腊神话中,造人的就是先觉者普罗米修斯,他知道"天神的种子"埋在泥土里,便用泥土"按天神的样子"塑造了人类。咱们的女娲也是用泥土。《太平御览》引《风俗通》云:"俗说:天地开辟,未有人民。女娲抟黄土作人,剧务力不暇供,乃引绳于泥中,举以为人。"女娲不仅造出了人,而且负责到底,还保护人。《淮南子·览冥训》云:"往古之时,四极废,九州裂,天不兼覆,地不周载;火滥焱而不灭,水浩洋而不息。猛兽食颛民,鸷鸟攫老弱。于是女娲炼五色石以补苍天,断鳌足以立四极,杀黑龙以济冀州,积芦灰以止淫水。"于是乎,"苍天补,四极正,淫水涸,冀州平,狡虫死,颛民生"。《列子·汤问》也记载了类似的传说。

女娲最为国人熟知的正是炼石补天。"我笑共工缘底怒,触断峨峨天一柱。补天又笑女娲忙,却将此石投闲处。野烟荒草路。先生拄杖来看汝。倚苍苔,摩挲试问,千古几风雨。"(辛弃疾词)脍炙人口的《红楼梦》故事,也是由一块女娲补天用剩下的"闲石"切入。曹雪芹这么说的:"原来女娲氏炼石补天之时,于大荒山无稽崖炼成高经十二丈,方经二十四丈的顽石三万六千五百零一块。女娲皇只用了三万六千五百块,单单剩了一块未用,弃在青埂峰下。"这块石头,被"(那僧)念咒书符,大展幻术",给变化成了"一块鲜明莹洁的美玉,且又缩成扇坠大小的可佩可拿"。众所周知,贾宝玉出生时衔在嘴里,后来挂在脖子上,演绎出"历尽离合悲欢炎凉世态的一段故事"的,就是这块玉。用清朝"二知道人"的说法,这叫作"蒲聊斋之孤愤,假鬼狐以发之;施耐庵之孤愤,假盗贼以发之;曹雪芹之孤愤,假儿女以发之;同是一把辛酸泪"。不管"假……发"的载体如何吧,"此石投闲"与"单剩一块",让人隐约觉得曹著与辛词之间存在某种逻辑关联,悼红轩主人受到启发也说不定。

女娲是神话传说。何谓神话传说？先民借助想象和幻想把自然力拟人化的产物。因而女娲的"现实"样子全凭想象，但不知怎么成了人头蛇身。王逸在《天问集注》中说："女娲人头蛇身，一日七十化。"今天出土的汉代古墓石刻画像上，常见伏羲、女娲人首蛇身的形象，有的两者尾部缠绕在一起。长沙马王堆西汉墓出土的帛画正中，画着长发女首蛇身的女娲高踞日月之上。恰似"谎言千遍成真理"，神话愈深入人心，愈让人觉得似有其事。《淡墨录》"己未博学鸿词五十人"条，康熙皇帝就曾针对毛奇龄的考卷发问："有女娲补天事，信否？"冯溥对曰："在《列子》诸书有之，似乎可信。"同书"毛奇龄"条再次提到此事，原来毛文是这么写的："日升于东，匪弯弓所能落；天倾于北，岂炼石之可补。"康熙"夹纸签于卷，问女娲事信否，不宜入正赋否"，冯溥说了《列子》一类的话后，补充道："赋体本浮夸，与铭颂稍异，似可作铺张。"康熙说："如此，则文颇佳。"言罢还把毛奇龄的卷子从"上卷末"移到"上卷中"，提升一个等次。不过，《啁啾漫记》云康熙又说："朕忆楚辞亦有之，但恐齐东野语不宜入正赋。"历史记载从来都是这样，不知信谁的好，无关宏旨的好说，关的呢？而所谓"楚辞亦有之"，即《楚辞·天问》中的"女娲有体，孰制匠之？"那是诗人屈原因为搞不清女娲来历而发出的困惑。

"女娲炼石补天处，石破天惊逗秋雨。"（李贺句）如今女娲骸骨所"逗"的，该是公众了。神话中的"人物"如何会有实体存在？当代学界的某些结论当真比神话还神，没有做不到，只有想不到。早几年，某地就曾言之凿凿地"发现"了孙悟空哥哥的墓地，以此"证明"大圣的籍贯在他那里。实际上，这是各地把文化仅仅当作能够带来经济效益手段的一种，抢夺文化资源势必就抢红了眼。

此番女娲骸骨"发现"后未"辟谣"前,吉县县委书记毛益民在接受采访时,不是已将人祖山喻为"引领吉县经济腾飞的新坐标"了吗?

禹

新年伊始,《南方周末》的"新年特刊"引起了一场轩然大波。起因在于有人发现,封面《追梦》的首句就错了,道是"2000多年前的大禹治水";而二版一向作为招牌的《新年献词》也有两处错误。由此牵连出来的其他话题,超出本文议论范围,按下不表。照指谬者的说法,2000多年前是汉朝,大禹治水应在4000多年前。汉朝说不错,但大禹治水的年代其实也未必确。诚然,2000年11月9日,作为国家"九五"科技攻关重点项目的夏商周断代工程正式公布了《夏商周年表》,定夏朝约开始于前2070年,支持了4000多年说,不过,虽然该工程是一个以自然科学与人文社会科学相结合的方法,来研究夏、商、周三个历史时期的年代学的科学研究项目,但这个结论仍然只是主观的推定,概因到目前为止,还没有确凿的考古材料予以佐证。

按司马迁《史记》的说法,禹是颛顼的孙子、鲧的儿子,再往上攀,则是黄帝的玄孙。司马迁生活在汉代,他距大禹的时间段与我们距他的差不多,遥远得很,这段"正史"也只能是"探禹穴,窥九疑"之际的传说,年代太久且没有地上地下材料证明的事情,不可能有定论。《汉书·律历志》便说"颛顼五代而生鲧",一下子就差了好几辈呢。禹在传说中最有名的功绩,正如《南方周末》封面文章所说的治水。饶是《史记》的这部分史料肯定失真，我们也不妨姑妄听之。司马迁云，帝尧的时候，"鸿水滔天，浩浩怀山襄陵，下民其忧"，于是"求能治水者"。这时鲧被举荐出来了，却是"九年而水不息，功用不成"。于是舜又脱颖而出，这先生一上任，先行究责，"行视鲧之治水无状，乃殛鲧于羽山以死"，比今天的所谓"责令引咎辞职"要严厉得多。有意思的是，这先生也当真外举不避仇，"举鲧子禹，而使续鲧之业"。许是"天下皆以舜之诛为是"，禹亦高风亮节，至少尚未沾染上后世"杀父之仇不共戴天"的陋见，虽则"伤先人父鲧功之不成受诛"，禹还是全力以赴投入工作，"劳身焦思，居外十三年，过家门不敢入。薄衣食，致孝于鬼神。卑宫室，致费于沟淢。陆行乘车，水行乘船，泥行乘橇，山行乘檋。左准绳，右规矩，载四时，以开九州，通九道，陂九泽，度九山"，最终成就了享誉后世的治水伟业。

禹既是一个神话人物，又是史书记载的我国第一个世袭王朝——夏朝——的开创者，"帝舜荐禹于天，为嗣。十七年而帝舜崩。三年丧毕，禹辞辟舜之子商均于阳城。天下诸侯皆去商均而朝禹。禹于是遂即天子位，南面朝天下，国号曰夏后，姓姒氏"。上古的神话众多，独此有坐实的可能，届时，则已知的任何重大考古发现或许都将黯然失色。《谥法》曰："受禅成功曰禹。"以此来观，禹未必为人名。然还有一种说法，"古者帝王之号皆以名，后代因其行，追而为谥"，这样来看，禹又可能是人名。丰富和零乱的前人流传，愈加证明了上古时代的那些神话只能是朦胧的轮廓。在现实中，九州大地称为禹地或禹域；《尚书》中保留了我国古代重要地理资料的那部分托名大禹，称为《禹贡》；甚至旧传《山海经》亦为禹所撰，是书因而又称禹书。诸如此类的现象，正如钱穆先生在《黄帝》中所言，先民形容一个伟人，"话虽不多，一下子就说过了限度。富于幻想的述说者,把古代伟人说成神;着重实际的述说者,把他们说成圣;一切文明的产物都归功于他们"。

关于禹,很早的时候还有一段众所周知的公案,不是年代问题,而是禹之"虫"否的问题,主要当事人为古史辨学派创始人顾颉刚先生。《顾颉刚自传》中说:"我在1923年讨论古史时,曾引《说文》的'禹,虫也,从内,象形'及'内,兽足蹂地也',疑禹本是古代神话里的动物。这本是图腾社会里常有的事,不足奇怪。陈立夫(1941)屡在演讲里说'顾颉刚说大禹王是一条虫呢',博得大家一笑。"但我们都知道,对顾先生"禹虫说"的嘲讽和挖苦,以鲁迅先生1935年发表的小说《理水》为甚,影响也最大。当代有学者认为,小说中鲁迅将作为动物之名的"虫"偷换为蠕虫,极大地丑化了新生的顾氏假说。顾先生虽然在自传中并不讳言"一生中第一次碰到的大钉子是鲁迅对我的过不去",但不知为何把这笔账单单记到陈立夫的头上。顾先生的这一假说,实则以图腾证古史的探索,因此他晚年依然强调禹是夏之图腾。倘以为顾先生那是信口雌黄而笑之,则此笑未免浅薄,至于被论敌当作软肋加以要挟和揭发又当别论。

前几年有个叫纪连海的先生谈到禹,才真正是信口雌黄。他在上海电视台一档节目中说,大禹治水"三过家门而不入",其实另有隐情,因其生命中还有另外一个女人——瑶姬,相传瑶姬曾献有治水妙法的"丹玉之书"给大禹,助其治水成功,大禹不回家在于有"婚外情"。此语即出,不劳专业人士批驳其亵渎先贤,即我们旁观者也难免觉得:为了哗众取宠,人的胆子真是可以膨胀得天大。

禹(续)

汶川大地震十周年之际,余应邀参加了四川日报举办的"川越十年"大型采访活动。县城威州镇之外,到了映秀镇、水磨镇、绵虒镇。漩口中学原址保留的地震废墟,触目惊心。

绵虒镇号称大禹的故乡。当然了,空口无凭,是见诸典籍的。比如《元和郡县图志》就说了:"禹本汶山广柔人,有石纽邑,禹所生处,今其地名刳儿畔。"唐之前,那里是汶山郡广柔县;唐武德中,绵虒归为汶川县,改隶茂州。一种观点认为,石纽邑,就是今天绵虒镇高店村新店组与羊店村相交的那座高山,去看过的人说,山上有不知何时镌刻的"石纽山"三个大字。

"5·12"大地震后,对口援建绵虒的珠海市着力打造"大禹故里"品牌,于岷山之畔、石纽山腰新建了大禹祭台。我等专程拾级而上。最引人注目的是那尊气势恢宏的大禹铜像:左肩挎网罟,右手执耒耜,足登笮编芒鞋。旁边还复制了岣嵝碑即禹王碑,原碑在湖南岳麓山顶,碑文共77字,字形似缪篆又似符箓,苍古难辨,明代蜀人杨慎解读碑文认为所记乃大禹治水之事,杨慎即今人熟知的"滚滚长江东逝水"的作者。据说当代郭沫若先生也只认识其中三个字。此外还有大禹殿、大禹书院等。惜整个景区除余等,不见其他一人,或附近并无聚居人家之故。

"夏有禹,商有汤。周武王,称三王。"夏朝是我国史书记载的第一个世袭制朝代,禹则是夏的奠基者。国家"九五计划"启动实施的"夏商周断代工程"在 2000 年已经结项,确定夏朝的时间为公元前 2070—前 1600 年,自禹之后的启立国,共 14 代 17 王,凡 470 年。比较遗憾的是,目前还比较缺乏夏朝存在的实物佐证。刘莉、陈星灿新著《中国考古学》云,1959 年在河南偃师二里头发现的大型青铜时代遗址,年代约为公元前 1900 年—前 1500 年,和文献记载的夏朝部分重叠,大多数中国考古学家坚信二里头文化和夏朝晚期存在直接联系。即便如此,中期夏朝尚无法实证,遑论早期了。因而关于禹,还仅仅停留在神话传说阶段。20 世纪 40 年代,教育部政务次长顾毓琇询问顾颉刚先生,禹的生日可考与否。顾回答,禹是神话中人物,尚不必有其人,何从考他的生日?循此逻辑,禹的故乡原本无从说起。不过,顾先生又说了:"在川西羌人住居的松、理、茂、汶等地方,他们以六月六日为禹的生日,祭祀很热闹,这是见于那些地方志的。"那么,对禹的故乡的厘定,不妨也但信志书。

禹,我们都知道以治水闻名。用《左传·昭公元年》中刘夏的说法:"美哉禹功!明德远矣。微禹,吾其鱼乎!"就是说,大禹治水的功劳太伟大了,否则的话,人早就成鱼虾了。自此之后,"微禹"也成为颂扬功德的套语。如《宋书·武帝纪下》有个诏曰,"夫微禹之感,叹深后昆,盛德必祀,道隆百世"云云。又如《陈书·衡阳献王昌传》有个百僚上表,"故以功深于微禹,道大于惟尧,岂直社稷用宁,斯乃黔黎是赖"云云。白居易《自蜀江至洞庭湖口有感而作》诗,对禹同样赞誉有加:"江从西南来,浩浩无旦夕。长波逐若泻,连山凿如劈。千年不壅溃,万姓无垫溺。不尔民为鱼,大哉禹之绩。"

禹之治水,曾经"上会稽,探禹穴"的司马迁,在《史记·夏本纪》中对民间此类传说有过系统梳理,"开九州,通九道,陂九泽,度九山……天下于是太平治",前文已有道及。在"道九川"的过程中,司马迁写的是"汶山道江,东别为沱",然如今绵虒大禹祭台前的一块大石上,却分明凿着"岷山导江,东别为沱"八个大字。始而搞不清为何有此差别,后知出自《尚书·禹贡》。无论那四个字是什么吧,"道"即"导",亦即"疏"是禹的治水思路,不像父辈那样单纯地"堵"。白居易鉴于"每岁秋夏时,浩大吞七泽。水族窟穴多,农人土地窄",发出"我今尚嗟叹,禹岂不爱惜"的感叹。又鉴于斯时治水之难,白居易期冀"安得禹复生,为唐水官伯?手提倚天剑,重来亲指画。疏流似剪纸,决壅同裂帛。渗作膏腴田,踏平鱼鳖宅。龙宫变闾里,水府生禾麦"。白氏该诗,无疑是其诗当"为君、为臣、为民、为物、为事而作,不为文而作"的一个具体例证。

王嘉《拾遗记》则对"禹凿龙关之山,亦谓之龙门"的片段,说得活灵活现。当其时也,"至一空岩,深数十里,幽暗不可复行,禹乃负火而进。有兽状如豕,衔夜明之珠,其光如烛。又有青犬,行吠于前。禹计可十里,迷于昼夜。既觉渐明,见向来豕犬变为人形,皆着玄衣。又见一神,蛇身人面。禹因与语,神即示禹八卦之图,列于金版之上"。这个神就是羲皇,其"探玉简授禹",禹正是"即执持此简,以平定水土"。刘邦的谋士张良,大抵也是这么得到的兵书。诸如此类,折射的实际上是对前人作为的不可思议,非神人襄助而无以达成。

即便是神话传说吧,大禹治水无疑在中华文明发展史占有重要地位。《左传》中的"美哉禹功",是周景王使刘夏"劳赵孟于颍"时所云,《汉书·五行志》中亦有收录。刘夏以这四个字为铺垫,旨在规劝赵孟:"吾与子弁冕、端委,以治民、临诸侯,禹之力也。子盍亦远绩禹功而大庇民乎?"颜师古注曰:"言今服冠冕有国家,何不追绩禹功,而庇荫其人乎?"因为禹之治水,我们不仅没有成为鱼虾,而且还当了官,那就该像禹一样造福百姓啊。必须承认,刘夏的话今天听来仍振聋发聩。

观音

2012年11月下旬,参加报社组织的活动,首次来到位于浙江舟山的普陀山。

普陀山作为我国佛教四大名山之一,是观音菩萨教化众生的道场。佛山市南海区前些年造了个据说世界最高的观音坐像,名曰"南海观音",那是借"南海"这个地名与观音"所在"之南海这两个相同汉字打了个马虎眼,有鱼目混珠之嫌。神州大地遍布大佛,总要找些名目吸引信众吧。普陀山上寺庙众多,前人诗曰"山当曲处皆藏寺,路欲穷时又逢僧";资料上也说,最盛时有82座寺庵,128处茅棚,僧尼达4000余人。1997年普陀山南海观音立像竣工,9月29日举行开光大典。此观音铜像总高33米,重70多吨,成为"海天佛国"的标志性景观。

"人人阿弥陀,户户观世音",观音信仰有"半个亚洲的信仰"之谓。普陀山成为观音道场,据说始于唐懿宗咸通四年(863)。山上有处名胜,叫"不肯去观音院",余等登岸未几即前往。而未抵之时对院名望文生义,想当然地以为那里早就是个观音院,某个冥顽之辈不肯去拜,因之留下掌故。到了近前才知道,原来主语是观音本身,乃观音不肯去;不肯去哪儿呢?日本。相传唐宣宗的时候,日本僧人慧锷从五台山奉观音菩萨像回国,在普陀山歇脚时遇到风浪受阻,以为菩萨不肯东去,便靠岸留下佛像。于是,这成了普陀山之所以为观音道场的缘由,虽与前面所引的说法大异其趣。这个"不肯去观音院",因为主语不对,逻辑显然不通,却不知怎么千百年就这么不通下来。

一种普遍的观点认为,观音"全名"观世音,唐太宗时因避"李世民"的讳而简称为观音,任继愈先生主编的《中国佛教史》,以及《辞海》、皇皇十几册的《汉语大词典》均持此说,颇有权威的意味。不过,此说早就受到质疑。李利安先生《观音汉译名称的历史演变与争论》即提出了三点:一是"观音"的名称早在唐代以前就有;二是唐代以后特别是唐代的时候,"观世音"依然是译经家翻译经典和佛教界在其他著作中使用的名称;三是唐代初期关于避讳的规定以及实际执行的情况并非那么严格。

关于第一点,如南朝梁法云在《妙法莲华经义记》、慧皎在《高僧传》中便已多次使用"观音",北齐、隋等佛家著作中亦不乏见。关于第二点,如世称律祖的道宣在太宗贞观十九年(645)著成的《续高僧传》中,使用"观世音"一词达20处。那可是世民在位的时候呢。关于第三点,世民在被立为王位继承人时,朝廷有诏:"依礼,二名不偏讳。近代已来,两字兼避,废阙已多,率意而行,有违经典。其官号、人名、公私文籍,有'世民'两字,不连续者,并不须讳。"典型是例子就是太宗时当朝的虞世南还继续叫他的虞世南,不像此前的王昭君得叫几年王明君(晋人避开国皇帝司马炎父亲的"昭"字讳),此后的赵匡义得叫几年赵光义(避哥哥宋太祖赵匡胤的"匡"字讳)。总之,"观音"作为简称几乎从一开始翻译介绍这位菩萨到中国来时就出现了,以之为避讳而简称完全站不住脚。

今天各地的观音,形象无不为雍容的美妇人,大家都知道从前不是这样,敦煌壁画中的观音就是留着蝌蚪胡的男儿郎。按唐朝李百药的说法,观音的"变性"始于北齐。《北齐书·徐之才传》载,世祖高湛"酒色过度,怳惚不恒,曾病发,自云初见空中有五色物,稍近,变成一美妇人,去地数丈,亭亭而立。食顷,变为观世音"。然明胡应麟在《少室山房笔丛》云:"今塑画观音像无不作妇人者,盖菩萨相端妍靓丽,文殊、普贤悉尔,不特观世音也。至冠饰以妇人之服,则前此未闻。考《宣和画谱》,唐、宋名手写观音像极多,俱不云妇人服,李廌、董逌《画跋》所载诸观音像亦然,则妇人之像当自近代始。"又举宋人小说载南渡甄龙友题观世音像——巧笑倩兮,美目盼兮;彼美人兮,西方之人兮——为例,认为"宋时所塑大士像或已讹为妇人,而观世音之称妇人亦当起于宋世"。这里的甄龙友,乃南宋高宗绍兴二十四年(1154)进士。清赵翼《陔馀丛考》也认为"六朝时,观音已具女像"。综合这些见解似可发现这样一条路径:观音始而男性;北齐迄明,男女并存,或此或彼;到明朝则彻底转变。

　　无论是何时"转变"的吧,如今观音的形象已固化为美貌动人、面善心慈的"东方圣母",而到了当代黄永玉先生那里,端的叫全然颠覆。他画过好几幅《观音》,不是或盘腿或站立的传统形象,手持净瓶仍然不假,却同时伸出了双脚。其中一幅的文字更风趣:"世人成日找观音,观音有事不知找谁。打坐成日,亦应得伸脚之时。"即便站立着的观音,也是叉开双脚,形同农妇,令人忍俊不禁。在他的眼中,观音显然不是一个摆在神龛上高高供起的神,而是一种文化,一种象征了。钱锺书先生曾经就"明人尝嘲释氏之六字真言"进行调侃,说"唵嘛呢叭哞吽"差不多是"俺那里把你哄"。黄老翁更近一步,观其言行举止,不仅是"老夫聊发少年狂",更与大闹天宫的孙猴子颇有几分相似。

佛

2013年11月5日,"台湾星云大师广东行"活动正式开启。这是继2006年和2011年之后,星云大师第三次造访广州,耳闻目睹,露面之际仍有万人空巷的意味。在某场讲演中星云大师称,人成即佛成是一种形式,我们人做好了,佛道就做好了。他指出,在佛门里面,像现在念佛、拜佛、信佛,还有烧香、磕头,这个都没有必要;最重要的要行佛,要行慈悲,要行无物,不要执着,不要计较,要行仁慈、仁爱,要行智慧。除了现场一睹风采,大师的话不知有没有人听进去。

按照主流的说法,佛教是在东汉明帝时进入中国的。《后汉书》载,明帝梦见了金人,"长大,顶有光明",醒来后请大家圆梦。有大臣说:"西方有神,名曰佛,其形长丈六尺而黄金色。"明帝"于是遣使天竺,问佛道法,遂于中国图画形像焉"。洛阳的白马寺,相传即于永平十一年(68)明帝敕令兴建的佛教第一座寺院,以铭记白马驮经之功。不过,清朝学者赵翼认为佛教进入时间应该溯至西汉,汉武帝时霍去病大破匈奴,曾"获休屠祭天金人",这个金人就是佛像,修屠祭祀并不用牛羊,只是"天子未知信,臣民亦少有行其术者。及明帝遣使求经,而楚王英即信其术,图其形像,斋戒祷祀,于是臣下始有奉佛之事,而天子尚未躬自奉佛也"。

无论怎样，自从佛来了，对佛的态度大约就产生了三种：虔诚地信、"急来抱佛脚"，以及根本不信。明朝茅国缙说："人生死如水，聚而盈，散而涸。佛从何修？轮回从何转？"这算是委婉质疑的。韩愈辟佛，话则说得非常直接，直接到毫不客气，其《论谏佛骨表》云："夫佛本夷狄之人，与中国言语不通，衣服殊制，口不言先王之法言，身不服先王之法服，不知君臣之义、父子之情。"就算佛还活着吧，倘"奉其国命，来朝京师，陛下容而接之，不过宣政一见，礼宾一设，赐衣一袭，卫而出之于境，不令惑众也"；何况他早就死了，"枯朽之骨，凶秽之余，岂宜令入宫禁！"这番话说给笃信之人，人家怕也会当场翻脸，何况说给笃信的当朝皇上，韩愈因之被贬去瘴疠之地，顺理成章。明朝叶子奇比较过释与儒的区别，认为"佛居大地之阴，西域也。日必后照，地皆西倾，水皆西流也，故言性以空"；咱们的孔夫子不然，"居大地之阳，中国也。日必先照，地皆东倾，水皆东流也，故言性以实"。他同意"地气有以使之然欤"，因而"佛得性之影，儒得性之形。是故儒以明人，佛以明鬼"。叶子奇这样比较，未必有何偏见，但不难窥出"地理环境决定论"与"文化中心论"的魅影，是这两个理论的前驱也说不定。

天子"躬自奉佛"，不知起自哪个，然众所周知以梁武帝为最，甚至多次脱下帝袍换上僧衣，去当住持和尚。所以如此，一个可能是他真信、真入脑，再一个可能是身边缺乏高人逢迎。为什么这么说呢？欧阳修《归田录》云，宋太祖初幸相国寺，"至佛像前烧香，问当拜与不拜"。僧赞宁就出了个好主意，不用，因为"见在佛不拜过去佛"。看他给找的台阶，多妙啊！欧阳修说赞宁既读书，口才又好，"其语虽类俳优，然适会上意"。太祖很满意，"微笑而领之，遂以为定制"。这就是说，他是寺院照去，却无须礼佛。梁武帝身边倘有这样的高人，应该也会产生这般"双赢"的结果，至少不用真的当苦行僧,搞什么"三同"吧。

拜佛,当然更多地植根于民间的普罗大众之中。像清朝袁枚那样,"每游寺院,僧人辄请拜佛,先生以为可厌"的是少数,聪明的那些不拜就不拜,不会像他那么嚷嚷,甚至扇面上大书"逢僧必作礼,见佛我不拜。拜佛佛无知,礼僧僧见在",毫不掩饰内心所想。但目睹拜佛的动机,明朝陶辅《花影集》中的"余论",今日仍一语中的。他说:"若愚人奉佛者,深为可笑,预修因果,苦结人缘。营堂建塔,想非望于来生;散米施财,期富豪于后世。至若施设之洪,供茹之盛,诚可寒心。金碧交辉,佛殿拟于宫阙;重门深邃,僧堂盛似公廨。又如四月之八日,七月之十五,捏设盂兰等会,一盘之用费千锭之钱,一堂之供过百家之产,糜困生民,妒叩世教。"清王士禛转引唐姚崇《遗令》,持的也是这种观点:"佛以清净慈悲为本,而愚者写经造像以求福。"那么应该如何?如星云大师所说:人做好了,佛道就做好了。《玉光剑气集》云,有个叫杨黼的很好学,又不去应科举,以为"不理性命,理外物耶"。听说蜀地有无际大师悟道,一定要亲自去求教。半道遇见一位老僧,告诉他:"见无际,不如见佛。"他问佛在哪里,老僧说:"汝但回,遇某色衣履者,即佛也。"老杨遂回,"数日无所遇,至家,叩门,母披衣倒履启户,乃僧所言佛状也"。老杨于是悟出一个道理:"父母即佛,不用外慕。"

如今各地寺院频建,基础还在的不用说了,早就没了影的,只要史书上写着一笔就"重建",没写的可以生造它一个。佛教在人生观上,强调主体的自觉,并把一己的解脱和普度众生联系起来,所谓"此有则彼有,此无则彼无,此生则彼生,此灭则彼灭"。如今的不少善男信女,即便不是"急来抱佛脚",也是将宗教信仰私人化,但求菩萨只是保佑自己,狭隘得很。

放生

前两天,注册地为深圳的女网友发了一组放生的图片:一名面容姣好的女子将一个装有看似眼镜蛇、响尾蛇等毒蛇的袋子打开倒进竹林中,配以文字:"放生之蛇篇,要赞赞我们这位美女师兄,有毒的蛇都是她放的。"但是因为放生地点不明,有说在深圳梧桐山的,有说在清远英德某个公园的,在引起人们恐慌的同时,也引发了网友的谴责。

放生,把捕获的小动物放掉。清朝学者赵翼考证说:"《南史》梁武时谢微为《放生文》,见赏于世。盖梁武帝奉佛戒杀,至以面为牺牲,则放生起于是时无疑。"不过,他应该看过《列子·说符》吧,那里这么说的:"邯郸之民以正月之旦献鸠于简子,简子大悦,厚赏之。客问其故。简子曰:'正旦放生,示有恩也。'"或许,佛教进入之后,慈悲为怀者视放生为善举,覆盖了其原初意义。也就是从梁武帝开始——《云麓漫钞》谓其"崇奉释氏,置放生池,谓之长命洲"——人工开凿放生池渐渐成为佛寺中的"标配",购买水族蓄养于池,旨在戒杀,信徒亦可将鱼、龟等放养在这里。按照鸠摩罗什的理论:"诸余罪中,杀业最重,诸功德中,放生第一。"信徒放一次生就是积一次德,深圳这名女网友想来正是这么以为的,虽然放的是毒蛇,虽然是在野外任意放生,她也觉得自己是在积德。

《隋唐嘉话》云："太平公主于京西市掘池,赎水族之生者置其中,谓之'放生池'。"太平公主是唐高宗和武则天的女儿,这是佛门之外的池了。到唐肃宗,"命天下置放生池八十一所",颜真卿书碑云:"环地为池,周天布泽。动植依仁,飞潜受获。"在明人《涌幢小品》里还有他手书的"放生序铭":"去杀流惠,好生止辟。率土之滨,临江是宅。实胜如来,畴庸允格。真卿勒铭,敢告凡百。"宋朝更讲究放生,真宗时王钦若奏以杭州西湖为祝圣放生池,东坡后来奏西湖不可废者五,放生池的功能便为其一。明朝有人更具体地指出:"西湖三潭,是永明禅师用库钱赎鱼鸟放生之池也。"曾经的放生场面颇为壮观,"郡人数万,会于湖上,所活羽毛鳞介以百万数"。留下《梦溪笔谈》的沈括说,他知道王安石喜欢放生,"每日就市买活鱼,纵之江中,莫不洋然"。王安石生日,"朝士献诗颂,僧道献功德疏以为寿,舆皂走卒皆笼雀鸽,就宅放之,谓之放生"。有个叫巩申的光禄卿,"佞而好进",其人"既不闲诗什,又不能诵经",于是与舆皂走卒一样,"以大笼贮雀",到安石家"擂笏开笼",且祝曰:"愿相公一百二十岁。赵翼还说,"宋人生辰多以放鸟鸽为寿",东坡诗"记取金笼放雪衣"之自注,即云"杭人以放鸽为太守寿"。

放生既然积德,于是我们会看到许多被放之生的投桃报李。《涌幢小品》还有"石蟹"条,云邹浩谪居昭州,"以江水不可饮,汲于数里外。后所居岭下忽有泉,浚之,极清冽,名曰感应泉。乱石之下,得蟹一枚",他把它送到江里放生了,叨咕说:"余至五岭。不睹此物数年矣。乱石之下,又非所宜穴处也,何从而出邪?"忽然,他联想到了自己的命运:"蟹者,解也,天实告之矣。蒙恩归侍,立可待矣。"真是立竿见影,"次日,果拜赦命"。《清稗类钞》中的"义狗为人雪仇"也是这样。说雍正时有个过客在京师西华门外看到屠户要杀一条黄狗,黄狗觳觫,过客哀之,"欲购之以放生"——与今夏(2014)爱狗人士在广西玉林狗肉节时的作为颇相似——"屠允,遂解囊付值。屠见其行囊多金,既受值,又谋杀而尽攫之",把好心人给杀了。但是,黄狗守护被害者尸体不肯离去,并最终协助了缉凶。诸如此类的因果报应故事,无非要是要"事实"普及放生。

祝寿而放生,清朝也是这样。《红楼梦》第七十一回贾母八旬之庆,就"抬了许多雀笼来,在当院中放了生"。慈禧太后六十大寿,"宫眷每人购鸟百种"进献,慈禧本人"亦购鸟万头以放生",一时间"殿悬鸟笼无数"。放的时候很讲究,"先择午后四时,率宫人登山,山颠有庙一,先焚香祷神。太监各携一笼,跪孝钦前,孝钦开笼放之"。令慈禧奇怪的是,有的鸟出了牢笼却并不飞走,李莲英因跪奏曰:"老佛爷福大,鹦鹉感动慈悲,自愿在宫伺候。"其实这是李莲英玩儿的一个小把戏,"预令太监驯养已久,藉以博孝钦欢,使其以为己心果慈,故能感及鸟兽耳"。慈禧放生时,嘴里"祝其不再为人所捉",实际情形又出乎她的意料,飞走的那些,"山后即有太监捕之,复售之于外矣"。在赵简子那里,故事也有后续,客曰:"民知君之欲放之,故竞而捕之,死者众矣。君如欲生之,不若禁民勿捕。捕而放之,恩过不相补矣。"唐人卢重玄解曰:"小慈是大慈之贼耳……众人皆睹其小而不识其大者焉,故略举放鸠以明此大旨也。"就是说,你以为你是在放生,你要看到因此带来的后果,就不会这么认为了。

深圳这名女网友后来又发了致歉微博,解释自己的目的只是想让这些来自大自然的生命回归自然。用卢重玄的话,可以为其作答。此中大旨何在?盲目放生,不仅给附近居民带来安全隐患,而且有可能给当地的生物圈带来严重后果。

道士作法

早晨浏览新闻时看到,甘肃民勤县"钍基熔盐堆核能系统(TMSR)项目"的奠基现场,出现了贡品祭天、道士做法的荒唐一幕。从传出的图片看,现场设有供桌,上面放着祭品,一个一身道士打扮的人手持"法器",做出各种动作;最后,还烧了一堆"符纸"。事发后,民勤县委、县政府立即成立专门工作组,7名当时在场的公职人员被立案审查。

首先得承认,道士做法也是传统文化的一种,专有名词叫"打醮",目的是求福禳灾,在从前相当兴旺。《红楼梦》第二十九回,便对贾府在清虚观请道士打醮全过程进行了细腻描写,"贾母坐一乘八人大轿,李氏、凤姐儿、薛姨妈每人一乘四人轿,宝钗、黛玉二人共坐一辆翠盖珠缨八宝车,迎春、探春、惜春三人共坐一辆朱轮华盖车,……乌压压的占了一街的车"云云,浩浩荡荡的队伍,足见重视的程度。作法时如烧纸,属于道教中的符箓派,众所周知还有丹鼎派,就是像葛洪那样在罗浮山炼丹而终其一生的那种。据说火药就是道士们炼丹过程中发明的,算是一个意外收获或贡献。另一个副产品是成就了孙悟空的火眼金睛。孙悟空大闹天宫后被捉,太上老君自告奋勇,在他的八卦炉中把悟空给炼了,届时,"炼出我的丹来,他身自为灰烬矣"。没想到炼了七七四十九天之后,"开炉取丹"之时,被悟空"忽喇的一声,蹬倒八卦炉",连赶上来"抓一把"的老君,也"被他一捽,捽了个倒栽葱",全然弄巧成拙。

民勤那里做法承继的显见是符箓派的衣钵,无关丹药,只是念咒语和烧"符纸"嘛。事实上,丹鼎派早已日薄西山,因为它关心的只是少数贵族的命运,是那些显贵人物的长生不老。炼丹花费甚昂,也非一般百姓所能承受得起。并且,还有一个重要因素,就是费了九牛二虎之力炼出来的丹药,孙悟空吃起来没事,闹天宫的时候他在兜率天宫偷吃的五个葫芦的金丹,正是给蟠桃会的各路神仙预备的,不是嘎嘣嘎嘣都给他嚼了,"如吃炒豆相似"吗?但别人吃了可不行。现实中,吃死的人很多,连皇帝都能数出好几个。《魏书·释老志》载:"太祖好老子之言,诵咏不倦。天兴中,仪曹郎董谧因献服食仙经数十篇。于是置仙人博士,立仙坊,煮炼百药,封西山以供其薪蒸。"但是,炼好的药怎么验证药效呢?"令死罪者试服之",让死囚充当小白鼠。结果呢?"非其本心,多死无验"。冷血至极,但仍然嘴硬得很:死囚们不信丹药,所以吃了也不灵,都死掉了。既知如此,又何必让人家去试验呢?因此,对普罗大众来说,道教更有吸引力的还是符箓派。东汉时的五斗米道、太平道,都是依靠这些来发展壮大队伍的。由民间巫术发展起来的符箓派,虽然也拿长生成仙作为宗旨,但主要宗教活动是符水治病,又提倡互助济困,对社会下层很有吸引力。

箓,通常是指记录有关天官功曹、十方神仙名属、召役神吏,施行法术的牒文。形态上,箓文由道气演衍而成,所谓"浩劫之初,浑茫之际,空中自结飞玄妙气,成龙箓之章",玄乎其玄。任继愈先生主编的《中国道教史》中讲到,隋唐以来,道士仍推崇符箓咒术,他们坚信奉受太上所传的法箓,背诵箓文中的天官功曹姓名,自然界的一切(包括日、月、星、山川、河泊等)均受治于我,天神保我,吏兵护我,凶邪不敢侵,疾病不能扰。因此,箓符成为道士法师辅正驱邪、治病救人、助国禳灾的主要手段。

《水浒传》开篇,就是仁宗嘉祐年间京师瘟疫,范仲淹提出"可宣嗣汉天师星夜临朝,就京师禁院修设三千六百分罗天大醮,奏闻上帝,可以禳保民间瘟疫",仁宗采纳了,于是"急令翰林学士草诏一道,天子御笔亲书,并降御香一炷,钦差内外提点,殿前太尉洪信为天使,前往江西信州龙虎山"去请张天师。一百单八将中的入云龙公孙胜、混世魔王樊瑞,都是道士出身,高唐州知府高廉也深谙此道。面对梁山兵马,但落下风,高廉便"去背上挈出那口太阿宝剑来,口中念念有词,喝声道:'疾!'",然后便"卷起一道黑气",能够"飞沙走石,撼天摇地,括起怪风,迳扫过对阵来"。金圣叹就此评点:"念念有词喝声道疾八字,耐庵撰之于前,诸小说家用之于后,至今日已成烂熟旧语。"公孙胜降服高廉也是,"在马上早挈出那一把松文古定剑来,指著敌军,口中念念有词,喝声道:'疾!'只见一道金光射去",然后便打扫战场可也。我疑心,"疾"乃"急急如律令"的缩略版。不管怎么说吧,以此推论,民勤这里的道士嘴里叨咕些什么,也未必有人听得明白。

《颜氏家训·治家》有云:"吾家巫觋祷请,绝于言议;符书章醮,亦无祈焉。并汝曹所见也,勿为妖妄之费。"据檀作文先生的翻译,这是说:我们家里从来不提请巫师向神鬼祈祷之事,也没有用符书设道场去祈求之举,这都是你们所看到的,切莫把钱花费在这些妖佞虚妄的事情上。南北朝时的颜之推已经有如此见解,今天还笃信这些的官员不该汗颜吗?并且,如甘肃此事,已经远远超出了"妖妄之费"的范畴,立案审查,的确很有必要。

雷公

夏季时常打雷,劈死人的事情也每每见诸报端,年年如此。天打雷劈,这种自然现象在古人的哲学里,是干了坏事之后的报应。那个司雷的神,叫作雷公。

《太平广记》卷三九三云,唐贞元(德宗年号)中,华亭县有个叫堰典的,"妻与人私"。当她"又于邻家盗一手巾"时,邻居找上门来了,堰典与妻子不仅矢口否认,而且"共讳诟骂"。邻居这时揭堰典的老底了:"汝妻与他人私,又盗物。仍共讳骂,神道岂容汝乎?"堰典大约真不知道,发毒誓说:"我妻的不奸私盗物,如汝所说,遣我一家为天霹。"然而,"至夜,大风雨,雷震怒,击破典屋,典及妻男女五六人并死"。雷公就是这么代天执法的。

五代北宋之际的《稽神录》传世至今,关于雷公的内容很多。比方说庐山下有个卖油的,"养其母甚孝谨",但是也给雷劈死了。他母亲"日号泣于九天使者之祠",认为雷公善恶不分,要个说法。然而"一夕,梦绯衣人告曰:'汝子恒以鱼膏杂油中,以图厚利'",原来她儿子卖油掺过假,没有躲过雷公的慧眼。今天的食品安全成绝大难题,原因千百,缺乏强有力的震慑似为根本。《镜花缘》里也有类似实例。林之洋道:"俺有一个亲戚,做人甚好,时常吃斋念佛。一日,同朋友上山进香,竟被老虎吃了。难道这样行善,头上反无灵光么?"多九公道:"此等人岂无灵光。但恐此人素日外面虽然吃斋念佛,或者一时把持不定,一念之差,害人性命,或忤逆父母,忘了根本;或淫人妻女,坏人名节,其恶过重,就是平日有些小小灵光,陡然大恶包身,就如'杯水车薪'一般,那里抵得住!所以登时把灵光消尽,虎才吃了。"果然,后来知道"这人诸般都好,就只忤逆父母",是个不孝子。

有意思的是,饶是神,雷公也有做错事情的时候,而一旦真的劈错了,雷公还能知错即改,积极善后。还见《稽神录》:"江西村中雷震,一老妪为电火所烧,一臂尽伤。即而,空中有呼曰:'误矣。'即坠一瓶,瓶有叶如膏,曰:'以此傅之,即瘥。'"还有个村民被"失手"震死,这回"上面"口述的是偏方:"可急取蚯蚓捣烂,傅脐中,当瘥。"这样的雷公,真的是可敬又可爱了。

《太平广记》还有一则《雷公庙》,说广东雷州——《太平寰宇记》云雷州乃因该地多雷而得名——那个地方,每当大雷雨过后,都能捡到一些东西。比方于"霹雳处,或土木中,得楔如斧者,谓之霹雳楔",好像雷公工作时,真的像李逵手持两把大斧那样。雷州人把霹雳楔捡去,赋予了诸多功能,"用小儿佩带,皆辟惊邪;孕妇磨服,为催生药"。《聊斋志异》讲的就更有趣了,雷公不拿斧子改拿锤子,"亳州民王从简,其母坐室中,值小雨冥晦,见雷公持锤振翼而入,大骇,急以器中便溺倾注之",雷公给泼了这一身脏东西,"若中刀斧,返身疾逃";又像中了魔咒,"极力展腾,不得去,颠倒庭际,噪声如牛"。结果,因为下了场及时雨,"身上恶浊尽洗,乃作霹雳而去"。这是把雷公当作鬼来对待了。第一次鸦片战争时,广州守将杨芳就收集了城中好多装着屎尿的马桶,英军冲上来就扔出去,那是把英军视为"番鬼",虽然荒诞,但也是传统文化秽物驱鬼的外延。

说人话、拟人化的雷公什么模样?谢肇淛说:"雷之形,人有常见之者,大约似雌鸡肉翅,其响乃两翅奋扑作声也。"似雌鸡肉翅,见的应该是电,亦即雷公的"老婆"电母。不过雷公大约和人一样,也喜欢小三。《稽神录》云宋朝建隆(太祖年号)元年番禺有个村女被在田里干活,被雷公给掳去了,过一个月盛服回来,说被雷公娶了,现在是要办婚礼,"一同人间"。家人问,我们能见见新郎官吗?曰:"不可得。"因为谁也没见过,一千个人眼中就有一千个哈姆雷特。电视剧《西游记》无聊地拍摄三个版本了,新版的,像诸多备受非议的造型一样,"雷公"不能幸免,雷人没商量。但读过原著的人都知道,在吴承恩的心目中,雷公的模样像猴子。第十四回师徒二人投宿庄院,开门的老者"看见行者这般恶相,腰系着一块虎皮,好似个雷公模样,唬得脚软身麻"。第十六回观音院里悟空胡乱撞钟,"惊动那寺里大小僧人、上下房长老"一齐拥出,及见悟空,"唬得跌跌滚滚,都爬在地下道:'雷公爷爷!'"第十八回在高老庄,高太公责怪家仆:"你这小厮却不弄杀我也?家里现有一个丑头怪脑的女婿打发不开,怎么又引这个雷公来害我?"诸如此类,《西游记》里俯拾皆是,雷公的这般模样或是当时人们的共识吧。

有人用天人对应阐述道:"雪霜者,天之经也;雷霆者,天之权也。非常之罪,不时可以杀,人之权也;当刑者必顺时而杀,人之经也。"柳宗元表示不同意这种见解,他在《断刑论》中说:"夫雷霆雪霜者,特一气耳,非有心于物者也;圣人有心于物者。春夏之有雷霆也,或发而震,破巨石,裂大木,木石岂为非常之罪也哉?秋冬之有霜雪也,举草木而残之,草木岂有非常之罪也哉?彼岂有惩于物也哉?彼无所惩,则效之者惑也。"自然界的现象与人世间的行为,本质上在于无心与有心的区别,等于否定"报应"说。用今天的话语定位,柳宗元这是具有唯物主义世界观了。

阎罗王

网上游戏新推出了一款《猎天》。报道说,游戏"以其鲜明的文化特色,将在 2012 年向中国网游市场奉献一道神话大餐"。在那个世界里,世界格局分为八个部分:神、仙、佛、人、妖、怪、魔、鬼。他们相生相克,看似各司其职,却因为彼此不同的追求而矛盾四起。玩家在剧情的角色扮演过程中,会上问天庭,下问阎王。

阎王,就是阎罗王,佛教里主管地狱的神。所谓"鲜明的文化特色",就是阎罗信仰在中国古代及至近代,一直根植于相当多的人们的心灵深处。在他们看来,人死之后要到阎罗王那儿去报到——不是西方的上帝——由他来审判人生前的行为并施以相应的惩罚。《祝福》里的祥林嫂,听柳妈讲到她"将来到阴司去,那两个死鬼的男人还要争……阎罗大王只好把你锯开来,分给他们",而这些她此前在山里闻所未闻,马上"脸上就显出恐怖的神色来"。关于阎罗王的传说实在太多,有趣的是,传说中的阎罗王的角色本身似乎并非固定,倒好像官职一样是轮流坐庄的。

《北史·韩禽传》云,韩禽(即韩擒虎)当过阎罗王。韩擒虎的最大战功,是作为隋军先锋攻入建康,俘获陈后主,进位上柱国大将军,后以行军总管镇守西北边疆。他成为阎罗王在其自凉州总管召还之时,有一天,"其邻母见禽门下仪卫甚盛,有同王者,母异而问之。其中人曰:'我来迎王。'"忽不见。又有人疾笃,忽惊走至禽家曰:'我欲谒王'。左右问何王,曰:'阎罗王。'"左右要揍他,但韩擒虎好像明白什么了,说了句"生为上柱国,死作阎罗王,斯亦足矣",然后安详离世。

张师正《括异志》云,寇準也当过阎罗王。王质谪守海陵时,海陵监军死去多年的母亲忽然出现了,儿子问她从哪里来,母曰:"冥中有一事,应未受生与见伏牢者皆给假五日,我独汝念,是以来耳。"监军赶快告诉王质,王质"朝服往拜",咨询一些"常所疑鬼神事",老太太显然知道但不回答,因为"幽冥事泄,其罚甚重"。王质又问:"世传有阎罗王者,果有否?复谁尸之?"这回老太太答了,有,就是近世一个大臣,但"不敢宣于口"。王质于是把家里收藏的"自建隆以来宰辅画像以示之",老太太指了指寇準像,就是他。王质又问"冥间所尚与所恶事",答曰:"人有不戕害物性者,冥间崇之,而阴谋杀人,其责最重。"研究那段历史的人,想必知道老太太究竟在"索隐"什么。

关于寇準为阎罗王的传说可能流传很广,为什么如此,同样得立项研究才行。《爱日斋丛抄》援引他著补充了两则。其一,準妾蒨桃死前告诉他:"妾前世师事仙人为侠,今将别去,公当为地下主者阎浮提王也。"后来有个叫王克勤的,还真"见公曹州境上,拥驴北去,后骑曰阎浮提王交政也"。(明人《涌幢小品》说目击者是"僧克仅",与"王克勤"该是一人吧)其二,寇準被贬谪,全系当国的丁谓排挤打击所致。神宗熙宁年间蒲宗孟、曾肇修史,因为曾肇的爷爷是丁谓提拔起来的,所以他们写出来的史就"诋寇为多,而于丁甚为明白其事"。曾肇把稿子拿给哥哥曾巩看,曾巩笑曰:"我闻莱公死作阎罗王,你自看取。"这意思很明白,他是谁将来都要去报到的那个地方的主管,你得掂量着办。

《玉光剑气集》云，明朝大将卢象升因为作战骁勇，被"贼"称为"卢阎王"，这是说他异常凶猛。实际上，"攘外"时他也是一样。清兵南下，兵权在握的杨嗣昌主和，卢象升主战，他厉声斥责杨："独不闻城下之盟《春秋》耻之乎？"当此之际不奋身报国，"何颜面立人世乎！"最后，在"三军乏食，空腹而驰"的状况下，卢象升面对清军的包围，仍"夺刀入，击杀十余人，身中二矢、二刃"，终于战死疆场。该是由阎罗王这个层面的意义引申吧，也指凶恶残暴的人，比方《水浒传》里"爷爷生在石碣村，禀性生来要杀人"的阮小七，绰号就叫作"活阎罗"。

《涑水纪闻》云，包拯"为人刚毅，不可干以私，京师为之语曰：'关节不到，有阎罗包老。'"他办案的时候，谁要是"有所关白"，则"面折辱人"，一点面子也不给；然包拯"刚而不愎"，人家说的"若中于理，亦幡然从之"，这是很难做到的，因此"吏民畏服，远近称之"。"阎罗包老"更成了一个词语，泛指刚正无私的人，但这个定义偏窄。汤显祖《牡丹亭》第五十五出《圆驾》，已经死了三年的杜丽娘，"重瞻天日向丹墀"，但究竟是真是假，柳梦梅和丽娘的爸爸杜宝各执一词。柳喜极而泣："俺的丽娘妻也。"杜则"作恼介"："鬼乜些真个一模二样，大胆，大胆！"进而认为："此必花妖狐媚，假托而成。"孰是孰非？"便阎罗包老难弹破，除取旨前来撒和。"撒和，调停。那意思，圣旨大于一切。

关于阎罗的各种故事、比附，虽尽皆虚妄之说，然其问世之时必有所指、必有抒发。应用马利诺夫斯基的功能理论，任何一种文化现象，不论是抽象的社会现象还是具体的物质现象，都有满足人类实际生活需要的作用，即都有一定的功能。至于功能如何，还须具体情况具体分析。

鬼

2008年国庆长假期头一天,跑到影院看了新拍的所谓"大片"《画皮》。出发前只打算看一场电影,除了《画皮》什么都可以看,不料实际情况却是,那里除了《画皮》就不放映别的。之所以先前不想看,不是对导演演员什么的抱有成见,而是自以为对蒲松龄的那个"鬼"故事早已稔熟,不必要看;兼且有儿时看的港版《画皮》在先,一度毛骨悚然。深夜里,"朱虹"坐在门槛上哭,投入一道长长的影子……这个镜头至今印象尤深。彼时倒不是怕鬼,而恰是这种情景在生活中并不陌生,所以尤其感到恐怖。

在鲁迅先生的名篇《祝福》中,祥林嫂追着"我"问"人死了以后,到底有没有魂灵",结果"我也说不清",令祥林嫂很失望。灵魂,在传统世界观中就是鬼了。今天回答这个问题可以斩钉截铁,即"我"在当时也未必不能给出否定的答案,实因"这里的人照例相信鬼,然而她,却疑惑了",导致"我"不知该怎么回答,"为她起见"只有吞吞吐吐。从前,主流观点认为人死后确有灵魂。如《礼记·祭义》云:"众生必死,死必归土,此之谓鬼。"所谓主流观点,是因为其中也有例外,比如东汉时的王充,他就不相信有鬼。他有个比方,人们在睡着了的人旁边说话、做事情,睡着了的人根本不知道,"夫卧,精气尚在,形体尚全,犹无所知;况死人精神消亡,形体朽败乎?"在新版《画皮》里,周迅扮演的鬼是个流落西域的白狐,名叫小唯,不过按照传统说法,野狐一般叫阿紫,大抵相当于叫丫鬟为梅香吧。

"没做亏心事,不怕鬼上门。"此则俗谚表明人是害怕鬼的,其实鬼也有所怕,我们看不懂但鬼显然能够看懂的符咒就是其一。此外,钱锺书先生还汇集了几种:曰怕唾沫,怕鸡叫,怕聻。聻,就是鬼死了之后的叫法。鬼也会死吗?前人的世界观里认为同样会的。《太平广记》卷三八四云,使院书手许琛二更暴卒,五更复苏。这个时间段里发生了什么呢?他跟同僚讲他去了鸦鸣国——鬼国,此地"日月所不及,终日昏暗,常以鸦鸣知昼夜",所以得名。许琛这个人看起来胆子很大,还有闲心跟捉他的黄衫鬼使闲聊,好奇地询问:"鸦鸣国空地何为?"鬼使告诉他:"人死则有鬼,鬼复有死,若无此地,何以处之?"蒲松龄后来也说:"人死为鬼,鬼死为聻。鬼之畏聻,犹人之畏鬼也。"鬼怕聻,等于说鬼也怕死。

鬼怕唾沫、怕鸡叫,都常见于从前的小说中。再如《太平广记》卷二四二云,唐朝萧颖士薄暮行荒郊,"有一妇人年二十四五,着红衫绿裙,骑驴",她说自己害怕天黑,搭讪着想跟颖士同行。颖士以为她是鬼,唾了一口,且骂道:"死野狐,敢媚萧颖士!"然后鞭马南驰,住进了一家小店。过了好久,那女子也来了,原来却是"店叟之女",搞得萧颖士很不好意思。鬼怕鸡叫,以袁枚《新齐谐》说得最有趣:"忽鸡叫一声,两鬼缩短一尺,灯光为之一亮。鸡三四声,鬼三四缩,愈缩愈短,渐渐纱帽两翅擦地而没。"

很有意思的是,鬼还怕奉承过火。纪晓岚《阅微草堂笔记》云,某显宦之鬼因为墓碑碑文把他吹得太好了,夸诞失实,不仅"游人过读,时有讥评",而且"鬼物聚观,更多讪笑",弄得这个鬼自惭"虚词招谤",不安于墓,干脆遁至一岩洞中。显然这是明说鬼,实指人了。国人一向讲究"人死为大",于是仿佛死了的才个个是好人,不惜堆砌溢美之词,在堆砌者自己,当然心知肚明。东汉蔡邕觉得自己写了那么多悼词,唯《郭有道碑》写得"无愧";韩愈众所周知不免"谀墓";白居易评价所谓盖棺论定式的墓志,"岂为贤者嗤,并为后代疑";杜甫干脆道破其所得来,"大抵家人贿赂,词客阿谀,真伪百端,波澜一揆";丁谓更干脆一概打倒:"古今所谓忠臣孝子,皆不足信;乃史笔缘饰,欲为后代美谈者也。"西晋鲁褒《钱神论》曰:"有钱可使鬼,而况于人乎!"有了钱——还可以加上权,没有什么人间丑事干不出来!三国时的杜恕还有这样一个见解:"可以使鬼者,钱也;可以使神者,诚也。"然唐朝的张延赏表示不同意,他说:"钱至十万贯,通神矣!无不可回之事。"连神也照样买得通。明朝沈周有《咏钱》三首,其一亦云:"匾匾团团铜作胎,能贫能富亦神哉。有堪使鬼原非谬,无任呼兄亦不来。总尔苞苴莫漫臭,终然扑满要遭槌。寒儒也辨生涯地,四壁春苔绿万枚。"袁宏道说得更一针见血:"闲来偶读《钱神论》,始知人情今益古;古时孔方比阿兄,今日阿兄胜阿父。"

钱锺书先生指出:"人之事鬼神也,常怀二心焉。虽极口称颂其'聪明正直',而未尝不隐疑其未必然,如常觉其迹近趋炎附势也。"所谓二心,该是又恨又怕。钱先生还认为,这种情况跟臣事君差不多。在公开场合,众口一词"天王圣明",私底下嘀咕的是"君难托"也就是说靠不住。把事君与事鬼相提并论,未知是否钱先生的发明,总之发人深思。

倘做鬼

山东省作协副主席王兆山先生的词二首甫一问世,即掀起了轩然大波。其《江城子·废墟下的自述》中的那句"纵做鬼,也幸福",尤其千夫所指。看了一些评论文字,大抵都是咒骂,甚至要他自己去死一下,以体会如何幸福。大家真没必要这样,还是要"摆事实讲道理",大批判早已经被证明解决不了问题。在下这里要跟兆山先生摆的是:倘做鬼,不幸福。当然,谁也没真正做过鬼,惟有依照前人的识见,亦即传统文化折射出的世界观来论事。

翻来翻去,明朝谢肇淛《五杂组》中倒是真有一段貌似做鬼幸福论。说宋代的叶衡罢相,"日与布衣饮甚欢",有天身体不舒服,对大家说,我要死了,"但未知死佳否耳?"一位姓金的士人答曰,死了之后,好得很。叶衡惊讶地问,你怎么知道?老金一本正经地说:"使死而不佳,死者皆逃归耳。一去不返,是以知其佳也。"当时"满坐皆笑",后世的我们当然也知道,老金那是黑色幽默。兆山先生东施效颦,当作真有那么回事,就难免要伤害国人的感情了。

作为神仙,齐天大圣孙悟空差一点儿做鬼,就是因为觉得会不幸福,所以又打了回来。《西游记》第三回"四海千山皆拱伏 九幽十类尽除名"中,有一天孙悟空正"倚在铁板桥边松阴之下,霎时间睡着"的时候,被两个勾死人勾走,到了"幽冥界"才顿然醒悟这是"阎王所居"的地方,赶快从"耳朵中掣出宝贝,幌一幌,碗来粗细;略举手,把两个勾死人打为肉酱"。然后,"自解其索,丢开手,轮着棒,打入城中。唬得那牛头鬼东躲西藏,马面鬼南奔北跑"。这且不算,他还呵斥冥王把生死簿子拿来,"亲自检阅",看到自己"该寿三百四十二岁,善终",并不满足,干脆把名字消了,以期永远不来做鬼。可笑的是鬼判官不仅渎职,还"慌忙捧笔,饱揸浓墨",一副溜须拍马的嘴脸。

凡人也是这样。秦桧夫妇在十八层地狱中如何受煎熬,版本五花八门,人们因为对他二人恨之入骨,乃极尽想象之能事。民愤没那么大的,比如《癸辛杂识》谈到战国时的秦将白起,阴间的日子也很难过。那是王陞"曾病入冥",逮他的小鬼呼之曰"王陵",他说我不是,叫错了;小鬼告诉他,你的前身就是王陵,与白起曾经并肩作战的那个王陵。小鬼们把王陞带到一个大城,"城中有一囚,闭其中,身与城等",小鬼告诉他,这就是白起,"罪大身亦大",把你找来是要核实一下坑杀赵国40万降卒那件事。王陞说:"吾初建言分赵屯耳,坑出公意。"都是他干的。白起听罢,以头触城,哭曰:"此证又须千万年。"揣摩这段话的意思,好像古人认为阴间隔上若干年,要对罪恶进行重新甄别。

《吴下谚联》中则谈到了沈万三,就是今日周庄满街叫卖"万三蹄"的那个主人公。沈万三是个巨富,做鬼也不幸福,"死游十八狱,狱狱需索"。因为"毫无给发",众鬼还冲上来一起揍他:"尔巨富,谁不知之。吾等望子来久矣。"万三辩解说:"吾生时诚富,奈今死矣,一文不得带来,何以给付尔等?"这说的该是实话。元朝脱脱丞相贪婪无比,时人吊诗云:"百千万贯犹嫌少,堆积黄金北斗边。可惜太师无脚费,不能搬运到黄泉。"这是说连脱脱这样的位高权重者都没办法把钱财弄进来,也就不是万三不为而实属不能了。但众鬼对此丝毫不予理解,该是鬼之令人不可理喻之处,同时也愈发显见孙悟空动用武力的可爱。明朝沈德符还有种说法:"世之墨吏,其作鬼亦必通苞苴也。"则不知那些墨吏有什么招数,应该有吧,有钱不是能使鬼推磨吗?汤显祖《牡丹亭》之《冥判》,也活灵活现地描述了鬼判官如何索要润笔,"十锭金,十贯钞",价码清楚。

看完了高官、巨富之类,不妨再看看寻常人物,就是《牡丹亭》中的杜丽娘,做鬼同样没有幸福可言。当年,《牡丹亭》既出,"家传户诵,几令《西厢》减价",就是因为杜丽娘惊天地泣鬼神的爱情故事。她因为要再见"惊梦"里的书生,抑郁寡欢而终于成了鬼,开始做鬼的那几年她是有幸福可言的,"和柳郎幽期,除是人不知,鬼都知道"。但是,必欲享受幸福,她还得"回生",由鬼还原为人。为此,柳梦梅要起之于地下,暂时背负盗墓贼的罪名。对比之下,20世纪末的美国电影《人鬼情未了》(Ghost,直译即《鬼》),虽然轰动一时,还得了他们的"小金人",想象力却未免相形见绌,同样是人鬼相会,但完成了心愿的男主人公却去了天堂,留下了孤零零的"黛米·摩尔"。看杜丽娘,挖她出来的时候,棺材已经"钉头锈断",里面的她却还"异香袭人,幽姿如故"。

"生前之福何短,死后之福何长。然短者却有实在,长者都是空虚。"这是清朝钱泳的一段论述。他说自己这是"臆论",但可为本文作结。王兆山先生倘若能够理解,就该知道大家为什么几乎众口一词地骂他。"纵做鬼,也幸福",属于他的"臆论",然而却武断得无以复加,没有实例佐证,那就近似于睁着眼睛说瞎话了。

城隍

广州城隍庙修复工程启动仪式已于月初(2009年12月)在城隍庙原址举行。据说,现存占地只有500多平方米的这个城隍庙从前可不然,它在明清时期岭南拥有之最的称号,且是清代"羊城八景"之一,到了1920年才拆庙建街。本来,修复城隍庙不过是添个旅游景点罢了,当然时尚说叫文化项目,广州不是还搞了个城隍庙修复研讨会嘛,大约要力避人们以为此乃"眼球经济"的一种吧。研讨会上,专家从"文化"角度位来壮声威,有人认为城隍庙的存在可以使人有所畏惧,"人有所畏,不敢妄为",把城隍当成城市人伦道德的守护神了。有人又说,广州城隍庙曾挂有一把大算盘,上面写着"人有千算,天只一算;阴谋暗算,终归失算",这样一看,城隍神又可成为反腐队伍里的新兵了。

城隍信仰确是传统文化的一种。《北齐书·慕容俨传》载,慕容俨镇郢,梁军来犯,"水陆军奄至城下",又于"上游鹦鹉洲上造荻洪(草本植物做成的障碍物)竟数里,以塞船路"。当此"人信阻绝,城守孤悬,众情危惧"之际,慕容俨一方面对大家"导以忠义,又悦以安之",另一方面就想到了发挥城隍的作用。城中是有一尊城隍神的,此前也是"公私每有祈祷"。慕容俨因势利导,"顺士卒之心,乃相率祈请,冀获冥佑"。也不知真的假的,"须臾,风起,惊涛涌激,漂断荻洪",梁军"复以铁锁连治,防御弥切"。慕容俨他们尝到了甜头,"还共祈请",干脆就指望城隍神了。好家伙,"风浪夜惊,复以断绝",铁的也不济事。从"如此者再三"来看,城隍神被祈祷了不止两回。在这里,城隍充当了守护神。不过,在有些时候,城隍神却并不受人的摆布。《隋书·五行志》载梁武陵王萧纪祭城隍神,说他"将烹牛,忽有赤蛇绕牛口",是之谓牛祸,意谓"天不享",也就是城隍不接受你的崇拜。这当然是有缘由的。《梁书·武陵王纪列传》载:"及太清(武帝萧衍年号)中,侯景乱,纪不赴援。高祖崩后,纪乃僭号于蜀,改年曰天正。"趁乱过了回皇帝瘾。有善于言谶的识者说:"正之为文'一止',其能久乎!"萧纪在宝座上的确只坐了一年,但所谓"识者"应该是就事实来回溯的吧。

专业人士告诉我们,唐宋时城隍信仰滋盛,后者还列之为国家祀典;到了明初,更大封天下城隍神爵位,分为王、公、侯、伯四等。自然,都有史料依据。以唐人而言,赵翼《陔馀丛考》云李阳冰有《缙云县城隍记》、张九龄有祭洪州城隍神文、杜甫有"十年过父老,几日赛城隍"诗、杜牧有祭城隍祈雨文……那么多人提到那么多地方的城隍神,表明城隍崇拜在唐代是一个普遍存在。《宋史·苏缄传》则可窥宋人城隍崇拜之一斑。神宗熙宁四年(1071),"交趾谋入寇",苏缄以皇城史知邕州,很有威名。他死后,交人又来,然"行数舍,其众见大兵从北来,呼曰:'苏皇城领兵来抱怨。'惧而引归",成就了"死诸葛走生仲达"的宋代版。这里的"苏皇城",原来写的就是"苏城隍",《宋史》(中华书局版)的点校者认为,李焘《续资治通鉴长编》中写的是"苏皇城",苏缄又有"皇城史"的身份,当如是而改。不过,此前的赵翼即未采此说。其实无此校改,径叫苏城隍,用神来吓人,甚至可能说得更通。

明初曾经给城隍加官晋爵,发生在洪武二年(1369),根据礼官建言,朱元璋封京都的,以及开封、临濠、太平、和州、滁州的城隍皆封为王;其他地方,府的封为公,秩正二品;州的封为侯,秩三品;县的封为伯,秩四品。跟人间的官员一样,等级分明。次年,又诏去封号,"止称某府州县城隍之神,又令各庙屏去他神",唯城隍是尊。于是,"国有大灾则告庙"。祭拜呢,"在王国者王亲祭之,在各府州县者守令主之"。也就是在这时,"以鉴察民之善恶而祸福之,俾幽明举不得幸免",城隍摇身一变,由保护神变为冥界监察系统。显然,这种威慑只是相当于吓唬人的十八层地狱那类。

《玉光剑气集》云,明朝参将黄瑄尝事武安侯郑亨及阳武侯薛禄,至少从他们身上学到了"廉声"。他说郑亨治大同极有威严,"前呵一出,狗豕皆知走避",并且他这个人是无神论者,"不谒神祠",只在过城隍庙的时候还算客气,但也是举举手说声"大哥好照顾"而已。郑亨那时已经七十多岁,因为"刚正有为,一志为国",所以他虽"性稍褊,没议事,辄不从中官言",但他死后,"中官乃悼惜之无已"。临死时他同样"语不及私",只说:"此大同,我国家后门。我乃死矣,后来者何人,勿坏国家事也。"这样"其心本公"的官员,不仅"能服人",而且就算有怠慢神的行为,大抵神亦不怪。而从萧纪的经历来看,当下的贪官既拜城隍神,亦未必为之所佑。专家之言,道理似在这里。

广州城隍庙预计可在明年亚运会举办前修复开放。前述诸如此类,当作城隍信仰时代的谈资可也,为亚运添点儿花絮可也。倘若以为当今的道德滑坡乃至已经突破百姓承受底线的腐败问题竟然需要借助城隍庙的一臂之力来治理,痴人说梦之余,当真是"放鹤在深水,买鱼在高枝"了。

前世

不久前在凤凰卫视看到一个李敖参与的娱乐节目,由台湾蔡康永和小S徐熙娣共同主持的《康熙来了》。此"康熙",自然不是指电视剧里"真想向天再借五百年"的那个康熙皇帝,而是从两名主持人的名字中各取一字,组合而成。

看海峡彼岸的娱乐节目,往往都有星相界人士的介入。胡瓜、高怡平主持的红极一时的婚恋交友节目《非常男女》,对"速配"成功了的,都有嘉宾卜卦一样预测二人的未来,《康熙来了》也不例外。节目开始不久就有两女一男三个"算命的"坐在那儿,尽管李敖明确表示根本不信此道,但他们还是一会儿分析李敖的印堂,一会儿分析他的眼距,总之是要在"命里注定"方面证明李敖之所以为李敖。末了亮相的一个嘉宾,更令人惊讶得闭不拢嘴,他说他知道李敖的前世是谁。是谁?历经清朝康、雍、乾时期的重臣孙嘉淦。为什么?他"推算"出来的,用紫薇斗数什么的,说二人有许多共同之处:都坐过两次牢,都好色,都直言不讳等。

今天仍然听到神神道道的"前世"说法,新鲜之余,恍若跨越了时空。古人是非常笃信"前世"说的。

前世,犹如前生、前身,乃佛教用语,相对于今生而言。桐城派代表人物方苞的文章,"誉之者以为韩、欧复出,北宋后无此作;

毁之者谓所得者古文之糟粕,非古人之神理"。这两个极端的评价是否精当,且不去理论,这前半句,就有前世的意味在内,但显然还不是这种。前世说大抵不是神似而是"等于",此即彼,彼即此,生活于不同的时空而已。《颜氏家训》云:"今人贫贱疾苦,莫不怨尤前世不修功业。"《西游记》里,孙悟空打死的妖怪不少都是虎豹熊罴之属,而在棒落之前,它们往往都是"人"的模样。吴承恩有这样的奇想,并不是他的发明,实乃古人世界观的一个组成部分。人的前世可以是人,也可以是动物。《蕉轩随录》云,"郑愚醉眠,左右见一白猪",这意味着郑愚的前世是一头白猪。还说五代十国时的吴越国王钱镠前世为蜥蜴;欧阳修闻到榆荚香,乃悟自己前世为会说话的八哥;袁枚前世为点苍山白猿,纪晓岚为蟒精,吴香亭侍郎为蛤蟆……

人的前世为动物,并不见得含有任何贬义,甚至政敌说王安石前世"乃上天之野狐"也是如此。但人的前世,更多的还是人,主要是名人。《春渚纪闻》云,南唐大将边镐,其前世是南朝谢灵运,因此他的字便取作"康乐"——灵运世袭为康乐公;宋朝范纯夫的前世是东汉邓禹,所以取名祖禹,这个说法是他妈妈做梦梦来的,所以他的字为梦得。另外还有人说,东汉蔡邕蔡伯喈的前世为同朝的张衡张平子,苏东坡的前世是战国时的邹阳。人们认为,"即其习气,似皆不诬也",就是说,前世与后世的人物,相互之间存在相近之处。这其实是一句废话,若无一丝类似的地方,原本风马牛不相及的两个人,或者人和动物,也不会硬生生地给拢到一起。不过,对蔡邕的前世为张衡,逻辑上却不能成立。蔡邕是大文学家,张衡是科学家同时也是文学家,他不仅发明了地动仪,而且其《二京赋》在众多汉赋中也脱颖而出,这是二人"习气"的近似,但张衡在公元139年去世的时候,公元132年出生的蔡邕已经7岁了,两人曾经并世,前世却从何谈起呢?

黄瑜《双槐岁钞》云,大宗伯周洪谟甚至看见过自己的前世。那是他考中举人的那一天,舟泊邗江,夜见一人对他说,我是你的前世,嘱他"前程万里,终身清要"。周洪谟问他是谁,那人说自己姓丁,家在维扬,号友鹤山人。后来,周洪谟官翰林,以诗询问维扬太守王恕:"生死轮回事杳冥,前身幻出鹤仙灵。当年一觉扬州梦,华表归来又姓丁。"王恕收到后,"甚讶,集郡之耆老询之",还真的有这个人,"以诗名家,元末隐逸"。不过黄瑜并不相信这种事,认为周洪谟是嗜学之人,"精神恍惚,人或附会之耳"。也许是对周洪谟有一点敬仰之心吧,对其他类似现象,黄瑜可没这么客气,直截了当地指出:"此皆豪俊之士自诧神灵以欺人耳,安足信哉!"

其实,早在宋朝,周煇《清波杂志》对这种穿凿附会的前世说就已经颇有微词了。时称房琯为永禅师、白居易为蓬莱仙人、韩琦为紫府真人、富弼为昆仑真人、苏东坡为戒和尚,周煇认为:"第欲印证今古名辈,皆自仙佛中来。然其说类得于梦寐渺茫中,恐止可为篇什装点之助。"无非是想说,今天的名人,从前就了不起。这种"篇什装点之助"往往来自他人,有趣的是,南朝齐梁间的道教思想家陶弘景却自认前世,晚年时他宣称自己前生是佛教中的胜力菩萨,投胎下凡来度众生的。

前世说对古人确实魅力无穷。如今,孙嘉淦即为李敖,作为娱乐节目,聊博一笑可也,但主持人居然向李敖表示道歉,大抵是孙的"分量"不够,委屈了李。不过,撇开孙嘉淦做过湖广总督、翰林院掌院学士等官职不谈,即从犯颜直谏这一点上,孙也未必低过李。他向乾隆皇帝所上著名的《三习一弊疏》,所表现出的盛世之下的忧患意识,开口但骂的李敖如何可比?对待所谓前世,应当采取的是黄瑜们的态度,但看到今天的星相家们那么煞有介事,那么谄媚,唯一感到的只是好笑。

梦兆

2018年5月14日,川航3U8633航班自重庆飞往拉萨的途中,因为驾驶舱右座前风挡玻璃破裂脱落而突发意外。机长刘传健凭着过硬的飞行技术和良好的心理素质,加上机组人员以及地面民航各保障单位的密切配合,飞机最终安全备降成都双流机场,其间只有右座副驾驶及一名乘务员受伤。业界人士指出,这次返航备降成功堪称"世界级"。在《南方人物周刊》随后对机上乘客的采访中看到一则趣事。她说5月12日做过一个梦,梦见鹅毛大雪从空中飘落,一朵一朵掉到她身上,惊醒之后摸出手机搜索,在"解梦"网页上到:"梦见身上的雪花或残雪不掉落,预示不久会有丧事或重大变故灾难发生。"因而她对是否搭乘飞机犹豫不决,正在这时得到了舅舅病死的消息,遂使之以为梦兆预示的灾难过去了……

读到这一段觉得非常新鲜,概梦兆之类,常见于典籍中,那是前人才笃信的事情。

人人都做过梦,《酉阳杂俎》云有一种"梦草",乃"汉武时异国所献",这种草"昼缩入地,夜若抽萌。怀其草,自知梦之好恶。帝思李夫人,怀之辄梦"。那是有目的地做梦吧。一般来说,梦境不请自来,没这么复杂;且梦之好恶亦即吉凶,需要根据一定的占梦"规则"来阐释,所谓"自知"往往只能是想当然。占梦,即根据梦像来预卜做梦者在未来的吉凶。梦而划分吉凶,折射的是前人素朴、实用的价值观念。在前人的种种占卜迷信中,占梦具有一种特殊的神秘性和迷惑力,《汉书·艺文志》直截了当地说:"杂占者,纪百家之象,候善恶之证,众占非一,而梦为大,故周有其官。"周之占梦官,职责主要是"掌其岁时,观天地之会,辨阴阳之气,以日月星辰占六梦之吉凶",在"献吉梦"的同时,还要"赠噩梦",也就是负责把恶梦送走。

川航这名乘客做的梦正是恶梦,连她自己都知道属于凶兆,前人的这种意识就更强了。《晋书·王濬传》载,王濬"夜梦悬三刀于卧屋梁上,须臾又益一刀",也是吓醒了,"意甚恶之"。不料主簿李毅再拜贺曰:"三刀为州字,又益一者,明府其临益州乎?"这是预兆您老人家要去那里当官啊。事有凑巧,"及贼张弘杀益州刺史皇甫晏,果迁濬为益州刺史"。梦刀,就此成为官吏升迁之典。则该梦貌似凶兆,实为吉兆了。当然,更多的梦兆是泾渭分明的,凶便是凶,吉便是吉。如"梦白鸡",就是人之将死的征兆。《晋书·谢安传》载,谢安怅然谓所亲曰:"昔桓温在时,吾常惧不全。忽梦乘温舆行十六里,见一白鸡而止。乘温舆者,代其位也。十六里,止今十六年矣。白鸡主酉,今太岁在酉,吾病殆不起乎!"于是"上疏逊位"。

《国语·晋语二》云,虢公梦见"有神人面白毛虎爪,执钺立于西阿",吓得赶快就跑。神人说,别跑,天帝有命,"使晋袭于尔门",让晋国打你们。虢公也是吓醒了,召史嚚占梦,史嚚认为,这是上天要对我们有所惩罚。结果,虢公不仅把史嚚给抓了起来,"且使国人贺梦",他不爱听那些不好听的解释,硬要让坏事变成好事,凶兆化为吉兆。舟之侨知道后,告其族人赶快移民,他从虢公这种态度判断出，虢国离灭亡的那一天并不远了。

《枣林杂俎》云，崇祯皇帝也做过一个梦。那是癸未（1643）年五月，梦见有一人写了个"有"字。告诉大家后，有的说"此大有之祥"，也有的说"臣窃以为非利"，盖"有"字，则"大明"去其半矣。崇祯也是怒甚，先让近侍去查这是什么人说的，不果，又把任务给了锦衣卫。御史霍达说："此即贼奸细也。"凑巧的是，崇祯吊死在煤山就发生在次年。言明已去其半的人，虽然最终"迹之不得"，到底没查出来是谁说的，但他讲那话未必是有先见之明，而是耳闻目睹的社会现实让他不能不生发感慨吧。然崇祯的态度，与虢公并无二致。

梦为什么会有预兆呢？朱熹的观点是："人之精神与天地阴阳流通，故昼之所为，夜之所梦，其善恶吉凶，各以类至。"归结到他的"天人感应"理论那里。然而，占梦虽有评判"标准"在那里，但也可以完全由人临场发挥。《三国志·孙皓传》中，裴松之引《吴书》注丁固曰，丁固为尚书时，"梦松树生其腹上"。他觉得是好兆头："松字十八公也，后十八岁吾其为公乎！"还有的占梦原则，本身就是采用双重标准。《潜夫论》有"今（同）事，贵人梦之即为祥，贱人梦之即为殃；君子梦之即为荣，小人梦之即为辱"。《梦占逸旨》有"凶人有吉梦，虽吉亦凶，吉不可幸也；吉人有凶梦，虽凶亦吉，凶犹可避也"。诸如此类，几乎与没有原则、不讲道理同义。

占梦无疑有很多臆说和附会之处，但作为一种历史现象，一方面是传统社会心理的折射，另一方面也可以窥见时人的"三观"。如刘文英先生所指出，对梦的迷信，首先是一个宗教学的问题。由于它涉及到形神关系、心物关系以至天人关系，同时又是一个很特殊的哲学问题。无论如何吧，贾谊云："天子恶梦则修道,诸侯恶梦则修政,大夫恶梦则修身。"对应的相关人等倘能以恶梦为契机而进行"整改",则积极意义还是不言而喻的。

梦兆（续）

前文说了，梦兆中与凶兆对应的，是吉兆。即便是凶兆，前人也要千方百计将之"转释"为吉兆，更不要说意头本身就不错的了。

比如生育类。梦日、梦熊，都是生男孩儿的吉兆。梦日之说，源自《汉书·外戚传》。孝景王皇后还是王夫人的时候，怀孕了，"梦日入其怀"。她告诉了太子，太子曰："此贵征也。"这个孕中的孩子，就是后来的汉武帝。干宝《搜神记》亦云："孙坚夫人吴氏孕而梦月入怀，已而生策。及权在孕，又梦日入怀，以告坚曰：'妾昔怀策梦月入怀，今又梦日，何也？'坚曰：'日月者，阴阳之精，极贵之象，吾子孙其兴乎！'"孙策，三国时吴国的奠基者之一，在《三国演义》里绰号"小霸王"；孙权，吴国的建立者，第一任皇帝。就后世的地位而言，孙权自然高过孙策，孙权登基后，追尊哥哥"为长沙桓王"。则怀孕时梦月较之梦日，于此便见出了成色。

梦熊之说，源自《诗·小雅·斯干》，"吉梦维何？维熊维罴，维虺维蛇"云云。郑玄笺曰："熊罴在山，阳之祥也，故为生男。"相应地，"虺蛇穴处，阴之祥也，故为生女"。前面两个"维"是说"男子之祥"，梦到熊罴，预示会生男孩。后面两个"维"，是说"女子之祥"，梦到虺蛇，预示会生女孩。刘文英先生认为，这是占梦术

"转释"梦象所采用的象征法。在气质上,熊罴具有阳刚之性,虺蛇具有阴柔之德,可能与史前的图腾崇拜与族外婚有关。运用此法的梦例和占例有许多,如《艺文类聚》所云"松为人君。梦见松者,见人君之征也",等等。前文王濬之"梦刀",则属于"转释"梦象所采用的解字法。

比如文采类。《晋书·文苑列传》载,罗含"尝昼卧,梦一鸟文彩异常,飞入口中,因惊起说之"。别人给他解梦:"鸟有文彩,汝后必有文章。"当然是果然了,罗含"自此后藻思日新"。李亢《独异志》引《武陵记》说到东汉经学家马融,"梦见一林,花如绣锦,梦中摘此花食之。及寤,见天下文词,无所不知,时人号为绣囊"。罗含、马融,都是享誉后世的著名学者,后人用梦兆说事,以为非如此无以解释他们何以独步当时吧。

又比如当官类。《倦游杂录》云:"有军伶人杂剧,称参军梦得一黄瓜,长丈余,是何祥也?"一伶贺曰:"黄瓜上有刺,必作黄州刺史。"一伶批其颊曰:"若梦见镇府萝卜,须作蔡州节度使?"正在看戏的范雍,怀疑是跟他有点儿别扭的卢押班故意让他们这么演的,所以"即取二伶杖背,黥为城旦"。生活中,这样的"真实"故事也可以信手拈来。《在园杂志》云,刘晓未遇时落魄杭州,整天在西湖边上徘徊,"一日祈梦于少保(谦)庙,梦少保拱手者再,以米一勺置诸掌中"。醒来后,刘晓痛苦极了,以为自己"他日必乞食也",这是将来要沦为乞丐的征兆啊。后来,刘晓"赴广西傅将军军前,招抚有功,议叙补授浙江粮道",忽然对那个梦又恍然大悟了,"少保拱手者,敬公祖也;以米置掌中者,掌粮储也"。这种结果,则属于占梦术"反说"梦象。

必须看到,还有一个非常特殊"品种"的梦,即刘声木所说的"谬梦",就是为了达到某种目的而道出的根本就是子虚乌有的梦。

《水浒传》中，宋江回家去接父亲和弟弟上山而被官兵发现，仓皇之中躲在"玄女之庙"避难，不意因此梦见了九天玄女。人家口口声声叫他"宋星主"，请他去作客；宋江喝了三杯仙酒，吃了三枚仙枣，还得到了三卷天书。玄女告诫他："宋星主，传汝三卷天书，汝可替天行道：星主全忠仗义，为臣辅国安民，去邪归正；勿忘勿泄。"金圣叹指出："只因此等语，遂为后人续貂之地。殊不知此等，悉是宋江权术，不是一部提纲也。"就是说，此"谬梦"犹如后面的"石碣"，构成宋江愚弄梁山众兄弟以死心塌地追随之的手段罢了。《邵氏闻见录》云，文彦博年轻时"从其父赴蜀州幕官"。过成都，彦博"入江渎庙观画壁，祠官接之甚勤"，祠官说，他"夜梦神令洒扫祠庭，曰：'明日有宰相来，君岂异日之宰相乎？'"彦博显然很受用，笑曰："宰相非所望，若为成都，当令庙室一新。"宋江的、祠官的梦，无疑都是谬梦。

刘声木《苌楚斋随笔》云："明吴与弼动称梦见文王、周公、孔子、朱子来访，谢榛动称梦见杜工部来访，茅坤动称梦见太史公来访。"声木认为，这三个梦就是谬梦，"一则自以为道德可与周孔侔，一则自以为诗文足与太史公、杜工部匹，故有此等谬悠之词，肆无忌惮，毫无凭证。凡能言之孺子，无一不能信口雌黄，满口鬼话。稍有知识之童子，亦未有信之者，何烦吴与弼、谢榛、茅坤等言之。果使夜夜真有是梦，亦万不可告于他人，况敢笔之于书乎！吾不知三人乃名人，何以胡涂荒谬至此"。声木进而指出："明季士习之坏，真无奇不有，此等侮圣非法，倡言不讳，实为文字中之盗贼。孔子虽有梦见周公之语，岂他人所能刻划无盐乎！"

"纷纷辞客多停笔，个个公卿欲梦刀。"元稹《寄赠薛涛》中的句子。玩味之，不能不会心一笑，元稹似乎总结出了一条"普遍规律"。至于谬之与否，当然也是他们自己心知肚明。

占梦

自1994年以来的13年间,兰州女子杨丽娟为了见香港"天王"刘德华一面,与父母先后3次到港、6次进京。父亲杨勤冀因此倾家荡产筹募旅费,除了卖房、举债外,甚至到医院卖肾。终于,事情在3月25日发展到了极端:因刘德华没有满足女儿想与其私下见面的要求,杨勤冀选择了跳海自尽。

杨家不幸,华仔无辜。无辜之处在于,见面该见多久、谈话需谈多长,是杨家强加给他的"霸王条款"。而杨丽娟之所以如此迷恋刘德华,却是源于她做过许多关于他的梦。开始的时候,梦见房里有一张刘德华的照片,照片上写着:"你这样走近我,你与我真情相遇。"更奇的地方在于,她梦到他穿了一条什么裤子,过了几个月,果然在杂志上就看到他穿着那条裤子,她把这叫作感应。于是,自家做梦和感应的结果,使杨丽娟开始不懈地搜集刘德华的资料。从这个角度出发,她丝毫不承认自己是追星族。

杨丽娟对梦的解读,有个名词叫作占梦。很古的时候,人们就已经在开始琢磨梦里的情景究竟是怎么回事。后来有了专业的占梦家,根据梦象来预卜梦者在未来的吉凶。殷周时代,国家设有专司占梦的官员,占梦甚至成为决定国家大事的一个重要步骤。占梦尽管有自己的一套完整理论,但是因为这理论带有强烈的主观色彩，所以即使在当时，功利性也非常显见。比如周文王曾梦见"日月着其身"，日月乃帝王之象征，那么显然是说自己受命于天了。又比如周武王伐纣，他告诉大家梦见了神人告诉他："往攻之，予必使汝大戡之"，他才出兵的。这场仗既理由充足且能打赢，没道理不打。

"梦中之事即世中之事"，古人的这个观点，有所谓占梦实际上人人可以为之的意味。十六国时的前燕皇帝慕容儁梦见死去的后赵皇帝石虎咬他的胳膊；唐相李林甫梦见有人威胁他，着人把他捆起来也不肯退去，这两人的梦就无须咨询旁人，自己也占得了。慕容儁这个人很迷信，灭魏后适逢大旱和蝗灾，他赶快祭奠魏帝冉闵，并追赠谥号。他进攻过后赵，强夺了不少地方，虽未致其灭亡，但石虎就是在他进攻那年死的，不免夜有所想。时人称为"李猫"且"面柔而有狡计"的李林甫，时刻都在算计别人，当然也小人之心地老琢磨人家是不是算计他。于是乎，他不仅把家里弄得"重扃复壁"，如铜墙铁壁一般，而且一天还要换几个地方，怕人家随时要了他的命，搞得甚至连家人也不知道他究竟在哪里过夜。两个人自家占梦就很快有了结果：慕容儁醒来后下令把石虎的墓给掘开，剖棺出尸，还"蹋而骂之"曰："死胡安敢梦生天子！"然后让人历数石虎残酷之罪，鞭之，弃于漳水。慕容儁这一骂，正说明自己这"生天子"当得一直不太踏实。李林甫醒来后觉得梦里那人特别像裴宽，他非常担心时任户部尚书兼御史大夫的裴宽夺他的权，于是找个茬子，把裴宽硬是给贬出了京城。这两人的梦说到底都是出自心虚。

占梦有个很重要的前提，就是首先要做梦。这前提似乎荒谬，"皮之不存，毛将焉附？"但是确有许多人借无中生有的梦来达到自己的某种目的。周文王、周武王他们究竟做过那种梦吗？只有他们自己清楚。南齐崔灵建说他梦到上天告诉他："萧道成（齐高帝）是我十九子,我去年已使授天子位。"一个小小的参军做这种梦,跃然纸上的实乃阿谀之相。刘秀登基之前,告诉部下他在梦中"乘龙上天";陈霸先则说他梦到"有朱衣神人捧日",他一口吞了,醒后腹内犹有热气。像那个周武王一样,借所谓"梦兆"来为自己制造舆论,论证自己大权在握的"合理性"。登基了当然怎么说都行,但小人物东施效颦,就是很可笑的了。南齐张敬儿野心勃勃,老爱给部下讲一些"自云贵不可言"的好梦。他贪尚氏美色,"弃前妻而纳之",不料后来也正因尚氏的梦而丧了命。齐太祖死后,尚氏怂恿敬儿夺权,说当年我做梦做得"手热如火",你得郡;做梦做得"髀热如火",你得州;做梦做得"半身热",你得开府;现在做梦的时候"举体热矣",意味什么,你自己去好好想想,乖乖,那不是你要得皇帝的位子吗？敬儿听得洋洋得意之余,还傻乎乎地四处张扬,临到以"异志"的罪名杀头才悔之晚矣。皇帝的宝座是随便什么人都能觊觎的吗？

比较起来,晋人殷浩的占梦颇值得一提。人家问他："将莅官而梦棺,将得财而梦粪,何也？"他回答："官本臭腐,故将得官而梦尸。钱本粪土,故将得钱而梦秽。"魏晋以来,以"棺"谐"官",无论在士林还是民间都已是普遍的共识,所谓"梦棺得官"。然殷浩却把自己对仕途、对金钱的认识揉入其中,那么他这句"时人以为名言"的话,与其说是在占梦,不如说是在抒发感悟了。杨丽娟的那些梦以及感应,在今天可能要由心理学家来进行解析,古代形成的那套占梦理论恐怕行不通了。在我们局外人看来,杨家的行为如果不像质疑者指出的别有用心,那就真正是在钻牛角尖。

祈雨

2009年2月1日傍晚,河南省洛阳市孟津县人工影响天气作业基地的工作人员,移动高炮和火箭发射架进入了作业状态。自去年10月以来,由于降水明显偏少,河南大部分地区出现不同程度的旱情,包括洛阳在内的豫西地区旱情尤为严重。孟津此番"备战",是因为当日洛阳市天气预报有零星小雨雪,有可能形成人工催雨作业的天气条件。

同样是求雨,今天有了相当的主动性,从前的人则是祈求,用各种手段感召老天。《唐语林》云,唐代宗时天下久旱,京兆尹黎干"于朱雀门街造龙,召城中巫觋舞雩"。黎干本人还"与巫觋史起舞",然而引来的却是"观者骇笑"。想来见惯祈雨的时人,也觉得那些招招式式太滑稽了吧。当年,日本遣唐使成员之一的僧圆仁"记录了一次很有趣的乞雨仪礼",古濑奈津子《遣唐使眼里的中国》提了一句,可惜不具体,不知与此相差几多。总之黎干们演出之后,实际情况并没有改变,老天还是"经月不雨",他就"又请祷于文宣王",打算向孔夫子求援。代宗闻之曰:"丘之祷久矣。"这是《论语·述而》里的一句话。孔子病了,子路为他祈祷于神灵。孔子问他有这么回事吗?子路说有,《诔》曰"祷尔于上下神祇"嘛。孔子就说:"丘之祷久矣。"让人难免听出孔子不大相信的意思,代宗显然正是这样认为的,"命毁土龙,罢祈雨,减膳节用,以听天命"。

《太平广记·虎头骨》引《尚书故实》云:"南中旱,即以长绳引虎头骨,投有龙处。入水,即数人牵制不定。俄顷,云起潭中,雨亦随降。"这是另一种祈雨法了。钱锺书先生认为,这种做法是"欲激二物使怒斗,俾虎啸风生、龙起云从,而雨亦随之"。虽然"原理"听来甚是荒谬,但钱先生列举了不同时期的人们的很多诗句,证实了它的普遍性。如苏辙《久旱府中取虎头骨投邢山潭水得雨戏作》曰:"邢山潭中黑色龙,经年懒卧泥沙中。嵩阳山中白额虎,何年一箭肉为土。龙虽生,虎虽死,天然猛气略相似,生不益人死何负。虎头枯骨金石坚,投骨潭中潭水旋。龙知虎猛心已愧,虎知龙懒自增气。山前一战风雨交,父老晓起看麦苗。君不见岐山死诸葛,真能奔走生仲达。"在前人看来,这种祈雨的办法肯定是非常奏效的,苏辙之所谓"戏",指的该是压轴的那一句,而非方法本身。

张怡《玉光剑气集》云,明朝汉阳令王叔英祈雨的办法是在"祷于城隍"的同时发誓:"三日不雨,则减一食;六日不雨,则绝食饮水,以俟神谴。"王叔英用的是苦肉计,以惩罚自己来达到目的。清朝江西巡抚刘坤一则不然。他两次到许真人庙求雨不得,第三次来的时候,"市人群聚于庙之左右",看热闹且"哄然哗笑"。刘巡抚生气了,一面说"我求雨不得,市人笑我",一面又指着神主说:"他不降雨,罪过不更大乎!"据说,王叔英刚一祷完,"大雨如澍",而下得太多,又担心洪涝,乃"复祷于神",结果没多久天就晴了。张怡说,"诚之不可掩如此",至诚就可以"为所欲为",自然是后人的附会了。

清朝的一个定制是:久旱、久雨,宫廷官署无不致祷。有时还要劳动皇帝的大驾,康熙、乾隆都曾"步祷"至天坛祈雨,衣服、旗帜还要都用黑色的,未知是否扮成阴天的模样。《清稗类钞》里还有一段慈禧太后祈雨的描写,说她"不御珠玉,服浅灰色衣,无缘饰,巾履亦然。饮食仅牛奶、馍馍二物,宫眷则食白菜煮饭"。祷之前,慈禧"方入殿,有一太监跪呈柳枝一束",乃"折少许,插于髻,宫眷等皆然",光绪则插于冠。"插柳毕,太监李莲英跪奏诸事已备,乃群从孝钦步行,至孝钦宫前之一室。宫中置方案一,上置黄表一折,玉一方,朱砂少许,小刷二,旁案列瓷瓶,中插柳。孝钦之黄缎褥铺案前,案置香炉一,燃炭,孝钦取檀香少许,投之炉,乃跪于褥,宫眷皆后跽,默诵祷词"。说些什么呢?"敬求上天怜悯,速赐甘霖,以救下民之命,凡有罪责,祈降余等之身"。默诵三遍,行三跪九叩毕,乃出。这当中,"柳"的作用凸显,该是慈禧们的精神寄托了。

王叔英的故事也表明,古人是把天象和德政密切关联在一起的。《古今笑》里有一则"抽税"的故事,说南唐时"关司敛率繁重,商人苦之"。正巧这时京城地区大旱,皇帝不解:"外境皆雨,独不及都城,何也?"申渐高答:"雨不敢入城,惧抽税耳。"逗得皇帝哈哈大笑。窦俨《水论》干脆认为旱涝与德政就是一对双胞胎,他说唐德宗贞元壬申(792)大水,就是"政之惑"导致的。当其时,"德宗之在位也,启导邪政,狎昵小人。裴延龄专利为心,阴潜引纳。陆贽有其位,弃其言。由是明明上帝,不骏其德。乃降常雨,害于粢盛。百川沸腾,坏民庐舍,固其宜也"。如果"能修五政,崇五礼,礼不渎,政不紊",下的雨才能恰好,可"谓之时雨"。

德政与降雨之间当然没有必然关联,但是听一听,有益无害。

祈雨（续）

自从被冠上"雨神""龙王"的绰号，彼岸歌手萧敬腾所到之处，人们都关注那地方是否下雨，有统计说他的"唤雨成功率达83.3%"。时值盛夏酷暑，有不少网友便在微博上借萧敬腾之名"祈雨"。极端的做法是前几天，杭州高温达41℃时，不知哪位黑客攻击了萧敬腾经纪公司喜鹊娱乐的网站，并在萧的个人页面上强制跳出写有"杭州人民需要你"的弹窗，迅速引来大批网友"围观"，导致该网站一度陷入瘫痪。

借萧敬腾来祈雨，纯粹是一种娱乐。下雨是自然现象，我们今天都知道其原理，可以进行科学的解释。从前笃信"天人感应"的人不知道，像日食、地震一样，他们把自然现象与人间社会对应起来，天不下雨，要通过各种方式来祈求。"三观"不同，注定古人在祈雨时不似网友对萧敬腾这般，完全是开玩笑的态度，而纯粹郑重其事。他们的内心深处，对能够呼风唤雨艳羡无比，《西游记》里的诸多情节正是典型写照。如第四十一回孙悟空大战红孩儿，激战正酣，那妖魔忽然往自家鼻子上捶了两拳，八戒还以为人家打不过而放赖，殊料人家"念个咒语，口里喷出火来，鼻子里浓烟迸出，闸闸眼火焰齐生"。没办法，悟空只好"去东洋大海求借龙兵，将些水来，泼息妖火"。回来再战，红孩儿再喷火时，"那龙王兄弟,帅众水族,望妖精火光里喷下雨来"。但龙王下雨,"不敢擅专,须得玉帝旨意,吩咐在那地方,要几尺几寸,什么时辰起住,还要三官举笔,太乙移文",此番是看着朋友的面子来的,属于"私雨,只好泼得凡火",对红孩儿的三昧真火不仅奈何不得,而且"好一似火上浇油,越泼越灼"。虽然大圣把雨给唤来了,但我们都知道这一切纯粹出于前人的幻想。20世纪50年代流行一段气壮山河的文字:"天上没有玉皇,地上没有龙王,我就是玉皇!我就是龙王!喝令三山五岳开道,我来了!"延续的仍然是这种幻想。

生活中的祈雨,没有大圣一个跟斗翻到东海那么容易乃至儿戏。以宋朝为例,看看他们祈雨的方式。

宋太宗淳化三年(992),"帝以时雨久愆,遣常参官十七人分诸路按决刑狱"。这是试图通过司法公正的方式。用太宗的话说,"朕所忧者,在狱吏舞文巧诋,计臣聚敛掊克,牧守不能宣布诏条,卿士莫肯修举职业耳"。因此,当李昉、张齐贤等诚惶诚恐地上表待罪时,太宗又说:"朕中心苟有所怀即言之,既言即无事矣。然中书庶务,卿等尤宜尽心。"

宋真宗咸平四年(1001),"自去冬旱,帝每御蔬菜,忧问切至"。这是试图通过吃斋的方式。雨终于来了的这一天,"(帝)方临轩决事,雨沾衣,左右进盖,却而不御",高兴极了。大中祥符九年(1016)久旱,真宗则"减膳撤乐,遍走群望",遥祭山川星辰。这是试图通过反躬自身的检讨方式。"及是霡霈,帝作《甘雨应祈诗》,近臣毕和",欣喜溢于言表之余,又诏:"诸州蝗旱,今始得雨,方在劝农,罢诸营造。"

仁宗庆历三年(1043),帝曰:"天久不雨,朕每焚香上祷于天。昨夕寝殿中忽闻微雷,遽起冠带,露立殿下,须臾雨至,衣皆沾湿。移刻雨霁,再拜以谢,方敢升阶。自此尚冀槁苗可救也。"章得象赶快溜缝:"非陛下至诚,曷以致天应若此!"仁宗祈雨的方式又异于前:"比欲下诏罪己,彻乐减膳,又恐近于崇饰虚名,不若夙夜精心密祷为佳耳。"这是试图以至诚感天。直到清朝咸丰时,这种做法仍有余绪。邵懿辰致友人信中说:"酷暑不雨,省中祷雨不甚虔,屠不能断,再不雨,则米价安能平减耶?"当然了,宋朝即有人不信祈雨这一套。《续资治通鉴》载,太宗太平兴国八年(983),郭贽知荆南府,"俗尚淫祀,属久旱,盛陈祷雨之具,贽始至,悉命撤去,投之江",巧的是,"不数日,大雨"。

祈雨方式中比较独特的,堪称大辽的射柳与水沃:先射柳祈雨,不灵,再"水沃群臣"。射柳祈雨的过程,《辽史·礼志》有相应介绍,他们叫作"瑟瑟仪"。这么说的:"若旱,择吉日行瑟瑟仪以祈雨。前期,置百柱天棚。及期,皇帝致奠于先帝御容,乃射柳。皇帝再射,亲王、宰执以次各一射。中柳者质志柳者冠服,不中者以冠服质之。不胜者进饮于胜者,然后各归其冠服。"再过一天,"植柳天棚之东南,巫以酒醴、黍稷荐植柳,祝之。皇帝、皇后祭东方毕,子弟射柳。皇族、国舅、群臣与礼者,赐物有差"。如果三天内下雨了,"则赐敌烈麻都马四匹、衣四袭;否则以水沃之"。这里的"水沃",与今天若干少数民族盛行的泼水节未知同源与否。

网友向萧敬腾求雨热热闹闹,惊动了在电视剧《西游记》中饰演孙悟空的六小龄童。他于8月13日也发了条微博:"今天你(指萧)来北京,希望你能再带来一场大雨,不要让我们再生活于烤箱模式了。"结果,北京晚上果然下雨,被网友戏称"悟空这是在向龙王求助"。顷见国家气象局下属"中国天气网"的专家撰文说,统计数字表明"雨神"的遇雨概率也就60.46%。不过,严谨倒是严谨了,娱乐精神相应也欠缺了不少。

龙脉

不知为什么,广州全城忽地开始大规模重铺人行道:由原本有些麻质的红色烧制砖块,换成光滑的石质材料,虽然被更换的好多地面还是簇新。事发突然,更换不仅同时而且全方位,造成市民的极大不便。在抱怨的同时,调侃派说话了:广州这是在寻找龙脉吗?

龙脉,堪舆家的用语,指那些山峦连绵起伏的好风水。风水好得不得了的,意味着要出大人物乃至皇帝。前人主流观点认为,大人物的出现都有"征兆"。比如汉高祖刘邦,《史记》说他妈妈"尝息大泽之陂,梦与神遇。是时雷电晦冥,父太公往视,则见交龙于上。已而有娠,遂产高祖"。比如宋太祖赵匡胤,《宋史》说他出生时,"赤光绕室,异香经宿不散。体有金色,三日不变"。明太祖朱元璋问世时也是这样,《明史》说,好家伙,那一刻"红光满室。自是夜数有光起,邻里望见,惊以为火,辄奔救"。龙脉作为"征兆",较史书那些更具说服力,概头脑正常的人都知道纯属扯淡。

秦朝已有地脉的说法。《史记·蒙恬列传》载,秦二世派使者要蒙恬自我了断,蒙恬喟然太息曰:"我何罪于天,无过而死乎?"想了半天,自己找了一条理由:"恬罪固当死矣。起临洮属之辽东,城万余里,此其中不能无绝地脉哉?"司马迁对蒙恬并不予以同情,说看过他修的长城亭障,"堑山堙谷,通直道,固轻百姓力矣",而"夫秦之初灭诸侯,天下之心未定,痍伤者未瘳,而恬为名将,不以此时强谏,振百姓之急,养老存孤,务修众庶之和,而阿意兴功,此其兄弟遇诛,不亦宜乎!何乃罪地脉哉?"二世昏不昏,蒙恬冤不冤,此处不论,龙脉,大抵正由地脉发展而来。《南村辍耕录》云,有个会看风水的,觉得江阴州兵马司所在"宜帝王居之",人家问他怎么知道的,他说:"君山龙脉正结于此,是以知其然也。"成语"来龙去脉"正与龙脉相关,概风水术称主山为来龙,即龙脉的来源。《宾退录》云,大儒朱熹"尝与客谈世俗风水之说",在他看来,"冀州好一风水:云中诸山,来龙也"。

龙脉既有如此明白无误的未来昭示,为了将潜在的被替代的危险扼杀于萌芽,在位的权势者就有了"挖龙脉"的做法,所谓"埋金更名建寺庙,挖断龙脉泄王气"。如秦始皇,至少干过三回"挖龙脉"的事。其一,挖的是金陵。张敦颐《六朝事迹编类》"石硊山"条引《舆地志》云:"秦始皇时,望气者云'江东有天子气',乃东游以厌之。又凿金陵,以断其势。今方山石硊,是其所断之地也。"到宋朝的时候,"方山西九里有大垄枕淮,合垄悉是石,名石硊。京师沟塘累石,悉凿此垄取之",因为挖龙脉并非象征性地比画一下,而是真挖。其二,挖的是嘉兴。乐史《太平寰宇记》介绍嘉兴县本秦由拳县地,由拳如何得名?"秦始皇见其山上出王气,使诸囚合死者来凿此山,其囚倦并逃走,因号为囚倦山,因置囚倦县,后人语讹,便名为由拳山"。其三,挖的是广州。屈大均《广东新语·天语》云,广州"城北五里马鞍冈,秦时常有紫云黄气之异,占者以为天子气。始皇遣人衣绣衣,凿破是冈"。

始皇挖金陵的时候,刘邦吓坏了,以为是针对他,"隐于芒、砀山泽间",然"吕后与人俱求,常得之",刘邦奇怪,吕后说:"季(邦字)所居上常有云气,故从往常得季。"就是说,刘邦身上散发着吕后能识别的"天子气"。挖嘉兴,后世似无实例予以"验证";挖广州,"其后卒有尉佗称制之事"。"一片紫云南海起,秦皇频凿马鞍山"之举,虽然没能阻止赵佗在南越自成独立王国,但按《广东新语·水语》的说法,把番禺的照镜湖给挖没了。那个湖很神奇,"每旦,湖中有一轮,光明如月,大四五尺,朝日射之,摇荡照耀,土人以为古镜,因名湖曰照镜"。入水淘之呢,却又什么也没有,但"自掘断后山龙脉,镜光遂隐"。像挖龙脉保平安一样,姑妄听之吧。

元人也挖过龙脉。刘献廷《广阳杂记》讲到南岳衡山支脉朱明峰,就被元人挖了一回,具体地点在接龙桥。为什么要挖?他们觉得"朱明"二字是谶文。这就更经不住半点儿推敲了。倘说是朱元璋起兵之后凿的,则有"朱"而无"明";倘说是大明建立后凿的,元朝固未彻底灭亡,则其残余势力能否顾及于此还是个疑问。因此,即便真的凿了的话,起因当不是在"朱明"问题上。至于什么"太祖龙飞,已应'朱明'之谶",如同其他"验证"了的往事,都是借现实结果而恍然当初的事后诸葛亮。

古代城市布局大抵是风水的产物,有条龙脉自然而然。当下关于找龙脉的调侃,与龙脉的内涵本身却完全是两回事:龙脉不是挖地"找"出来的,而是所谓懂风水的人就山势走向"看"出来的。且广州的龙脉,堪舆家们早已"见仁见智"。网友的此种调侃,实际上间接表达了对市政建设的不满。记得2010年广州亚运会召开前夕,广州忽然全城更换马路牙子,由水泥的换成石头的。在媒体的强烈质疑之下,更换不得不中止。可叹的是,如今媒体鸦雀无声了。

风水

这些天晚上有闲暇的时候,都看看安徽卫视在播的电视剧《鸡毛蒜皮无小事》。现在的电视剧很多,要么花翎顶戴,要么丽人白领,难得有居家过日子磕磕碰碰的题材。《鸡》剧虽然不少地方笑得勉强,毕竟可看。昨晚这一集是《风兮水兮》,头脑不大灵光的姜天意发不了财,老是怪家里的风水不好,请来一个一看就是骗子的"高人",把家里摆布得乌烟瘴气,惹得邻居也意见纷纷。

风水,指的是宅基地或坟地周围的风向、水流、山川等形势。懂这方面"学问"的人,就是风水先生。从前编的地方志里,"堪舆"大抵都要作为一节专门的内容。1991年我在粤东田野调查时看过清朝编的一本县志,记得这样写道:本县以前为什么老不出人才呢?因为学宫那堵墙离得太近了,气促,得推倒了往外扩。清人陈康祺《郎潜纪闻二笔》说法类似,云本朝状元自顺治三年(1646)迄同治十三年(1874)一共有93人,其中江南一省占45人,而"常熟一县,已得六人",即孙承恩、归允肃、汪绎、汪应铨、翁同龢、翁曾源,其中"翁氏叔侄,八年中两得大魁",更传为佳话。道光时,庞钟璐虽以第三人、咸丰时的杨泗孙虽以第二人及第,但两人都是翁同龢的弟子。对这种现象,"谈形胜者,谓虞山地脉使然",那里的风水好,不过陈康祺代大家设问了:"岂果专借地脉欤?"

《晋书》载殷仲文很自负,"自谓必当阿衡朝政"。阿衡,本是商代贤臣伊尹的官名,后引申为主持国政者的美称。自比阿衡,是认为自己也一定会那样。可是殷仲文环顾身边的同僚,尽皆"畴昔所轻者"。这且不算,一天他忽然又被调任东阳(今浙江东阳)太守,"意弥不平",更不高兴了。途经富阳,仲文慨然叹曰:"看此山川形势,当复出一孙伯符。"孙伯符即孙策,三国时孙吴的奠基者。谢灵运说:"若殷仲文读书半袁豹,则文才不减班固。"可惜老殷走火入魔了,总是觉得风水"显示"自己是能当大官的料。

周密《癸辛杂识》云:"越上有香炉峰,唐德宗时,有告于朝者,言此山有天子气,于是遣使凿其山。又杭州仁和县有桐柏山,宣和中,蔡京尝葬其父于临平,及京败,或谓此为骆驼饮海势,遂行下本路,遣匠者凿破之。"两处提到凿山,为什么呢?是要"断气",也是风水上的考虑,秦始皇的时候就这么干了。顾起元《客座赘语》云:"今人第知方山至石硊山,为秦皇凿山断金陵王气之处,不知今城之西北卢龙、马鞍二山间,亦为秦所凿也。"金陵即今之南京,据说战国时楚威王埋金以镇王气,故曰金陵。后世所谓"金陵王气",乃金陵显现出的祥瑞之气。明朝崇祯年间陕西巡抚汪乔年奉诏去挖李自成的祖坟,太平天国兴盛时咸丰皇帝下令挖掉洪秀全的祖坟等,都是"断气"的考虑。前几年,咸丰关于挖洪秀全祖坟的17份文件还曾在广州公开展出。当年,李自成得到消息后,发誓要置汪乔年于死地,可见挖祖坟之举的确能打到人的痛处。

当然,就像陈康祺的设问一样,古人有许多也是不信这一套的。《世说新语》云:"人有相羊祜父墓,后应出受命君。"羊祜这个人很有意思,不信,别人一笑就是了,他却来了个"掘断墓后,以坏其势",非要较个真,看自己以后能不能出息。但《幽明录》不肯放过他,说"羊祜工骑乘。有一儿五六岁,端明可喜。掘墓之后,儿即亡"。对不信这一套的人,用来行骗的人总要同时辅以恫吓的手段。相比之下,张瀚没羊祜那么偏激,他在《松窗梦语》里摆事实讲道理。说他爷爷下葬时,"宗人有素解风水者,极言不可",张瀚则认为"子孙福泽,各有定命。卜地求安亲体,岂敢于枯骨求荫庇哉!"他爸爸表示认同,"乃开圹下棺"。而那些说风水不好的人"自余仕宦",态度也就变了;"既通显,乃益称胜。近年行术者咸寻访登览,谓此祖坟,宜出钜公"。万历年间,张瀚的确当上了有"朝中第一官"之称的吏部尚书,这回他笑了:"五十年前不闻此语。"还口占一诗:"当年荷畚筑先茔,片语曾将众论倾。八座归来宣诰日,无人不道是佳城。"并且他给自己准备墓地,"不用地师,不徇人言"。张瀚说:"有此六尺之躯,必有三尺之土。百年后皆土壤尔,奚择焉!"他还告诫子孙,"毋以斯言为迂,仍听术人之惑,而屡迁屡葬为也"。

百姓讲讲风水,没什么大不了,而官员讲究风水,性质就不同了。山东泰安原市委书记胡建学,听某"大师"说自己有当副总理的命,只是还缺一座"桥"之后,颇费苦心地让一条国道改线,强行越过一个水库以修建出一座大桥,变成了劳民伤财。可怕的是,这在当前已是一个非常普遍的现象。耳闻目睹,"风水大师"恰似当年的幕府师爷,成了一些官员必备的"幕僚"。可惜的是,国家对此没有给予足够的重视,不少官员是因为其他因素而倒台,只是连带牵出了风水这么个"小"问题而已。

相术

黄光裕如何从中国首富到沦陷牢狱？今日国美电器管理层又如何酣战？日前（2010年）读到一篇"视角独特"的文章，叫作《黄光裕陈晓之争的面相探析》。作者通过黄、陈的面相来解析，诸如"黄光裕眉如剑锋，三角眼目光如电，似项羽般霸气十足，不懂韬光养晦。而陈晓内紧外松，眼光精悍，像刘备般和善，又像刘邦一样大方"之类。大抵今日之结局已由两人的长相先天而定，这该属于古人那套相术的现实运用吧。

相术是通过观察人的相貌，以预测吉凶祸福的一种方术。用班固的话说，就是根据"骨法之度数，器物之形容，以求其声气贵贱吉凶"。《东坡志林》云，欧阳修小的时候，有相士说他"耳白于面，朝野闻名，唇不盖齿，无事招嫌"，日后"果然"。这就是相术。古人认为："物无不可相。"黄庭坚善相马，留长孺善相猪，荥阳褚氏相牛，等等，还有种种理论。淮南八公有《相鹄经》《相鸭经》《相鸡经》《相鹅经》，甚至还有诸多《相笏经》《相手板经》。实例就更多了。清朝广东人相猫，普遍"以提其耳而四脚与尾即缩上者为优"。嘉应州的张七则认为，"黑猫眼须青，黄猫眼须赤，花白猫眼须白，若眼底老裂有冰纹者，威严必重，盖其神定耳"；还说"猫重颈骨，若宽至三指者，能捕鼠不倦，且长寿，其眼有青光爪有腥气者尤良"。至于湘潭张以文"掷猫于墙壁",以"猫之四爪能坚握墙壁而不脱者,为最上品",不是相术,而是见之于实践进行检验了。

相术主要用途当然还是相人。宋朝彭渊材的观点是:有奇德者必有奇形。但是显然,他的"奇形"是根据"奇德"来逆推判断。他认为范仲淹有奇德,所以外表一定会不同寻常。他是真正的"烟(淹)丝",刚见文正公画像时,"惊喜再拜前,磬折",口称"新昌布衣彭几幸获拜谒";然后"引镜自照",看看自己是否具有这种奇形,结果捋着胡子满意地说"大略似之矣,但只无耳毫数茎耳,年大当十相具足也"。于狄仁杰,他也是如此,先对画像"又前再拜",赞曰:"有宋进士彭几谨拜谒。"端详既久,"呼刀镊者使剃其眉尾,令作卓枝入鬓之状",一定要使自己在外形上靠近心仪的古人。家人看见了都笑他,渊材怒曰:笑什么,"吾见范文正公,恨无耳毫,今见狄梁公,不敢不剃眉,何笑之乎!"他认为自己没长耳毫,是先天不足,但剃眉,却事在人为,"君子修人事以应天,奈何儿女子以为笑乎!"说着说着他还上纲上线了:"吾每欲行古道而不见知于人,所谓伤古人之不见,嗟吾道之难行也!"

彭渊材这种相术,先肯定奇德,再寻找不同寻常之处,近乎归纳法;而纯粹的相术就是从五官形状来未卜先知,近乎演绎法。比方蜂目,大奸大恶之相。《左传正义》中子上论商臣曰:"蜂目而豺声,忍人也。"蜂目,就是眼睛好像要凸出眼眶的样子。《儒林外史》里严贡生出场,"方巾阔服,粉底皂靴,蜜蜂眼,高鼻梁,络腮胡子",钱锺书先生说,这里的"蜜蜂眼"就是蜂目。因此,但凡眼睛突出,声似"野狼嚎"的人,古人就认为是"忍人"——残忍的人。《史记》说"秦王为人,蜂准长目",不是眼睛而是鼻子隆起,为忍人又添了一个"标准"。又比方重瞳,就是一只眼睛里有两个瞳仁,大圣大贵之相。不过,前人对此持不同意见。《史记·项羽本纪》载:"吾闻之周生曰:'舜目盖重瞳子,又闻羽又重瞳子'。羽岂其苗裔耶?何兴之暴耶!"金人王若虚就很不客气地指出:"陋哉此论!人之容貌,偶有相似。商均,舜之亲子,不闻其亦重瞳,而千余年之远,乃必重瞳耶?周生何人,所据何书,而上知古帝王之形貌,正复有据,亦非学者之所宜讲也。"如此落笔,他认为是司马迁"轻信爱奇"之故,"后世状人君之相者,类似舜重瞳为美谈,皆迁启之也",并且还误导了后梁朱友敬,其人"自恃重瞳当为天子",终于"作乱伏诛"。明人谢肇淛也说:"舜重瞳子,盖偶然尔,未必便为圣人之表也。后世君则项羽、王莽、吕光、李煜,臣则沈约、鱼俱罗、萧友孜,皆云重瞳,而不克终者过半,相何足据哉?"这种识见要令今之聒噪者汗颜才是!

曾国藩很喜欢相术,他还自作了一套口诀:"邪正看眼鼻,真假看嘴唇。功名看气概,富贵看精神。主意看指爪,风波看脚筋。若要看条理,全在语言中。"此外,"端庄厚重是贵相,谦卑涵容是贵相。事有归着是富相,心存济物是富相。"则曾氏的"相术"超脱了传统,而具有一定的社会学意义了。孟子说:"存乎人者,莫良于眸子。眸子不能掩其恶。胸中正,则眸子瞭焉,胸中不正,则眸子眊(不明)焉。听其言也,观其眸子,人焉廋(隐匿)哉!"或者可以认为,曾国藩得到了孟夫子的真传。如今大街小巷,相面算卦之人虽然几乎无处不在,然堂而皇之地见诸媒体,就结果而溯既往,却言之凿凿面相注定,也算奇事一桩了。

异象

某个外国通讯社报道说,他们的领导人去年(2011)底逝世后,该国境内发生了一系列"神奇的自然现象":发布"民族大国丧"噩耗的第二天下午,有个工人区上空出现了七色玲珑的彩虹,而这一天既没有下雨,也没有雪花飘落;在另一个地方,人们发现一只鸟一动不动地站在树枝上,原来早已冻僵,鸟站的地方距离领导人视察该地时与讲解员合影的地方只有几米远;还有个矿山的矿工们则发现,一只母熊和两只小熊走出山林,在领导人经常来往过的道路上长时间悲伤地哭叫,而冬天熊该在洞穴或空心枯树里冬眠……目睹这一景况的该国百姓深有感触地说:"看来兽类也为天降伟人的逝世感到悲伤。"

这些说法在我们都不陌生,古籍中极其常见,所谓异象。不少后世响当当的大人物,在其未达之际,每每有诸多不可理喻的奇异现象伴随着他。元杂剧《贤达妇龙门隐秀》中,富家女柳迎春看到给自家打工的薛仁贵晚上睡在草铺上,"身上十分单寒",就脱下自己的红棉袄给他盖上了。何有此举?因为她定睛一看才是薛仁贵,乍看的时候那里"卧着一个白额虎",以此异象知仁贵"久后必然发达"。在"事发"之前,异象实际上也是一种预兆;不大一样的是,同样属于牵强附会的解释,兆头显现出来的迹象,

"这个可以有",如风折认旗什么的;而异象的标志,"这个真没有"。以昭示动乱来说,《开元天宝遗事》云,天宝时"武库中刀枪自鸣",后来乃有安禄山之乱。"刀枪自鸣",神经正常的人会相信吗?还有,开元元年(713),"内中因雨过地润微裂,至夜有光",挖那块地方,"得宝玉而一片如拍板样,上有古篆'天下太平'字"。扯不扯?

按照史书的说法,大人物出生的时候也每呈异象。班固《汉书》载,刘邦的母亲刘氏,"尝息大泽之陂,梦与神遇。是时雷电晦冥,父太公往视,则见交龙于上。已而有娠,遂产高祖"。也许因为是龙种的缘故吧,后来项羽要烹刘邦的爸爸,刘邦一点儿也不在乎,说那就分给我一杯羹尝尝。钱锺书先生就此调侃说,汉高既号"龙种",即非太公之子,"宜于阿翁无骨肉情"。《北齐书》更有趣,娄太后"凡孕六男二女,皆感梦",也就是说,怀孕的时候就知道了胎儿的命运。六个儿子,三个即位皇帝,三个称王,两个女儿皆为东魏皇后,且看异象如何昭示。怀着被追谥为世宗文襄皇帝高澄的时候,"梦一断龙"。果然,高澄"遇盗而殂",年仅29岁。本来北齐该是从他这里开始计算的,他是东魏孝静帝元善见的大臣,人家是皇帝,自称朕就很正常,但有一回,他气得暴跳如雷:"朕!朕!狗脚朕!"还不解气,叫手下人上去"殴之三拳"。梦到"断龙",自然是他没有当皇帝的命了。怀着开国皇帝高洋的时候,这回好了,"梦大龙,首尾属天地,张口动目,势状惊人"。怀着高演、高湛这两个就只能靠接班才当上皇帝的儿子的时候,一个"梦蠕龙于地",另一个"梦龙浴于海";怀两个女儿,"并梦月入怀";而怀襄城、博陵二王,则"梦鼠入衣下"。抛开皇家,北宋文学家杨亿也是这样,出生的时候"有毛被体,长尺余,经月乃落",同样"先见"了日后的不同寻常。

在前人眼里,异象不仅与人的命运,而且与政治亦密切相关。《后汉书·五行志》里汇集了诸多当年的水患,那些阐释都极有意思。如和帝永元元年(89),"郡国九大水,伤稼"。为什么呢?"是时和帝幼,窦太后摄政,其兄窦宪干事"。十二年(100),"颍川大水,伤稼",这回是"和帝幸邓贵人,阴有欲废阴后之意,阴后亦怀恚怨"。殇帝延平元年(106),"郡国三十七大水,伤稼",这回是"殇帝在襁褓,邓太后专政"。质帝本初元年(146),"海水溢乐安、北海,溺杀人物。是时帝幼,梁太后专政"。董仲舒说了:"水者,阴气盛也。"但对这些关于妇人干政的指摘,我们可以理解为他们对异象的笃信不疑,却也不妨理解为对异象阐释的借题发挥。明朝洪武时林子羽作有一篇《义象行》:"有象有象来天都,大江欲渡心次且。诱之既渡献天子,拜跪不与众象俱。象奴劝之拜,怒鼻触象奴。赐酒不肯饮。哺之亦不餔。屹然十日受饥渴,俛首垂泪愤且呼。"读到这里,谁会认为义象仅仅属于异象?果然,后面又说了:"嗟尔食禄人,不若饭豆刍。象何洁,尔何污!"笔锋直指尸位素餐的"食禄人",以及寡廉鲜耻的贪官污吏。

关于异象的那些事在古籍中实在车载斗量,不可胜数。原以为它们只是在故纸堆中酣睡,翻一翻把鼻子呛了才会发现,不意现实中仍然每每"发生",尤其是关于当代大人物的异象昭示,神乎其神,传送者莫不言之凿凿。别国的事情咱们不好评价,只有说眼界还可以开到国外吧。

上上签

2019年9月8日晚,男篮世界杯排位赛,中国队只有在取胜才能确保东京奥运会直通资格的前提下,仍然以73∶86不敌尼日利亚队。世界杯开赛前,中国男篮普遍被认为抽了"上上签",进入16强不成其问题。然而,坐拥东道主之利,却连最低目标都没能达成,令国人倍感失望。虽然之后还有落选赛,仍残存一线希望,但专业人士分析指出,这希望的实现难度相当于世界杯打进四强。

运动赛事掣签分组,出于公平竞争的考虑。但在从前,掣签在我们这里则是一种迷信活动,举凡神庙、宫观和寺院中,几乎都可以看到这种卜问吉凶的方式。大抵是将写有文字符号或诗句的竹签贮于签筒内,求签人神前祷告之余,摇动签筒,直至有一根从中跳出,即所谓神赐之签,然后由解签人根据诗意附会人事吉凶。《二十年目睹之怪现状》第十三回,"我"因为想弄清楚城隍庙里那个"花枝招展的美人"是谁,"遂想了个法子,走到正殿上,同香火道人买了些香烛,胡乱烧了香;又随意取过签筒来,摇了几摇,摇出一根签来,看了号码,又到香火道人那里去买签,故意多给他几文钱,问他讨一碗茶来吃,略略同他谈两句,乘机就问他方才烧香的女子是甚么人"。如果这还不够具象的话,周星驰、巩俐版的电影《唐伯虎点秋香》中有个相应镜头：秋香在求签，唐伯虎过来搭讪；秋香摇出的那根竹签，唐伯虎马上捡起。

"上上签"意谓最好的签。前人笃信签语，甚至有"指挥棒"的功能。袁枚《新齐谐》"沈姓妻"条云，沈妻忽然冤魂附体，"卧床颠扑"，老沈赶紧叫儿子找来相熟的葛道人。道人告沈曰："报冤索命事，都是东岳掌管，必须诉于岳帝，允救，方可以法治；否则难救。"沈乃清晨赴法华山岳帝庙，"默诉其事，占得上上签，归告道人"，道人这时乃肯出手。

至于前人笃信之实例，数不胜数。文莹《玉壶清话》云，卢多逊小的时候，"其父携就云阳道观小学，时与群儿诵书，废坛上有古签一筒，竞往抽取为戏"。卢多逊还不识字，把抽到的签拿回家给父亲看，但见上面写的是："身出中书堂，须因天水白。登仙五十二，终为蓬海客。"父亲非常高兴，"以为吉谶，留签于家"。北宋开国，卢多逊果然作了宰相，后来被贬谪朱崖，也果然"因遣堂吏赵白阴与秦王廷美连谋"，这个赵白是天水人，而多逊"卒于流所"，整52岁。所以文莹说"签中之语，一字不差"。其实所谓应验，乃就果溯因之故。卢多逊生于唐末，至少表明抽签问卜在那时已经非常盛行。

陆游《老学庵笔记》亦云："(道教净明道)西山十二真君各有诗，多训戒语，后人取为签，以占吉凶，极验。射洪陆使君庙以杜子美诗为签，亦验。"孝宗淳熙五年（1178），陆游自蜀被召见回京，"临行，遣僧则华往求签"，掣到了杜甫的《遣兴》诗："昔者庞德公，未曾入州府。襄阳耆旧间，处士节独苦。岂无济时策，终竟畏网罟。林茂鸟自归，水深鱼知聚。举家隐鹿门，刘表焉得取？"陆游说自己当时"读之恻然"，然而"顾迫贫从仕，又十有二年，负神之教多矣"，这时是光宗绍熙元年（1190），他被削职罢官，显然是自责没有听从签语才落得现在的结局了。

有趣的是,明朝自万历年间起,对官员到哪里任职采用的是"掣签法":用竹签若干预写所选的机关地区及姓名等,杂置筒中,当堂随手掣取。清代还沿用此制。《明史·孙丕扬传》载,掣签法始自孙丕扬。万历二十二年(1594),孙丕扬拜吏部尚书,"挺劲不挠,百僚无敢以私干者,独患中贵请谒,乃创为掣签法,大选急选,悉听其人自掣,请寄无所容。一时选人盛称无私,然铨政自是一大变矣"。此法的目的是"杜绝权贵请谒",甭递条子、甭打招呼,不灵,如卷末赞之所言:"虽不能辨材任官,要之无任心营私之弊。"不过,倘若不能辨材任官,全凭运气,"公平"或可做到,"效率"难免出问题。《不下带编》收了这么一首歌谣:"时运通,掣二东。通又通,掣广东。时运低,掣四西。低又低,掣广西。"就是说,掣到山东、广东的,运气很好;掣到广东的,就是上上签了。掣到陕西、山西、江西、广西的,则运气不济;掣到广西的,更是下下签了。于慎行《谷山笔麈》批评道:"人才长短,各有所宜;员格高下,各有所便;地方烦简,各有所合;道里远近,各有所准。而以探丸之智为掣瓶之守,是掩镜可以索照,而折衡可以悬决也。从古以来,不闻此法。"《玉光剑气集》更进一步,不仅把"向为铨部"的"吏部"因之称作"签部",还收了两首时人的讽刺诗。曰:"冢卿无计定铨衡,枯竹拈来知有灵。若使要津关节到,依然好缺作人情。"又曰:"吏部只今成例部,铨司但合号签司。明试奏言都不管,编荆树棘总成私。"

中国男篮所以掣到的是"上上签",在于与科特迪瓦、波兰、委内瑞拉同组,他们都是各自大洲的弱旅。中国队也果然顺利赢了科特迪瓦,在最后7秒钟还领先波兰却因无谓失误而憾负,对连医用绷带也配备不起的委内瑞拉更全面崩盘。因此,任何所谓的

"上上签",充其量只是一种心理慰藉,尤其对体育赛事而言,终究靠的是实力。

官讳

忌讳是一种有趣的民俗现象,也是文化人类学中的一个重要研究课题。忌讳的种类很多,宗教的、生产的、语言的等。语言忌讳是日常生活中的常见现象,比如对长辈和自己所尊敬的人,不能直呼其名,要用尊称来代替。这种做法在古代叫作避讳,往往表现得更为极端。司马迁的父亲名谈,《史记》中便找不到谈字。宋朝刘温叟的父亲名岳,他终身连音乐都不听,来客要是不小心犯了他的讳,"则恸哭急起,与客遂绝"。五代的石昂以公事上谒,而上司家里讳石,传达的人硬给他更"石"为"右",唱成"右昂"来了,气得石昂"解官而去"。

名讳中还有一种自讳。宋朝的皇族赵宗汉,"恶人犯其名",遇到"汉"字统统都改成"兵士"。于是在他家里,老婆供奉的罗汉成了"罗兵士",儿子教授的《汉书》成了《兵士书》。最典型的要算同朝的知州田登,讳"灯"为"火",因元宵"放灯"只好称为"放火",遂留下"只许州官放火,不许百姓点灯"的俗谚。基于这一点,鲁迅小说中的阿Q通常都认为是中国农民形象的代表,周作人则别有一说,认为指的是士大夫。证据之一正是阿Q的自讳。阿Q的头上有癞疮疤,便讳说"癞"字以及一切同音的字,进而又波及"光"字、"亮"字,后来甚至连"灯""烛"也都忌讳了。周作人认为自讳乃士大夫所独有。

官讳也是一种有趣的现象。所谓官讳,是乞求当官、当得安稳、当得长久而避免的不吉利的话或事。这种现象不知道该怎样归类,倘若称其为民俗,总觉得十分别扭,称其为官俗最恰当,却又没这种说法。其实归类的事也许还不必着急,关键在于事实本身。

《桯史》里有一个笑话。说有客人拜访一位朝士,那朝士不在家,门人便回答"不在"。客人纠正他,你怎么敢这么说话,"凡人之死者,乃称不在",难道你家主人不忌讳吗?门人请教客人应该怎么说,客人答道,主人既然是外出访友,就应该说他出去了。这下门人更犯难了:"我官人宁死,却是讳'出去'二字。"在朝士的词典里,"出去"意味着罢官,比死还难受,万万说不得。

《癸辛杂识》云,唐朝长安城中有一块"钉官石",该石"色青黑,其坚如铁",凡是新进士想要求官的,都用一枚大钉子去钉那块石头,如果一下子钉进去了,预示着要"速得美官",否则很可能"龃龉不能入",或者就算当上了,"亦不能快利也"。从"石上之钉皆满"不难看出,当时不知有多少人来钉过,而且满意而归。

《朝野佥载》云,唐朝源乾曜当宰相的时候,有天不知怎么"移政事床"。这可不得了了,当时宰相的一个忌讳就是移床,"移则改动",官要当不成。"时姚元崇(即姚崇)归休,及假满来,见床移,忿之",气坏了。源乾曜恐慌得很,至于要向姚崇"下拜"来表示歉意。在《唐语林》转引的《大唐传载》里,政事堂中也有这么一张移不得的"会食之床","吏人相传,移之则宰臣当罢",或者"不迁者五十年"。但宰相李吉甫觉得这种说法非常荒谬,他说:"朝夕论道之所,岂可使朽蠹之物移而不除?俗言拘忌,何足听也!"他坚决要移,因为床底下实在太脏了,必须打扫了。他声称自己若因此而罢官,"余之愿也",不怪别人。结果从床底下"铲去聚壤十四畚,议者称焉",可见宰相们忌讳移床已经不知道有多少年了。姚崇是玄宗时人,李吉甫是宪宗时人,相差了差不多百把年,因而两床未必是同一张,但群僚官讳的心态并无二致。

源乾曜移床之后,"玄宗闻之而停曜",罢了他的相位;未几,姚崇的相位也丢了。是不是真的因此触怒了什么庇护的神灵呢?显然不是,问题还在于他们本身。源乾曜为官纯粹是一个摆设,当到宰相这个级别,他已经相当满足了,接下来就是明哲保身。所以遇事"皆推让之",自己一点儿主意没有,"但唯诺署名而已",玄宗终于找到一个没话说的借口下手也说不定。姚崇呢,是个人才绝对不假,但在一些原则问题上不能把握好自己,纵容儿子收受贿赂,又百般庇护,为下属开脱罪责,不惜徇私枉法。如此等等,使得玄宗对他不再信任,姚崇害怕了,才"频面陈避相位,荐宋璟自代"。所以二人为相不成,皆因自身的作为,与挪不挪床又有什么关联呢?

官讳是可笑的。一个官员是一味地以权谋私,贪赃舞弊,还是全心全意地为百姓谋利益,也就是说这个官当得怎么样,百姓的心里清楚得很。那么他的命运实际上既掌握在自己手中,也掌握在百姓手中。倘若他的作为属于前者,却单靠忌讳什么不吉利的字眼或事情来乞求平安,绝对是无济于事的。

家讳

偶然看到2009年浙江省的导游资格考试现场考试知识问答题,其中第10题是:在中国历史上,"讳"指的是帝王、圣人、长官以及尊者的名字,平时用到这字时必须设法避开或改写,叫避讳,请问"讳"和避讳的方法各有几种? 标准答案是:有三种,即国讳、家讳和圣人讳。避讳的方法大致有改字法、空字法、缺笔法,此外还有读音避讳法。这个题目还是有点意思的,尤其是家讳,导游如果娴熟掌握运用,与游客会有更贴近的互动话题。

国讳和圣人讳,人们并不陌生,国家有统一的"标准",一望而知。《泊宅编》云,唐律禁吃鲤鱼,"违者杖六十",因为鲤与国姓李同音,甚至他们干脆把鲤鱼改叫"赤鲜公"。不管怎么样荒唐,"公开"了总让人可以"预防"。家讳的麻烦之处在于,他本人的好办,父辈、祖辈的谁能知道? 所以按明朝叶子奇的说法,宋朝礼筵,"凡所招亲宾,则先请其三代名讳",你自己先报出来,便于"筵中倡优杂戏歌曲,皆逐一刊定回避"。在朝廷如此,在民间也是这样,"及入人家,皆先问父祖讳,然后接谈,冀无误犯"。但是对于家讳,往往还是"防不胜防",当然,也有"丑人多作怪"的成分。宋朝徐积的爸爸名石,他就"终身不登山,行遇石,必避之"。东坡的祖父名序,老苏文章的序就变成了引,东坡则改写为叙。就算不"怪"吧,这样严格要求自己可以,推己及人就显得不够明智,因为这毕竟属于自家的私事。

《唐语林》云,周瞻进士及第后去拜见李德裕,"月余未得见",李家的看门人点破了他,人家讳"吉"(德裕父吉甫),而你的姓里有个"吉"啊,"公每见纸(你的名片),即颦蹙",你没避人的家讳。这个周瞻就冤枉极了。《挥麈录》云,晏殊的爸爸名固,有个朝士拜见晏殊,询问籍贯的时候,坏了,因为他是固始(今河南信阳)人,一句"本贯固县"令晏殊很生气,"岂有人而讳始字乎?"其实朝士已经了解到晏殊的家讳,本来想说自己是始县,谁知越怕鬼越见鬼。《癸辛杂识》云,屠节出知道州,时贾似道为相,文书乃写作"某人知春陵州",避贾的名讳。谁知马屁拍到了马腿上,贾似道见之怒,批出云:"二名不偏讳,临文不讳,皆见于《礼经》。今屠节擅改州名,可见大无忌惮,使不觉察,岂不相陷?"然后"决欲黜之"。《清稗类钞》云,光绪时尚书裕德"屡充主试或阅卷",凡是见到卷子里的字句有犯其家讳的,"即起立,肃衣冠行致敬礼",然后把卷子扔到一边,看也不看。后来的考生吸取教训,"有知其家讳者,恒戒所亲勿误触之"。看看,家讳这东西一旦讲究起来,不仅弄得旁人无所适从,而且害人匪浅了。

属于家讳中的自讳也非常可笑,典型的算是前文说到的田登,其实他的"依例放火三日"是自讳谐音,不想说"灯"而已,不巧重新组成的这句话成了权力阶层可以胡作非为而百姓正常行事都受重重羁绊的最好概括。《鸡肋编》里还有几个自讳的例子。许先之管国库,有天很多人都等着领东西,有个武臣恳请:"某无使令,故躬来请,乞先支给。"这下麻烦了,"先支"犯了"先之"。许口头答应,却半天不动弹。武臣再往叩之云:"适蒙许先支,今尚未得。"这下更麻烦了,等于直呼其名。许让他"少待",继续大念"拖"字诀,武臣终于"至暮不及而去",恐怕他未必明白究竟哪里出了娄子。徐申知常州,有押纲使臣被盗,"具状申乞收捕",徐申不睬。"此人不知,至于再三,竟寝不报",当终于明白是因为没避他那个"申"时,他气坏了,找到徐申门上说:"某累申被贼,而不依申行遣,当申提刑,申转运,申廉访,申帅司,申省部,申御史台,申朝廷,身死即休也!"句句犯你,令"坐客笑不能忍"。对那些自作多情的家伙,就该这么对他。

这种避家讳之风,到清朝依然盛行。《郎潜纪闻初笔》云:"明季士大夫投刺,率称某某拜,开国犹然。"但到清初,"拜"字"多易以'顿首'"。有人说,这是"康熙初鳌拜专权,朝臣献媚,避其名也"。也有人说,这是鄂尔泰当国时,他爸爸名拜的缘故。又下级给上级的文字,一直用"恭惟大人",而自庄有恭总督两江,"僚属具禀,改为仰维,或作辰维"。又大学士历来都称中堂,左宗棠入相后,"两省官吏避宗棠二字之嫌名,皆称伯相",虽然只是音相近,但大家很知趣,也无伤大雅。相形之下,慈禧太后的小名翠妞儿,误了不少学子的前程,因为彼时有一条内部掌握的原则:试卷中不能提到"翠"字。讨厌就讨厌在他又不明说,"外省士子不及悉也"。所以某年新进士朝考,一人在诗中用了"翠浪"两个字,把阅卷大臣吓得够呛,说"翠"字已经用不得,何况再加个"浪"字,"盖京中俗谚,以浪为妇女风骚之代名词也",这和今天差不多。呈上去呢,老佛爷一定大怒,但大家都觉得这卷子诗文均佳,"拟为周旋之,然终恐或遭不测,无人肯负责任,卷遂被斥"。就这么点儿芝麻小事,废了一个学子的前程。

今天谈及家讳,大抵可作为茶余饭后的笑料,但在从前,对当事人来说,很多时候还是笑不出来的。

石敢当

山东省泰安市泰山区邱家店镇申请的"石敢当故里"商标，2017年得到了国家商标局审核通过。这意味着，盛于唐代、至今遍布全国乃至日本、韩国、东南亚的石敢当民间习俗，今后要"认祖归宗"的话，都要去膜拜那个小镇了。此前，在国务院公布的首批国家级非物质文化遗产名录上，"泰山石敢当"已经榜上有名。

石敢当，或曰"泰山石敢当"，稍微留心的话，在见存的传统建筑中仍然清晰可见，就是嵌于正门的墙壁上，正对桥梁、巷口立的刻有相关字样的小石碑。古代正是这样。《南村辍耕录》云："今人家正门适当巷陌桥道之冲，则立一小石将军，或植一小石碑，镌其上曰石敢当，以厌禳之。"并指出石敢当之名始见于西汉史游《急就章》（一云《急就篇》），"师猛虎，石敢当。所不侵，龙未央"云云，该书引用了颜师古的说法，"敢当，所向无敌也"。石呢？"卫有石碏、石买、石恶，郑有石制，皆为石氏。周有石速，齐有石之纷如。其后以命族"。春秋时的这些石氏，都是了得的人物，"则世之用此，亦欲以为保障之意"。在颜师古看来，石敢当是借用了石姓的这个石字。

《通俗编·居处》引《墨庄漫录》云："庆历中，张纬宰莆田，得一石，其文曰：'石敢当，镇百鬼，压灾殃，官吏福，百姓康，风声盛，礼乐昌。'有大历五年县令郑押字记。"大历是唐代宗的年号,大历五年即公元770年。又引《继古丛编》云:"吴民庐舍,遇街衢直冲,必设石人或植片石,镌'石敢当'以镇之。"需要注意的是"吴民庐舍",吴之所指地域固然范围较大,但无论如何不会是表示山东,如清朝学者王士禛所云,"泰山石敢当"之"泰山"二字,"义亦难解,或以(应)劭为太山太守而转讹耳"。应劭,东汉学者,灵帝中平六年(189)至兴平元年(194)任泰山郡太守,现存其《汉官仪》《风俗通义》等著作。"太山太守"如何"转讹"成"泰山石敢当",王士禛没有细说,只说石敢当也是齐鲁之俗。

综合《南村辍耕录》和《通俗编》的这些爬梳,基本上将石敢当的名称、来历、历史基本上勾勒出了一个清晰线条。

在民俗学里,石敢当属于先民灵石崇拜的一种,以为可以禁压不祥。《扬州画舫录》云,"大东门外城脚下,河边皆屋。路在城下,宽三五尺,里中呼为'拦城巷'"。就是这条巷子,向东折入河边的那一段,以前老是闹鬼,"每晚有碧衣人长四尺许,见人辄牵衣索生肉片,遇灯火则匿去,居人苦之"。有个道士说,去掉此怪也容易,要立个"泰山石敢当",到除夕的时候再"用生肉三片祭之",就可以了。道士开方,自然是不用讲原理的,照做就是,扬州百姓于是"以法立石,怪遂帖然"。然而,对于巫鬼作祟,历来一些决绝的有识之士有他们的一套做法,那就是在权力范围内予以雷厉风行的打击,战国时的西门豹治邺最为有名。《郎潜纪闻三笔》"陈文恭抚吴时逸事"条云,康熙时汤斌抚苏革除五通神,便是"攘斥异端,觉牖惛诞"之举。其时,"少妇病,巫辄言五通将娶为妇,往往愊死。斌收其偶像,木者焚之,土者沉之,并饬诸州县有类此者悉毁之,撤其材修学宫"。乾隆时陈宏谋开府吴中也是这样,他看不惯的正是石敢当,盖"石将军者,吴人以镇不祥,云古之石敢当也。或祷焉如响,士女垒集,奸盗并作"。陈宏谋对百姓说:"吾闻石之灵者,入水不沉,果尔,吾当为立庙,盍从我试之乎?"大家说好啊,陈宏谋乃"命武夫乘高投诸渊",石头果然——当然没有浮起来。陈宏谋说:"嘻,是弗灵也已。"大家于是散去。这故事的可信度要打些折扣,但石敢当被巫婆神汉一类利用呈现了为害的一面,显系不争的事实。正如陈康祺所言,陈宏谋之举"若出于机谲权变之所为,究其厉俗化民,志除奸宄,则与文正(汤斌)同一作用也"。

五代时有个勇士叫作石敢,倘颜师古在世,可能更要将之与石敢当发生关联了。《旧五代史·汉书·高祖纪》载:"应顺(后唐闵帝李从厚年号)初,晋高祖镇常山。唐明宗召赴阙,会闵帝出奔,与晋高祖相遇于途,逐俱入卫州,泊于邮舍。闵帝左右谋害晋高祖,帝密遣御士石敢袖铁槌立于晋高祖后,及有变,敢拥晋高祖入一室,以巨木塞门,敢寻死焉。帝率众尽杀闵帝左右,逐免晋高祖于难。"《新五代史·汉本纪》也有相关记载,云"(石)敢与左右格斗而死"。在后世,太平天国的时候,果真出了个"石敢当",那就是太平军将领石达开。石达开与清军大小数百战,战无不胜,攻无不克,令清军闻风丧胆,送其"石敢当"雅号。

"石敢当故里"如今出炉了,当然是有一定依据的。报道说,自2011年起,由泰安市泰山区政府主办、邱家店镇政府承办的"泰山石敢当文化节"已经举办到第六届,然而终有自娱自乐的性质。"吴民""吴人"等字眼的内涵,怕非为"泰山"二字所能遮盖。并且,这种故里的厘定与大量极富争议的名人故里的本质区别在哪里,余亦不知;但是显然,这种垄断式的"确认",于继承和弘扬石敢当民俗本身而言有损无益。

天×星

2004年5月16日,中国羽毛球男队在印尼首都雅加达力挫丹麦队,夺回了阔别12年之久的"汤姆斯杯"。前一日,中国女队实现了"尤伯杯"四连冠。包揽汤尤杯向世人证明:中国羽毛球又已开始全面领先于世界羽坛。对这一辉煌战绩,国人有理由为之骄傲,因此,媒体上的那些溢美之词完全可以理解。但在一家著名媒体的言论中,把林丹等几位主力队员捧上了天,比作了"星宿",就感觉有点儿不是滋味了。

怎么比的呢?第一单打林丹地位老大,所以是天罡星;第一双打蔡赟、付海峰分别是天雄星、天勇星,没看到理由;第二单打鲍春来因为"伤得太多太久",所以是天伤星;第二双打郑波和桑洋分别是天猛星、天威星,因为"天威、天猛,本来就是一对儿";第三单打夏煊泽是天闲星,因为"中国羽毛球队新人的崛起,衬托出夏煊泽年纪有些大了,实力有些差了,一位昔日的悍将就这样慢慢闲了下来"……

对这种吹捧所以感觉很不是滋味,首先在于其"乱点鸳鸯谱",记者自己根本都没搞清楚"天×星"的对应关系。对多数人来说,恐怕未必是通过道教而是通过《水浒传》来知道天罡星和地煞星的。《水浒传》第七十一回"忠义堂石碣受天文 梁山泊英雄排座次"云,"宋公明一打东平,两打东昌,回归山寨忠义堂上,计点大小头领,共有一百八员,心中大喜",但想到此前杀人太多,宋江等乃商定四月十五日,就是道教八仙之一汉钟离生日这一天起,连续七昼夜,由本身就是道人的入云龙公孙胜"主行醮事"。到第七天,感动上苍了,"西北乾方天门上"掉下一块石头来,前面写着三十六天罡星、背面写着七十二地煞星,一一对应着一百零八个好汉。

那记者的这些知识应该是所从中来吧。比方他说林丹,"天罡星宋江的位子是卢俊义让的,但在羽毛球队里,林丹的位子,绝对不是别人让的,所以,作为中国男队的领军人物,林丹天罡星的位置坐得很稳"。可惜,读过《水浒传》的人都知道,宋江是天魁星,卢俊义才是天罡星。犹如七十二地煞中的地煞星,并不是排名首个的神机军师朱武,而是排名第二的镇三山黄信。魁者,首也。从前中了状元,叫作大魁天下。冯梦龙小说"卖油郎独占花魁"中的花魁,是"弄出天大的名声……就是西子比他,也还不如"的王美娘。所以,地煞中排名第一的朱武是地魁星。

撼倒丹麦第二双打的郑波和桑洋此番立了大功,但《水浒传》告诉我们,天猛、天威从来不是一对儿。威和猛可以组合在一起构成词语,用在"天×星"这里就不是那么回事。在《水浒传》中,天威星是双鞭呼延灼、天猛星是霹雳火秦明。梁山好汉出去打仗,大抵都有"固定组合",比方鲁智深和武松、杨雄和石秀、吕方和郭盛就都是并肩作战,但呼延灼和秦明却从来不会作为主将一起出现在阵前。要说威、猛本来就是一对,那该是童威、童猛两兄弟,而偏偏童威是地进星,童猛是地退星,并不在"天"字号之列。第一双打在决赛时输了,天雄星与天勇星就没了什么"来由",但如此名之蔡赟、付海峰,相当于把林冲和关胜来了个"拉郎配",两个人虽然落草前都是官军中人,但前者是被逼上梁山,后者是让宋江他们"赚"上来的,性质不是一回事。夏煊泽如果是天闲星,他就该向"正牌天闲星"公孙胜学习"妖法"了? 如果有人说,这不是较真的时候和地方,但容你拿林丹和宋江类比,容你借《水浒传》中的星宿说事,那就要容我"科普"一下,免得你继续开黄腔。

对此喻看不顺眼,还在于其倾向问题。《水浒传》里为什么要故弄玄虚地写那一回,把寻常汉子弄成上天星宿? 前人的见解值得重视。把《水浒传》称为"天地间五大奇书之一"的李卓吾认为:"梁山泊如李逵、武松、鲁智深那一班,都是莽男子汉,不以鬼神之事愚他,如何得他死心塌地?"宋江所以假惺惺地要何道士"万望尽情剖灵,休遗片言",原来是为了愚人,愚弄自己的那些兄弟。宋江也果然达到了自己的目的,"众人看了,俱惊讶不已"之余,都纷纷表态:"天地之意,理数所定,谁敢违拗!"在这一番装神弄鬼里面,"连公孙胜共是四十九员"的道士里面,那个唯一号称认识石碣上"龙章凤篆蝌蚪之文"的何道士起了很大作用,但正像卓吾先生所嘲笑的:"既有黄金五十两,人人都是何道士。"钱花的是地方,子虚乌有完全可以变得言之凿凿。对《水浒传》的这一描写,称之为"第五才子书"的金圣叹大惑不解:"天罡地煞等名,悉与本人不合,岂故为此不了了之文耶? 吾安得更起耐庵而问之。"

想不到,"悉与本人不合"的东西,在 21 世纪又能借尸还魂,那么,吾便欲以此文而问始作俑者了。忽然又见,低调出征奥运会落选赛的中国男排连克日本、韩国、伊朗,取得了不俗的成绩,却又发现,原来"副攻手郑亮的妻子在赛前曾专门赴杭州灵隐寺烧香,祈求中国队好运"。这类事后的"上应星曜"以及事前的"感动苍天",究竟想要告诉我们什么,自欺欺人罢了,即便没有"愚之"的成分,这种"糟粕"对体育事业也无半点益处可言。

针灸

因为维基百科坚持在针灸英文页面上把针灸称为"伪科学",由世界各地志愿者组成的"针灸现状基金会"近日(2017)发起请愿书,要求维基对此进行更正。主要发起者、英国的梅尔·科普曼正是一名针灸医生。2016年《中国的中医药》白皮书显示,中医药目前已传播到183个国家和地区,103个世界卫生组织会员国认可使用针灸,其中29个国家和地区设立了法律法规,18个国家和地区将针灸纳入医疗保险体系。维基百科不仅无视这一切,而且不允许添加任何能够证明针灸科学性的文章,霸道得很。

早在2010年,"中医针灸"就已被联合国教科文组织列入"人类非物质文化遗产代表作名录"。我国最早医学典籍之一的《黄帝内经·素问》中讲到:"有病颈痈者,或石治之,或针灸治之,而皆已。"针灸,针法和灸法的总称,传统中医学的重要组成部分。针法是应用各种特制针具作用于经络穴位,灸法则是以艾绒等物熏灼经络穴位进行热刺激,从而改善和提高经络之气对人体的调控功能,祛邪正身。新石器时代,前人便知道利用锐利的小石片(即砭石)砭刺人体的某一部位能治病;火被认识和应用之后,前人又逐渐发现身体的某一部位受到灼烤也可以减轻病痛。这些实践经验,或是针灸之源吧。

两汉三国的典籍中,出现了许多擅长针灸的医学家。《史记·扁鹊仓公列传》载,汉文帝诏问淳于意,你决断病人是死是活的时间有时并不能应验,为什么？淳于意答:"此皆饮食喜怒不节,或不当饮药,或不当针灸。"既有病人自身的原因,也有医治方面的原因。据业界人士研究,淳于意正是针灸理论体系的奠基人之一,他用"气"与"脉"的关联来诊断病证,如"切其脉时,右口气急,脉无五藏气""肾气有时间浊,在太阴脉口而稀,是水气。肾固主水,故以此知之"等,透过脉象判断体内藏府之气的运行状况,表明在他的医理中,气是经脉的基础和主导,经脉之气与藏府之气相通。

《三国志·方技传》讲到华佗医术高超时也说到针灸,"若当灸,不过一两处,每处不过七八壮,病亦应除。若当针,亦不过一两处,下针言'当引某许,若至,语人'。病者言'已到',应便拔针,病亦行差"。华佗的病人里,最著名的就是曹操了,曹操"苦头风,每发,心乱目眩,佗针鬲,随手而差"。这里的"差"通"瘥",病愈的意思。当然了,"若病结积在内,针药所不能及",华佗还有开刀法,"当须刳割者,便饮其麻沸散,须臾便如醉死无所知,因破取"。不知怎么搞的,到了唐高宗的时候,针灸治疗头痛反而不可思议。《旧唐书·高宗本纪》载,高宗"苦头重不可忍",侍医秦鸣鹤曰:"刺头微出血,可愈。"武则天在帘子里听到,要把秦鸣鹤杀了,因为岂可"欲刺血于人主首耶"。高宗痛得受不了,权且一试,秦鸣鹤"即刺百会",高宗痊愈了,秦鸣鹤才算保住命。这是永淳二年(682)的事。在此前,武则天已经垂帘听政,如上元二年(675),"时帝风疹不能听朝,政事皆决于天后。自诛上官仪后,上每视朝,天后垂帘于御座后,政事大小皆预闻之,内外称为'二圣'"。

《贞观政要·征伐》云,礼部尚书王道宗从太宗征高丽,"在阵损足",太宗"亲为针灸,赐以御膳"。看起来,唐太宗也懂这些。《新唐书·刑法志》说太宗尝览《明堂针灸图》,因为"见人之五藏皆近背,针灸失所,则其害致死",还发出感叹:"夫箠者,五刑之轻;死者,人之所重。安得犯至轻之刑而或致死?"感叹之余,又下诏施笞刑时不要再打罪人的后背。《明堂针灸图》是唐朝官修医书,图文并茂,成书即在贞观年间。唐朝这类的书有不少,胡三省注《资治通鉴》曰:"《唐·艺文志》有《黄帝明堂经》《明堂偃侧人图》《明堂人形图》《明堂孔穴图》,皆针灸之书也。"敦煌文献《明堂五脏论》曰:"明者,命也;堂者,躯也。立形躯于世间,着明堂而医疗。"这就是说,明堂相当于专门为针灸而作的人体挂图。正是这些直观的人体结构图,深深地触动了唐太宗吧。《册府元龟》云太宗看的是《明堂孔穴》,《资治通鉴》又说是《明堂针灸书》,不管书名究竟是什么,因为针灸穴位而更改了法律条文是既成事实,反映了太宗的人本情怀。

北宋仁宗天圣五年(1027),诏命翰林医官王惟一所制造的针灸铜人,更加形象直观,在今天也可以作为经络腧穴教学的教具。铜人高度与正常成年人相近,胸背前后两面可以开合,体内雕有脏腑器官,铜人表面镂有穴位,穴旁刻题穴名。同时以黄蜡封涂铜人外表的孔穴,其内注水。如取穴准确,针入而水流出;取穴不准,针不能刺入。可惜北宋原件早已下落不明,明清乃有仿制,故宫博物院现藏一具明代铜人,高89厘米,男童形状。

国务院去年印发了《中医药发展战略规划纲要(2016—2030年)》,明确今后五年中国将多引擎驱动助力"中医药强国"建设,推动中医药走向世界。但维基此番"伪科学"甚至还对整个中医予以否决的事件表明,达成我们以中医宝库和中国智慧造福更多民众的初衷,还有漫长的道路要走。

草药

2014年6月11日参观了位于广州大学城的广东中医药博物馆。甫一进门,映入眼帘的情景即非常壮观。那是由600瓶岭南中草药原色液浸标本组成两面"高墙",每个瓶子大约半米高,直径至少半尺,书架一样叠上去,贯通了3个楼层。加上光线设计得好,令标本瓶晶莹剔透,色彩斑斓,站在馆内不同楼层观赏,都会呈现出不一样的视觉美感。仔细看去,每个标本瓶的旁边都有铭牌,标明草药的名字,扶桑、两面针、溪黄草、五指毛桃什么的。

草药是中药的一种,属于植物药,其他还有动物药、矿物药等等。在我们的众多神话传说中,"神农尝百草"是很有名的一个,这一尝,尝出了百草"平毒寒温"的药性一面,于是就有了草药。还有一种说法,神农正是为了给大家治病才遍尝百草。先秦成书的《山海经》,堪称上古社会生活的一部百科全书,其中也有医药部分,不啻中华民族最早的中药档案。有统计说,它所保存的植物、动物、矿物的原始中药档案共计113处,明确可以医治五官科、神经科、妇科、消化科等几大类别的疾病,还有一些具有美容、养生、调理作用。如《西山经》云,符禺山"上有木焉,名曰文茎,其实如枣,可以已聋。其草多条,其状如葵,而赤华黄实,如婴儿舌,食之使人不惑"。又如《中山经》云,青要山"有草焉,其状如葌,而方茎、黄华、赤实,其本如藁木,名曰荀草,服之美人色";并且,发源于騩山的正回水,"其中多飞鱼,其状如豚而赤文,服之不畏雷,可以御兵"。正如我们所看到,以其"原始",疗效的神怪成分亦居多,吃了某种草药就"使人不惑",就"可以御兵"?

西汉刘向的说法褪去草药的神话色彩,建立在现实基础上了:"今夫辟地殖谷,以养生送死。锐金石,杂草药,以攻疾苦。"研究指出,中药学正在西汉初具雏形,现存最早的草药学专著《神农本草经》即成书于这一时期。本草,盖因中药中以植物药居多,所谓"诸药以草为本";倘若仿照"农本商末"的思维逻辑推开,动物药、矿物药等该是"为末"了。《神农本草经》既出,后世各种本草著作莫不以之为宗,中草药著作以本草命名的,如恒河沙数,到李时珍的《本草纲目》达到了一个辉煌的顶峰。该书载有药物1892种,植物药占了58%,每种药物分列释名、集解、正误、主治、附方等项,对本草学进行了全面的整理总结。当然了,《神农本草经》托名神农无疑,属于"拉大旗作虎皮",今天做事也是这样,否则似乎书的权威性就不那么牢靠一样。

草药能够治病,是由"草"的药物性能决定的。药物的不同性能,以及药性的不同组合,构成了药物作用的千差万别。唐朝甄权所著的《药性论》早就是一部佚书,但后人从他书中还是能辑出许多佚文,从而得知该书以讨论药物性能为主。有趣之处在于其所承袭的前人观点:把草药分出三六九等,名之以君、臣、佐、使等药,其中君药76味、臣药72味、使药108味。这样划分,与天人感应的原理不同,具有社会学意义。用沈括《梦溪笔谈》中的话说:"其意以谓药虽众,主病者专在一物,其他则节级相为用,大略相统制。"跟治国理政有那么点儿近似的意思。不过,沈括显然不认同这种借喻,他不客气地指出:"《药性论》乃以众药之和厚者定以为君,其次为臣、为佐,有毒者多为使,此谬说也。设若欲攻坚积,如巴豆辈岂得不为君哉?"巴豆,众所周知是强力泻药,一服即灵。在甄权的分类中,巴豆显然不在君药之列。草药可分君臣,并非《药性论》的原创,借鉴了《内经》《素问》那些奠基性的中医著作。揣摩起来,沈括未必是对君臣的划分有意见,而可能是不认同"和厚者为君、有毒者为使"吧。想想也是,像隋炀帝那样的,和厚?

草药的命名异彩纷呈,有以十二生肖的、有以天地人日月星辰的、以春夏秋冬东南西北的,其他诸如产地、数字、颜色、气味、功效等,应有尽有,药名因而可以成诗,或径用,或谐音,或双关。《青箱杂记》中的陈亚,"尝著《药名诗》百余首,行于世",至于凡事都到了可以用药名来填诗作词的程度,自认为"药名用于诗,无所不可;而斡运曲折,使各中理,在人之智思耳"。有人想难倒他,问延胡索能入诗吗?"他想了很久,还是吟出"布袍袖里怀漫刺,到处迁延胡索人",以为"此可赠游谒穷措大"。陈亚和章得象"同年友善",章发迹了,要提拔一下朋友,"而为言者所抑"。陈亚乃作《生查子·陈情》献之,曰:"朝廷数擢贤,旋占凌霄路。自是郁陶人,险难无移处。 也知没药疗饥寒,食薄何相误。大幅纸连粘,甘草《归田赋》。"表明自己也没那种再当上去的瘾。在这里,蒴擢、凌霄花、桃仁、芫荑、没药、薄荷、大腹皮、甘草等都是草药,所以陈亚有"近世滑稽之雄"的雅号。

《青箱杂记》是北宋元祐年间的作品,意谓当时陈亚的药名诗或许独步天下。如我们所看到,这些作品不是一句"滑稽"所能承载,充满了智慧。

本草

周杰伦有一首歌曲叫《本草纲目》很流行,老实说我不大明白歌里唱的都是什么。"如果华佗再世/崇洋都被医治/外邦来学汉字/访我民族医师/马钱子决明子苍耳子还有莲子/黄药子苦豆子川楝子我要面子",开头这几句尚可,接下来,"我表情悠哉/跳个大概/动作轻松自在/你学不来/你痛苦在哀悼/嘴巴张开/这华佗在转世/等他醒来",就有点儿麻烦。我是说,单个汉字我都认识,组合起来才不知所云。好在《本草纲目》还知道,李时珍的著作嘛,谁都知道。

《本草纲目》是我国的一部药物学巨著,亦有人誉之古代百科全书。李时珍的儿子李建元在《进本草纲目疏》中指出,该书"上自坟典、下至传奇,凡有相关,靡不收采,虽命医书,实该物理"。后人认为说的是事实。《本草纲目》源自《神农本草经》,后者因所记各药以草类为多,故称《本草》。《本草》作者为谁,自古便无定论,"神农"属于托名没有疑义。同样无定论的还有成书年代,或谓秦汉,或谓战国。根据书中的一些矛盾之处,极端者认为此乃伪书。明朝焦竑就说,《本草》中"言豫章、朱崖、赵国、常山、奉高、真定、临淄、冯翊出诸药物,如此郡县,岂神农时所有邪?"除此之外,对《山海经》《左传》等的成书年代,他都提出了质疑,言及鲁共王坏孔子宅而得古文经,更认为是"献书者之饰词",因为"不知竹简漆书,岂能支数百年之久?"别的姑且不论,这样说话就不堪一击了,因为今天战国秦汉的竹简漆书出土仍不乏见,云梦睡虎地、长沙马王堆、枣阳九连墩等可为明证,便是西汉,去今也已有两千年,出土的竹简仍清晰可辨。

对《本草》的修订,很早的时候就已开始。《麟台故事》转引《续资治通鉴长编》云,宋仁宗嘉祐二年(1057),韩琦在进言"朝廷颁方书诸道以救疾民"的同时,提出整理医书,其中就提到了《神农本草》,说它"虽开宝(太祖年号)中尝命官校定,然其编载尚有所遗。请择知医书儒臣与太医参定颁行"。仁宗乃诏编修院置校正医书局,以掌禹锡等四人为"校正医书官"。《玉海》更提到这次整理持续了十余年。《本草纲目》实际上也是修订的延续,达到了一个高峰但同样并没有达到顶峰。去年,陈凯先、杨胜利、张伯礼等院士提出了"本草物质组计划",设想用现代科学语言把这本中草药宝典重新书写一遍,5年内从总体上对500种左右的常用中医药药方进行详细分解,以期彻底弄清这些配方的药理所在。这个工作一旦完成,也许是本草的另一个高峰了。

周杰伦唱道,"快翻开《本草纲目》/多看一些善本书",是要"来调个偏方/诊治你媚外的内伤",上升到了社会学境界。不过从前和现在的业界人士翻开《本草》之类,显然是要诊治生理上的病痛。但沈括《梦溪笔谈》云:"医之为术,苟非得之于心,而恃书以为用者,未见能臻其妙。"谢肇淛《五杂组》亦云:"夫病非一症,攻非一端,如临敌布阵,机会猝变,而区区仗草木之性,凭尺寸之脉,亦已疏矣。况药性未必遍谙,但据《本草》之陈言;脉候未必细别,徒习弦涩之套语,杀人如芥,可不慎哉。"纵观今天的不少医疗事故,大抵正不少纸上谈兵者,至于患者根据广告到医院指定要某某药,医生乐得"大处方",一派乌烟瘴气。

有趣的是后人对《本草》的衍伸超越了医书范畴。如唐朝侯味虚著《百官本草》、贾言忠著《监察本草》、张说著《钱本草》(清钱大昕认为"此好事所为,托之燕公")等。钱锺书先生说"盖唐人游戏文章有此一体",并指出后世仿效之作还有慧日雅禅师之《禅本草》、董说《梦本草》、张潮《书本草》等,属于"尤雅令者也"。虽为游戏文字,然借"本草"之名评点时弊,亦足发人深省。《朝野佥载》节录了一段《百官本草》之"题御史",云:"大热,有毒,主除邪佞,杜奸回,报冤滞,止淫滥,尤攻贪浊,无大小皆搏之。畿尉薄为之相,畏还使,恶爆直,忌按权豪。出于雍洛州诸县,其外州出者尤可用,日炙乾硬者为良。服之长精神,减姿媚,久服令人冷峭。"谐趣之中,交代了御史的职能、应有的风骨以及"潜在"的危险。贾言忠之《监察本草》更直截了当地说:"(御史这副药)服之心忧,多惊悸,生白发。"《钱本草》揭示的则是孔方兄的本质:"钱,味甘,大热有毒。偏能驻颜,采泽流润。善疗饥寒、解困厄之患,立验。能利邦国,污贤达,畏清廉。贪婪者服之,以均平为良;如不均平,则冷热相激,令人霍乱。"因此,"一积一散谓之道,不以为珍谓之德,取与合宜谓之义,使无非分谓之礼,博施济众谓之仁,出不失期谓之信,入不妨己谓之智,以此七术精练,方可久而服之,令人长寿。若服之非理,则弱智伤神,切须忌之。"道理就是这些道理,如此"游戏文章"更能入耳入脑吧。

有则消息说,周杰伦推出《本草纲目》时,正值中国医药界就中医取消与否进行一场大论战,周是被中药界收买了。反唇相讥者认为,周杰伦高唱《双截棍》时,难道是被双截棍厂家收买了?周杰伦其实也有"游戏文章"的味道,以之来拯救中药,用广州话说该算"离晒大谱"了。

偏方

四川阆中市天宫乡38岁的副乡长戴彬,可能是第一个站在江苏卫视《非诚勿扰》舞台上的乡镇干部,结果场上24盏女嘉宾的灯全部灭掉,觅偶未果。在跟进的报道中,因为他的身份先是引起了一阵轰动;随后,戴彬通过媒体公布了自己祖传治疗荨麻疹的偏方。这一下更不得了,戴彬顿时红得一塌糊涂,全国各地包括香港在内都有电话打来希望得到诊治。有意思的是,阆中市卫生监督执法大队派出工作人员,对此进行了调查取证,认为戴彬没取得相应的行医资格,不能开处方。

戴彬其实算不上开处方,他是"贡献"出来,原本已有此一方。偏方,顾名思义,相对的是"正方"即正式的药方,在民间广泛流传或为家族传人所掌握,并不见于各种古典医学著作。对偏方的功效,不要问为什么,没有原理可讲,可能是前人碰巧实践的结果,也可能是故弄玄虚。余少时生长在京郊顺义县南庄头村,每到冬季,因为照旧整天在外面疯玩,双手手背每同癞蛤蟆的皮,兼且肿胀流脓。忽有人示偏方曰:用热水泡毕双手,再涂以麻雀粪可治。彼时生产队做豆腐的大灶檐下,每为麻雀栖居,得雀粪诚为易事。试之,果然,不过两次而已,双手竟完全细嫩光洁。鲁迅先生在《呐喊·自序》中说,他"有四年多,曾经常常,——几乎是每天,出入于质铺和药店里",用当来的钱给久病的父亲去买药,"因为开方的医生是最有名的,以此所用的药引也奇特:冬天的芦根,经霜三年的甘蔗,蟋蟀要原对的,结子的平地木,……多不是容易办到的东西"。而最后的结果是"我的父亲终于日重一日的亡故了",所以在鲁迅先生的语气中,能够分明地感受到他的不屑。因而对偏方,神奇与荒诞并存。

梁章钜《归田琐记》里讲到好几个偏方,有治疝气的,有治眼睛的,有治骨折的。梁章钜自己得过疝气,"有客教以荔枝核煎汤服之,遂愈"。但他把这个偏方介绍给朋友,不灵,可能就像戴彬说的,每个人的体质不一样,不是一偏就灵。梁章钜忽然想起自己抄过一个,说辛弃疾抗金还朝时得了疝气,"有道人教以服叶珠,即薏苡仁也。法用东方壁土炒黄色,然后入水煮烂,放沙盆内,研成膏,每日用无灰酒调服二钱即消",这回在朋友那里也灵了。梁说自己"此一段,忘却在何书抄来",我想应该是抄自南宋张世南的《游宦纪闻》吧,该书卷五正有这段。治眼睛的实例是山西太原守药景锡,他已经失明 19 年了,"忽有神人传一灵方,用厚朴五分,清水一碗,煎至五分,洗之即愈,复为山东莱州守",而"未洗之先,须斋戒沐浴,将洗之际,须应日光焚香,一日三次"。治骨折的那个,是纪晓岚听别人说的,"以开元通宝钱烧而醋淬,研为末,以酒服下,则铜末自结而为圈,周束折处"。纪晓岚说他试过一只骨折的鸡,果然就接上了,而炖吃这只鸡的时候,"验其骨,铜束宛然",他因此还很不理解,"铜末不过入肠胃,何以能透膜自到筋骨间也"。后来他又读到张鷟的《朝野佥载》,其中说道:"定州人崔务堕马折足,医令取铜末酒服之,遂痊平。后因改葬,视其胫骨折处,铜末束之"。晓岚因此悟出,铜末就行了,不一定非得用开元通宝。

《清稗类钞》里有两个偏方更离奇。先说明末清初名医俞嘉言，有天他在船上，路过一村，"见一少女浣衣于河，注视久之，忽呼停棹，命一壮仆曰：'汝登岸，潜近其身，亟从后抱之，非我命，无释'"。仆人照做，结果可想而知，"女怒骂大呼，其父母闻而出，欲殴之"，这时名医说话了："我，俞嘉言也。适见此女将撄危症，故救之，非恶意。"俞嘉言大名鼎鼎，女孩的父母便听他"从实招来"。嘉言曰："（女）数日将发闷痘，无可救。吾所以令仆激之使怒者，乘其未发，先泄其肝火，使势少衰，后日药力可施也。至期，可于北城外某处取药，毋迟。"其后的事情果如俞嘉言所料。同样的"流氓医法"，另一名医秦景明也用过，也是治痘疹，故事的前后经过一如前一个的翻版，女于桥阴织布、遣仆抱其腰戏之、村人毕集将执僮，等等，秦景明曰："（女）是将出痘，然毒伏于肾，见点复隐，则不可药，吾故惊之，俾毒提于肝，乃可着手。"方舟子先生研读《本草纲目》后发现，其最后的"人部"，将头发、头垢、耳屎、膝头垢、爪甲、牙齿、人屎、人尿、精液、唾液、齿垢、胡须等一概视为良药，且都有种种神奇药效，进而认为从中医中"要去除大量的粗、伪来获得那么一点可能的精、真，是一个艰难的使命"。诚哉斯言。

由偏方忽然想到了社会治理。以为当下的反腐，每由网友从官员抽的烟、戴的表、住的房中发现问题，进而把那官员拉下马，实际上属于"偏方"，而"正方"应该是行之有效的监督制约机制。"偏方"固然可以奏效，但它依据一时一事判断的随机性却可能误中无辜，更可能给公众反腐败必须如此的错觉，使潜在的"漏网之鱼"只需在公开场合伪装好自己便可弹冠相庆。正如医学界一样，偏方可以作为一种必要的补充，终究唱不了主角，并且也不该如此。

辟谷

前几天与两个小师弟聚会一回。菜就要端上来了,其中一个忽然郑重其事地宣布:自己从头一天开始已经辟谷,要一周时间,所以今天只是看大家吃,自己不动筷子,更不能喝酒,虽然很有诱惑。

辟谷,即不食五谷。今天有今天的用意,从前乃道教修炼术的一种,以为不食五谷,服药行气,便可以飘然成仙。这种认识很早就产生了,《楚辞·远游》有"飡六气而饮沆瀣兮,漱正阳而含朝霞",李颐注曰:"平旦为朝霞,日中为正阳,日入为飞泉,夜半为沆瀣,天玄地黄为六气。"司马彪说:"六气,阴阳风雨晦明也。"《庄子·逍遥游》云"藐姑射之山,有神人居焉,肌肤若冰雪,淖约若处子。不食五谷,吸风饮露。乘云气,御飞龙,而游乎四海之外",也是说神仙都不吃东西,服六气就行了,照样想去哪就去哪,且说到就到。反过来似乎可以推断,吃五谷的则成不了神仙。

《史记·留侯世家》载,张良功成求身退,"愿弃人间事,欲从赤松子游耳"。他想通了,别看刘邦一口一个"子房",很亲热地叫着,但这个人可患难不可同安乐,自己还是溜之乎也,当个神仙算了,"乃学辟谷,道引轻身"。《南史·隐逸传》载,陶弘景"十岁,得葛洪《神仙传》,昼夜研寻,便有养生之志"。终于在齐武帝永明十年(492),"脱朝服挂神武门,上表辞禄",不干了,专事养生。武帝不仅诏许之,而且"赐以束帛,敕所在月给伏苓五斤,白蜜二升,以供服饵"。后来陶弘景又学习"辟谷导引之法,自隐处四十许年,年逾八十而有壮容"。当然了,梁武帝大同二年(536),他还是"卒"了,"时年八十五"。回推一下,陶弘景是在41岁的壮年离开官场的,决心不可谓不大。再当然,陶弘景没有成仙,不等于别人也没有。陈鹄《西塘集耆旧续闻》里有开封李长卿女名秀荨,人家就成了,怎么成的呢?"父任邑令,随侍而至,偶遇真人,授丹砂,辟谷有年,身轻于羽,蓬莱虽远,一念至,则瞬息间耳",于是,"若青城、紫府、桃源、天台,吾游息之所也",天南地北,想去哪里比孙悟空都方便,大圣还得念口诀呢,姑娘这里只需动下念头。

从后世的一些记载来看,辟谷不等于只服六气,还是吃东西的,避开五谷就是。《家世旧闻》中,陆游说他的高祖陆轸,"辟谷几二十年,然亦时饮,或食少山果"。《广东新语》中,屈大均说他找到了储藏荔枝法,"就树摘完好者,留蒂寸许蜡封之,乃剪去蒂,复以蜡封剪口。以蜜水满浸,经数月,味色不变,是予终岁皆有鲜荔支之饱,虽因之辟谷可矣",不吃粮食毫无问题。《本草纲目》引孟诜的话说:"青粱米可辟谷。以纯苦酒浸三日,百蒸百晒,藏之。远行,日一餐之,可度十日;若重餐之,四百九十日不饥也。"严格起来,吃这个该算是伪辟谷,虽然吃一点儿可以顶很大的事,毕竟吃了,而"百蒸百晒"的东西,说不定是压缩饼干的祖先呢。

比较而言,超越了长寿、成仙的辟谷,对世人更具警示意义。如《湘山野录》云,前蜀先主王建"犹恶盗贼,犯者赃无多少皆斩"。有一年蜀闹饥荒,"有三盗糠者止得数斗",要杀头,"至庭覆谳"的时候,时户部侍郎、蔡国公、道士杜光庭"方论道于广殿"。王建"视三囚殆亦恻隐",希望杜能"一言见救",而杜却"卒无一语,但唯唯而已。势不得已,遂斩之"。回到自家道院,杜见"三无首者立于旁",向他哭诉为何"忍不以一言活我",杜乃"悔责惭痛,辟谷一年"。

再看张良,其辟谷封留实际上是为远离祸患作打算。明朝开国功臣刘基也是这样。《冷庐杂识》云,刘基告老还乡,"惟棋酒度日,盖即子房辟谷之意",但是,张良虽为吕后"强食之",到底是善终;而刘基,却"不免于胡惟庸之毒害",令陆以湉感慨万端。

《东坡志林》中,苏东坡有一种天真的想法。他说晋武帝时有人掉下一个深不可测的洞穴,出不来,饿坏了,"见龟蛇无数,每旦辄引首东望,吸初日光咽之,其人亦随其所向,效之不已,遂不复饥,身轻力强"。他因而认为:"辟谷之法以百数,此为上"。他为什么要讲这个呢?"元符二年,儋耳米贵,吾方有绝粮之忧,欲与过子共行此法,故书以授之"。忍俊不禁之余,要借用钱锺书先生的一句话:公真顽皮。

前人不少笃信辟谷的不假,但不屑一顾的也不乏见。曹植《辩道论》就说了,不少方士给他爸爸曹操招至跟前,如"能行气导引"的甘始,"晓房中之术"的左慈,"善辟谷"的郗俭等,"悉号数百岁"。招来干什么呢?"诚恐斯人之徒,接奸诡以欺众,行妖慝以惑民,故聚而禁之也。"宋人罗大经《鹤林玉露》提到了这件事:"范晔作东汉史,为方士立传,如左慈之事,妖怪特甚,君子所不道,而乃大书特书之,何其陋也。"而曹植之论,"其识过范晔远矣"。罗大经还说:"汉武帝刻意求仙,至以爱女妻方士,可谓颠倒之极。末年乃忽悔悟曰:'世岂有仙者?节食服药,差可少病耳。'此论却甚确。"

"但闻方士腾空去,不见童男入海回。无药能令炎帝在,有人曾哭老聃来。"(宋刘潜夫句)后人尤今人之辟谷,作为锤炼意志品质的一种方式未尝不可,舍此则勿作他想为妙。

开笔礼

肇庆市德庆孔庙前几天搞了个"开笔礼"。报道说,100多名即将入学的儿童身穿小博士服,端坐执笔,静听启蒙老师在孔子画像前传授开笔的意义。上个月为调研,我去了一次德庆,专门到学宫也就是孔庙看了看。德庆是广东的山区县,地域不大,却有两个全国重点文物保护单位,孔庙为其一,另一个是龙母庙,据说是广东省内香火最旺、鞭炮最多、最富神奇色彩的庙宇。

这个"开笔礼"是有点意思的,古为今用,且赋予了新的内涵。因为从前的"开笔"并非针对未成年人,时间也不是在新生入学之际,而是在元旦,即农历大年初一。《养吉斋丛录》卷之十三云,明窗开笔之典,始于雍正皇帝,后面的都属于跟着照办。过程如下:每年元旦子时——也就是半夜11点到凌晨1点,皇帝来到养心殿,先"握管薰于烛上",然后"濡染挥翰",用完朱笔,再用墨笔,"各书吉语数字,以祈一岁之政和事理"。写完了,还要浏览一通本年的历书,"以寓授时省岁之意"。之后,"诸物用毕,手自料简,饬所司收藏"。这是皇家的开笔礼,民间自然也有民间的。笔者在《元旦》一文中曾经谈到过,那是见诸梁章钜《浪迹续谈》的描述:"今人于每年元旦作字,必先用红笺庄书两语,如'元旦开笔,百事大吉'之类,或作'动笔',或作'举笔',士农工商皆然。"

有"开笔",则一定会有"封笔",正是如此。《养吉斋丛录》卷之十四告诉我们,封笔的时间是在除夕,就算是除夕子时进行吧,与开笔也不过一天间隔,纯粹是仪式,跟余秋雨、金庸诸先生的动辄宣称"封笔"——就此不写东西了,完全是两码事。其中说道:"除夕封笔之制,始于康熙间。亦手名香致敬,其仪式与开笔同。"同样隆重得很。笔封起来了,但是如果一定要用该怎么办呢?该则笔记有条附录谈到了这一点。说乾隆间戡定金川时,除夕申刻接军营奏报,有办理粮运事,而其时"已封笔矣"——可见封笔的时间要早一些,申刻是下午3时正至5时正。军情大事显然不能因为"封笔"仪式已过而迟发号令,倘如此就是作茧自缚了。这个问题也根本没有成其为问题,乾隆"即口授近臣,缮纸颁发,仅不御丹毫而已"。也就是说,"封笔"之后,仅仅是皇帝不动笔或者不动朱笔。

不仅有"封笔",而且还有"封印",让大印也休息休息。还引《养吉斋丛录》,其卷之二十一云:"岁暮封印。""封"多久没有交代。那么,要用到大印的时候怎么办?那可不是口授一声就能解决问题的,不要说古代,今天的印信也往往还预示着权威。当然也有办法。乾隆五年(1740),浙江按察使完颜伟"请于封印时,备空白文移,钤印后存之内衙,遇事填用",就是说,先把印盖在一些空白公文纸上,以备不时之需,这倒跟前些年还存在的单位介绍信差不多。至于用剩下的钤印的空白公文纸,则在"开印时销毁"。先盖印,后填内容,就很容易让不法之徒钻空子。不过,朱元璋时的"空印案",虽然前后杀了不少官员,但与"封印"导致的"空印"却还不是一回事。此处权且按下不表。

《养吉斋丛录》另云:"(康熙)十二月初一日,有开笔书'福'之典。"又:"自(乾隆)十七年后,季冬之朔,高宗开笔书'福'。"则此之开笔,可能与开笔礼并非一个概念,而有动笔之意。从雍正四年(1726)的"年来冬月封印以后,政务略有余闲,朕手书'福'字赐内外大臣"之谕看,书"福"又是在封印之后,则"岁暮封印"可能并不止一天,而是要持续一段时间。皇帝开笔书"福",是一件大事。以乾隆而言,先要"诣寺拈香,还御重华宫之漱芳斋",才能开笔。其所用的笔,"管端镌正书四字,曰'赐福苍生'",相传还是康熙留下来的。如此隆而重之,并且"岁为恒典"。写好的"福"字,按嘉庆时的做法,第一幅要"悬于乾清宫正殿,其余宫廷园苑等处张贴,共十九幅"。此外,就是颁赐皇子、大臣等,"岁十余人,或不及十人",作为一种待遇。得到这种待遇,要"以次入跪案前,仰瞻御书毕,即叩首谢",然后,"两内监对持龙笺而出,扣谢者正当'福'字下"。第一个的仪式搞完了,第二个同样如此一番。

我在拜访德庆孔庙的时候,发现不少学生都在忙不迭地交钱买个纸条,认真咨询着不同价钱的能得到什么"回报",却不是祈祷自己的学业,而是保佑家人平安。因之想起封演《封氏闻见记》里的一则掌故:流俗,妇人多于孔庙祈子,殊为亵慢,甚至"有露形登夫子之榻者"。北魏孝文帝曾有诏曰:"孔子庙不听妇人合杂,祈非望之福。"今天的人们到孔庙去保佑平安,拜错了门神不说,无疑也是在"祈非望之福"了。德庆孔庙每年还搞一次"状元礼",让一些年度高考"状元"来这里怪模怪样地扮演个角色,整个过程不仅非驴非马,而且那意思仿佛要坐实高考就是科举的延续一样,颇为怪异。在当地看来,也许是最大限度地挖掘孔庙的利用价值吧。

成人礼

外甥今年(2019)高中毕业。看他发的微信朋友圈,毕业典礼上同时进行了成人礼。这是近几年的普遍做法。从前也有成人礼,雏形可以溯到远古氏族社会时代,那时叫成丁礼。后来,儒家看到了它的合理内核,将之改造成为"冠礼",作为人生礼仪的重要组成部分之一。

今天的成人礼往往定格在18岁,不拘男女;从前的冠礼则一般在20岁,限于男子,举行加冠之礼,示其成人。对天子、诸侯,冠礼还可以提前到12岁。《礼记·曲礼》云:"人生十年曰幼,学;二十曰弱,冠。"按照这种划分,19岁以前都属于"幼",要学习功课,"体犹未壮,故曰弱也";20岁就成人了,要加冠,行冠礼。《国语·晋语六》载,"赵文子冠,见栾武子",武子曰"美哉",即美文子已经成人。韩愈《题李生壁》云:"始相见,吾与之皆未冠,未通人事,追思多有可笑者,与生皆然也。今者相遇,皆有妻子。"感叹白驹过隙,逝水流年。

今天成人礼的仪式大抵表现为宣誓,如何成为一名合格的公民;冠礼则相当烦琐。《礼记·冠义》云:"古者冠礼筮日、筮宾,所以敬冠事。敬冠事所以重礼,重礼所以为国本也。故冠于阼,以著代也。醮于客位,三加弥尊,加有成也。已冠而字之,成人之道也。见于母,母拜之;见于兄弟,兄弟拜之;成人而与为礼也。玄冠、玄端,奠挚于君,遂以挚见于乡大夫、乡先生,以成人见也。"这段文字,解说了冠礼所以要郑重其事,也表达了仪式相应的含义。不妨大略来看一下。

"筮日、筮宾",即通过占筮来确定冠礼的日子,这是为了"求其永吉",希望冠者从此有个良好的开端。与此同时,还要从观礼人中选一位德高望重者担任加冠的正宾,也是用占筮法。不过,《孟子·滕文公下》云,景春称道公孙衍、张仪为大丈夫,孟子不同意,说这怎么能叫大丈夫,你没有学过礼吗?"丈夫之冠也,父命之"。孟子此说引发了后世的种种解释,或许彼时也有父命的冠礼吧。无论怎么说,在孟子的价值观里,"富贵不能淫,贫贱不能移,威武不能屈,此之谓大丈夫"。《后汉书》卷二十四载,章帝建初六年(81),马防的儿子马钜当冠,章帝"亲御章台下殿,陈鼎俎,自临冠之"。皇帝亲自来了,对马家而言,当然荣幸无比。

"三加弥尊,加有成也",即由正宾将缁布冠、皮弁、爵弁三种冠,依次加于将冠者的头上。每次加冠,冠者都要先换上相应的服装,然后向来宾展示。缁布冠即普通的黑布冠,教育青年人不忘先辈创业的艰辛;皮弁,鹿皮缝制,与朝服配套穿戴。爵弁,国君祭祀等庄重场合所戴。三冠地位由低及高、由卑及尊,寄托了对冠者德行能与日俱增的寓意。

"已冠而字之",是说冠礼上要由正宾为行冠礼者取一个表字。前人幼时称名,成人则要称字,郑玄说:"成人矣,敬其名。"实际上,在去今并不久远的年代,名、字还是通行的。我就读中山大学时,一些老辈学者还健在,古文字学家商承祚先生便是字锡永。前辈日记里,相互之间都是称字而不称名。如1930年9月顾颉刚先生在一则日记中说:"留宾四及绍虞饭,饭后与宾四到希白处。"

宾四是钱穆先生的字,绍虞是郭希汾先生的字,希白是容庚先生的字。

"见于母,母拜之;见于兄弟,兄弟拜之",是说冠礼完毕,冠者要拜见有关的尊长。《礼记·士冠礼》亦云:"见于母,母拜受,子拜送,母又拜。"儿子拜一次,母亲却拜两次,正是上古妇女对成年男子的拜法。清人孙希旦云,以母兄之尊,而先拜于子弟,所谓"重其为成人之始而敬之也。敬之之深,正所以明其望之之重,责之之备,而冠者益不可不思所以称其服矣"。

"玄冠、玄端"云云,意谓冠者回家脱去爵弁服,换上黑帽子、缁布衣等拜见国君,这恐怕是特定人群的冠礼了。拜见乡大夫、乡先生是可能的,他们还要对冠者有所教诲。如栾武子在"美哉"之余,告诫赵文子:"昔吾骤事庄主,华则荣矣,实之不知,请务实乎。"庄主,即赵朔;文子,即赵朔之子赵武。当面说人家父亲华而不实,栾武子倒真是直言不讳。韩献子则是这么说的:"戒之!此谓成人。成人在始,始与善,善进善,不善蔑由至矣。始与不善,不善进不善,善亦蔑由至矣。"记住啊,成年之初就要向善,善能更善,不善就没法靠近你了,反之亦然,善会与你无缘。

前人所以重视冠礼,正如《礼记·冠义》所云:"成人之者,将责成人礼焉也。责成人礼焉者,将责为人子、为人弟、为人臣、为人少者之礼行焉。将责四者之行于人,其礼可不重欤?"家庭中原本毫无责任的"孺子",就要成为社会中的一员了,接下来面对的是如何当个合格的儿子、合格的弟弟、合格的臣子、合格的晚辈,一言以蔽之,成为合格的社会角色。唯其如此,才有资格去治理别人,能不重要吗?

不同的时代,成人礼的仪式自然不同。遗憾的是,如我这个20世纪60年代早期出生的人,从小学、中学、到技校,再到大学,每个毕业时间节点上都没有经历过任何仪式,成人礼更成奢谈。于个人生命历程而言,该是个很大缺憾。然韩献子云:"人之有冠,犹宫室之有墙屋也。"言外之意,人之后天如何,终究还要靠自己的修洁。

乡饮酒礼

2010年11月29日,佛山祖庙经过历时三年的百年大修之后正式告竣,值此,祖庙的修缮史又增添了浓墨重彩的一笔。资料说,自北宋元丰年间建庙至今,算上这次,祖庙总共经过了23次修缮,而上一次还是在1899年,距离2007年11月21日开始的这次启动,逾越了百年。

在竣工大庆的那一天,祖庙进行了秋祭、酬神戏、乡饮等三项传统民俗活动,其中秋祭和酬神戏具有浓郁的佛山地方色彩。秋祭,祭北帝。千百年来,北帝信仰渗透在佛山社会生活的各个领域、各个阶层,谣曰"行祖庙,拜北帝"。北帝,北方真武玄天上帝,本是统管北方的神明,但它属于水神,位于水源之上,依海生存的广东人因而膜拜之,祈求其控制水源多寡,使之安好流向南方。屈大均《广东新语》云:"吾粤多真武宫,以南海佛山镇之祠为大,称曰祖庙。其像被发不冠,服帝服而建玄旗,一金剑竖前,一龟一蛇,蟠结左右。"可见祖庙在北帝信仰中占有重要地位。演戏酬神,主要也是酬谢北帝的保护和庇佑。而乡饮则是昔时非常普遍的文化现象。如果祖庙把乡饮作为文化品牌打造的话,在传承传统的基础上如何创新值得关注,因为在历史上不同的时代,乡饮酒礼都有不同的内涵。

《五代会要》之"乡饮"条载,后唐清泰(末帝李从珂)二年(935),"中书门下帖太常以长兴(后唐明宗李亶)三年(932)敕诸举人常年荐送,先令行乡饮酒之礼",因而"宜令太常草定仪注,班下诸州,预前肄习,解送举人之时,便行此礼"。就是说,地方向中央举荐人才之后,出发之前,由乡大夫作主人,为人才设宴送行。李从珂想延续这一模式,而一切饮酒酬酢需要尽快制订划一的仪式。

《宋史·礼志》援引《周礼》认为"乡饮之礼有三"——这一下把乡饮酒礼的历史至少上溯到了西周时代。第一,正是后唐所承继的做法,"乡大夫,三年大比,兴贤者、能者、乡老及乡大夫帅其吏,与其众寡,以礼宾之"。第二,说的是一党之长(乡以下行政区依次为州、党、族、闾、比)党正,"国索鬼神而祭祀,则礼属民而饮酒于序,以正齿位"。就是尊老,按年龄排定席次,"六十者坐,五十者立侍"。第三,说的是一州之长州长,"春秋习射于序,先行乡饮礼"。这里的"射"是射箭,这是前人的一项基本功,孔夫子"射于矍相之圃",曾导致"观者如墙堵焉"。宋太宗时群臣元旦朝谒,酒过三巡,有司就要"请赐王、公以下射"。届时,皇帝也"改服武弁",王公依次射箭,还要"开乐县东西厢,设熊虎等候。陈赏物于东阶,以赉能者;设丰爵于西阶,以罚否者"。习射之前乡饮,该是隆而重之的表现了。

《明会要》之"乡饮酒礼"条则载,朱元璋刚登基的时候,"诏中书省详定乡饮酒礼,使民岁时宴会,习礼读律",目的呢?"期于申朝廷之法,敦叙长幼之节",与五代时的送人才就有很大区别了。此后,朱元璋又多次明令天下行乡饮酒礼,内容也在不断变化。洪武五年(1372)规定:"每岁孟春孟冬,有司与学官率士大夫之老者,行于学校。民间里社以百家为一会,或粮长、里长主之。

年最长者为正宾,余以齿序。每季行之。读律令,则以刑部所编申明戒谕书兼读之。"洪武十八年(1385)规定:乡饮酒礼旨在"叙长幼、论贤良、别奸顽、异罪人",落座的时候,"高年有德者居于上,高年纯笃者居于次,余以序齿",则此时的乡饮酒礼更有了尊崇德高望重者的一面。那年同时还规定,"其有曾犯违条犯令之人,列于外坐,同类者成席,不许杂于善良之中",则此时的乡饮酒礼还有通过"羞辱"对来者以警示的另外一面。洪武二十二年(1389)又规定,"以善恶分列三等为坐次,不许混淆。如有不遵序坐及有过之人不赴饮者,以违制论"。也就是说,被"羞辱"者是必须到场,回避不得的。

  清朝的乡饮酒礼则纯粹承继了尊老的功能。每年由各州县遴访年高有声望的士绅,"一人为宾,次为介,又次为众宾,详报督抚",举行乡饮酒礼。这些宾介的姓名籍贯,都要造册报部,称为乡饮耆宾。倘乡饮过后,名单上的人"间有过犯",还要"详报褫革,咨部除名,并将原举之官议处"。有人把这种上榜当成了待遇,刘声木《苌楚斋续笔》云,乡饮正宾、乡饮介宾之类的叫法,只是"一时权宜之用,未便永远视为职官,公然刊登"。他看见管世铭文集里有一篇《岁贡生乡饮正宾黎君墓表》,其中写道"前刺史举乡饮礼,黎为正宾,邑里翕然,以为无愧",认为"此等事不足叙,此等字亦不宜入文",叙了,入了,无非虚荣心作祟。

  世易时移。今天的祖庙乡饮酒礼据说要形成制度,每年都搞,然其设想如何不得其详。但是显然,无论弘扬哪一种民俗事项,在内涵上都未必泥古,前人就是根据时代需要而赋予相应色彩,这一点清清楚楚。

题壁诗

2007年12月18日,作为全国第九届书法篆刻作品展的开幕演出,大型民族音乐剧《曲水流觞兰亭会》在广州正式亮相。报道说,该剧首次在舞台上再现"天下第一行书"《兰亭序》的诞生过程。音乐剧的音乐主要是中国江南一代的小调曲风,另外也有昆曲、绍剧、宗教音乐甚至西方的咏叹调等元素,全部演员现场真唱。

当年的兰亭盛会,用《兰亭序》里的话说,叫作"群贤毕至,少长咸集"。但读《世说新语》时,在《企羡第十六》看到一点儿趣事:"王右军得人以《兰亭集序》方《金谷诗序》,又以己敌石崇,甚有欣色。"这是刘义庆的原文,后面有一段刘孝标的注:"王羲之《临河叙》曰:'永和九年,岁在癸丑,莫春之初,会于会稽山阴之兰亭……'"这不是我们熟悉的《兰亭序》吗?但结尾又不同,不是"后之览者,亦将有感于斯文",而是"右将军司马太原孙公丞等二十六人,赋诗如左,前余姚令会稽谢胜等十五人不能赋诗,罚酒各三斗"。浏览当今学者的研究,一种观点即认为《临河叙》与《兰亭序》关系密切,前者是定稿,后者只是草稿。因为刘孝标是南朝梁人,距兰亭会的时间较近,假托的可能性较小。到底如何,还是交还学术讨论。我说的趣事就在于"定稿"的结尾,兰亭会,主要是兰亭诗会,而差不多三分之一的人不能当场交出作品,档次可能也没有传说中的那么高吧。

　　由兰亭会想到题壁诗。现在不断有人呼吁诗歌振兴,我想可能乐观不起来。在他们内部,一会儿"梨花体",一会儿"下半身",一副自我陶醉的架势;在他们外部,也缺乏广泛的群众基础。今天的人们往墙上涂抹的是"办证"电话,以前则是题诗。亭台楼阁、驿站墙壁,大抵白一点儿、平一点儿的地方,都会留下过客的即兴发挥。《水浒传》里有"浔阳楼宋江吟反诗"的著名章节。喝了点儿酒,这老兄不觉"潸然泪下,临风触目,感恨伤怀,忽然做了一首《西江月》词,便唤酒保索借笔砚来"。因为他"见白粉壁上多有先人题咏",便寻思道:"何不就书于此?倘若他日身荣,再来经过,重睹一番,以记岁月,想今日之苦。"于是,"乘着酒兴,磨得墨浓,蘸得笔饱,去那白粉壁上挥毫便写道……"他写的是"反诗",所以要借着酒兴,写一般的诗不用那么紧张。清朝大学者王士禛说:"予少时与先兄考功同上公车,每到驿亭,辄题素壁,笔墨狼藉,率不存稿。"很有点儿王荆公"取笔书窗"隔日便忘的意思。所以那几年写了什么,王士禛事后"往往从友人口中得之"。宋江因为署了真名,还惹出了一段险些杀头的官司,如果是托名女郎或流露出卿本奴家的口吻,不仅没危险,还会得到大量的"跟帖"。宋人周煇说,在邮亭客舍"观壁间题字",文笔不错的,"皆好事者戏为妇人女子之作",专门用这一套来吸引人们的眼球。他就见过一首署名"女郎张惠卿"的:"迢递投前店,飕飗守破窗。一灯明复暗,顾影不成双。"暧暧昧昧,未几便"和已满壁"。

　　刘声木《苌楚斋五笔》还谈到一则趣事。说有人在旅店"见壁上维扬女子题诗,情词凄婉,低回欲绝",看看跋语,明白是女郎"遇人不淑,沦落天涯",更兼"书法亦美",便把它抄录下来了,不能忘怀。过些天适遇老友,便谈起这件事,赞叹之余老是想弄清楚女郎"貌如何耳"。谁知老友"自捋其须",说长得跟我差不多。其人不解,老友只好告诉他,那是我写的,"特嫁名耳"。刘声木就此作结说,好多看上去包裹着美丽外表的东西,实质都是这般蜃楼海市,可惜一些痴书生执迷不悟罢了,"坚信其说,至于幻惑,结成心疾"。今人旨在骗钱的"征婚启事",正有这种传统的余绪。清人钱泳认为:"题壁诗鲜有佳者。"饶是如此,他还是推崇一首《不寐诗》:"夜永寒偏觉,迢迢送远更。朔风何凛冽,残月转凄清。失学羞言禄,无田莫问耕。晓来翻欲卧,曙色半窗明。"认为"读其诗全是天籁",只是不知署名的"秋舫山人"为谁,然而有了前面的例子,也不敢说不是无病呻吟。

宋江题诗之前,打算荣华之后来此睹物思情,其实他错了,不管哪儿的墙壁,写满了都会重新粉刷,只有当官的,当他还在台上时会给他保留一段时间,如寇准的"碧纱笼";其余的,只好诗又碰上了识货的,才会流传下来。所以人们说,唐诗今天虽然留下了数万首之巨,但不知还有多少因为整理不及时而湮没了。

兰亭大会的时代早已一去不复返,今天讲诗歌振兴,不要说没了群众基础,就是还在舞文弄墨的人,也不见得能提笔就来;倘若即席,弄不好要与"前余姚令会稽谢胜等十五人"为伍。这种体裁本身已经时过境迁,一味地要复兴,可能跟今天一定要削足适履弄些自以为得意的新"三字经"之类差不多。

题壁诗(续)

广州天河商圈的地下商城里,有一方不小的没有装修成商铺的"闲置"空间,专门让人通过"留言"来表达什么。每每路过,都见粘贴的纸片琳琅满目,里三层外三层的,像"文革"时贴的大字报那样,新的不断覆盖旧的。这个空间是很人性化的设计。国人有点儿孙猴子的本性,他跟如来打赌翻跟斗,留下一泡猴尿以为证据之余,更要留下"齐天大圣,到此一游"的字样。如今修复得好端端的长城,那么坚硬的砖头,也早就被刻花了。广州开辟这么块场地,学的是大禹,对国人题壁的传统,疏而不堵。

从前的人太喜欢在墙壁上写东西,大抵随兴而来,因为有感而作,其中也不乏名篇。比如苏东坡的"横看成岭侧成峰,远近高低各不同",乃"题西林壁",写在庐山西林寺墙壁上的。林升的"山外青山楼外楼,西湖歌舞几时休",乃"题临安邸",写在京城客栈墙壁上的。谭嗣同的"我自横刀向天笑,去留肝胆两昆仑",乃"狱中题壁",写在监狱墙壁上的。在文学作品的描写中,这种做法更比比皆是。

《水浒传》里,豹子头林冲被逼上梁山之前,在朱贵酒店"感伤怀抱",便问酒保借了笔砚,"乘着一时酒兴,向那白粉壁上写下八句五言诗":"仗义是林冲,为人最朴忠。江湖驰闻望,慷慨聚英雄。身世悲浮梗,功名类转蓬。他年若得志,威镇泰山东!"行者武松血溅鸳鸯楼之后,不忘从死尸上割下一片衣襟,蘸着血,"在白粉壁上"写下8个大字:"杀人者,打虎武松也!"浪里白条张顺为了逼迫安道全去给宋江看病,把安道全的姘头李巧奴以及姘头的奸夫和老鸨一并杀掉,然后学武松的模样,"割下衣襟,蘸血去粉壁上"写下"杀人者,安道全也",且连写十几处。武松有好汉做事好汉当的味道,张顺则是通过故意栽赃,以绝神医的后路。

　　元杂剧里,题壁也随处可见。戴善夫《陶学士醉写风光好》中,以大宋使者身份来南唐"索要图籍文书"的陶毂,看到"一片素光粉壁,未尝绘画",就叫人拿笔砚来,题了12个字:"川中狗,百姓眼,虎扑儿,公厨饭。"他自以为这是"春秋隐语,料无有解者",但他太低估了直接跟他打交道的韩熙载,人家也是文学一代大家,江南贵族、士人、僧道载金帛求其撰写碑碣的人不绝于道,甚至有以千金求其一文者。韩熙载看了壁上的涂鸦,本来觉得"谁写字在上头,涴(弄脏)了这壁子";听说是陶毂写的,马上让人"将纸笔来我抄了去",他要看看能不能从中打开貌似油盐不进的陶毂身上的缺口。果然,未几他就研究出,那看似莫名其妙的12个字,意思是"独眠孤馆"。为什么呢?"川中狗者,蜀犬也;蜀字着个犬字,是个独(繁体为獨)字。百姓眼者,民目也;民字着个目字,是个眠字。虎扑儿者,爪子也;爪字着个子字,是个孤字。公厨饭者,官食也;官字着个食字,是个馆字。"韩熙载由此判断出陶毂所流的口水,不过一个"色"字罢了,乃与宋齐丘安排"也曾把有魂灵的郎君常放翻"的金陵名妓秦弱兰出马,从而将自诩"平生目不视邪色,耳不听淫声"的陶毂一举拿下。这出杂剧源自真实历史事件,用美国电影的此类做法,叫作"Based on a true story"。文学作品嘛,超越了生活,把陶毂道貌岸然的形象刻画得更加入木三分。后来,韩熙载奉命参加宋朝皇太后的葬礼,被久留而不遣还,在大宋馆驿的墙壁上也涂了一首,借以抒发当时的心境:"我本江北人,今作江南客。还至江北时,举目无相识。清风吹我寒,明月为谁白。不如归去来,江南有人忆。"韩熙载的祖先原本是河南人。

马致远《半夜雷轰荐福碑》也有一则张镐的题壁,结果惹恼了龙神。那是范仲淹给落魄书生张镐写了三封举荐信,要他分别去找谁谁谁,人没找成,倒成了"丧门神"。到黄员外家投书,"不知怎生,当夜晚间,员外害急心疼亡了";去黄州找刘团练的半路上,闻到他的噩耗传来;剩下的扬州刺史干脆不敢找了,免得妨杀了人家。大雨中躲进龙神庙,骂了一通龙神胡乱下雨,然后取出笔墨,"有这檐间滴水,磨的这墨浓,蘸的这笔饱,就这捣椒壁上写下四句诗",道是:"雨旸时若在仁君,鼎鼐调和有大臣。同舍若能知此事,谩将香火赛龙神。"他那是生气,感叹自己命途乖舛,却不料龙神觉得自己被骂很无辜:"叵耐张镐无礼!你自命蹇福薄,时运未至,却怨恨俺这神祇,将吾毁骂,题破我这庙宇,更待干罢!"于是跟张镐结仇了:"你行一程,我赶一程;行两程,我赶两程。"这该是张镐最意想不到的结果。

诸如此类的题壁要罗列起来,是不得了的工程。据当代刘金柱先生的研究,流传至今的题壁诗佳作中,抒发政治抱负者有之,驰情山水者有之,讥讽时政者有之,发泄心中怨愤者有之,儿女情长寄托离人情思者有之,表明英雄情怀者有之……林林总总,题材庞杂。反观今人的"同类"文字,大抵直白得没有余地,且以其过于雷同而味同嚼蜡。当然,今天人们发表文字的途径也多得是,毋庸借此传播,随便抹抹,好玩而已。

诗词大会

这个丁酉春节里,央视连续推出的时间长达半个月之久的《中国诗词大会》,火爆一时。节目以"赏中华诗词、寻文化基因、品生活之美"为宗旨,邀请全国各个年龄段、各个领域的诗词爱好者共同参与诗词知识比拼,虽然从内容看,该叫中国诗词背诵大会更合适一些。盖古人常有"诗词大会"一类的活动,也就是雅集,无论是友朋之间,还是奉和御制,都相当于诗词创作大会。

史上最有名的诗词大会,当推东晋穆帝永和九年(353)的"兰亭之会"。40多个名士或准名士写了30多首诗,汇成一集,王羲之还因之留下了享誉后世的《兰亭序》。没这么著名的,还有曹氏兄弟与建安七子等的"邺下之游"、石崇在此基础上形成二十四友的"金谷宴集"等等。对前者,曹丕在《与吴质书》中有过回忆:"昔日游处,行则连舆,止则连席,何曾须臾相失。每至觞酌流行,丝竹并奏,酒酣耳热,仰而赋诗,当此之时,忽然不自知乐也。"对后者,石崇《金谷诗序》云,当时参与的30多人"遂各赋诗,以叙中怀,或不能者,罚酒三斗"。金谷酒数,就此成为罚酒三大杯的代名词。李白《春夜宴从弟桃花园序》云:"如诗不成,罚依金谷酒数。"兰亭会上没作品的那些人被"罚酒各三斗",想必也是从中而来。去除那些附庸风雅者,从前诗词大会的创作状况可窥一斑。

央视《中国诗词大会》已经是第二季,这次增加了"飞花令"环节,那是借鉴了古人饮酒助兴时玩儿的一种高雅游戏。所谓飞花令,就是直接说一句带"花"字的诗,然后按照"花"字在诗中的位置,顺序对应到在座的人,对应到了谁,谁就要喝酒。巴金小说《家》对此有一段生动的描写。那是在吃年饭时,一大家子玩儿起"飞花令",琴先说了句"出门俱是看花人",然后"众人依次序数过去,中间除开淑芬、觉世、觉群三个不算,数到花字恰是觉慧,于是都叫起来:'该你吃酒。'"觉慧喝了之后,马上来个"以牙还牙",他得意地对琴说:"现在该你吃酒了。——春风桃李花开日。"大家"从觉慧数起,数到第五个果然是琴。于是琴默默地端起酒杯呷了一口",琴又说了句"桃花乱落如红雨",这回该坐在她下边的淑英吃酒。到觉英吃酒之后,冲口说出一句"感时花溅泪",然而瑞珏不依:"不行!不行!五言诗不算数,另外说一句。"这一段描写,清楚地交代了"飞花令"的规矩。

"飞花"一词,据说出自唐代诗人韩翃的《寒食》:"春城无处不飞花,寒食东风御柳斜。"但"飞花令"局限于"花"字,开玩笑说,有些漠视诗词高频用字中丰富多彩的一面。《中国诗词大会》则拓展了"飞花令"的外延:每场比赛设一个关键字,由场上选手得分最高者和百人团答题第一名,轮流背诵含有这个关键字的一联诗句。因此除了"花"之外,我们还看到了"山、月、春、云、夜、酒、水"等,而且不仅五言诗七言诗算数,甚至词也可以,对字眼在诗句中的位置要求也没有那样严格,选手只要背诵出含有关键字的句子即可过关。较之前不同的是,上下联句要同时说出,比如只说出"侬今葬花人笑痴"不行,还得加上"他年葬侬知是谁"。这个新增的改进版"飞花令"环节,在节目进程中最为紧张激烈,观众也看得最过瘾。

浩如烟海的传统诗词,足以为改进版"飞花令"提供取之不竭的素材。其实不要说整体用字的高频,诗人个体也往往偏爱某字。江盈科《谈言》说,南唐进士黄可诗中好用"驴"字。如《献高侍郎诗》云:"天下传将舞马赋,门前迎得跨驴宾。"可惜,《全唐诗》中黄可的诗只有这一首、只有这两句,不能一窥其"好用"的程度。周密《浩然斋雅谈》也归纳了一下,说杜诗喜用"悬"字,例句这回可多,"江鸣夜雨悬""侵篱涧水悬""山猿树树悬""空林暮景悬""当空泪脸悬""猕猴叠叠悬""疏篱野蔓悬""复道重楼锦绣悬"……又说东坡诗则喜用"竭来"两字,"竭来东观弃丹墨""长陵竭来见大姊""竭来城下作飞石""竭来畦东走畦西""竭来从我游""竭来齐安野""竭来清颍上""竭来廉泉上"……"竭来"的释义很多,在句子里究竟是什么意思要具体问题具体分析。晚唐诗人许浑则喜欢与"水"关联,其《秋日赴阙题潼关驿楼》有"残云归太华,疏雨过中条";《汴河亭》有"凝云鼓震星辰动,拂浪旗开日月浮";《金陵怀古》有"石燕拂云晴亦雨,江豚吹浪夜还风";《咸阳城东楼》有"行人莫问当年事,故国东来渭水流"等,以不同的形式表现了"水"。南宋胡仔《苕溪渔隐丛话》引《桐江诗话》云:"许浑集中佳句甚多,然多用水字,故国初士人云'许浑千首湿'是也。"千首湿,说不清是玩笑还是嘲讽。

某个诗人对某个字眼都如此偏爱,集纳起来当然更不得了。央视的改进版,给"飞花令"赋予了新内涵的同时也赋予了新生机,借高频字眼来以点带面,对熟稔诗词无疑大有裨益。引申来看,清朝钱泳有句话说得很精辟:"古人诗文,不过将眼面前数千字搬来搬去,便成绝大文章。"进而他认为"圣贤学问,亦不过将伦常日用之事,终身行之",这就更发人深省了。

用典

时值毛泽东诞辰纪念日,忽地想起好几年前读到的一篇奇文,因为奇,所以剪报留了下来。文章说的是毛泽东如何博学,这是众所周知的,但所举的例子呢?是毛泽东"喜欢将《水浒》中的俗话、俚语运用于文章",而且"诗词里也有"。毛泽东诗词不多,特定的历史原因使在下亦烂熟于胸,各种注释的版本也不难觅,此前及此后却独未闻此说。然而细读之下,运用的却是"放屁""苍蝇"之类。毛泽东诗词里有"不须放屁""冻死苍蝇未足奇"的句子,而"一部百回《水浒》至少有6处提及'放屁',两处提及'苍蝇'"。

文章奇在何处,至此相信人们都有自己的判断。毛泽东善于用典,"重于泰山轻于鸿毛"等都是由他普及开来的,但"放屁"作为骂人的话,"苍蝇"作为昆虫的一种,都属于极其浅白的生活常识,只怕全国人民包括黄口小儿都很"熟悉"并十分精通,无所谓典。据担任过中央文献研究室主任的逄先知先生说,毛泽东最后阅读的一部书是宋朝洪迈的《容斋随笔》,时间是1976年9月8日,也就是临终前一天的5时50分,在医生抢救的情况下共读了7分钟。在《容斋随笔》里,洪迈说他爸爸好读书,"尤熟于杜诗"。他爸爸的一个观点是:"虽不必泥出处,然有所本更佳。"他把洪迈一篇文章里的句子修改为"已为死别,偶遂生还",然后给他讲出处:"东坡海外表云:'子孙恸哭于江边,已为死别。'杜老《羌村》诗云:'世乱遭飘荡,生还偶然遂。'正用其语。"这才是用典的一种。

不过我们都知道,汉语里还有"掉书袋"一词,讥讽人爱引用古书词句,卖弄才学。这就是走向了用典的反面。孙光宪《北梦琐言》云,唐朝韩定辞好用僻典。有一次马彧有诗赠之曰:"燧林芳草绵绵思,尽日相携陟丽谯。别后巁嶅山上望,羡君时复见王乔。"孙光宪说,"彧诗虽清秀,然意在征其学问",但这正中韩定辞的下怀。他马上酬了一首:"崇霞台上神仙客,学辨痴龙艺最多。盛德好将银笔述,丽词堪与雪儿歌。"在座诸人"靡不钦讶称妙句,然亦疑其银笔之僻也",不知道"银笔"是什么意思,他也不解释。过了一段时间,一次马彧与韩定辞酒酣耳热,又"频目"韩所宠爱的妓女转转,且欣然即席作了篇《转转赋》,令韩定辞很高兴,这个时候马彧"从容问雪儿、银笔之事",韩定辞就倾囊全出了:"昔梁元帝为湘东王时,好学著书。常记录忠臣义士及文章之美者,笔有三品。或以金银雕饰,或用斑竹为管。忠孝全者用金管书之,德行清粹者用银笔书之,文章赡丽者以斑竹书之。故湘东之誉,振于江表雪儿者,李密之爱姬,能歌舞,每见宾僚文章,有奇丽入意者,即付雪儿叶音律以歌之。"不过,韩定辞对马诗也有不明白的地方,趁机回问:"巁嶅之山,当在何处?"两个人不打不相识,"由是两相悦服,结交而去"。

乾隆皇帝也喜欢在用典上刁难人。他不是好写诗吗?"每一诗出,令儒臣注释,不得原委者,许归家涉猎。"饶是他这么开恩,大臣们还是"多有翻撷万卷莫能解者"——当然不能排除有人故意装作不懂。然后,乾隆就可以得意洋洋地卖弄一下。但是经常这么做就难免留下后遗症,大臣们对皇帝的举手投足都往用典上联想。《庸闲斋笔记》云,彭元瑞最称为博学,有一次乾隆以"灯右观书"命题,却搞得"相国(元瑞)愕然不知出处,大惭愧"。交卷的时候,彭元瑞"以学问浅薄,不审诗题之所出,敢昧死以请"。谁知这回并非用典而是实指,皇帝老儿说:"朕是夜偶在灯右观书,即事命题耳。"在"叩首趋出"之际,彭元瑞一定感慨万端:这叫什么玩意啊。不过老儿对侍臣大笑曰:"今日难倒彭元瑞矣!"看起来,他是有意为之,玩儿点脑筋急转弯类的把戏,拿博学的大臣开开心。

《老学庵笔记》云,苏东坡当年考功名时留下一篇《省试刑赏忠厚之至论》,其中写道:"皋陶为士,将杀人,皋陶曰杀之三,尧曰宥之三。"他是要以此来论证"天下畏皋陶执法之严,而乐尧用刑之宽"。梅圣俞时为小试官,很欣赏,拿给欧阳修看。欧阳修"亦大称叹,但不记得这段典故的出处,以为自己"偶忘之"。不料圣俞曰:"何须出处!"好就行了。揭榜之后,欧阳修见到东坡姓名后,仍然念念不忘那段典故,对梅圣俞说:"此郎必有所据,更恨吾辈不能记耳。"后来终于见到东坡,"首问之",谁知东坡的回答和圣俞一样:"何须出处。"欧阳修因此"赏其豪迈,太息不已"。

在"放屁""苍蝇"之前,也有所谓研究者研究出毛泽东"善用佛典"之说,不过叶芝余先生在《夜谈录》里谈到,原来所谓佛典,是些"一厢情愿""在劫难逃""口头禅"等成语俗语。叶先生说:"为了哗众,可以语出惊人,让人以为定有高见或发明,但细细一看,惊人的只是作者的大胆。""放屁""苍蝇"之类,正是如此。

会馆

借在北京采访全国两会之机,转了一下离住地——东交民巷饭店——不远的前门地区,那里曾是明清时期各地会馆的聚集地,同乡会馆、行业会馆等。沿正义路南行,穿过前门东大街进入草场三条,事前做好的功课得知,左右两侧就该有会馆点缀其中了。果然,信步沿条横街左转,未几就看到了挂着一块亮晶晶长方形牌子的"粤东会馆"。再转转,又看到了"广东韶州会馆""湖北黄冈会馆"等,点缀于民居之中,或破败不堪人去屋空,或仍然住着人家。巧的是碰到了好几个广东的,每每有不期而遇的感觉。当然了,不期而遇之后并没有惊喜,只有惊诧。

会馆,为旧时同省、同府、同县或同业的人群所设立,京城之外,还可以设在省城甚至国外,大抵关联商埠。按照《帝京景物略》的考证,"会馆之设于都中,古未有也,始嘉(靖)隆(庆)间",所谓"用建会馆,士绅是主",表明在京师的大都是外地的官僚士绅所组织,以期"凡入出都门者,藉有稽,游有业,困有归也"。在商业城市的会馆,每为外地工商行帮机构。有人研究,汉代京师已有外地同郡人的邸舍,南宋杭州已有外郡人为同乡谋公益的组织,这些都可视为会馆的影子或前身,应该有一定道理吧。北京迄今所知最早的会馆,是建于明朝永乐年间的芜湖会馆。顾名思义,那一定属于安徽芜湖人。资料介绍,该会馆正由时任工部主事、芜湖人俞谟自掏腰包,在前门外"置旅舍数椽,并基地一块"所建。可惜的是,此番没有遇见该会馆,方位上看应该去此不远。

会馆的功能,大处着眼是防范异乡人或行外人欺凌,实用一面则是以馆址的房屋供同乡、同业聚会或寄寓。《清稗类钞·宫苑类》"会馆"条云:"各省人士侨寓京都,设馆舍以为联络乡谊之地,谓之会馆。或省设一所,或府设一所,或县设一所,大都视各地京官之多寡贫富而建设之,大小凡四百余所。"又"公所"条云:"商业中人醵资建屋,以为岁时集合及议事之处,谓之公所,大小各业均有之,亦有不称公所而称会馆者。"从前人的诸多回忆中,不难看到他们来北京后最早的落脚点,往往便是各地设立的会馆。鲁迅先生《呐喊·自序》中提到 S 会馆,"有三间屋,相传是往昔曾在院子里的槐树上缢死过一个女人的,现在槐树已经高不可攀了,而这屋还没有人住;许多年,我便寓在这屋里钞古碑"。这个 S 会馆,指的就是他故乡设立的绍兴会馆。在老北京大学沙滩红楼陈列的一张教授授课表中,我看到讲授"欧洲文学史、19 世纪文学史"的周作人,其住所填写的也是"宣武门外南半截胡同绍兴会馆",道明了绍兴会馆的方位。有趣的是,《清稗类钞·园林类》"怡园"条告诉我们北半截胡同也有个会馆,潼川会馆,说会馆"南院有石山,曲折有致,昔与绳匠(后名丞相)胡同毗连,为明严嵩父子别墅,北名听雨楼,世蕃所居,南名七间楼,嵩所居也。康熙间,相国王熙就七间楼遗址构怡园,中饶花木池台之胜,其听雨楼遗址则归查氏,诸名士文酒流连无虚日"。作者讲那么多,是要感叹"不及百年,池塘平,高台摧,地则析为民居,鞠为茂草,仅余荒石数堆,供人家点缀"。

《清稗类钞·考试类》"进士殿试之胪唱"条,进一步展示了会馆在邑人眼中的重要地位。"进士及第,有胪唱,胪凡五唱,第一甲第一名某,第二名某,第三名某,二甲第一名某等,三甲第一名某等",唱罢之后,"榜眼探花送状元归第,探花送榜眼归第,探花自归第,无人送",这种考场上"大一级压死人"的现象且不理他,关键是"名曰归第,实归其本省之会馆,虽有私第,必先至会馆而后归也"。会馆这边也没闲着,"先已召集名伶演剧,张盛筵,待贺客,历科鼎甲之在京者毕至"。除此之外,某些会馆还不啻历史的见证者,比如位于西城区南横西街的粤东新馆,当年曾是康有为、梁启超等人策划"戊戌变法"的集会之地,"公车上书议政之所",保国会就是在那儿成立的。但在 20 世纪 90 年代末的城市改造中,会馆主体建筑被野蛮拆除,酿成北京市破坏文物建筑的标志性事件之一。

现场目测,以草场三条为界,东边的四到十条正在进行"修旧如旧"的改造,西边的头条二条尚未轮到吧,面貌基本上不忍卒睹。以《城南旧事》奠定文坛地位且为大陆读者所熟知的台湾作家林海音,在 1990 年初回"城南"时难掩失望之情,斯时可以充分理解。早几年《新京报》报道说,前门地区用两年时间再修缮 10 座会馆,分别是贵州会馆、吉州会馆、晋冀会馆、广东惠州会馆、粤东会馆、平镇会馆、安徽旌德会馆、石棣会馆、湖北黄安会馆和江西庐陵会馆。时间逻辑上推断,这些会馆早该修缮一新了,然而,至少在修缮之列的粤东会馆,看到时还是面目全非的模样;不在之列的,湖北黄冈会馆是个大杂院,韶州会馆则已濒于倒塌。这些建筑的门面上,如果不是那块"北京市东城区普查登记文物"的镀锌牌子,不会有人想到昔日还承载了相当的热闹或辉煌。

会馆是不是真的到了连形体都该退出历史舞台的地步了呢?

马戏

2017年8月30日,广州动物园发布声明称,动物园内长期进行动物马戏表演的"动物行为展示馆"合同8月31日到期,将于9月1日停止营业。媒体的跟进报道显示,根据广州动物园的规划要求和功能布局,园内现有的马戏表演关停后,动物行为展示馆将改造为非经营性的科普教育场馆。

马戏古已有之,专指驯马和马术表演。该词初见于西汉桓宽的《盐铁论·散不足篇》:"古者,衣服不中制,器械不中用,不鬻(鬻)于市。今民间雕琢不中之物,刻画玩好无用之器。玄黄杂青,五色绣衣,戏弄蒲人杂妇,百兽马戏斗虎。"就是说,从前属于残次品的、没用的东西,根本不会拿到市面上去卖,现在就完全不是那么回事了,连马戏什么的都有。《三国志·魏书·后妃传》裴松之注有:"(文昭甄皇)后年八岁,外有立骑马戏者,家人诸姊皆上阁观之,后独不行。诸姊怪问之,后答言:'此岂女人之所观邪?'"彼时马戏内涵不得其详,然统而观之,显见有负能量的意味。

至少从唐朝开始就很清楚了。唐玄宗时的舞马,无疑即马戏之列。《新唐书·礼乐志》载:"玄宗又尝以马百匹,盛饰分左右,施三重榻,舞《倾杯》数十曲,壮士举榻,马不动。乐工少年姿秀者十数人,衣黄衫、文玉带,立左右。"每到玄宗生日,这些马都是参与庆典的一部分,要"舞于勤政楼下"。马是怎么舞的呢?用晚唐段安节的话说:"马舞者,栊马人著彩衣,执鞭,于床上舞蹀躞(往来徘徊),蹄皆应节奏也。"马的这些动作,明显是训练出来的结果。"安史之乱"后,其中一些舞马沦落到安禄山不识货的部下手上,"杂之战马"。某一天,军中音乐响起,这几匹"舞不能已",吓得士兵们以为遇到了妖怪。

《东京梦华录》对宋朝皇帝"驾登宝津楼"时看的马戏,描述甚详:"先一人空手出马,谓之引马。次一人磨旗出马,谓之开道旗。……又有执旗挺立鞍上,谓之立马。或以身下马,以手攀鞍而复上,谓之骗马。或用手握定镫袴,以身从后鞦来往,谓之跳马。忽以身离鞍,屈右脚挂马鬃,左脚在镫,左手把鬃,谓之献鞍,又曰弃鬃。背坐或以两手握镫袴,以肩著鞍桥,双脚直上,谓之倒立。忽掷脚着地,倒拖顺马而走,复跳上马,谓之拖马。或留左脚着镫,右脚出镫,离鞍横身,在鞍一边,右手捉鞍,左手把鬃存身,直一脚顺马而走,谓之飞仙膊马。又存身拳曲在鞍一边,谓之镫里藏身。或右臂挟鞍,足着地顺马而走,谓之赶马。或出一镫,坠身着鞦,以手向下绰地,谓之绰尘。或放令马先走,以身追及,握马尾而上,谓之豹子马。"这一大段,跟我们今天看马戏时的"马戏"部分,基本上一模一样。

马上的技艺表演还有个别称,叫走解。彭时《彭文宪公笔记》云:"(明)英宗天顺三年(1459)五月五日,赐文武官走骠骑于后苑。其制:一人骑马执旗引于前,二人驰马继出,呈艺于马上,或上或下,或左或右,腾掷跻捷,人马相得。如此者数百骑,后乃为胡服臂鹰走犬围猎状,终场,俗名曰走解。"《帝京景物略》及《在园杂志》对此均有具体阐发。前书云,当其时也,"人马并而驰,方驰,忽跃而上,立焉,倒卓焉,骖悬,跃而左右焉,掷鞭忽下,拾而登焉,镫而腹藏焉,鞦而尾赘焉,观者岌岌,愁将落而践也"。后书中可见动作的诸多名目,"秦王大撒马、小撒马、单鞭势、左右插花、蹬里藏身、童子拜观音、秦王大立碑"等,骑手"或马首或马尾,坐卧偃仰,变态百出。抑且倒竖踢星,名朝天一炷香。疾驰不稍歇侧,两马对面相交,能于马上互换相坐"。马戏之外,还有"弄猴为戏者,教习极熟,登场跳舞,皆合拍。或更挈一犬,猴乘犬背,若人驰马",这就更有包括各种驯兽在内的如今马戏的味道了。早在唐朝,忠武将军辛承嗣也能"一手捉鞍桥,双足直上捺蜻蜓,走马二十里",但那显然属于奇人奇能,不具可复制性。

从前也曾取消马戏,有意思的是,原因竟是易于作奸犯科。刘廷玑说:"当作戏术时,虽众目环视,在在眩乱,何难乘机一作掏摸伎俩乎?"擅长马戏的人,更有便利条件,他们去大户人家表演,"窥探门户出入之路,日所经行,夜如熟径矣。何况鞍马之上,便捷轻利,抢夺剽掠,无不可为,亦谁得而御之?"这种依靠逻辑推理阐发的诛心之论,加上确实又发生了若干案件,"康熙五十一年部覆陕西提督潘育龙因陈四等一案,题奉谕旨,将走马卖解踋(踩)索之人,尽行查拏安插,并定文武失察处分之例甚严,而游手之徒并为敛迹矣"。因而对马戏从业者,完全是歧视的态度。

今天取消马戏表演得到称赞,是因为动物保护意识的上升。在越来越多的人看来,动物因为马戏表演而接受人类的驯服,违背了动物的天性。我赞成一种观点:让动物有尊严地活着。就是要让动物享有不受痛苦伤害的自由、生活无恐惧感和悲伤感的自由以及表达天性的自由。早些年我们的动物园将"肉可食,皮毛可利用"一类的字眼从动物介绍中删除,是一种进步;从动物角度出发取消马戏表演,无疑又是一种进步。

傩戏

2017年12月2日游贵阳青岩古镇。记不清这是第几次,来了总有10次之多了吧。青岩隶属花溪区,不过十来公里的路,很方便。当初来时,青岩还只是保留些特色建筑、街道的寻常小镇,或许因为特色之故,渐渐地围起来收门票,规模也在不断扩大,前不久更成了5A景区。但每一次来青岩,也都有不同的收获,此一番是看到了花溪地戏。旁边牌子上的说明文字写道:花溪地戏源自安顺傩戏。

傩戏,有"中国戏剧活化石"之称。傩,在上古被认为是主瘟疫之鬼,所以每逢腊月都有驱逐疫鬼的仪式。用《事物纪原》的说法:"高阳有三子,生而亡去为疫鬼,二居江水中为疟,一居人宫室区隅中,善惊小儿,于是以正岁十二月,命祀官持傩以索室中而驱疫鬼。"《论语·乡党》云:"乡人傩,朝服而立于阼阶。"阼阶,东阶也。在前人看来,傩虽古礼,而近于戏,亦必朝服而临之者,无所不用其诚敬也。《吕氏春秋·季冬纪》《后汉书·礼仪志》均有相应记载。前者云,届时"命有司大傩,旁磔,出土牛,以送寒气"。后者云:"先腊一日,大傩,谓之逐疫。"并对仪式本身有个介绍,"选中黄门子弟年十岁以上、十二岁以下,百二十人为侲子(逐鬼童子),皆赤帻皂制,执大鼗(拨浪鼓)";其中"方相氏(逐鬼执行者)黄金四目,蒙熊皮,玄衣朱裳,执戈扬眉,十二兽有衣毛角……因作方相与十二兽儛。欢呼,周遍前后省三过,持炬火,送疫出端门;门外驺骑传炬出宫,司马阙门门外五营骑士传火弃雒水中"。

唐朝的"大傩之礼"本质上予以完全承袭,只是稍有量变。《新唐书·礼乐志》这么说的:"选人年十二以上、十六以下为侲子,假面,赤布袴褶。二十四人为一队,六人为列。执事十二人,赤帻、赤衣、麻鞭。工人二十二人,其一人方相氏,假面,黄金四目,蒙熊皮,黑衣、朱裳,右执楯;其一人为唱帅,假面,皮衣,执棒;鼓、角各十,合为一队。队别鼓吹令一人、太卜令一人,各监所部;巫师二人。以逐恶鬼于禁中……"对仪式的具体环节、步骤,谁该说什么,谁该唱什么,记载均不厌其详。

两宋也是这样。孟元老《东京梦华录》载,除夕这天,"禁中呈大傩仪,并用皇城亲事官、诸班直戴假面,绣画色衣,执金枪龙旗。教坊使孟景初身品魁伟,贯全副金镀铜甲,装将军。用镇殿将军二人,亦介胄装门神。教坊南河炭丑恶魁肥,装判官,又装钟馗小妹、土地、灶神之类,共千余人。自禁中'驱祟',出南薰门外转龙弯,谓之'埋祟'而罢"。《武林旧事》则云:"市井迎傩,以锣鼓遍至人家,乞求利是。"李弥逊《观傩》诗曰:"威容曾许云中见,又对彤墀得细看。"表明皇帝对傩仪也饶有兴趣。

正是诸如此类的傩仪,渐渐发展而成了傩戏。一种观点认为,傩戏初是以歌舞演绎故事,待到钟馗形象在傩仪中出现,傩戏才应运而生。钟馗,众所周知是打鬼和驱除邪祟的代表性人物。

傩仪及傩戏中的一个重要文化特质,就是假面(面具)。前面的文字之外,陈元靓《岁时广记》引《岁时杂记》亦云:"除日作面目或作鬼神,或作儿女形,或旋于门楣,驱傩者以蔽其面,或小儿以为戏。"陆游《老学庵笔记》云:"(徽宗)政和中大傩,下桂府进面具,比进到,称'一副'。初讶其少,乃是以八百枚为一副,老少妍陋无一相似者,乃大惊。"范成大《桂海虞衡志》云:"桂林人以木刻人面,穷极工巧,一枚或值万钱。"二者相互对照,似可印证桂林制造的傩戏面具,曾是一个著名品牌。在平时,面具已成了玩具的一种。洪迈《夷坚志》云:"德兴县上乡建村居民程氏,累世以弋猎为业,家业颇丰。因输租入郡,适逢尘市有摇小鼓而售戏面具者,买六枚以归,分与诸小孙。诸孙喜,正各戴之,群戏堂下。"我猜测,鲁迅先生《女吊》中的一段描写也是指傩戏:"在薄暮中,十几匹马,站在台下了;戏子扮好一个鬼王,蓝面鳞纹,手执钢叉,还得有十几名鬼卒,则普通的孩子都可以应募。我在十余岁时候,就曾经充过这样的义勇鬼,爬上台去,说明志愿,他们就给在脸上涂上几笔彩色,交付一柄钢叉。待到有十多人了,即一拥上马,疾驰到野外的许多无主孤坟之处,环绕三匝,下马大叫,将钢叉用力地连连刺在坟墓上,然后拔叉驰回,上了前台,一同大叫一声,将钢叉一掷,钉在台板上。"比照前引《后汉书》《新唐书》的记载,不是很有些神似吗?

"鼓声渊渊管声脆,鬼神变化供剧戏。金洼玉注始淙潺,眼前倏已非人间。"(刘镗《观傩》诗)这次在青岩看花溪地戏,看了半天,咿呀呀地不知唱些什么,动作又只是转圈或蹲或跳那几个,未几便形同鲁迅先生小时候在赵庄看社戏,没了期待时的那种兴致勃勃。地戏演员们一律黑布遮面,像关云长的胡须那么长,完全看不清面孔;额头部位正有一个略略上仰的木质面具。从没有遮面的击鼓老人来推断,演员的年纪应该都比较大了。像许多地方剧种一样,若欲传承和普及,便不能单纯地表演了事,立块说明牌子了事,还应当详加解释或说明:念白是什么,唱词是什么。让观众知其然,才能调动起相应的兴趣。

宣德炉

《都市快报》的一则消息说,在杭州南宋序集艺术空间,正在进行"巧生虹烟——陈巧生香炉杭州首展"分享会。制炉者陈巧生,中国铜炉大师,1957年出生于江苏,因高超的宣德炉制作技艺享誉海内外。宣德炉,理论上是指明宣宗朱瞻基宣德年间所铸的铜香炉,宣德是宣宗的年号。为了与历史上的宣德炉相区别,陈巧生给自己的制作品起了一个全新的名字:巧生炉。

宣德炉,以铜精炼制成,色泽极为美观,为明代著名美术工艺品。历史地看,皇帝年号能入铜器名者,唯有宣德炉。宣德炉一向鼎鼎大名,鲁迅小说《阿Q正传》中,赵秀才他们到静修庵来"革命",结果呢,"尼姑待他们走后,定了神来检点,龙牌固然已经碎在地上了,而且又不见了观音娘娘座前的一个宣德炉"。显然,赵秀才他们便知道宣德炉的珍贵。一种说法是,宣德炉得名于明代吕震等奉敕编撰之《宣德鼎彝谱》。书中说到,宣德三年(1428),暹罗国进贡数万斤精炼铜,礼部尚书吕震等遵旨从宋代《宣和博古图录》《考古图》所录夏商周三代青铜器及内府秘藏宋代汝、官、哥、钧、定诸窑名瓷中,"遴选款式典雅者……共一百一十七种谨为图形",铸造了3365件用以祭祀陈设的铜器,以各式香炉为主,御用之外,分赐王府、嫔妃、大臣,以及京郊坛庙、天下名寺宫观等。不过,《明史》载吕震"宣德元年四月卒",则《宣德鼎彝谱》本身又引发了真伪之争,的确,"元年"去世的人怎么会在"三年"编书呢?

宣德炉问世之后,其造型遂成为后世铜器典范。行家说,最妙在色,其色内融,从黯淡中发奇光。还有人总结:"后人评宣炉色五等:栗色、茄皮色、棠梨色、褐色,而藏经纸色为最。"与此同时,"大明宣德年制"等楷体年款形式,也成为宣德以后明代历朝乃至清代题写年款的主要形式。"篆烟隐约黄云里,二百年来声价起",明人林云凤句。在他看来,"百炼因之范成器,遂令昭代称神工。即今此炉世已少,光采晶莹成至宝。夏鼎周鼎及商彝,雕文博山勿复道",在宣德炉面前,商周青铜器、汉晋博山炉什么的,根本不值一提。《帝京景物略》"城隍庙市"条讲到庙市上售卖的各种商品,其中鼎彝之器首即"宣庙之铜",宣铜,又"炉其首"。事实上,名曰宣德"炉",其品种却不局限于"炉",还有鼎、簋、鬲、尊等样式。因此,如识者所云,将宣德炉理解为一种泛称更合理,不仅指宣宗年间所铸香炉,而且泛指与之形制相近的铜炉。然"宣德炉"几乎成为铜炉的代名词,不管哪个朝代制作的铜炉,都愿意这样称呼,所谓历代皆仿,名称依旧。从这个意义上看,尼姑庵中的宣德炉未必不是鲁迅先生的调侃,城隍庙市上的宣德炉也未必是真家伙。

宣德炉出现在宣宗朝,诚非偶然。在历代皇帝里,宣宗朱瞻基算是个"超级玩家"。北京故宫博物院藏有《明宣宗射猎图轴》,画幅右旁贴一黄色小签,明确这是他"御容行乐",画面只一人一马,宣宗倒提一头射获的鹿,注视着惊慌逃窜的另一头。另一幅明人商喜全景式构图的《朱瞻基行乐图轴》,描绘的则是宣宗与官员内侍集体出猎游玩的情景,人物众多,场面壮观。如果说田猎尚有武备的性质,那么《明宣宗宫中行乐图卷》表现的就纯粹是"玩儿"了。在这幅纵36.7厘米、横690厘米的大型图卷里,大致可分三个部分:卷首,身着正装的宣宗观看射箭、蹴鞠等;卷中,宣宗走下座位,亲自上场玩儿捶丸、投壶;卷末,轿子里的宣宗回头张望,一幅流连忘返之状,而前导执灯,表明夜幕已经降临。他自己也作有关于玩乐的诗,如《蹴鞠》:"密密清荫皆贝宫,锦衣花帽蹴东风。最怜宛转如星度,今古风流气概同。"

宣德皇帝所玩之物最有名的,当推蟋蟀。蒲松龄《聊斋志异·促织》讲了一个众所周知的惨烈故事,前提就是"宣德间,宫中尚促织之戏,岁征民间",地方官狐假虎威,"假此科敛丁口,每责一头,辄倾数家之产"。王士禛对此殊为不解,评点曰:"宣德治世,宣宗令主……顾以草虫纤物殃民至此耶?抑传闻失实耶?"概《明史·宣宗本纪》称他"即位以后,吏称其职,政得其平,纲纪修明,仓庾充羡,闾阎乐业,岁不能灾",完全是"宣宗之治"的景象。但明朝野史中还是有相应依据的,如《万历野获编》云:"我朝宣宗最娴此戏,曾密诏苏州知府况锺进千个,一时语云:'促织瞿瞿叫,宣德皇帝要。'此语至今犹传,苏州卫中武弁,闻尚有以捕蟋蟀比首虏功,得世职者。今宣窑蟋蟀盆甚珍重,其价不减宣和盆也。"又如《菽园杂记》云:"宣德年间,朝廷起取花木鸟兽及诸珍异之好,内官接迹道路,骚扰甚矣。"当代考古发现也印证了这一点。1993年江西景德镇中华路明清御窑厂遗址出土了许多残破的青花蟋蟀罐,五爪龙纹的图案之外,正有"大明宣德年制"的楷书款!

王世襄先生曾经指出,与《宣和鼎彝谱》记载完全符合的标准器,世上其实难觅一件,不仅北京、台北两地故宫博物院尚未发现,著名藏炉家也没有!这又是怎么回事?对圈外人而言,完全懵圈了。

铁马

最近搬回到中山大学居住,晚间校园漫步成为常态。路过"哲生堂""陆佑堂"等传统建筑的时候,对其檐角处的铁马,总不免凝望一回。记忆中,最早知道那叫铁马,源于20世纪80年代初在《纵横》或《文史集萃》丛刊上看到常书鸿先生回忆敦煌的文章:《铁马响叮当》。在此之前,见到"铁马"二字大抵联系到的是"金戈",那种雄狮劲旅的景象,像辛弃疾说的,"气吞万里如虎"。

建筑檐角处的铁马,别称也比较多,檐铃、檐马、风铎等。宋人施枢《檐玉鸣》有"晓窗风细响檐铃,一曲云璈枕上闻。梦断不知仙路杳,鹤衔松露入青云";元人周文质散曲《寨儿令》有"西风穿户冷,檐马隔帘鸣,叮,疑是珮环声";宋人张耒《宿柳子观音寺》有"野僧治饭挑蔬至,童子携茶对客煎。夜久月高风铎响,木鱼呼觉五更眠",诸如此类,可资为证。诗人、曲人,都是借铁马响叮当之时抒发自己的浪漫遐想。

有研究指出,铁马起源于古代的占风铎。什么是占风铎呢?测风的器具。五代王仁裕《开元天宝遗事》云:"岐王宫中,于竹林内悬碎玉片子,每夜闻玉片子相触之声,即知有风,号为占风铎。"占,有卜问、预测的意思。再按《清稗类钞》的说法:"风铎,寺庙、塔檐悬之铃,因风成声者也。闻声,即知有风矣。"铎,古代乐器,大铃的一种。显然，它还很有可能是风铃的前身。历史上有不少岐王，既有"开元天宝"的前提，这个岐王该是睿宗的儿子、玄宗的弟弟李隆范了。《獭真子录》云："明皇兄弟六人，一人早亡，故明皇为太子时，号为'五王宅'。宁王、薛王明皇兄也，申王、岐王明皇弟也。"因为杜甫名篇《江南逢李龟年》中的"岐王宅里寻常见"，所以明皇之外，岐王在另外四兄弟中显然最为知名。至于他为什么喜欢占风，不得而知，不过，清代钦天监天文科职掌观察晴雨风雷，倘若搞"行业崇拜"的话，他们该以岐王为祖师才行。

至于屋檐下所悬的铁马，清人顾张思《土风录》认为"始于隋炀帝"，依据的是唐冯贽《南部烟花记》的说法："临池观竹，既枯，隋后每思其响，夜不能寐。炀帝为作薄玉龙数十枚，以缕线悬于檐外，夜中因风相击，与竹无异。民间效之，不敢用龙，以什骏代。今俗则以烧料谓之铁马，以如马被甲作战斗形，且有声也。"姑且认为炀帝有"檐前悬铁马"之举吧，但是"始于"则不可能。北魏杨衒之的《洛阳伽蓝记》，已有关于佛塔悬风铎亦即铁马的记载。如卷第一讲到"城内"的永宁寺，"浮图有九级，角角皆悬金铎，合上下有一百二（三）十铎"，于是在"高风永夜，宝铎和鸣，铿锵之声，闻及十余里"。卷第五讲到"城北"的粪塔，"旭日始开，则金盘晃朗，微风渐发，则宝铎和鸣。"另有研究指出，佛教传入中国后，铎便被悬挂在寺庙宝塔之檐上，成为风铎。这样推算的话，铁马的历史还要上溯到东汉明帝时期。但至少在隋炀帝之后，风铎成了后世诗人取材的一个重点。前面张耒的诗之外，白居易《游悟真寺诗一百三十韵》，有"前对多宝塔，风铎鸣四端"，宋之问《奉和圣制闰九月九日登庄严总持二寺阁》，有"风铎喧行漏，天花拂舞行。豫游多景福，梵宇日生光"。袁枚《随园诗话》收有蒋廷镕句，"自从环佩无消息，檐马丁当不忍听"……

不论铁马的起源如何,也不论其功能是否惊鸟辨风、祈福辟邪,还是演畅妙法的清和雅音吧,作为客观存在,铁马之声所演绎出的文化意象,不独见诸诗人们的句子之中,在经典文学作品中也着实不难领略。

《西厢记》第二本第五折有一曲【天净沙】,道的是莺莺自度:"莫不是步挤得宝髻玲珑?莫不是裙拖得环珮叮咚?莫不是铁马儿檐前骤风?莫不是金钩双控吉丁当敲响帘栊?"连同后面的【调笑令】和【秃厮儿】,表现的是红娘定计让张生以琴声对莺莺作出试探,莺莺为之感动,决心以身相许。初时,莺莺不辨何处声响,因而怀疑是"宝髻玲珑""环珮叮冬",又怀疑是风摇"铁马""金钩"敲窗。继而,莺莺为这种美妙声音触动,并听清琴声"近西厢""在墙角东"。以整场的排句,将诉诸视觉的琴声转换成铁骑刀枪、落花流水、风清月朗、小窗儿女等视觉形象,展示出莺莺对琴声中意境的理解。《红楼梦》第八十七回,林黛玉"添了香,自己坐着,才要拿本书看,只听得园内的风,自西边直透到东边,穿过树枝,都在那里'唏嗷哗喇'不住的响。一会儿,檐下的铁马也只管'叮叮当当'的乱敲起来。"在这种情境下,黛玉又看到了宝玉旧帕及自己题诗,触物伤情,"不觉的簌簌泪下"。铁马的"乱敲"之声,衬托的是黛玉寄人篱下的感叹。

常书鸿先生的文章内容已经忘记了,但铁马的文化意象始终烙印在脑海里。不难想象,千佛洞九层大佛殿檐角铁马的叮当声,在一生醉心于敦煌艺术、被称作"敦煌守护神"的常先生听来,奏出的一定是非常美妙的乐章,与莺莺听到的、黛玉听到的大异其趣。说实话,我自从知道铁马时起,似乎还从来没有听过它的叮当响声,虽然无比神往。

珠算

2013年12月4日,珠算被联合国教科文组织正式列入"人类非物质文化遗产名录"。这是我国的第30个世界非遗项目,之前在数量上即已赢得"世界之最",此番更是锦上添花了。

珠算是以算盘为工具进行数字计算的一种方法,被誉为"世界上最古老的计算机"。其原理是以珠为算,凭借口诀来指导拨珠,"一上一,二上二,一下五去四,二下五去三……"。有人考证,珠算之名最早见于东汉徐岳的《数术记遗》。联合国教科文组织介绍珠算伴随中国人经历了1800多年的漫长岁月,应该就是根据这个时间点计算出来的。不过,那个时候的算盘运算法与今天的未必相同,学界认为现代珠算始于元明之间,元朝朱世杰《算学启蒙》中的36句口诀,乃与今天的大致相当。元无名氏杂剧《庞居士误放来生债》被称为元曲中之《钱神论》,其中庞蕴有句唱词:"古人道鹪鹩巢深林无过占的一枝,鼹鼠饮黄河无过装的满腹。咱人这家有万顷田也则是日食的三升儿粟,博个甚睁着眼去那利面上克了我的衣食,闲着手去那算盘里拨了我的岁数。攒下些山岸也似堆金玉,这壁厢凌逼着我家长,那壁厢快活杀他妻孥。"算盘里拨,与今天的动作并无二致。陶宗仪《南村辍耕录》里还有一段有趣的俗谚:"凡纳婢仆,初来时曰擂盘珠,言不拨自动;稍久曰算盘珠,言拨之则动;既久曰佛顶珠,言终日凝然,虽拨亦不动。"拨之则动,就更符合算盘的特性了。因此也让人难免联想起当下职能部门的不少"公仆",俗谚"门难进、脸难看、事难办"流行了有不少年头,还是非要到某些极端案例曝光之后才去改进这个改进那个。如不久前央视《焦点访谈》报道的徐州丰县市民小狄办理营业证照,往返11次就是办不下来,而一旦曝光,当事人停职,事情也立即办成了。这还不是典型的"拨之则动"吗?

清朝学者钱大昕自然看到了陶宗仪的书,他说:"古人布算以筹,今用算盘,以木为珠,不知何人所造,亦未审起于何代。"陶书固然表明"元代已有之矣",但早到何时?有人在北宋名画《清明上河图》中的"赵太丞家"柜台上看到了算盘,根据形状和位置的确可以如是判断,但只能是判断而已。有人认为南宋张孝祥的"提封连岭海,风土似江吴,仙去山藏乳,商归计算珠",就是算盘诗,其中的"珠"是算盘珠。未必。1976年陕西岐山出土的西周陶丸,经鉴定即为"算珠",但也未必就是后来的珠算。宋朝应该还没有算盘,现存最早载有算盘图的书,为明朝洪武四年(1371)的《魁北对相四言杂字》刻本。1578年,柯尚迁的《数学通轨》中也画有一个十三档位的珠算算盘,称为"初定算盘图式"。这个"初定",表明现代意义的算盘模样与斯时不会相去太久。无论如何,可与前图相互对照、印证了。由后世对珠算时间的不断推前(亦有将陶珠出土视为原始算盘的,这么一算就有2700多年),想到顾颉刚先生的"层累说":时代越往后,传说中的中国古史期越长、人物的功业也越伟大。在前人的"发明"问题上,状况庶几近之。

别说张孝祥的诗未必关乎算盘了,元末刘因的"不作瓮商舞,休停饼氏歌。执筹仍蔽簏,辛苦欲如何"虽然诗题点明是《算盘》,

也不一定是,更像是"盘算"。咏物诗托物言志或借物抒情,总要顾及"物"的特性。如宋代程良规的《竹箸》:"殷勤问竹箸,甘苦而先尝。滋味他人好,乐空去来忙。"清代袁枚的《咏箸》:"笑君攫取忙,送入他人口。一世心酸中,能知味也否。"《算盘》诗则一点也窥不见算盘外观及功能的影子。至于《水浒传》里的神算子蒋敬,梁山排定座次之后,其"掌管考算钱粮支出纳入"不假,但人家"高额尖峰智虑精,先明何处可屯兵",可知此神算当为神机妙算。那么,这几年拍的电视剧《水浒传》以及电影《神算子蒋敬》里,给他安排了一把铁算盘当作兵器,该是编导的戏说了,虽然看上去合情合理。

珠算曾经与现实生活那么的不可或分,且功能早已超越了计算工具,就像《三字经》《百家姓》《千字文》等蒙书不止于识字一样。珠算口诀中便衍生了若干成语或习语,除了我们非常熟悉的"三下五除二"——形容做事及动作干脆利索——之外,还有"二一添作五"、"三一三十一"等,分别借指双方平分,以及三方平分。只是随着计算机技术的发展,珠算的计算功能渐渐被削弱直到被完全取代。也正是因此,珠算需要保护了,首先列入我们的非遗,现在又得到了国际的认可。不错,在2001年教育部颁发的《义务教育数学课程标准》中,出于珠算功能的被替代以及为学生减负的考虑,珠算被取消了,但此番申遗成功,不意味着再把珠算请回课堂。其退出计算舞台是必然的趋势,像许多非遗项目一样,指望它在现代社会大显身手、保持旺盛的生命力已经极不现实。只是,这些前人智慧的结晶以及对世界文化史的贡献,不该被我们遗忘。不仅今天不该遗忘,而且后世同样如此。

麻将

前几天(2012)到成都走了一趟。第一次去,武侯祠、杜甫草堂,心早已神往之,但成都的麻将作为其"文化"特色,亦同样如雷贯耳。在机场到市区的途中,导游讲了个笑话:某人在飞机上听到地面哗哗地响不知怎么回事,人家告诉他那是因为到成都了,麻将声。导游讲的非笑话是:成都的茶馆就是麻将馆。她是津津乐道于此的,自然有道理,麻将在十几年前就被我国列为体育竞技比赛项目,"凡有井水处,皆闻麻将声",那顶流露讥讽的帽子属于从前,已经被甩进太平洋了。

麻将大约起源于明朝,胡适先生考证,由彼时一种叫"马吊"的纸牌演变而成。顾炎武《日知录》说:"万历之来,太平无事,士大夫无所用心,间有相从赌博者,至天启中,始行马吊之戏。"吴伟业《绥寇纪略》干脆认为崇祯时马吊大盛,"明之亡,亡于马吊",应该是有些道理的。但清朝以来,明显得到了进一步繁荣。《清稗类钞》之"叉麻雀"条,对麻将为什么叫"筒"、叫"万"、叫"条",为什么有"东西南北"风等,都有一番粗略的考证,《尔雅》《周礼》什么的全用上了,说明麻将本身确实很有文化色彩。不过,前人留下的文字中,言及的却大抵都是麻将的危害一面,或有偏颇?

宣统时,王治馨任奉天巡警局总办,"局员中有彭某等三人,恃宠骄蹇,同人侧目"。有天两个客人造访王寓,想打麻将,"而少一人,俗所谓三缺一者是也"。王治馨乃命左右赶紧打电话召人,他的下令很有意思:"叫大浑蛋。若已他出,二浑蛋、三浑蛋皆可。"这种称谓令"二客大愕,询何人",王治馨说:"吾局多浑蛋,皆嗜博,此乃浑蛋之尤者,故以大二三别之耳。"这就可见,王治馨虽然也有牌瘾,但对沉迷其中的人还是嗤之以鼻的。

某京兆尹好打麻将,肯定被议论了,遂有人为之辩解:"事有甚于画眉者,奚独此之责?"西汉时的张敞画眉,脍炙人口,至于今日以喻夫妻感情甚笃。辩解的人意思是说,张敞也不务正业,为什么单单指责玩麻将的?张敞是汉宣帝时的京兆尹,与清朝的这位在官职上确有可比性。然辩解的人话音刚落,旁边又有人嘲讽地说:"吾今乃知古今人之相去诚远矣。汉之京兆,尚知以画眉自娱,今之京兆,则惟知叉麻雀而已。"《汉书》记载:"(张)敞本治《春秋》,以经术自辅,其政颇杂儒雅,往往表贤显善,不醇用诛罚。"且"朝廷每有大议,(张敞)引古今,处便宜,公卿皆服,天子数从之",就是说人家本职工作干得也好,画眉只是自娱。而"惟知叉麻雀而已",是除了会干这个,别的全都两眼一抹黑。

光、宣间的麻将风行,"达乎诸侯大夫及士庶人,名之曰看竹"。为什么俗事雅称呢?也是语含讥讽。东晋王子猷特别喜欢竹子,即使暂时借住朋友家中,如果人家那里无竹,也要赶紧种上。旁人不解:"暂住何烦尔?"他反应很大,"啸咏良久",才指着竹子说:"何可一日无此君?"打麻将曰看竹,借用的正是这一句:离不开了。彼时的打麻将,像奉天局的那些浑蛋一样,没有不赌博的,"其穷奢极侈者,有五万金一底(局)者矣"。今天有所谓健康麻将的说法,实际上说归说,打起来不能不带"彩头"。余问导游成都如何,也是"彩头"大小而已。慈禧太后打麻将时,陪打者祭出的则是"政治牌",存心哄她老人家高兴,然后达到自己的目的。于是,"每发牌,切有宫人立于身后作势",当内线,发暗号,比方看到慈禧"有中发白诸对,侍赌者辄出以足成之",老让她赢。赢了,"必出席庆贺";输了,"亦必叩头来孝钦赏收"。老太太赢得合不拢嘴的时候,"则跪求司道美缺"。看这用人,乌烟瘴气到了什么程度。顺便说一下,慈禧用的麻将极其讲究,"牌以上等象牙制之,阔一寸,长二寸,雕镂精细,见者疑为鬼斧神工也"。

正是麻将与赌博的如影随形、须臾不可分之故吧,前人多力陈麻将之害。胡适将之列为中国的第四害(另为鸦片、八股、小脚),我们也不妨看看那些"平心静气"的。如今天苏州"寒山寺"照壁上那三个大字的书写者陶浚宣,即有"长篇咏之",其中说到,鏖战了一个通宵,"胜者忻忻负皇遽,面色如土不敢怒。脱下鹔鹴裘,低首长生库。到门踟蹰惭妇孺,誓绝安阳旧博侣",输的垂头丧气,拍胸脯信誓旦旦,再不玩了;一旦回过神来,又不是他了,"明朝见猎眉色舞,枭化为狼蝮为蝎。破人黄金吮人血,枯鱼过河泣何及"。陶浚宣悲叹,对这种"方将取汝子,弗仅毁汝室"的"不祥之物",我国上下却"沉沉大梦真竹醉,白昼黄昏为易位",而"君不见万国人人习体操,强身强国五禽戏"。这个见解于今亦振聋发聩。而几十年后,麻将摇身一变为"强身"方式的一种,该是陶浚宣万万不曾料到的吧。

大学者梁启超也十分好玩麻将,但他说过,他只有在打麻将的时候才会忘记读书,只有在读书的时候才会忘记打麻将。玩麻将把握住这个度,积极意义才可能彰显。然而一个不容忽视的事实是,不少人却是只知道打麻将根本不知道读书,或者因此而荒废了读书乃至其他。2008年"5·12"汶川大地震时,成都人当夜在户外避震,壮观的是满大街麻将照打,当时的新闻作为成都人在大灾面前生活如何淡定的一个例证,但我的心理比较灰暗,以为对这种现象用着迷麻将到了近乎没心没肺的地步来"定性",似乎更准确些。

文身

新近一期的《城市画报》(2003年9月)随刊附赠有文身贴纸,那是一种我叫不出名的动物图案,人们可以按照使用说明来个"即时文身"。文身,是在身体上刺画有色的花纹图案,一旦刺了画了,大抵要成为终生去之不掉的印记。文身贴纸的好处是,哪一天新鲜劲过去了,不想要了,便可以立刻除去。

文身的出现可谓早矣。古代百越民族的典型习俗之一就是"断发文身"。孔颖达疏《礼记》曰:"越俗断发文身,以避蛟龙之害,故刻其肌,以丹青涅之。"就是说,越人身刺花纹,截短头发,是为了在水中保护自己。原理是什么呢?"越人"屈大均在《广东新语》里有这样的解释:"南海龙之都会,古时入水采贝者皆绣身面为龙子,使龙以为己类,不吞噬。"那么,文身的原初功能是为了淆乱龙之视听,进而得以保护自己。不过也有学者考证出,文身,是具有特殊意义的成人礼。

宋朝的文身现象相当突出。《东京梦华录》卷七讲到"少年狎客"的跟班,往往"有三五文身恶少年控马,谓之'花褪马'"。庄绰《鸡肋编》有"花腿",未知是否庶几近之,云"车驾渡江,韩、刘诸军皆征戍在外,独张俊一军常从行在。择卒之少壮长大者,自臀而下文刺至足,谓之'花腿'"。这里说得比较清楚,那是把整条大腿都文了。《水浒传》里,不少好汉都有文身。首个登场亮相的史进,就是"肩臂胸膛总(共刺了)有九条龙",他的绰号也成为"九纹龙"。单打二龙山那回,鲁智深告诉杨志:"人见洒家背上有花绣,都叫俺花和尚鲁智深。"此外,阮小五胸前刺着"青郁郁一个豹子",杨雄有"蓝靛般一身花绣",解宝"两只腿上刺着两个飞天夜叉",龚旺"浑身上刺着虎斑"。最有代表性的还推燕青,"卢俊义叫一个高手匠人与他刺了这一身遍体花绣,却似玉亭柱上铺着软翠。若赛锦体,由你是谁,都输与他"。

文身的题材,不只花纹图案。北宋张师正《倦游杂录》云,荆州有个叫葛清的街卒,"自颈以下遍刺白居易诗",且配以图。比方在"不是此花偏爱菊"旁,刺一人持杯临菊丛;"黄来缅林寒有叶",则刺一树上挂着有花纹的纺织品。如是,在葛清全身上下一共有20多处,人们都叫他"白舍人行诗图"。同书另云,武夫呼延赞"自言受国恩深,誓不与契丹同生,遍及体作'赤心杀契丹'字,涅以黑文,反其唇内,亦之"。与此同时,"鞍鞯兵仗,戎具什器,皆作其字"。不仅如此,他还要求自己的老婆、儿子及仆妾都得这样。到动手那天,他把黥字的人找来,自己"横剑于膝"监督,"苟不然者,立断其首",弄得"举家皆号泣,以谓妇人黥面非宜",好说歹说,刺在胳膊上才算了事。

与呼延赞赤心杀契丹相似,南宋初王彦领导的抗金"八字军",也是在每个士兵的脸上刺八个字:"赤心报国,誓杀金贼。"这是《宋史·王彦传》中的记载。而在李心传《建炎以来朝野杂记》那里,"赤心报国"四个字乃是"不负赵王"。那么,这些士兵脸上究竟刺了哪八个字,还真把我们弄糊涂了,总不至于一部分人刺这八个,另一部分人刺那八个吧?因而两说必有一谬。虽然《宋史》是元相脱脱主持编纂的,李心传是南宋著名史学家,记载的又是离自己并非很远的事情,但我还是怀疑这个"不负赵王"的可靠性。清人有云："真乃学问之人，不必奔走风尘以求名誉。"这句话的潜台词是，有些学者为了取悦当时，是不大讲究廉耻的。当然了，猜测而已。

在人的身上刺字，也是古代刑罚的一种，由文身借鉴而来也说不定。汉代黥刑就是在罪人的面上刺字，以墨涂之，所以亦称墨刑，宋元时期极其盛行。读过《水浒传》的人们还都知道，一百单八将里有为数不少被"刺配"过的人，如宋江、林冲等，害得他们后来出席公共场合，总要讨块膏药把脸上的刺字贴上，否则，一眼就被人认出是"贼配军"。《默记》云，某个宴会上妓女白牡丹喝多了，嘴把不住门，跟总管狄青碰杯时来了句"劝班儿一盏"，虽是开玩笑，但明显针对狄青的涅文。狄青当时打个哈哈过去了，"来日遂笞白牡丹"，把她给揍了一顿解气。狄青成名后，宋仁宗"尝敕青傅药除字"，是他自己不干。《宋史》载，狄青指着自己的脸说："陛下以功擢臣，不问门第，臣所以有今日，由此涅尔，臣愿留以劝军中，不敢奉诏。"笞人的事情表明，狄青这只是在皇帝面前的表态，心里则未免以此自卑。他常跟人说，韩琦"功业官职与我一般，我少一进士及第耳"，总怕人看低了他。其实二人的修养、作为，绝不只是差了张文凭的问题。

对文身的人，宋朝"京师旧日浮浪辈以此为夸"，连同"恶少年"云云，表明他们都是当时的另类人物。即使在当代早些时候，看到文身的人也还要皱一皱眉，对那些背刺双龙的人物，更会联想到黑社会里的老大，而转眼之间，文身却成了少男少女的时尚。文身贴纸的出现，应当说最大限度地满足了他们既要好奇又当时无须痛苦过后不会抱憾终身的心愿。当然，他们追求的已不再是那种无声的震慑作用，而纯粹出于装饰的考虑。这该算是文身的新功能了。

磕头

看人民日报社主管主办的2016年第13期《国家人文历史》，前面"散叶"里有一则"尼克松曾担心见毛泽东要磕头"。说1972年美国总统尼克松访华前，美方最担心的就是怕见着毛泽东和周恩来等人要磕头。等到国务卿基辛格打了前站，探听好了，美方明确"根本不像我们事前担心的"，似乎他们才真正放下心来。容我武断地认为，此话虽然讲得有鼻子有眼，但基本上也可以认为没有丝毫可信的成分，甚至近乎扯淡。

磕头的确是我们的传统礼仪。这种伏身跪下、两手扶地、以头着地或近地的动作，主要用于祭祀天地祖宗，晋谒君长父老。文雅的说法是叩首。如果双膝跪地下三次，磕九个头，属于达到极点的行礼方式。至少在清朝的时候面对皇帝，必须如此，老外也不能例外，因此也酿出了若干"礼仪之争"。比如1793年，英使马戛尔尼以为乾隆皇帝祝寿名义出访中国那次，因为他试图在两国关系中遵照通用的国际礼仪，结果不欢而散，马戛尔尼可以说是灰溜溜地回去了。又如果次数超过了最高规格的，比如俗话说的"磕头如捣蒜"，那么非但不是礼仪的更高级，而且走向了问题的反面——已经不属于行礼，而是求饶的代名词了。

前人书札落款，动辄书写"顿首"。顿首也是磕头。汉蔡邕的

"议郎粪土臣邕顿首再拜书皇帝陛下",《晋书》中的"前太尉参军、都乡侯粪土臣何琦稽首顿首,再拜承诏"等,都是跟皇帝说话,当然真的不会往脸上抹屎,但磕头是自然且正常的。而像王羲之的"顿首顿首"、东坡的"轼顿首再拜"一类,属于文人间的相互礼貌,借以表达对他人的尊重。俞正燮《癸巳存稿·明帖》云:"明洪武三年,礼部定仪:敌己,止奉书奉复;而文人往往称顿首,称再拜,盖由临古帖而勦袭之。"到了鲁迅书信里,也还有"仆树人顿首"的字样。

书札中的礼貌,以及面对君长父老之外,磕头确是一种带有屈辱性质的礼仪。洪迈《夷坚支志》"任道元"条云,道元"少年慕道",跟人学了些法术,声名大噪之后,把持不住了。有年他在元宵节上闲逛,看到"两女子丫鬟骈立,颇有容色",起了淫心,言语挑逗之余,还要动手动脚。于是神先让他耳朵后面长了个疮,再借一村童教训他:"任道元,诸神保护汝许久,而乃不谨香火,贪淫兼行,罪在不赦。"于是,"任深悼前非,磕头谢罪。"然而有趣的是,磕头也可以是一种养生之道。

陆游《老学庵笔记》云,有个70多岁的老人张琪就是"步趋拜起健甚"。其"自言夙兴必拜数十,老人血气多滞,拜则支体屈伸,气血流畅,可终身无手足之疾"。有业界人士说,跪拜磕头动作有通经活络、疏通躯干部分气血的作用。俗话里也有"每日常叩首,活到九十九"的说法。始而疑心张琪有自嘲性质,后来发现并非孤证。徐一士《一士类稿》云,体仁阁大学士全庆的养生之术,即"以磕头为妙法"。具体情况呢,翁同龢光绪八年壬午(1882)正月初四日(2月21日)日记留了记录。翁说这天他"谒全师。师言:'每日磕头一百廿,起跪四十次,此法最妙。'"全庆是翁同龢的座师,翁考进士的时候他是主考官而已,两人之间并无真正的师承关系,然翁对此种养生法全盘吸收,"仿行之"。徐一士又引翁之常熟同乡秉衡居士所云:"吾乡翁松禅相国,每夜必在房行三跪九叩头五次乃卧,其法传自全小汀相国庆。翁相晚年气体极健。自谓得力于此。"至于"运动量"这笔账并不难算,也就是磕头四十五次,起跪十五次,比全庆的要小得多,但在徐一士看来,"全庆寿八十二,同龢则七十五",这种"健身"方式是行之有效的。并且他认为:"运动肢体,为卫生之道,斯即借磕头起跪以为运动耳。"

清朝有个历仕三朝的"磕头宰相"曹振镛,官至首席军机大臣、武英殿大学士、军机大臣兼上书房总师傅,卒谥最高等级的"文正"。但老曹的为官座右铭却是"多磕头,少说话"。有人讽刺他:"仕途钻刺要精工,京信常通,炭敬常丰。莫谈时事逞英雄,一味圆融,一味谦恭。"但道光帝不这么看,在他眼里,"大学士曹振镛,人品端方。自授军机大臣以来,靖恭正直,历久不渝。凡所陈奏,务得大体。……实心任事,外貌讷然,而献替不避嫌怨,朕深倚赖而人不知。揆诸谥法,足以当'正'字而无愧。其予谥文正。"开玩笑说,曹振镛的身体恐怕也因"多磕头"而练得不错,他不是活到80岁,仅次于全庆而超过了翁同龢吗?

到了 20 世纪 70 年代,尼克松以为中国仍然磕头,谁能相信?虽然彼时我们尚未开放,但也不是全然闭关锁国的状态,在国际舞台上毕竟还是活跃着中国人的,1971 年我国已恢复了联合国合法席位。但别人对我们的不了解甚至"误解"仍然很深,也是不争的事实。意大利籍导演瑟吉欧·莱昂"往事三部曲"之一的《美国往事》,展现了纽约布鲁克林从 20 世纪 20 年代到 60 年代的黑帮史。就算上限是 20 年代吧,那里面的"中国戏院"还是鸦片烟馆,中国人脑后还有条辫子。这就离了大谱不是?不过话说回来,没有独立和平等的人格,也是不可能真正立起来的。

"三叩九拜"

2013年5月30日,法国网球公开赛第二轮,六号种子、赛前被一些声音认为会重新夺冠的李娜输给了美国选手马泰克,前32名未进,创下个人法网最差成绩。在赛后的新闻发布会上,输球的李娜一如既往地展示"个性"——实则情绪失控,问十句,八句噎人。比如记者问"失利后能否对中国球迷说些什么",她就轻蔑地反问:"我需要对他们说什么吗?我觉得很奇怪,只是输了一场比赛而已。三叩九拜吗?向他们道歉吗?"

所以在她那么多极不理智的话中拎出这句,在于"三叩九拜"的说法很新鲜。概此前听到的是:三拜、九叩,或三跪九叩。那么,这里的拜与叩是否像"波诡云谲"或"波谲云诡"中的"诡"与"谲"那样,颠之倒之而同样成立呢?不是。此中的三或九,并非三心二意、三令五申中的三或二、五,属于虚指;而是像三姑六婆、三风十愆中的三、六或十,属于实指。三姑,尼姑、道姑、卦姑;六婆,牙婆、媒婆、师婆、虔婆、药婆、稳婆。三风,巫风、淫风、乱风;巫风中的歌、舞,淫风中的货、色、游、畋,乱风中的侮圣言、逆忠直、远耆德、比顽童,合起来为十愆。相传这是商初伊尹辅佐汤孙太甲的话,伊尹告诉太甲,要维护统治必须戒除这些恶习。所以,东坡《骊山》诗曰:"由来留连多丧国,宴安鸩毒因奢惑。三风十愆古所戒,不必骊山可亡国。"也就是说,亡国未必一定会发生"幽王烽火戏诸侯""明皇宫就禄山来"那样的极端事件。

三拜、九叩,或三跪九叩,正是实指。顾炎武《日知录》云:"古人席地而坐,引身而起,则为长跪;(俯)首至手则为拜手;手至地则为拜;首至地则为稽首。……古人以稽首为敬之至。"俯首至地重复三次,就是三拜了。他认为,以常礼来看,"古但有再拜稽首,无三拜也"。冯谖去薛地收债,"能与息者,与为期;贫不能与息者,取其券而烧之",为孟尝君焚券市义。他是这么自作主张的:"孟尝君所以贷钱者,为民之无者以为本业也;所以求息者,为无以奉客也。今富给者以要期,贫穷者燔券书以捐之。有君如此,岂可负哉?"薛地的头面人物听了,"坐者皆起,再拜"。面对这样的大礼而"再拜",已经符合礼仪了。当然,以示情切而自己加码的特殊例子亦不乏,不仅有三拜,还有四拜、五拜。苏秦发迹后,原本对他非常苛刻的嫂子,"蛇行匍伏,四拜,自跪而谢",表达忏悔之情,用顾炎武的说法就是"盖因谢罪而加拜,非礼之常也"。《左传·僖公十五年》载,"秦获晋侯以归",晋大夫们披头散发地在后面跟着,有"三拜稽首"之举,杨伯峻先生认为这如同申包胥之九顿首以及《国语·楚语》之"椒举降三拜,纳其乘马,声子受之"一样,都是一种"变礼",即"为将亡或已亡国之人所行之礼";而申包胥之举,清朝学者赵翼也认为"以求救之切"。与之相类的,还有明朝的"臣见君行五拜礼,百官见亲王、东宫行四拜礼,子于父母亦四拜礼"。这些在赵翼看来,属于"久则习以为常,成上下通行之具,故必须加隆以示差别,亦风会之不得不然者也"。

到了北周,三拜才由国家正式规定为日常礼仪。《周书·宣帝纪》载,宣政元年(578)九月,"诏诸应拜者,皆以三拜成礼"。李娜的九拜则从未听闻,虽《乐记》里有"百拜"之说,但前人早就考释了,那是"通计一席之间,宾主交拜近至于百",比喻非常之多,强调的总数而非针对个体,针对个体的话,见面之后鸡啄米一样可能头都抬不起来了。李娜所要表达的,也许是清朝的"三跪九叩"。这些年"辫子戏"横行,响彻荧屏的"喳喳喳"以及"一叩头、二叩头、三叩头"之声也许吸引了她的注意。三跪九叩,就是双膝跪地下三次,每次叩三个头,三三见九。这是清朝最庄重的大礼,大臣见皇上时行的。昭梿《啸亭杂录》还记载了一个侧面:皇子婚配,"以某官女某氏作配皇几子为福晋",准丈人须"率阖族谢恩,行三跪九叩礼";其后,皇上家送定亲礼物来了,准丈人也要行此礼;结婚次日,皇子夫妇朝见皇上皇后,更要行此礼了。有意思的是,皇上本人有时也要如此。《清史稿》载,1689年康熙第二次南巡途经绍兴,"祭禹陵,亲制祭文,书名,行九叩礼,制颂刊石,书额曰:'地平天成。'"

对李娜信口而出的"三叩九拜",当然没必要较她的真,但各个媒体对她此番赛后"发飙"一律采取毫不客气的态度,至于新华社也发出了批评之声,却无人指出这种常识性的笑话,在下担心"三叩九拜"成为一个新词。李娜当然无须对球迷"三叩九拜",谁会、谁能对她抱有这种奢望?但她应该对公众有一点起码的礼貌和尊重,心平气和地道出真实情境,大家不是在看笑话,而是意欲和她"也同欢乐也同愁"。李娜三番五次耍出这种态度,貌似"直脾气",实际上也有修养欠缺的因素在内,大约这也是她成为伟大运动员的最大障碍。倘若她今后克服不了,即便能够再获得一次或若干次大满贯冠军,顶多是又有了不错的成绩,仅此而已。

下跪

2005年1月19日,经山东省检察机关调查认定,济宁市原副市长兼高新技术开发区管委会主任李信收受、索要贿赂400余万元,挪用公款300余万元。"李信案"是山东省检察院查办的职务犯罪典型案例之一。其实,若论李信的官阶和犯案的金额,都够不上令人关注的程度,人们之所以仍然聚焦之,全在于照片上他对举报人的下跪姿态。

赵翼《陔馀丛考》云:"盖以膝隐地,伸腰及股,危而不安者,跪也。"他讲这话,是为了把"跪"跟"坐"作一个类比。宋元之前,华夏古俗的"坐姿"跟跪差不多,今天的日本人仍然保留着这种坐姿:双膝屈而接地、臀股贴于双足跟上。再用赵翼的话说,"以尻(屁股)着蹠(脚掌),而体便安者,坐也"。在他看来,跪与坐(古)的本质区别在于"不安"与"安"。《明史·黄孔昭传》载,尹旻欲推故人为巡抚,黄孔昭不应,那人便入都来亲自拜见,"至屈膝"。不料此举非但没有赢得黄孔昭的半点儿好感,反使其"益鄙之",乃对尹曰旻:"彼所少者,大臣体耳。"把求官者的下跪,视为尊严的缺失。《榆巢杂识》云,嘉庆八年(1803)九月二十四日特谕:"部院司员于本管堂官遇有公事,只应侍立回堂,毋许屈膝,以肃体制而杜谄谀。"干脆把无端下跪与谄谀画上了等号。

《贤博编》云，海瑞"由举人初署教谕，谒太守，止长揖"，不跪。有天与两个训导同见太守，那两个都跪下了，"公独中立"，以致太守笑曰："左右低而中高，似一笔架。"人们还因此把海瑞叫作"海笔架"。后来海瑞当了淳安知县，人戏之曰："海笔架折却中峰矣。"海瑞说："为人师表，当侍风节，今有官守，上下之分定也。"就是说，官场上有该跪的规矩，自己不能不遵守。

该跪而不跪，历史上发生过一件很大的纷争。1792年，大英帝国以给乾隆皇帝祝寿为名，派出了包括外交官、学者、画家、乐师、士兵构成的庞大使团，算上水手则有近700人，浩浩荡荡地开往中国。这本来是当时两个"先进的"国家增加接触、相互交流的有利时机，想不到的是，因为团长马戛尔尼勋爵的不跪，坏了好事，导致使团灰溜溜地离开中国。按我们的道理，马戛尔尼别说面对皇上，就是面对圣旨、面对皇上的赐宴，都要下跪表示谢恩，但他一路偏不。这个自以为通晓欧洲外交事务的人，1793年9月24日在避暑山庄觐见乾隆皇帝时，行的也是他那套英国式礼仪：单腿下跪（但吻手礼被取消，因为时人认为那是对皇帝人身的亵渎）。于是，在这场礼仪之争中，马戛尔尼自以为赢了，然而在国人看来，单腿下跪虽然是一个粗俗的人采用的粗野方式，但毋庸置疑，它是表示了臣服的。在我们官方的文字记载中，他也什么都没有赢。1816年，嘉庆皇帝在一份诏书中声称，他"亲眼见到马戛尔尼在他至高无上的父亲面前扣了头"。（参见佩雷菲特《停滞的帝国》）当时的大臣管世铭亦有"一到殿廷齐膝地，天威能使万心降"的诗句遗世，让后人以为真有那么回事。陈康祺《郎潜纪闻初笔》也煞有介事地说，英国国使"自陈不习跪拜，强之，止屈一膝。及至殿上，不觉双跪俯伏"。他还奇怪，同治皇帝接见德国等使臣时，人家也不跪，为什么"通商大臣曲意从之"，而没人引前朝故事相诘责？这个子虚乌有的下跪故事，实在贻害不浅。

据报道，李信下跪的照片刚出来时，为了慎重起见，记者在亲眼见到底片的情况下，还是找了专业人士鉴定，排除了"换头"或者人工合成的可能性。这个警惕是必要的，别说在电脑技术高度发达的今天，晚清时就已有人运用此法。《世载堂杂忆》云，岑春煊督两粤，倚仗西太后撑腰，"暴戾横肆，任意妄为"，于是有商人出港币百万，悬赏"能出奇策赶走岑春煊者"。揭榜后的陈少白，用的就是合成照片这招。他知道，西太后最恨康有为、梁启超，因为保皇会横滨《清议报》载康有为文，痛骂西太后是武则天、是杨贵妃，最不可容忍的，是那句"那拉氏者，先帝之遗妾耳"。陈少白就从她的最痛处下手，他把岑春煊、梁启超、麦孟华（康门十大弟子之一）三人的单独照片，"制成一联座合照之相片，岑中坐，梁居左，麦居右"，然后"赂津、京、沪大小各报新闻访员，登载其事"，弄得不知底细的保皇党人也以为岑是自己一方的了。后来，是岑的莫逆李莲英"以毒攻毒"，制作了一张太后扮观音居中、自己扮韦陀立左的戏装合影，现身说法，才算给岑春煊解了围。

李信为什么下跪？照片的拍摄者说："我了解李信太多的劣迹，所以他只能用写保证书、让我拍照来显示诚意，希望我停止检举他。"那么，李信彼时正处于"危而不安"的状态，他恐怕想不到的是，自己不仅是"中国第一位下跪乞求的副市长"，且为新官场现形记提供了鲜活的素材。

铁券

由国家档案局、中央档案馆主办的中国档案珍品展正在北京市档案馆开展。其中的明代"金书铁券"亦即俗称的免死牌显然最吸引各路记者的眼球,相关报道都将之打在标题上。

金书铁券,又称丹书铁券,乃从前皇帝颁赐给功臣及后代享受免死等特权的凭证,源于汉高祖刘邦创制的铁契。《汉书·高帝纪》载,时天下既定,刘邦"命萧何次律令,韩信申军法,张苍定章程,叔孙通制礼仪,陆贾造《新语》。又与功臣剖符作誓,丹书铁契,金匮石室,藏之宗庙"。这种铁制的契券,上面用丹砂书写誓词,剖开后朝廷和受赐者各存一半。唐以后不用丹书,而是刻字嵌金。因而"丹书""金书",只是文字呈现的方式。

刘邦铁契丹书的是:"使河如带,泰山若厉。国以永宁,爰及苗裔。"此出《史记·高祖功臣侯者年表》,而出处不同,文字也稍有不同,但意思一般无二。司马贞索隐引应劭曰,这是"国家欲使功臣传祚无穷"。就是说,铁契保证受赐者的爵位世代传承,尚无免死的功能。北京市档案馆展出的这件,系明英宗天顺二年(1458)赐予右军都督府右都督李文的,明确"除谋逆不宥外,其余若犯死罪,免尔本身一次,以酬尔勋",只要不是造反,免死一次。

铁券免死的条款,南北朝时已见端倪。《资治通鉴·梁纪十》载,北魏孝庄帝杀了太原王尔朱荣,尔朱荣堂弟尔朱世隆"遣尔朱拂律归将胡骑一千,皆白服,来至郭下,索太原王尸"。眼见大事不好,孝庄帝"遣侍中朱瑞赍铁券赐世隆",想来个缓兵之计。不料世隆没瞧得起那东西,对朱瑞说:"太原王功格天地,赤心奉国,长乐(孝庄帝本封长乐王)不顾信誓,枉加屠害,今日两行铁字,何足可信!吾为太原王报仇,终无降理!"世隆嘴里的"两行铁字",大抵已有铁券免死的意味。唐以后,金书更对此则进行了明确。

《旧唐书·杨元琰传》载,武则天时,"张柬之代元琰为荆州长史,与元琰泛江中流,言及则天革命,议诸武擅权之状,元琰发言慷慨,有匡复之意"。后来张柬之当上宰相,大权在握,他问杨元琰:"记昔江中之言乎?"结果大家乘武则天病发动政变,恢复唐朝国号,杨元琰被"赐铁券,恕十死",免死罪达十次之多。《七修类稿》收录了明太祖赐给开国元勋徐达的铁券文,"除谋逆不宥,其余若犯死,尔免三死,子免二死",徐达自己可以免去三次死罪,儿子可以免去两次,当然了,也强调推翻政权的死罪不免。

1996年9月邮电部发行了《中国古代档案珍藏》特种邮票一套四枚,其中第二枚就是正在展出的李文铁券。浏览历代史料笔记所见,今日藏于中国国家博物馆的钱镠铁券,似乎被提及的更多。钱镠,五代时吴越国开国国王,铁券是唐昭宗赐给他的,嘉奖他剿灭地方叛臣。

元陶宗仪《南村辍耕录》云,他在家乡有个朋友叫钱赟,是钱镠的后代,给他看过家藏的那个铁券,"形宛如瓦,高尺余,阔二尺许,券词黄金商嵌,一角有斧痕"。从国博藏品的照片中,还真的能看到伤痕。陶宗仪说,忽必烈大军南下时,"其家人窃负以逃,而死于难,券亦莫知所在"。后来给个打鱼的网上来了,以为是宝贝,"试斧击之,则铁焉,因弃诸幽"。钱赟哥哥听说后,"用十斛谷易得,青毡复还"。明郎瑛《七修类稿》云,朱元璋拟赐功臣铁券,不知怎么弄才好,有人就建言了,参照钱镠铁券啊,"其孙尚藏"。朱元璋"因取为式"。清钱泳《履园丛话》云,钱镠铁券"为吾家至宝",这是直认自己为钱镠后代了。他说他"拜观者凡两次",第一次乾隆时他在绍兴府与修郡志,"李晓园太守专札台府克公借观"。第二次是道光时他"省先世坟庙,至浙,亲往台州观之",时铁券"藏东门外五十里白石山下一小村庄,皆钱姓,地名里外钱。其守券者曰钱永兴,兄弟三人,皆务农,轮流值管。有小楼三间,专为藏券而造"。铁券上的金书,达333字之多。

作为帝王的承诺,铁券有安抚人心的功能。当年钱镠收到后也马上表态,"谨当日慎一日,戒子戒孙,不敢因此而累恩,不敢乘此而贾祸"云云。但如尔朱世隆信不过铁券的也不乏见。《宋史·李重进传》载:"重进与太祖俱事周室,分掌兵柄,常心惮太祖。太祖立,愈不自安,及闻移镇,阴怀异志。"赵匡胤想出了这招:"我欲赐重进铁券,彼信我乎?"了解的人说,没用,"重进终无归顺之志"。铁券之不见信,端在于失信在先。如《宋史·李涛传》载,后晋高祖石敬瑭时,"泾帅张彦泽杀记室张式,夺其妻,式家人诣阙上诉",结果石敬瑭"以彦泽有军功,释其罪。"李涛不干,"伏阁抗疏,请置于法"。石敬瑭说:"吾与彦泽有誓约,恕其死。"李涛厉声曰:"彦泽私誓,陛下不忍食其言;范延光尝赐铁券,今复安在?"先是,范延光为石敬瑭赐铁券许以不死。《新五代史·范延光传》载,后来石敬瑭逼他自杀,范延光对来人一脸懵懂:"天子赐我铁券,许之不死,何得及此?"

"汉家分土建忠良,铁券丹书信誓长。本待山河如带砺,何缘菹醢赐侯王?"王安石《读汉功臣表》诗,无异于发出了"安石之问"。何缘?铁券本身就是权一时之需的产物,而世事的演变皆此一时彼一时也。

圣诞

在林林总总的洋节中，对我们最有影响的可能就是圣诞节。那天中午，单位饭堂不仅在门口立了棵圣诞树，并且所有员工还都戴上了小红帽。街面上大餐厅小饭馆，事后也知无不呈爆满之相。据说有外国人感到不解，为什么不信神的中国人对宗教色彩如此强烈的圣诞节那么感兴趣。其实我们中国人热热闹闹地参与其中，未必是看中圣诞节的内涵——虽然据于建嵘先生调查，中国信奉基督教的人数在不断扩大——而是欣赏它的表现形式，那正是我们传统节日日渐式微的一条软肋所在。无论什么节日，我们大抵都只剩下吃了。

不过，我们在历史上原本也有圣诞节，他们的是耶稣生日，诞嘛，我们的也属这一范畴，除了特指孔子生日，还泛指神、仙、佛、菩萨等的生日，当然，主要是皇帝或皇太后的生日。李白有一篇《天长节使鄂州刺史韦公德政碑序》，其中说道："采天长为名，将传之无穷，纪圣诞之节也。"这里的"天长"即天长节，就是唐玄宗的生日。《元史·世祖纪五》有好几处提到"圣诞"：至元十年（1273）"丁丑，圣诞节，高丽王王禃遣其上将军金侁来贺"；次年，"辛未，高丽王禃遣其枢密使朴璆来贺圣诞节"；再次年，"丙寅，高丽王王禃遣其枢密副使许珙、将军赵珪来贺圣诞节"。这里的"圣诞节",指的就是元世祖忽必烈的生日。

明人沈德符《万历野获编》中也有多处言及"圣诞"。如《禁革斋醮》条,嘉靖六年(1527)秋,"时届圣诞",世宗皇帝谕辅臣曰:"朕思每年初度,一应该衙门援例请建斋祈寿,夫人君欲寿,非事斋醮能致,果能敬天,凡戕身伐命事,一切致谨,必得长生。"事理明白得很,但倘若谁要相信的话,可能就要受骗,其人果能爱护百姓,如何理解"嘉靖嘉靖,家家俱净"的民谚流传后世?得,还说圣诞。又如《圣诞忌辰同日》条:"至嘉靖三年,又遇圣诞,时礼部为汪文庄,请即以是日先行孝慈奉祭礼,然后嵩呼大庆,一切如先朝故事。上允之,四十余年不复辍。"沈德符曰:"若嗣君必当自尽其诚,但普天臣子又欲申祝釐之敬,则先凶后吉,亦无不可。"这是在讲皇帝的圣诞和祖先的忌日撞到了一起该怎么办。

清人昭梿《啸亭杂录》也说:"凡遇列圣、列后圣诞、忌辰及元宵、清明、中元、霜降、岁除等日,于后殿行礼,神位前设有等镫酒脯果实焉。"

瞧,这么一罗列,至少自唐迄清,"圣诞"的说法就挂在古人嘴边。我疑心,正是有这个说法在先,汉译之时,才有 Crisimas 成为"圣诞"的可能。而我们的圣诞叫法之所以被人家抢去了风头,"圣"太多因而"诞"亦太多是一个重要因素吧。并且,圣诞在我们只是一个笼统的说法,历代不少皇帝的生日还有自己专属的节名,搞乱了。举唐朝为例,前面说过玄宗的圣诞叫天长节(后改为千秋节),"自肃宗(玄宗子)以后,皆以生日为节",其间"德宗不立,然止于群臣称觞上寿而已"。于是,肃宗的叫"天成地平节",代宗的叫"天兴节",穆宗的叫"庆诞节",文宗的叫"庆成节",武宗的叫"降圣节"(后改为庆阳节、寿昌节),宣宗的叫"寿昌节",懿宗的叫"延庆节",僖宗的叫"应天节",昭宗的叫"嘉会节"（后改为"乾和节"）……圣诞的名目跟他们的陵墓名似的，眼花缭乱，用到的时候得翻工具书才行。

玄宗大肆庆生，自然是大臣的鼓动。《旧唐书·玄宗纪》载，开元十七年（729）"八月癸亥，上以降诞日，宴百僚于花萼楼下。百僚表请以每年八月五日为千秋节。"《唐会典》明确百僚以右丞相源乾曜、左丞相张说为主，且"著之甲令，布于天下"，以后每到这天，"天下诸州咸令宴乐，休假三日"。彼时的圣诞一定非常热闹，"赐宴设酺"之外，也许我国历史上唐朝才特有的舞马，也要在这个时候"舞于勤政楼下"。我在前文曾认为唐朝舞马即现代马术中"盛装舞步"的前身。与此同时，文人们也要吟诗助兴，如王维有《奉和圣制天长节赐宰臣歌应制》等。玄宗自己更留下了不少圣诞之作，"兰殿千秋节，称名万寿觞。风传率土庆，日表继天祥。玉宇开花萼，宫县动会昌。衣冠白鹭下，帘幕翠云长。献遗成新俗，朝仪入旧章"云云，是为其一。杜甫的《千秋节有感》则有"白头宫女"的意味了："自罢千秋节，频伤八月来。先朝常宴会，壮观已尘埃。"

光武帝刘秀的圣诞到来时，底下的人一定也以为找到了献媚的机会，不料刘秀给他们兜头泼了盆冷水，认为自己即位虽然已经30年了，却是"百姓怨气满腹"，没什么好庆祝的。这种清醒的认识，后世能有几帝？俱往矣。外国的圣诞，至于今日我们竟有举国欢庆的意味，这在前人肯定是万万预料不到的。当年，利玛窦把耶稣像引进中国时，姜绍闻《无声诗史》云："所画天主，乃一小儿，一妇人抱之。"度其语意，还是有一点感到奇怪乃至轻蔑成分的吧。

手信·贽

路过广州塔下，见到一间叫作"广州手信"的店铺，本地人一望而知是卖广州特产的，外地人则未必然。以本人来说，手信这个方言词，在落籍广州之前便不曾听闻。后来才知道，就是出远门回来时捎给亲友的小礼物。为什么这么叫，不大清楚，文化残存基础上的演变吧。

礼物，是人们相互间赠送的物品。作为人类学的一个研究命题，从礼物的流动中可窥人际间的相互关联，每被嵌入于"人格之文化建构"过程中。礼尚往来，我们都耳熟能详，此语出自《礼记·曲礼》，紧接着还有"往而不来，非礼也；来而不往，亦非礼也"等国人同样熟稔的句子。从前的学宫中，《仪礼》《周礼》《礼记》都是必读经典。从周代开始，礼乐文明就成为中华文明的主要特征。官修二十四史里，《礼乐志》《礼仪志》等的出现频率也相当之高，那是当时社会一切活动的准则。因此，钱穆先生说："要了解中国文化，必须站到更高来看到中国之心。中国的核心思想就是'礼'。"

手信，无疑乃礼的一种，大抵相当于从前的"贽"吧。当然了，二者没有对等的必要，但手信由之演变而来是可能的。从贽的义项看，有初次见面时所执礼物、执物以求见、见面礼等等意思。

《仪礼》讲到"士相见之礼",有"不以挚,不敢见"之谓。按孙诒让的说法,"贽即挚之俗"。相见不是遇见,是专门拜访,所以隆而重之。该拿些什么呢,"冬用雉,夏用腒",野鸡或干腌的鸟肉。夏天嘛,东西别放坏了。用雉、腒作贽,与屈大均说的"崖州左右旷野,亦多麇鹿。黎人谒州守者,必以为贽",大抵还不是一回事。盖《白虎通》云:"士以雉为挚者,取其不可诱之以食,慑之以威,必死不可生畜,士行威介,守节死义,不当移转也。"因此,用彭林先生的话说,以雉为见面礼,取其不受引诱、不惧威慑、宁死不屈的特点,有隐喻自己节操的考虑。面对礼物,主人要客套一下:"闻吾子称挚,敢辞挚。"来客这时就说了:"某不以挚,不敢见。"

士相见是这样,学生见老师、拜孔子也是这样。欧阳修《记襄州穀城县夫子庙》云:"古之见师,以菜为(挚),故始入学者,必释菜以礼其先师。"屈大均《广东新语·事语》云"吾粤善司教者有六公",前两位对"贽"的态度都非常鲜明。第一个是海瑞,其"以朱子白鹿洞五规乡愿忠信廉洁之,以孔子刚者之辩,孟子不见诸侯之守,日与诸生讲明"。他要求学生"相见拜揖外,不许将一物为贽"。再一个是杨守道,"诸生执贽见者受之,随以食诸生之贫而有志者,又以所余俸,置学田三百五十亩,以赡诸生"。一个坚决不收,一个取之于学生而用之于学生。两种态度异曲同工,均堪为后世老师之楷模。

《西游记》第十七回,孙悟空给黑风山的黑熊怪也送了一回"见面礼"。那是他要夺回被黑熊怪"趁哄打劫"的宝贝袈裟,请观音菩萨变成被他一棒打死的道人——苍狼精;再把缴获的道人炼制的两粒仙丹"吃了一粒,变上一粒,略大些儿",请菩萨"就捧了这个盘儿、两粒仙丹,去与那妖上寿,把这丸大些的让与那妖"。在悟空的计策中,这两粒仙丹"便是我们与那妖魔的贽见"。然后,"待那妖一口吞之,老孙便于中取事:他若不肯献出佛衣,老孙将他肚肠就也织将一件出来"。顽皮悟空嘴里的见面礼,完全是反话正说。观音菩萨也有没办法的时候,"只得也点点头儿依他"。

贽,未必都是吃的用的这些实用品。《东轩笔录》云,吴孝宗拜见欧阳修,就是"贽其所著《法语》十余篇",拿的是文章。结果欧阳修"读而骇叹",问之曰:"子之文如此,而我不素知之,且王介甫、曾子固皆子之乡人,亦未尝称子,何也?"还赠其一首长诗,"吴生始见我,袖藏新文编。忽从布褐中,百宝薄在前"云云。《巢林笔谈》云:"何义门曾执贽于翁司寇,及翁章论汤公,何诣翁索贽,士论伟之。"何焯当初不知道给翁叔元送了什么,能再要回去,显见也非吃的用的。为什么要再要回去,《清稗类钞》"何义门请削门生籍"条或可作为补充。在朝廷下诏求言的前提下,"董汉臣上书指斥时事,下九卿议。执政惶恐,与同列囚服待罪"。汤斌说话了:"董言虽妄,无死罪。大臣不言,小臣言之,吾辈当自省。"明珠揭发,汤斌还说过"惭对汉臣"的话。于是,"传旨诘问"。结果汤斌"具疏引罪",耿介"以疾乞休"。翁叔元等则"受要人旨",弹劾耿介根本就没有病,耿介是汤斌举荐的,"汤妄荐"。翁氏等言论即出,"举朝多不平",因此何焯致书于翁,不仅索贽,而且"请削门生籍"。

焦竑《玉堂丛语》云,王恕为官时在家门口贴了个告示:"宋人有言,受任于朝者,以馈及门为耻,受任于外者,以苞苴入都为羞。今动曰贽仪,而不羞于入,我宁不自耻哉!"王恕的自律,收到"一时帖然"之效,亦可见其时贽仪风气之烈。从时间关系上看,这一段可能抄自《四友斋丛说》,《四友斋丛说》又可能抄自《治世余闻》。大家传抄的结果,表明官员中的正直之士视之为歪风邪气。因为此种贽仪何以入官员的家门,双方都心知肚明。

绿帽子

新近出版的《南都周刊·非常语》(2006年5月)有这样一则："我竟然被英国副首相戴了绿帽子。"那是现年67岁的英国副首相普雷斯科特承认他与43岁的女秘书特蕾西有一段持续2年多的地下情后，特蕾西同居男友巴利发出的愤怒之语。

巴利的原文怎样不大清楚，但"绿帽子"显然是我们的著名词语，意思毋庸赘言。这个词语最早是实指而非虚指，即真正的"绿头巾"。汉朝时，绿头巾乃"贱者所服"，亦即身份低下的人才戴的东西。《西汉会要·臣庶衣服》云"汉初定与民无禁"，开始也并没有哪个阶层的人应该穿戴什么颜色的规矩，是文帝时的贾谊看到大家穿戴没个尊卑而生出担忧，弄了个上疏要求区分。李商隐咏贾谊诗有"可怜夜半虚前席，不问苍生问鬼神"句，认为贾谊实际上没有被真正重视，没有在政治上发挥应有的作用，说明贾谊是关注"苍生"的。可惜在这里，贾谊关注的苍生非但于苍生无补而且恰恰相反，给他们制订了清规戒律。成帝永始四年（前13）鉴于"公卿列侯多畜奴婢，被服绮縠车服过制"，乃"申饬有司以渐禁之"，而"青绿民所常服，且勿止"。那么，西汉即使是通过服饰颜色来区别人的贵贱，"青绿"也还并没有羞辱的成分在内。

《唐语林》云，李封为延陵令，"吏人有罪，不加杖罚，但令裹碧头巾以辱之"——硬给人家戴上"绿帽子"。戴多少天呢,"随所犯轻重"而定,"日满乃释",到时候才能摘下来。他这一招很奏效,"吴人着此服出入,州乡以为大耻,皆相劝励无敢犯"。所以李封在任期间虽然"不捶一人",但"赋税常先诸县",政绩斐然。这就表明,至少在唐朝,"绿帽子"已经有了令人难堪的成分,但与后世的羞辱大抵还不是一回事。元朝的时候,确切地说是元惠宗至元五年(1345)规定"娼妓之家家长并亲属男子裹青巾"的时候,大约就有点儿后世的那个意思了。《清稗类钞》云明朝秦淮旧院曾有一块《教坊规条碑》,曰:"入教坊者准为官妓,另报丁口赋税。及报明脱籍过三代者,准其捐考。"在提到"官妓之夫"时,说他们必须"绿巾绿带,著猪皮靴";不仅如此,还规定他们"出行路侧,至路心被挞,勿论",且"老病不准乘舆马,跨一木,令二人肩之"。明朝还有这样的祖制:乐工(搞音乐的)俱戴青字巾,系红绿搭膊,"常服则绿头巾,以别于士庶"。不过,据沈德符《万历野获编》云,教坊官们也曾有扬眉吐气的时候,"教坊之长虽止正九品,然而御前供役,亦得用幞头公服,望之俨然朝士也"。这让沈德符很看不惯,本来戴"绿帽子"的人,现在"竟与百官无异,且得与朝会之列",真是"吁可异哉"!

明朝嘉靖时郎瑛撰写的《七修类稿》,更在"绿头巾"条明确指出:"吴人称人妻有淫行者为绿头巾。"这就跟今天的含义一模一样了。《万历野获编》"侮人自侮"条举了个实例,吴中有个"缙绅有文名者",有一次跟给他家盖房子的木工师傅开玩笑,说你干活太辛苦了,"当买一绿绢,为汝制巾裹之",给你做顶绿帽子戴吧。不料木工说,谢谢了,不用麻烦你做新的,"但得主翁所戴敝者见惠足矣",戴你戴破了的就行了。民间幽默令那名士哑口无言。显然,两人对"绿帽子"确切含义的理解已是心照不宣。

五代时的王仁裕留下一册《开元天宝遗事》，那里有则记载也可算是趣事一桩吧。说杨国忠出使江浙，可能日子不算短，至于"其妻思念至深，荏苒成疾"。这不足奇，奇的是有天杨妻居然白日里"梦与国忠交，因而有孕"，结果真的生出了个儿子，取名杨朏（《旧唐书》作杨昢，为国忠次子）。杨国忠出差回来后，老婆把这件事跟他讲了——不知道斯时杨朏生出来了没有，杨国忠倒颇大度，对这一现象解释说："此盖夫妻相念，情感所致。"不过，他们夫妻俩那么好的感情，时人却没有被感动，相反还"无不讥诮也"。其实明眼人都知道那是十分扯淡的事。不错，历史上有相当多的英雄或圣人都是感孕而生，外国的耶稣啊（传说为圣灵感孕），国产的黄帝啊（传说黄帝的母亲望见电光环绕北斗而感孕），等等，但那些毕竟是神话或近似神话的人物，到了汉高祖刘邦的母亲避雨于桥遇龙而感孕，就没有人真正当回事。区区杨国忠又是谁呀？人们所以讥诮，一种可能是讥诮杨国忠不自量力的"攀比"，更有一种可能是讥诮杨国忠浑然不知自己戴了"绿帽子"——虽然那时可能还没有这个说法。

　　李封硬给人家戴"绿帽子"的事，在当朝封演的《封氏闻见记》中先有记载，被封氏誉为"奇政"。其实，根据长官好恶而说一不二的做法，未尝不可归为苛政。

蒙汗药

韩国顶级男团Bigbang成员李胜利最近火了,却不是因为什么好事。不仅他经营的夜店因逃税问题被调查,而且还曝出其给女性下药并偷拍不雅视频等丑闻。2019年3月19日,韩国警方称从李胜利车内搜查到足足4升GHB即所谓"G水",就是迷奸药。这种药水无色无味,如果往酒里、饮料里,甚至白水里滴两滴,完全不会被察觉,女性喝了后会很快失去意识,任人摆布,醒来又什么都不会记得。药物也会很快随消化系统排出,不留下任何证据。

在我们这里,从前有蒙汗药,那是相传吃了能使人暂时失去知觉的麻醉药,文学作品里常常提到。《水浒传》"智取生辰纲"一回写道,"赤日炎炎似火烧"的时令,黄泥岗上又"端的没处讨水吃",押送金银担的军汉们便要买白胜的酒喝,杨志讥讽他们只顾吃嘴,"全不晓得路途上的勾当艰难,多少好汉,被蒙汗药麻翻了!"白胜来了个欲擒故纵:"不卖了!不卖了!这酒里有蒙汗药在里头!"故事的结局大家都清楚,喝了那酒之后,"十五人眼睁睁地看着那七个人都把这金宝装了去,只是起不来,挣不动,说不的"。孟州道的张青、孙二娘夫妇开个黑店,"只等客商过往,有那入眼的,便把些蒙汗药与他吃了便死",只是因为被武松识破,二人的罪恶行径才算中止。

元杂剧里也有相关情节,如高文秀的《黑旋风双献功》。孙荣"许了泰安神州三年香愿",然一路上"谎子极多,哨子极广",他想请个护臂。又因为他家离梁山很近,他和山上的头领宋江又是"旧交的朋友",就去那里求援。宋江推荐了李逵。孙妻郭念儿和白衙内有私情,害得孙荣入狱,李逵乃探监巧救孙荣,并放走满牢囚犯。高文秀笔下的李逵,还不是施耐庵笔下的鲁莽汉子,倒有些机智谨慎,还不乏诙谐幽默。如第三折李逵探监,用"羊肉泡饭"诱惑牢子,暗道"我随身带着这蒙汗药,我如今搅在这饭里。他吃了呵,明日这早晚他还不醒哩"。结果牢子吃了,感觉"乡里人家着得那花椒多了,吃下去麻撒撒的。哎哟,麻撒撒的"。趁"这厮麻倒了也",李逵先救了孙荣,又"把这满牢里人都放了"。蒲松龄《聊斋志异·老龙舡户》中,说到一些强盗以摆渡为名,行谋财害命之实,用的手段也是投蒙汗药或烧闷香,令麻醉了的旅客动弹不得。

蒙汗药,却并非小说家们的臆想,古人已经对此进行研究,发现了至少三种:押不卢、草乌末和曼陀罗花。

郎瑛《七修类稿》云,他看了小说中那些情节,开始也是"以为妄也",后来读到南宋周密《癸辛杂识》和《齐东野语》,以及范成大的《桂海虞衡志》,乃知"蒙汗药非妄"。检索《癸辛杂识》,于"押不卢"条中可窥其端。该条云:"回回国之西数千里地,产一物极毒,全类人形,若人参之状",当地人称之为"押不芦"。这种草"生土中深数丈,人或误触之,著其毒气必死"。那么怎么取出来呢,"先于四旁开大坎,可容人,然后以皮条络之,皮条之系则系于犬之足。既而用杖击逐犬,犬逸而根拔起,犬感毒气随毙。然后就埋土坎中,经岁,然后取出曝干,别用他药制之"。周密说,这东西"每以少许磨酒饮人,则通身麻痹而死,虽加以刀斧亦不知也"。而"至三日后,别以少药投之即活,盖古华陀能刳肠涤胃以治疾者,必用此药也",他推断东汉名医华佗用的麻服散就是这东西。有意思的是周密引用的这句话:"今之贪官污吏赃过盈溢,被人所讼,则服百日丹者,莫非用此。"看看《齐东野语》,才能明了此话的含义。

《齐东野语》"林复"条云,云南宋临安推官林复"学问材具,皆有过人者,特险隘忍酷,略不容物"。因为在临安被告发"以酖杀人",同时他家里又搜出了"僭拟等物",于是"有旨令大理丞陈朴追逮,随所至置狱鞠问"。这时林复正在去惠州上任的路上,到潮阳,陈朴追上了他,"乃就鞠于僧寺中"。林复心里有数,"知必不免,愿一见家人诀别"。这一下给了他机会,"既入室,亟探囊中药,投酒中饮之。有顷,流血满地,家人号泣,使者入视,则仰药死矣,因具以复命"。林复玩儿的是障眼法,"其所服,乃草乌末及他一草药耳。至三日,乃苏,即亡命入广,其家以空柩归葬"。通过诈死来逃脱罪责,与"百日丹"之类一样,为当时贪官污吏所屡试不爽。

郎瑛说《桂海虞衡志》载强盗采曼陀罗花为末,"置入饮食中,即皆醉也"。于该书中并不能查到,可能是他的误记。不过,北宋司马光《涑水纪闻》已提到该花,云五溪蛮反,湖南转运副使杜杞"以金帛官爵诱出之,因为设燕,饮以漫陀罗酒,昏醉,尽杀之,凡数十人"。清人吴其濬编纂之《植物名实图考长编》引《岭外代答》云:"广西曼陀罗花遍生原野,大叶白花,结实如茄子,而遍生小刺,乃药人草也。盗贼采干而末之,以置人饮食,使之醉闷,则挈箧而趋。南人或用为小儿食药,去积甚峻。"又引《广西志》云:"闷陀罗人食之则颠闷软弱,急用水喷面乃解。"今天的科学实验证实,蒙汗药的主要成分正是曼陀罗花。

昔日使用蒙汗药,是一种见不得人的下三烂手段,新闻所见,韩国迷奸药如今却公然大行其道。这该是"孙二娘"们所自叹弗如的了。

后记

打个也许不恰当的比方,拙作"报人读史札记"系列文字属于"编年",依照成文次序结集,篇目本身之间并无逻辑关联。盖起兴随机,耳闻目睹,能说的就说上几句。而此中汇聚,有"纪传"的意味:将已出版的一到八集和即将出版的九集中,涉及传统文化的那些内容拈将出来,归纳到一起。

"当时只道是寻常",出自纳兰性德《浣溪沙》词。毋庸讳言,我们传统中的许多文化特质,今天已然失落,变得相当陌生,甚至成为人类学概念上的"文化残存",需要打捞,需要发掘。而在当时,它们都只是寻常的民俗事象。导致这种状况,既有时代向前、"浪花淘尽"的因素,也有数典忘祖、忽略漠视的成分。

传统文化中的糟粕诚然要摒弃,对于精华,则要传承、弘扬。甄别之,先须了解之。

2021 年 8 月于南方报业传媒集团